從小寒到冬至，
古典詩詞中的時間美學

你不懂其實很有哏的節氣

黃啟方 著

目錄

春去到入夏【三月至五月】

清明・穀雨・立夏・小滿・芒種・夏至

目　錄

目錄

夏至到入秋【六月到八月】

小暑・大暑・立秋・處暑・白露・秋分

秋去到入冬【九月至十一月】

寒露・霜降・立冬・小雪・大雪・冬至

目　錄

推薦序

最美詩詞——節氣、花信、節慶

東吳大學中國文學系教授兼通識教育中心暨儒道中心主任　林宜陵

恭喜黃啟方老師於二〇一八年完成初稿後，歷經四年重新彙整與補正，終於於今年正式出版，完成人生三不朽之立言者，帶領讀者認識中華文化中的二十四節氣。

老師作為臺灣大學中文系教授、《國語日報》社董事長，每日從事詩歌創作、節氣研究，畢生以發揚中華傳統文化為己任，在學術界內享有盛譽，是著名的經師、人師；對外提攜後進，誨人不倦，實是我輩文人之表率。

自古以來農業社會都是靠天吃飯，節氣的產生，代表我們老祖宗長期與天地自然的相處中所傳承下來的智慧，《老子》云：「天地不仁，以萬物為芻狗；聖人不仁，以百姓為芻狗。」這些記錄下來的自然現象，體現出「道」的重要性，世界遵循二十四節氣運行，一如人世間的規矩法則，同時也呼應著農人作息，何時該播種、何時該防範、何時該收穫，均帶給農人相當重要的作息指標。

《易經》有所謂「三才」的說法，指的是天、人、地三者合一的相互感應，陶淵明〈神釋〉亦云：「大鈞無私力，萬理自森著。人為三才中，豈不以我故。」因此文人自古以來傷春悲秋是常態，氣候與天氣往往成為詩人寫作時的心緒與靈感，再因個人際遇與時間、空間的不同，誕生一篇篇獨特且富有哲理的詩歌作品。

老師梳理古今典籍與歷代詩歌，分別以節氣、花信、節慶引述詩人作品，跨越時空的距離，帶領讀者們認識古代賢人與節氣的生活面貌，並從中引申出詩歌作品的另一層深意。如「白露」對應節慶「中秋」，韓琦有〈中秋遇雨〉詩云：「莫向此宵空悵望，定應明夜亦嬋娟。憑欄可奈時人意，不愛清光只重圓。」詩句蘊含詩人寄託，實則如前文所述，無論風雨冷暖皆屬自然現象，無所謂愛與不愛、有情無情，重點在於人之本心。

「群籟雖參差，適我無非新」，文學也是如此，是自由的、浪漫的、多采多姿的。本書之產出，對於我國傳統文化的交流與傳承做出十分偉大的貢獻，古典文學的前景，相信能因此走向更璀璨亮眼的未來，同時增進讀者修養，完成自我昇華。

自序——

「天、地、人」的互動

所謂「二十四節氣」，究竟是從什麼時候開始的，一直都有不同的說法。清朝萬斯大（一六三三癸酉——一六八三）認為：漢武帝（前一五七甲申—前八七）太初元年（前一〇四）創「太初曆」，恢復使用「夏正」（夏朝是以正月為一年的開始）後，才訂定了「立春」、「立夏」、「立秋」、「立冬」四立；「春分」、「秋分」二分；「夏至」、「冬至」二至等八節。又以立春、立夏為「啟」（生成），立秋、立冬為「閉」（止息）。八節確定了，節與節之間各又有兩個時令，合起來就是「二十四節氣」了，其間還有一些傳統民俗節慶，依時間順序分別是：

● **春季**

正月 ✿元日——立春——✿上元——雨水

二月 驚蟄——春分

三月 ✿上巳——✿寒食——清明——穀雨

• 夏季

四月 立夏——小滿

五月 ✿端午——芒種——夏至

六月 小暑——大暑

• 秋季

七月 立秋——✿中元——處暑

八月 白露——✿中秋——秋分

九月 寒露——✿重陽——霜降

• 冬季

十月 立冬——小雪——✿下元

十一月 大雪——冬至

十二月 小寒——大寒

每個月兩個節氣，前一個稱為「○月節」，後一個則為「○月中」。每個節氣十五天，五天是一

「候」，每候又各有應時的自然現象，在農業社會時代是最重要的作息指標。照理說，二十四節氣應從每年的立春為始，但實際上卻是從前一年的冬至後起算，也就是從「小寒」開始。這和陰陽曆法星象都有關，是專門之學，也可證明老祖宗的智慧，被列為聯合國的文化遺產，誰曰不宜。

宋朝詩人徐俯（一〇七八戊午－一一四一）有「一百五日寒食雨，二十四番花信風」一聯，上句說冬至後一百五日是「寒食」，下句「二十四番花信風」的意思，根據明初王逵的說法，由前一年的冬至算起，第十五天就進入十二月的小寒。古人經過長時間的觀察以後，才訂出了二十四節氣，從小寒起到來年的穀雨，一共八個節氣，每個節氣有三候，會有不同的自然現象出現，五天一候，每候有風，便有一種花卉應風而開，八個節氣和共二十四個「氣候」，合起來有二十四種花卉隨風而開，就是所謂「二十四番花信風」（《蠡海集》）。但早於王逵的南宋人程大昌（一一二三癸卯－一一九五）的《演繁露》引徐鍇（九二〇庚辰－九七四）《歲時記．春日》的記載說：

三月花開時，風名花信風。初而泛觀，則似謂此風來報花枝消息耳。按《呂氏春秋》曰：「春之得風，風不信，則其花不成。」乃知「花信風」者，風應花期，其來有信也。（卷一）

所以，是風應花開而來，而不是花應風至而開。

是哪二十四種花呢？王逵以為自「梅花」始，至「楝花」終；楝花開盡，春季結束，便是立夏。二十四種花卉，就如下列：

月分（農曆）	節氣	花卉
十二月	小寒	梅花、山茶、水仙
	大寒	瑞香、蘭花、山礬
正月	立春	迎春、櫻桃、望春
	雨水	菜花、杏花、李花
二月	驚蟄	桃花、棣棠、木蘭
	春分	海棠、梨花、薔薇
三月	清明	桐花、菱花、柳花
	穀雨	牡丹、酴醾、楝花

明朝末年的楊慎（一四八八戊申—一五五九）引南朝宗懍（五〇二壬午—五〇五）《荊楚歲時記》所記大致一樣，但現在《文淵閣四庫全書．荊楚歲時記》，並沒有這一則記事。

又，每個節氣有三候，對這一共七十二候的自然現象，一向沒人做解釋，一直到清朝乾隆皇帝（一七一一辛卯—一七九九），才各以一首七言律詩加以概述，或加以質疑，也很有參考的價值，本書便以乾隆之節氣詩作為講解的基礎。

節氣之間，或有民俗節慶，如上元、端午、中秋、重陽等等，早已深入人心，成為共同的生活內涵，或有過於節氣者，自不能忽視。

歷代文人對二十四節氣、二十四番花信風和傳統節慶，都會因時因地而有不同的感受，因為這些天象、花卉、節慶已經和人的生命、生活融為一氣，詩人的感受或反映，豈不正是人對天地的回應。因此本書儘量把篇幅不太長的詩賦詞文引錄，正可以證明古賢所稱天、地、人「三才」的互動，可以創造更璀璨的文明和文化！

基於以上所述，本書便從小寒開展，小寒到穀雨共八個節氣，各有三番花信，因此先說節氣，其次花信，再述節慶，而各引歷代詩人讚頌詩文，使連成一氣。穀雨之後有十六個節氣，因已無花信，則直接講述民間習俗節慶，或古賢名句之闡揚，如桃淵明「孟夏草木長」、蘇東坡「明日黃花」、「最是橙黃橘綠時」等。所引歷代詩人詩作，以二十四番花信之八個節氣為主，小計共七百七十六人次、一萬四千九百首詩詞。另十六節氣所引，亦應不下於此。

本書初稿於戊戌年（二〇一八）完成，因特殊因緣，提供由「唯心聖教．南天文化院」印行為善書，只在教內流傳，當時書名《時序紛紛滿眼花：二十四節氣、節慶、花信》，以節氣、節慶為上編；花信為下編。啟方則仍隨時做補正，並持續發布於個人臉書，朋友多以為頗有可觀，鼓勵應正式出版，而「南天文化院」執事亦表樂觀其成。更得臺灣商務印書館編輯團隊之積極回應，於是重新彙整，連成一氣，合為一編，自小寒起，至冬至結束，以符如天地人之互動！

原書稿完成時，曾作七言絕句二首，如今回顧，仍可代表個人感受，並錄於此以為紀念：

節氣流行大化中，花開花落暫時空。一生一世天關注，古往今來無不同。

時序紛紛滿眼花，三春春信朝晚霞。夏荷秋菊續姿韻，漫說人生本有涯。

二〇二二壬寅年臘八十二月三十日　於心隱齋

冬至入春

十二月至二月

小寒 — 大寒 — 立春 — 雨水 — 驚蟄 — 春分

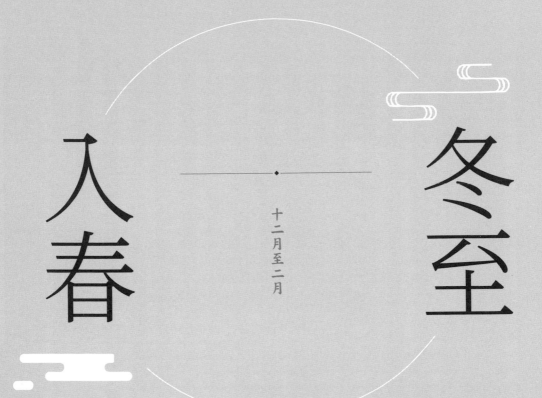

小寒

一年之始，開始進入寒冷

唐朝孔穎達（五七四甲午—六四八）說：「小寒，冰猶未盛；大寒乃盛。」有人說小寒是「風寒」，大寒是「氣寒」；會有「風寒」又「氣寒」的陰冷天候嗎？

三候

—雁北向・鵲始巢・雉雊—

初五日：雁北向。乾隆解釋說：

名之陽鳥以隨陽，曦御北移北向當。已注意焉彼沙漠，行將別矣此瀟湘。

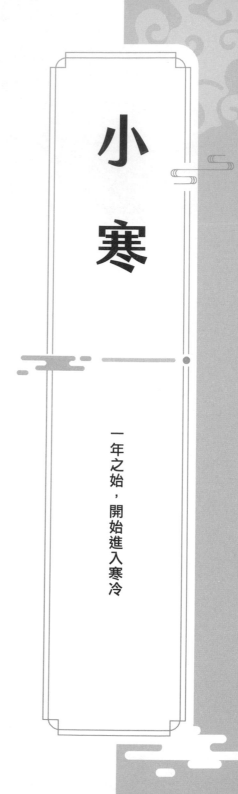

由來逆旅原無定，設曰攸居曷有常。桃李園中春夜宴，李青蓮句豈為狂。

雁是候鳥，又稱隨陽鳥，秋季從北方向南飛以避寒，據說最南只能到湖南衡山的迴雁峰。而在小寒時，因為北方陽氣萌生，於是又開始向北飛。古人觀察入微，雁無論南遷或北返，都是由大雁（鴻）先行，然後小雁才漸漸跟隨。結尾兩句借雁的遷移，引李白（七〇一─七六二）文抒感：李白作〈春夜宴從弟桃李園序〉，開篇說：「夫天地者，萬物之逆旅；光陰者，百代之過客。而浮生若夢，為歡幾何？古人秉燭夜遊，良有以也。」再者，古人以為如果此時雁還不飛回北方家園，可能就是「民不懷土」的反映，當政的人就要小心了。（《周書．時訓》）

次五日：鵲始巢。乾隆說：

禽中最具性靈物，子月搆巢擇向明。抵玉或緣占噩夢，傳枝卻解為孚生。知風因以分高下，背歲兼能避懼驚。一節祇應憎爾者，每當望雨乃呼晴。

唐朝陳仲師〈鵲巢背太歲賦〉說：「營巢有因，惟鵲無倫。始自小寒之日，不當太歲之神。……且其矯翼徘徊，向隅棲息，時懷擇木之智，日就積薪之力。」對於鵲營巢事，稱讚有加。古人對鵲的認識是：「善為巢，開口背太歲。此非才智，任自然也。其聲楂楂然，南人聞其噪則喜，北人聞其噪則悲。未必鵲之能知吉凶，蓋人自為之悲喜然耳。」鵲的巢，巢口不擇方位，而只向天際，是順自然需要。第三句「抵玉」之說出於漢桓寬〈鹽鐵論〉：「崑崙之旁，以玉璞抵烏鵲。」當地人因厭惡鵲鳥，而用玉璞阻擋。乾隆原以為「此不過舉烏有之事，喻貴人之所賤。」後來才確知在新疆和闐真有其事，於是寫了〈玉璞抵鵲說〉一文，以澄清事實。第四句「孚」是「鳥抱子」，鵲鳥竟知擇木築巢育子。末兩句用「鳩佔鵲巢」事，鳩鳥呼晴，鵲則喚雨，故鳩鳥最憎恨鵲。明人文徵明（一四七〇庚寅—一五五九）有〈題枯木竹石上集鳩鵲〉詩云：「鳩一聲來鵲一聲，鳩能喚雨鵲呼晴。天公見此難分辨，晴不成時落不成。」真是老天難為！鵲感受到陽氣萌生，所以開始為來年需要而築巢。而《周書・時訓》篇還說：「鵲不始巢，國不安寧。」也可以從乾隆的〈玉璞抵鵲說〉得到解釋。

後五日：雉雊。乾隆說：

禽鳴屈頸象如勾，雉雊應於音義求。能識一陽回地肺，因倡百鳥發春喉。
周人漫擬尚求喻，宋帝遲懷空返羞。設以如皋論恒理，斯時微覺先乎不。

乾隆在第一句自注：「凡鳥鳴必屈其頸，蓋用力以揚其音也。」最末句自注：「雉鳴應於春，故得其卵，必於首夏，此經屢驗者。《月令》屬之冬，似乎過早，實亦未之聞也。」

「雉雊」就是雉鳴，雉是陽鳥，雌雄同鳴，感於陽而有聲。「周人漫擬尚求喻」指自己對《周書・時訓》篇記載的求證態度。乾隆認為不應該在冬天就有雉鳴，未免太過早了。而《周書・時訓》篇還說此時如雉不鳴，則「國乃大水」，就不知該如何解釋了。第六句用南朝宋明帝（四六五—四七二在位）射雉，半日無所得，感到羞赧。召問侍臣曰：「吾旦來如皋，遂空行，可笑。」（《南齊書・褚炫傳》）即所謂「空返羞」者。第七句用《左傳・昭公二十八年》「御以如皋，射雉獲之」事。「恒理」，常理，是說以常理論之，雉在「小寒」鳴叫，不會稍早了些嗎？

專詠小寒的詩很少，試舉明清詩作各一首：

〈十一月廿七日雪賦禁體詩一首明日小寒〉　陶宗儀（一三二九己巳—一四一〇）

九冥裁剪密還稀，驢背旗亭索酒時。剡水懷人乘逸興，梁園授簡騁妍詞。
小寒紀節欣相遇，瑞兆占年定可期。莫塑獅兒供一笑，掃來煮茗快幽思。

〈小寒日梅放一枝〉　張英（一六三七丁丑—一七〇八）

百計求閒苦太癡，爛柯聊且坐觀棋。麝臍香暖琴三疊，鹿角霜濃酒一卮。
溫室簾開新月夜，瓦盆梅發小寒時。冥鴻斥鷃無窮事，一任天公更不疑。

個人且以四句湊趣，〈小寒〉：「歲末小寒伴雨寒，年光流逝若無端。紛紜世事隨時變，疑惑人心幾日安。」進入小寒，二十四節氣也開始了，伴隨節氣而來的「二十四番花信」也跟著登場，且就一起賞花放懷吧！

花信

梅花　小寒一候花

小寒有十五天，分為三候，每候有一種花，先後開花。這三種花分別是：一候「梅花」，二候

「山茶」，三候「水仙」。《花月令》載：「是月也：梅蕊吐，山茶麗，水仙凌波。」就先從第一候的梅花說起。

「梅」因花而貴，是從戰國時代開始，而梅花入詩，則一般都以三國時的陸凱（一九八戊寅－二六九）從江南寄給在長安的好友范曄（與南朝宋撰《後漢書》的范曄不是同一人）的詩為最早：

折梅逢驛使，寄與隴頭人。江南無所有，聊贈一枝春。

——《荊州記》

其後梁、陳漸多，而由唐至宋，詩中提及梅花的，觸目都是，南宋詩人尤其動輒百首，極為可觀。

小寒大多在「臘月」十二月（但遇閏月，則或會在十一月下旬），梅花在這期間開放，所以稱為「臘梅」，又叫「寒梅」。開花時間又受地域影響，往往是南方未臘，梅花已開；北土雖春，未有秀者。另外還有「紅梅」，又如以墨畫梅則是「墨梅」。詠梅詩很多，而以北宋初西湖隱士林逋（世稱和靖先生，九六七丁卯－一〇二八）的兩首詩作，最為膾炙人口，一直成為後人討論的焦點。

〈山園小梅〉

眾芳搖落獨暄妍，占盡風情向小園。疏影橫斜水清淺，暗香浮動月黃昏。
霜禽欲下先偷眼，粉蝶如知合斷魂。幸有微吟可相狎，不須檀板共金尊。

〈梅花〉

吟懷長恨負芳時，為見梅花輒入詩。雪後園林才半樹，水邊籬落忽橫枝。
人憐紅豔多應俗，天與清香似有私。堪笑胡雛亦風味，解將聲調角中吹。

前一首的三、四句「疏影橫斜水清淺，暗香浮動月黃昏」寫梅花神韻，極為歐陽修（一〇〇七丁未—一〇七二）所讚賞。但是黃庭堅（字山谷，一〇四五乙酉—一一〇五）卻認為，第二首的三、四句「雪後園林才半樹，水邊籬落忽橫枝」寫梅花姿態，似乎要更好：「不知文忠何緣棄此而賞彼？」看官以為呢？

唐朝以前，有用樂府〈梅花落〉為題的作品，如鮑照（四一四甲寅—四六六）：

中庭多雜樹，偏為梅咨嗟。問君何獨然？
念其霜中能作花，露中能作實。
搖蕩春風媚春日，念爾零落逐風颸，徒有霜華無霜質！

其後，又如初唐楊炯（六五〇庚戌—六九三）：

窗外一株梅，寒花五出開。影隨朝日遠，香逐便風來。
泣對銅鈎障，愁看玉鏡臺。行人斷消息，春恨幾徘徊。

而以「梅花」為題作詩，最早或是庾信（五一三癸巳—五八一）〈梅花〉：

當年臘月半，已覺梅花闌。不信今春晚，俱來雪裡看。

樹動懸冰落，枝高出手寒。早知覓不見，真悔著衣單。

唐朝以杜甫（七一二壬子—七七〇）〈江梅〉最早：

梅蕊臘前破，梅花年後多。絕知春意好，最奈客愁何？
雪樹元同色，江風亦自波。故園不可見，巫岫鬱嵯峨。

唐朝其後則酬和之作漸多，酌選數首：

〈和薛秀才尋梅花同飲見贈〉　白居易（七七二壬子—八四六）

忽驚林下發寒梅，便試花前飲冷杯。白馬走迎詩客去，紅筵鋪待舞人來。
歌聲怨處微微落，酒氣醺時旋旋開。若到歲寒無雨雪，猶應醉得兩三回。

〈與諸客攜酒尋去年梅花有感〉

馬上同攜今日杯，湖邊共覓去春梅。年年只是人空老，處處何曾花不開。
詩思又牽吟詠發，酒酣閒喚管弦來。樽前百事皆依舊，點檢惟無薛秀才。

〈憶杭州梅花，因敘舊遊，寄蕭協律〉

三年閒悶在餘杭，曾為梅花醉幾場。伍相廟邊繁似雪，孤山園裡麗如妝。
踏隨遊騎心長惜，折贈佳人手亦香。賞自初開直至落，歡因小飲便成狂。
薛劉相次埋新壠，沈謝雙飛出故鄉*。歌伴酒徒零散盡，唯殘頭白老蕭郎。

＊自注：「薛、劉二客、沈、謝二妓，皆當時歌酒之伴。」

〈山驛梅花〉　李群玉（八〇八戊子—八六二）

坐在幽崖獨無主，溪蘿澗鳥為儔侶。行人陌上不留情，愁香空謝深山雨。

〈十一月中旬至扶風界見梅花〉　李商隱（八一三癸巳—八五八）

匝路亭亭豔，非時裛裛香。素娥唯與月，青女不饒霜。
贈遠虛盈手，傷離適斷腸。為誰成早秀，不待作年芳。

〈旅館梅花〉　羅隱（八三三癸丑—九一〇）

吳王醉處十餘里，照野拂衣今正繁。經雨不隨山鳥散，倚風疑共路人言。
愁憐粉豔飄歌席，靜愛寒香撲酒罇，欲寄所思無好信，為君惆悵又黃昏。

〈人日新安道中見梅花〉

長途酒醒臘天寒，嫩蕊香英撲馬鞍。不上壽陽公主面，憐君開得卻無端。

〈梅花〉　韓偓（八四四甲子—九二三）

梅花不肯傍春光，自向深冬有豔陽。龍笛遠吹胡地月，燕釵初試漢宮妝。
風雖強暴翻添思，雪欲侵凌更助香。應笑暫時桃李樹，盜天和氣作年芳。

〈旅館梅花〉　吳融（八五〇庚午—九〇三）

清香無以敵寒梅，可愛他鄉獨看來。為憶故溪千萬樹，幾年辜負雪中開。

〈梅花〉　徐寅（八四九己巳—九三八）

瓊瑤初綻嶺頭葩，蕊粉新妝姹女家。舉世更誰憐潔白，癡心皆盡愛繁華。
玄冥借與三冬景，謝氏輸他六出花。結實和羹知有日，宜隨羌笛落天涯。

宋朝以前詠梅之作大抵如此，到了宋朝，梅花詩越來越多，以下試舉數首：

〈憶梅花〉　田錫（九四〇庚子—一〇〇四）

三年不見遠江梅，長到梅時把酒杯。似共故人千里別，空思近臘數枝開。

心隨曉月經鄉渚，夢與春雲傍釣臺。金蕊瓊花風雪景，憑誰圖畫入關來。

〈雪中看梅花因書詩酒之興〉　王禹偁（九五四甲寅—一〇〇一）

冬來滁上興何長，唯把吟情入醉鄉。雪片引詩勝玉帛，梅花勸酒似嬪嬙。

凝眸未厭頻頻落，擁鼻還憐細細香。謫宦老郎無一物，清貧猶且放懷狂。

〈霜天曉角〉　林逋

冰清霜潔，昨夜梅花發。甚處玉龍三弄，聲搖動，枝頭月。

夢絕金獸熱，曉寒蘭燼滅。要捲珠簾清賞，且莫掃，階前雪。

自稱「梅妻鶴子」的和靖先生，以梅為題的詩有八首、詞一闋，開啟宋人大量詠梅的先聲。而前述的「暗香」、「疏影」一聯，膾炙人口，古今傳頌。

〈馬上見梅花初發〉　宋庠（九九六丙申—一〇六六）

嚳見江南樹，繁英照苑牆。無雙春外色，第一臘前香。

雲葉遙驚目，瓊枝昔斷腸。莫吹羌塢笛，容易損孤芳。

〈梅〉　宋祁（九九八戊戌—一〇六一）

花落亭亭素臉開，忍寒剛欲背春來。已迷江令瓊花樹，更傍周王璧水臺。
楚館嬌雲愁夢斷，洛塵香雪待風回。一枝寄遠真何益，費盡南朝陸凱才。

梅堯臣（一〇〇二壬寅—一〇六〇）

〈梅花〉

似畏群芳妒，先春發故林。曾無鶯蝶戀，空被雪霜侵。
不道東風遠，應悲上苑深。南枝已零落，羌笛寄餘音。

〈梅花〉

江南臘月前溪上，照水野梅多少株。豔薄自將同鵠羽，粉寒曾不逐蜂鬚。
桃根有妹猶含凍，杏樹為鄰尚帶枯。楚客且休吹玉笛，清風飄盡更應無。

〈梅花〉

已先群木得春色，不與杏花為比紅。薄薄遠香來澗谷，疏疏寒影近房櫳。
全枝惡折憎鄰女，短笛橫吹怨楚童。墜萼誰將呵在鬢，蕊殘金粟上玄蟲。

文彥博（一〇〇六丙午—一〇九七）

〈梅花〉

洛涘幽居植，江南驛使傳。一陽初應候，萬木獨為先。
素萼凌繁雪，清香襲淡烟。欲知佳麗處，漢殿繞妝妍。

李覯（一〇〇九己酉—一〇五九）

〈雪中見梅花二首〉

品物由來貌取難，共言花卉易凋殘。寧知姑射冰肌侶，也學松筠耐歲寒。
數枝斜出短牆陰，密雪無端苦見侵。天意似憐群木妒，盡教枯朽作瑤林。

蔡襄（一〇一二壬子—一〇六七）

〈十一月後庭梅花盛開〉

迎臘梅花無數開，旋看飛片點青苔。幽香粉豔誰人見，時有山禽入樹來。

日暖香繁已盛開，開時曾繞百千迴。春風豈是多情思，相伴花前去又來。

〈梅花三首〉 司馬光（一〇一九己未—一〇八六）

從與夫君別，寒花幾度春。坐愁芳樹老，況乃鑑中人。

塞北為君戍，江南是妾家。遙知關外雪，只似嶺頭花。

驛使何時發，憑君寄一枝。隴頭人不識，空向笛中吹。

〈獨山梅花〉 王安石（一〇二一辛酉—一〇八六）

獨山梅花何所似，半開半謝荊棘中。美人零落依草木，志士顛頓守蒿蓬。

亭亭孤豔帶寒日，漠漠遠香隨野風。移栽不得根欲老，回首上林顏色空。

〈梅花〉

牆角數枝梅，凌寒獨自開。遙知不是雪，唯有暗香來。

〈溝上梅花欲發〉

亭亭背暖臨溝處，脈脈含芳映雪時。莫恨夜來無伴侶，月明還見影參差。

〈梅花〉

白玉堂前一樹梅，為誰零落為誰開。唯有春風最相惜，一年一度一歸來。

〈謝人惠梅花〉 徐積（一〇二八戊辰—一一〇三）

江南費盡春風力，嶺頭驛使無消息。有人贈我一枝花，滿面春風與春色。

我共梅花情最深，左持樽酒右持燈。持燈持酒豈辭倦，卻是春香不自勝。

〈梅花〉 王令（一〇三二壬申—一〇五九）

曉枝開早未多稠，屢嗅清香不忍收。萬木已知春盡到，百花常負後來羞。

東風也合相和暖，臘雪無端欲滯留。滿眼蕭疏正堪惜，莫將橫笛起人愁。

以上三十家，多者四題四首，各有姿媚，實大開眼界矣！

蘇軾詠梅

蘇軾（一〇三六丙子－一一〇一）誕生於季冬十二月十九日，正是梅花盛開時期，所作詠梅花詩，再創新猷，影響深遠。在此將東坡所作梅花詩全錄，紀念一代偉人。

〈次韻李公擇*梅花〉

詩人固長貧，日午饑未動。偶然得一飽，萬象困嘲弄。
尋花不論命，愛雪長忍凍。天公非不憐，聽飽即喧鬨。
君為三郡守，所至滿賓從。江湖常在眼，詩酒事豪縱。
奉使今折磨，清比於陵仲。永懷茶山下，攜妓修春貢。
更憶檻泉亭，插花雲髻重。蕭然臥灊麓，愁聽春禽哢。
忽見早梅花，不飲但孤諷。詩成獨寄我，字字愈頭痛。
嗟君本侍臣，筆橐從上雍。脫靴吟芍藥，給札賦雲夢。
何人慰流落，嘉花天為種。杯傾笛中吟，帽拂果下鞚。
感時念羈旅，此意吾儕共。故山亦何有，桐花集么鳳。
君亦憶匡廬，歸掃藏書洞。何當種此花，各抱漢陰甕。

＊李常（一〇二七丁卯—一〇九〇）字公擇，黃庭堅的舅父。元豐二年（一〇七九）六月，東坡四十四歲，知湖州，李常時任淮南提點刑獄，在舒州，寄梅花詩與東坡，東坡作此答之。七月底，烏臺詩案起，即被逮入京下獄。此東坡第一首以梅花為題之作。

〈梅花二首〉

春來幽谷水潺潺，的皪梅花草棘間。一夜東風吹石裂，半隨飛雪渡關山。

何人把酒慰深幽，開自無聊落更愁。幸有清溪三百曲，不辭相送到黃州。

〈岐亭道上見梅花戲贈季常＊〉

蕙死蘭枯菊亦摧，返魂香入嶺頭梅。數枝殘綠風吹盡，一點芳心雀啅開。

野店初嘗竹葉酒，江雲欲落豆稭灰。行當更向釵頭見，病起烏雲正作堆。

＊陳慥字季常，東坡為作〈方山子傳〉。

〈次韻陳四雪中賞梅〉

臘酒詩催熟，寒梅雪鬥新。杜陵休歎老，韋曲已先春。

獨秀驚凡目，遺英臥逸民。高歌對三白，遲暮慰安仁。

〈紅梅三首〉

怕愁貪睡獨開遲，自恐冰容不入時。故作小紅桃杏色，尚餘孤瘦雪霜姿。

寒心未肯隨春態，酒暈無端上玉肌。詩老不知梅格在，更看綠葉與青枝。

雪裡開花卻是遲，何如獨占上春時。也知造物含深意，故與施朱發妙姿。

細雨裛殘千顆淚，輕寒瘦損一分肌。不應便雜夭桃杏，半點微酸已著枝。

幽人自恨探春遲，不見檀心未吐時。丹鼎奪胎那是寶，玉人頩頰更多姿。

抱叢暗蕊初含子，落盞穠香已透肌。乞與徐熙新畫樣，竹間璀璨出斜枝。

〈和秦太虛*梅花〉

西湖處士骨應槁，只有此詩君壓倒。東坡先生心已灰，為愛君詩被花惱。
多情立馬待黃昏，殘雪消遲月出早。江頭千樹春欲闇，竹外一枝斜更好。
孤山山下醉眠處，點綴裙腰紛不掃。萬里春隨逐客來，十年花送佳人老。
去年花開我已病，今年對花還草草。不如風雨捲春歸，收拾餘香還畀昊。

＊秦觀（一〇四九己丑－一一〇〇）字太虛，改字少游。蘇門四學士之一。

〈再和潛師*梅花〉

化工未議蘇群槁，先向寒梅一傾倒。江南無雪春瘴生，為散冰花除熱惱。
風清月落無人見，洗妝自趁霜鐘早。惟有飛來雙白鷺，玉羽瓊林鬥清好。
吳山道人心似水，眼淨塵空無可掃。故將妙語寄多情，橫機欲試東坡老。
東坡習氣除未盡，時復長篇書小草。且撼長條餐落英，忍饑未擬窮呼昊。

＊釋道潛，即參寥子。東坡方外知交。

〈王伯敭所藏趙昌*畫梅花〉

南行渡關山，沙水清練練。行人已愁絕，日暮集微霰。
殷勤小梅花，髣髴吳姬面。暗香隨我去，回首驚千片。
至今開畫圖，老眼凄欲泫。幽懷不可寫，歸夢君家倩。

＊趙昌（九五九己未－一〇一五）字昌之，五代末宋初名畫家。

〈和王晉卿*送梅花次韻〉

東坡先生未歸時，自種來禽與青李。五年不踏江頭路，夢逐東風泛蘋芷。
江梅山杏為誰容，獨笑依依臨野水。此間風物君未識，花浪翻天雪相激。
明年我復在江湖，知君對花三嘆息。

*王詵（一〇三六丙子—一〇九三）字晉卿，尚公主，為駙馬都尉。善書，收藏豐富。與蘇軾、黃庭堅、米芾交厚。

〈次韻楊公濟*奉議梅花十首〉

梅梢春色弄微和，作意南枝剪刻多。月黑林間逢縞袂，霸陵醉尉誤誰何。
相逢月下是瑤臺，藉草清樽連夜開。明日酒醒應滿地，空令饑鶴啄莓苔。
綠髮尋春湖畔回，萬松嶺上一枝開。而今縱老霜根在，得見劉郎又獨來。
月地雲階漫一樽，玉奴終不負東昏。臨春結綺荒荊棘，誰信幽香是返魂。
日出冰湖散水花，野梅官柳漸攲斜。西郊欲就詩人飲，黃四娘東子美家。
君知早落坐先開，莫著新詩句句催。嶺北霜枝最多思，忍寒留待使君來。
冰盤未薦含酸子，雪嶺先看耐凍枝。應笑春風木芍藥，豐肌弱骨要人醫。
寒雀喧喧凍不飛，繞林空啅未開枝。多情好與風流伴，不到雙雙燕語時。
鮫綃翦碎玉簪輕，檀暈妝成雪月明。肯伴老人春一醉，懸知欲落更多情。
縞裙練帨玉川家，肝膽清新冷不邪。穠李爭春猶辦此，更教踏雪看梅花。

*楊蟠（一〇一七丁巳—一一〇六）字公濟，與王安石同為慶曆二年（一〇四二）進士。時東坡才七歲。東坡元祐四年（一〇八九）至六年（一〇九一）間任杭州知州時，楊為通判。時相唱和。此二十首梅花詩即是。楊原作已不傳。

〈再和楊公濟梅花十絕〉

一枝風物便清和，看盡千林未覺多。結習已空從著袂，不須天女問云何。
天教桃李作輿臺，故遣寒梅第一開。憑仗幽人收艾納，國香和雨入青苔。
白髮思家萬里回，小軒臨水為花開。故應剩作詩千首，知是多情得得來。
人去殘英滿酒樽，不堪細雨濕黃昏。夜寒那得穿花蝶，知是風流楚客魂。
春入西湖到處花，裙腰芳草抱山斜。盈盈解佩臨煙浦，脈脈當壚傍酒家。
莫向霜晨怨未開，白頭朝夕自相催。斬新一朵含風露，恰似西廂待月來。
洗盡鉛華見雪肌，要將真色鬥生枝。檀心已作龍涎吐，玉頰何勞獺髓醫。
湖面初驚片片飛，尊前吹折最繁枝。何人會得春風意，怕見梅黃雨細時。
長恨漫天柳絮輕，只將飛舞占清明。寒梅似與春相避，未解無私造物情。
北客南來豈是家，醉看參月半橫斜。他年欲識吳姬面，秉燭三更對此花。

〈謝關景仁送紅梅栽二首〉

年年芳信負紅梅，江畔垂垂又欲開。珍重多情關令尹，直和根撥送春來。
為君栽向南堂下，記取他年著子時。酸釅不堪調眾口，使君風味好攢眉。

〈臘梅一首贈趙景貺〉

天工點酥作梅花，此有臘梅禪老家。蜜蜂採花作黃蠟，取蠟為花亦其物。
天工變化誰得知，我亦兒嬉作小詩。
君不見萬松嶺上黃千葉，玉蕊檀心兩奇絕。醉中不覺度千山，夜聞梅香失醉眠。
歸來卻夢尋花去，夢裡花仙覓奇句。此間風物屬詩人，我老不飲當付君。
君行適吳我適越，笑指西湖作衣鉢。

〈次韻趙德麟雪中惜梅且餉柑酒三首〉

千花未分出梅餘，遣雪摧殘計已疏。臥聞點滴如秋雨，知是東風為掃除。

閬苑千葩映玉宸，人間祇有此花新。飛英要欲先桃李，散作千林火迫春。

蹀躞嬌黃不受羈，東風暗與色香歸。偶逢白墮爭春手，遣入王孫玉斝飛。

〈次韻錢穆父王仲至同賞田曹梅花*〉

寒廳不知春，獨立耿玉雪。閉門愁永夜，置酒及明發。

忽驚庭戶曉，未受煙雨沒。浮光風宛轉，照影水方折。

鬢霜未易掃，眉斧真自伐。惟當此花前，醉臥黃昏月。

*除篇名，全詩無一「梅字」。

〈十一月二十六日松風亭下梅花盛開〉

春風嶺上淮南村，昔年梅花曾斷魂。豈知流落復相見，蠻風蜒雨愁黃昏。

長條半落荔支浦，臥樹獨秀桄榔園。豈惟幽光留夜色，直恐冷豔排冬溫。

松風亭下荊棘裡，兩株玉蕊明朝暾。海南仙雲嬌墮砌，月下縞衣來扣門。

酒醒夢覺起繞樹，妙意有在終無言。先生獨飲勿歎息，幸有落月窺清樽。

〈再用前韻〉

羅浮山下梅花村，玉雪為骨冰為魂。紛紛初疑月桂樹，耿耿獨與參橫昏。

先生索居江海上，悄如病鶴棲荒園。天香國豔肯相顧，知我酒熟詩清溫。

蓬萊宮中花鳥使，綠衣倒掛扶桑暾。抱叢窺我方醉臥，故遣啄木先敲門。

麻姑過君急灑掃，鳥能歌舞花能言。酒醒人散山寂寂，惟有落蕊黏空樽。

〈花落復次前韻〉

玉妃謫墮煙雨村，先生作詩與招魂。人間草木非我對，奔月偶桂成幽昏。
暗香入戶尋短夢，青子綴枝留小園。披衣連夜喚客飲，雪膚滿地聊相溫。
松明照坐愁不睡，井花入腹清而暾。先生年來六十化，道眼已入不二門。
多情好事餘習氣，惜花未忍終無言。留連一物吾過矣，笑領百罰空罍樽。

〈贈嶺上梅*〉

梅花開盡百花開，過盡行人君不來。不趁青梅嘗煮酒，要看細雨熟黃梅。

*東坡於一一〇〇年五月獲大赦由海南北歸，次年年初過大庾嶺，此在嶺上作。東坡最後一首梅花詩，時已六十六歲。一一〇一年七月二十八日（陽曆八月二十四日）病歿常州。

以上共十九題四十三首，東坡梅花之作如此，可以說是空前的。東坡寫第一首梅花詩後，於七月二十八日被逮捕下天牢，關了一百二十天，逃過一死，被貶黃州五年，因有東坡別號。寫完最後一首梅花詩，撐到常州，備受病痛折磨，畢竟病逝，也是七月二十八日，豈非天命！湊一首紀念，〈梅花　集東坡詩句漫成〉：

也知造物含深意，開自無聊落更愁。夢裡東風泛蘋芷，人間到處任君遊。

山茶

小寒二候花

小寒第二候的花信是「山茶」花。據明朝李時珍（一五一八戊寅——一五九三）《本草綱目》：

山茶產南方，樹生，高者丈許，枝幹交加。葉頗似茶葉，而厚硬有稜，中闊頭尖，面綠背淡，深冬開花，紅瓣黃蕊。

故而山茶與茶花自是不同。山茶大多是紅瓣黃蕊，被稱為「鶴頭丹」、「鶴頂紅」，也有白色的，又稱「玉茗花」。黃庭堅作〈白山茶賦〉，讚美說：

高潔皓白，清修閒暇，徘徊冰雪之晨，偃蹇霜月之夜。……雖瓊華明后土之祠，白蓮秀遠公之社，皆聲名籍甚，俗態不捨，挾脂粉之氣而蘊蘭麝，與君周旋，其避三舍。

詠山茶的詩，從晚唐開始，到兩宋極盛。就從晚唐詩僧貫休（八三二壬子——九一二）的〈山茶花〉開始，細品山茶花的丰姿：「風裁日染開仙囿，百花色死猩血謬。今朝一朵墮階前，應有看人怨孫秀。」晉代孫秀向石崇索求其愛妾綠珠遭拒，遂設計殺害石崇，綠珠自墜樓死以報石崇。這裡以山茶之零落階下，比喻如綠珠之自墜危樓。唐人所作或僅此一首，然後宋人山茶之什，則眩人眼目，就從北宋詩人梅堯臣詠山茶看起：

〈山茶花樹子贈李廷老〉　梅堯臣

南國有嘉樹，華居赤玉杯。曾無冬春改，常冒霰雪開。
客從天目來，移比瓊與瑰。贈我居大梁，蓬門方塵埃。
舉武尚有礙，何地可以栽。每游平棘侯，大第夾青槐。
朱欄植奇卉，磨碧為甃臺。於此豈不宜，亟致勿徘徊。
將看榮茂時，莫嗟寒園梅。

〈山茶〉

紅蕚勝朱槿，越丹看更大。臘月冒寒開，楚梅猶不奈。
曾非中土有，流落思江外。

〈山茶花〉　陶弼（一〇一五乙卯—一〇七八）

江南池館厭深紅，零落山煙山雨中。卻是北人偏愛惜，數枝和雪上屏風。
淺為玉茗深都勝，大白山茶小海紅。名譽漫多朋援少，年年身在雪霜中。

〈山茶花〉　曾鞏（一〇一九己未—一〇八三）

山花山開春未歸，春歸正值花盛時。蒼然老樹昔誰種，照耀萬朵紅相圍。
蜂藏鳥伏不得見，東風用力先噓吹。追思前者葉蓋地，萬木慘慘攢空枝。
寒梅數綻小顏色，霰雪滿眼常相迷。豈如此花開此日，絳豔獨出凌朝曦。
為憐勁意侶松柏，欲攀更惜長依依。山榴淺薄豈足比，五月霧雨空芳霏。

〈以白山茶寄吳仲庶見貺佳篇依韻和酬〉

山茶純白是天真，筠籠封題摘尚新。秀色未饒三谷雪，清香先得五峯春。
瓊花散漫情終蕩，玉蕊蕭條跡更塵。遠寄一枝隨驛使，欲分芳種更無因。

〈邵伯梵行寺山茶〉　蘇軾

山茶相對本誰栽，細雨無人我獨來。說似與君君不會，爛紅如火雪中開。

〈山茶〉

遊蜂掠盡粉絲黃，落蕊猶收蜜露香。待得春風幾枝在，年來殺菽有飛霜。

〈和子由開元寺山茶舊無花今歲盛開〉

長明燈下石欄干，長共杉松鬥歲寒。葉厚有稜犀甲健，花深少態鶴頭丹。
久陪方丈曼陀雨，羞對先生苜蓿盤。雪裡盛開知有意，明年開後更誰看。

〈山茶〉＊

蕭蕭南山松，黃葉隕勁風。誰憐兒女花★，散火冰雪中。
能傳歲寒姿，古來惟丘翁。趙叟◎得其妙，一洗膠粉空。
掌中調丹砂，染此鶴頂紅。何須誇落墨，獨賞江南工◆。

＊坡翁只要興致到，便風雨無阻地登山涉水看花，寒風冷雨若等閒，說山茶沉穩，更讓人低迴。

★「兒女花」即「萱草」。

◎丘翁指丘潛，五代後蜀畫家；趙叟指趙昌，五代南唐畫家。二人均當時著名畫家，趙昌尤有盛名。

◆末兩句指南唐畫家徐熙（八八六丙午－九七五），善畫花木禽鳥，自成「徐熙畫派」。

〈次韻再詠山茶〉　朱長文（一〇三九己卯－一〇九八）

珍木何年種，繁英滿舊枝。開從殘雪裡，盛過牡丹時。
對日心全展，凌風幹不攲。藥階如賦詠，欠此尚相思。

〈開元寺殿下山茶〉　蘇轍（一〇三九己卯－一一一二）

古殿山花叢百圍，故園曾見色依依。凌寒強比松筠秀，吐豔空驚歲月非。

冰雪紛紜真性在，根株老大眾園希。山中草木誰攜種，潦倒塵埃不復歸。

〈胡季和送江梅山茶來〉 晁說之（一〇五九己亥——一一二九）

山茶有色笑江梅，無色江梅謝不才。莫言無色無才思，幾許才從色上來。
天際素娥能綽約，人間紅袖恨徘徊。誰將玉質酡顏醉，絳雪朱絲解不開。

〈雪中山茶〉 釋惠洪（一〇七一辛亥——一一二八）

綠羅架上破紅裙，占得春多獨有君。那料曉來猶帶雪，素衣丹頂鶴成群。

〈山茶〉 王安中（一〇七六丙辰——一一三四）

無窮芳草度年華，尚有寒來幾種花。好在朱朱兼白白，一天飛雪映山茶。

〈蝶戀花　山茶〉

巧剪明霞成片片，欲笑還嚬，金蕊依稀見。拾翠人寒妝易淺，濃香別注唇膏點。
竹雀喧喧煙岫遠，晚色溟濛，六出花飛遍。此際一枝紅綠眩，畫工誰寫銀屏面。

〈山茶〉 王之道（一〇九三癸酉——一一七〇）

開花不與眾芳期，先得江梅破白時。犀甲鶴頭微帶雪，畫屏曾見兩三枝。

〈山茶〉 王十朋（一一一二壬辰——一一七一）

一枕春眠到日斜，夢回喜對小山茶。道人贈我歲寒種，不是尋常兒女花。

〈族兄贈山茶〉

野性無端喜種花，吾兄得得贈山茶。鶯聲老後移雖晚，鶴頂丹時看始嘉。
雨葉鱗鱗成小蓋，春枝豔豔首群葩。自慚欲報無瓊玖，來往同看本一家。

〈山茶〉 郭印

〈山茶〉

嚴冬能獨秀，渾不藉春風。葉自經霜碧，花應鬥日紅。

望中幾眩眼，高處欲燔空。安得栽培手，移根向邑中。

〈山茶〉

枯林獨秀染胭脂，不使群芳次第窺。月桂殷勤來並色，江梅寂寞許同時。

霜飛雪舞終難挫，蝶隱蜂逃各未知。折得一枝聊慰眼，兒童拍手誤春期。

〈白山茶　亦曰玉茗〉

洪适（一一一七丁酉—一一八四）

自讀文成賦，經營巧作難。涪翁真溢美，何似鶴頭丹。

〈山茶〉

平泉窮勝事，南守送名花。寓意懲多愛，勞人召怨嗟。

〈求山茶花〉

喻良能（一一二〇庚子—？）

瑠璃剪葉碧團團，收拾繁枝徑尺寒。舉贈詩翁知有意，要令飽看鶴頭丹。

〈山茶一樹自冬至清明後著花不已〉

陸游（一一二五乙巳—一二一〇）

東園三日雨兼風，桃李飄零掃地空。惟有山茶偏耐久，綠叢又放數枝紅。

〈山茶〉

雪裡開花到春晚，世間耐久孰如君。憑闌歎息無人會，三十年前宴海雲。

〈十二月十八日海雲賞山茶〉

范成大（一一二六丙午—一一九三）

追趁新晴管物華，馬蹄鬆快帽簷斜。天南臘盡風晞雪，冰下春來水漱沙。

已報主林催市柳，仍從掌故問山茶。豐年自是歡聲沸，更著牙前畫鼓撾。

〈山茶〉

楊萬里（一一二七丁未—一二〇六）

〈山茶花〉　張鎡（一一五三癸酉—一二二一）

樹子團團映碧岑，初看喚作木犀林。誰將金粟銀絲膾，簇飣朱紅菜椀心。
春早橫招桃李妒，歲寒不受雪霜侵。題詩畢竟輸坡老*，葉厚有稜花色深。

*東坡〈山茶詩〉云：「葉厚有稜犀甲促，花深少態鶴頭丹。」

〈謝人送白山茶花二首〉

翠翼高攢葉，朱纓澹拂花。來從山塹側，開稱晝簷牙。
影薄誰停繡，香清似煮茶。幾多輕斂態，月動夾窗紗。
韻勝*初聞不記年，偶逢俄在軟紅邊。山礬不遇南昌老，爭得嘉名亞水仙。
屋角春聲喜報晴，青裳玉面曉妝明。為君自斷天休問，依倚清香樂此生。

*山茶花初因黃山谷得名，而韻勝字亦見山谷〈白山茶賦〉。近時都城來有重此花者。

〈賞山茶〉　吳芾（一一〇四甲申—一一八三）

向晚佳人逞豔妝，偶隨月姊到山房。自憐老去無佳句，亦復冥搜為發揚。

〈山茶〉　楊冠卿（一一三九己未—？）

綠葉巃嵸襯渥丹，疏林殘雪尚班班。先驅特為東君至，怕向春風桃李間。

〈陳希仲贈山茶〉

都勝名花入小園，群芳無復敢爭妍。童童翠蓋藏春色，豔豔繁燈照雪天。
青蕊似開吾輩眼，高標不染俗流錢。此花端有歲寒意，好賦甘棠蔽芾篇。

〈白山茶〉　許及之（？—一二〇九）

白茶誠異品，天賦玉玲瓏。不作燒燈焰，深明韞櫝功。

易容非世力，幻質本春工。皓皓知難汙，塵飛漫自紅。

〈山茶〉

程公許（？—一二五一）

老枝叢梗葉，殷色吐肥花。卻見凌寒意，無人為賞嗟。

〈和虞使君賦山茶花二首〉

眼明絕豔照凋年，傲雪凌霜分外妍。鶴頂染砂那得似，犀棱削角自蒼然。
若為白瑞三冬裡，獨抱丹心一節堅。歲晚須公與商略，儘渠春晝萬紅嫣。
梅花蘸影碧江潯，似怪高人金玉音。詠絮可憐清寡伴，冠霞來與共論心。
定知句迫瓊瑤響，莫惜杯浮琥珀深。姑射清寒西子醉，一時嫵媚索高吟。

〈山茶〉

俞國寶（生卒年約在南宋孝宗時）

花近東谿居士家，好攜尊酒款攜茶。玉皇收拾還天上，便恐筠陽無此花。
玉潔冰寒自一家，地偏驚對此山茶。歸來不負西遊眼，曾識人間未見花。

〈蝶戀花　山茶〉

張炎（一二四八戊申—一三二〇）

花占枝頭忺日焙，金汞初抽，火鼎鉛華退。還似瘢痕塗獺髓，胭脂淡抹微酣醉。
數朵折來春檻外，欲染清香，只許梅相對。不是臨風珠蓓蕾，山童隔竹休敲碎。

〈春晚山茶花數朵豔甚〉

胡仲弓（？—一二六六）

萬紅雕落盡，留住隔年花。獨豔迎人笑，殘妝帶雨斜。
物情無老少，春意自繁華。顏色休相妒，風流別一家。

〈春晚見山茶花一枝獨開〉

胡仲參（？—一二六五）

酴醾開盡見山茶，血色嬌春帶雨斜。莫是今年逢閏月，東風吹到背時花。

〈山茶〉

劉克莊（一一八七丁未—一二六九）

青女行霜下曉空，山茶獨殿眾花叢。不知戶外千林縞，且看盆中一本紅。

性晚每經寒始坼，色深那愛日微烘。人言此樹尤難養，暮溉晨澆自課童。

〈石峽山茶盛開〉

方逢辰（一二二一辛巳—一二九一）

水崖赤骨物俱老，火樹生陽我不孤。鐵葉幾經寒暑戰，丹心不為雪霜枯。

托根峽裡老居士，加號花中烈丈夫。顏色不淫枝榦古，洛陽牡藥只為奴。

凡卉春妍誇國色，此花陰極抱陽明。人疑芝草非時出，我謂丹砂托樹生。

可惜洛中忻富貴，不知霜裡蓄精英。老夫詩若宋初出，牡藥如何得盛行。

〈東甌雪中山茶盛開〉

方鳳（一二四一辛丑—一三二二）

海色連蓬島，同雲一望迷。寒花空故故，醉酒只悽悽。

卜世無三兆，傷心有五噫。仲宣樓上賦，愁絕不堪題。

〈山茶〉

郝經（一二二三癸未—一二七五）

雪塢敧斜綠葉稀，梅邊竹底弄嬌姿。小山曲檻偏宜著，飛蝶狂蜂總不知。

秦樹怨離拋翡翠，漢宮愁絕冷臙脂。內家最愛常留得，生色屏風有數枝。

〈山茶花〉

方回（一二二七丁亥—一三〇五）

石楠巖桂萬年枝，方駕分花占四時。犀甲鶴頭傲霜雪，入春猶見歲寒姿。

〈山茶〉

尹廷高

〈山茶〉

王旭（？—一九六九）

東風知費幾工夫，繡出堂前畫錦圖。不假丹砂塗鶴頂，任教黃粉染蜂鬚。

葉映湖山滿翠陰，花搖鶴頂更紅深。誰知冰雪寒梅外，獨有春風富貴心。

虞集（一二七二壬申—一三四八）〈山茶〉

萬木老空山，花開綠葉間。渥丹深雪裡，不作少年顏。

王沂（一四四三癸亥—？）〈山茶〉

青雀西飛阿母宮，霓旌羽蓋綠雲中。丹砂費盡三千斛，染出仙衣鶴頂紅。

劉嵩（？—一三八一）〈山茶〉

聞說真常觀，山茶兀老蒼。根盤千古盛，幹拔五枝長。
翠羽團秋色，丹砂注夜光。神仙誰種此，又見海成桑。

〈山茶〉

綠剪龍鱗片，紅翻鶴頂砂。誰家小庭院，雪裡見宮花。

楊基（一三二六丙寅—一三七八）〈山茶〉

細簇蜂脾蠟，深栽鶴頂砂。雪中誰共賞，一樹玉梅花。

楊慎〈次沐希甫山茶花韻〉

山茶競開如火然，山城淑氣銷寒煙。幾經南國芳華遠，忽憶上林花信前。
賞心避地日多阻，抱病閉門春可憐。黃鬚紫萼莫相惱，青鏡綠樽非壯年。

〈山茶花〉

綠葉紅英鬥雪開，黃蜂粉蝶不曾來。海邊珠樹無顏色，羞把瓊枝照玉臺。

張新〈山茶〉

臙脂染就絳裙襴，琥珀妝成赤玉盤。似共東風解相識，一枝先已破春寒。

〈山茶〉　歸有光（一五〇六丙寅——一五七一）

山茶孕奇質，綠葉凝深濃。往往開紅花，偏在白雪中。
雖具富貴姿，而非妖冶容。歲寒無後凋，亦自當春風。
吾將定花品，以此擬三公；梅君特素潔，迺與夷叔同。

〈山茶〉　胡應麟（一五五一辛亥——一六〇二）

不作倚門妝，尚假傾城色。何似薛家娘，巧心懸素質。

〈山茶〉　清高宗乾隆

縱鮮幽香頗饒韻，雅供清詠復宜圖。名茶謾詡無茶用，紅玉輝輝飣夏瑚。

山茶有這麼多詩人歌詠真不簡單，戲用前賢句湊二首，〈雨中山茶　用前賢句成七絕二進行首〉：

細雨無人我自來，誰家紅袖獨徘徊。畫工能寫銀屏面，不是臨風朱蓓蕾。
梅邊竹底弄嬌姿，似共東風話久癡。縱少幽香頗饒韻，江梅寂寞許同時。

再湊一首，〈蝶戀花　山茶　次宋人王安中韻〉：

氣冷落紅飛片片，細雨微風，誰更寒來見。歲晚人心與味淺，奈何世事亂點點。
花樣年華空望遠，晚景濛濛，白髮曾梳遍。但有山茶花眼眩，小寒依舊多情面。

水仙花

小寒三候花

「水仙花」和「水仙」稍有分別，因為在古代傳說中的「馮夷」就是「水仙」。晚唐溫庭筠（八一二壬辰－八七〇）的〈水仙謠〉題下注說：「馮夷，華陰畔人也。服水石得水仙，是為河伯。」又傳說屈原自沉後：「其神遊於天河，精靈時降湘浦，楚人思慕，謂為『水仙』。」

而李白也傳死於水中，後也被稱為「水仙」；元朝薩天錫（一二七二壬申－一三五五）〈采石懷李白〉詩：「祗應風骨蛾眉妒，不作天仙作水仙。」清屈又升〈采石題太白祠〉說：「才人自古蛟龍得，太白三閭兩水仙。」因此，如詩題是「水仙」，則需先分別是否詠花。

唐朝幾乎看不到詠水仙花的詩。宋朝在黃庭堅以前，則韓維（一〇一七丁巳－一〇九八）有〈謝到水仙二本〉：

黃中秀外幹虛通*，乃喜佳名近帝聰。密葉暗傳深夜露，殘花猶及早春風。
拒霜已失芙蓉豔，出水難留菡萏紅。多謝使君憐寂寞，許教綽約伴仙翁。

*自注：「此花黃白中黃，莖幹虛通如葱，本生武當山谷中，土人謂之天葱。」
（水仙花原稱天葱呀）。

較韓維稍晚、在黃庭堅之前，還有兩首詠水仙花詩。

〈水仙花〉　劉攽（一〇二三壬戌－一〇八八）

早於桃李晚於梅，冰雪肌膚姑射來。明月寒霜中夜靜，素娥青女共徘徊。

〈水仙〉四首　徐積

曾乘秋浪泛銀河，撥盡閒雲恣浩歌。明月一環來拂面，玉龍十萬總隨波。

天上瑤池為別館，海間金闕是離宮。徐行按盡烟波國，高步卻來雲漢中。

昨夜曾游洛女家，自知此處勝烟霞。回鸞更按湘妃曲，醉踏煙波弄月華*。

龍馭曾遊絳水霞，回來卻坐赤鯨車。夜深正解雙珠珮，莫點犀燈照我家。

*詩中使用《九歌．湘君、湘夫人》和曹植〈洛神賦〉的典故。

蘇東坡有近三千首詩，獨無詠水仙花之作，很讓人意外。而黃庭堅的水仙花詩，雖不多卻影響很大，如下列：

〈王充道送水仙花五十枝欣然會心為之作詠〉

凌波仙子生塵襪，水上輕盈步微月。是誰招此斷腸魂，種作寒花寄愁絕。

含香體素欲傾城，山礬是弟梅是兄。坐對真成被花惱，出門一笑大江橫。

〈次韻中玉水仙花二首〉

借水開花自一奇，水沉為骨玉為肌。暗香已壓酴醾倒，只比寒梅無好枝。

淤泥解作白蓮藕，糞壤能開黃玉花。可惜國香天不管，隨緣流落小民家。

〈劉邦直送水仙花〉

得水能仙天與奇，寒香寂寞動冰肌。仙風道骨今誰有，淡掃蛾眉簪一枝。

黃山谷這四首詩，成為水仙花詩的標竿，後人多由之興感，無論同不同意山谷的立意或用詞，都可以發揮一番，使水仙花也能在梅花、山茶之後，以第三番信花崢嶸於冬日。接下來再看黃山谷之後的後宋朝水仙花詩。

張耒（一〇五四甲午—一一一四，黃庭堅同門）有詠水仙花詩，詩題很長，〈水仙花葉如金燈而加柔澤，花淺黃，其幹如萱草，秋深開至來春方已，雖霜雪不衰。中州未嘗見，一名雅蒜〉：

宮樣鵝黃綠帶垂，中州未省見仙姿。只疑湘水綃機女，來伴清秋宋玉悲。

水仙花原被稱「天葱」，而又有「雅蒜」之名，「雖云天與雅，畢竟蒜和葱」，真是情何以堪。

〈謝蘊文水仙花〉　晁以道（一〇五九己亥—一一二九）

飄零塵俗客，再見水仙花。清芬二十載，饒殺杜蘭家。

〈四明歲晚，水仙花盛開，今在鄜州，輒思之；此花清香異常，婦人戴之，可留之日為多〉

前年海角今天涯，有恨無愁閒嘆嗟。枉是涼州女端正，一生不識水仙花。

〈水仙花二絕〉　李之儀（一〇三八戊寅—一一一七）

得水能仙天與奇，寒香寂寞動冰肌。仙風道骨今誰有，淡掃蛾眉篸一枝。

借水開花亦自奇，冰沈為骨玉為肌。寒香自壓酴醾倒，只比江梅無好枝。

〈九江初識水仙〉　周紫芝（一〇八二壬戌—一一五五）

七十詩翁鬢已華，平生未識水仙花。如今始信黃香*錯，剛道山礬是一家。

天香不染麝煤烟，家近龍宮寶藏邊。世上鉛華無一點，分明真是水中仙。

＊詩人以「黃香」比作黃山谷，山谷有何錯！

〈水仙〉　呂本中（一〇八四甲子—一一四五）

澹綠衣裳白玉膚，近人香欲透衣襦。不嫌破屋颼飀甚，肯與寒梅作伴無。

破臘迎春開未遲，十分香是苦寒時。小瓶尚恐無佳對，更乞江梅三四枝。

〈和張元禮水仙花二首〉　王之道

素頰黃心破曉寒，葉如萱草臭如蘭。一樽坐對東風軟，敢比江梅取次看。

沉水香濃晝不煙，賦花誰是飲中仙。顧予老拙辭源澀，空想東坡萬斛泉。

〈和叔夏水仙八絕〉　胡寅（一〇九八戊寅—一一五六）

玉質檀心翠羽衣，寒梅開後獨當時。一枝折得將誰贈，想見花容出霧帷。

梅後寧知花便無，不從香草寄相如。為君表出風流冠，只有春蘭僅比渠。

葉是青霞剪作衣，花如靜女不爭時。豈應更浥薔薇露，撩得窺園不下帷。

灑然仙意指虛無，羅襪凌波定不如。織女未忘銀漢會，空煩濁水映清渠。

蓀橈蘭楫芰荷衣，婀娜愁予二八時。嫁與湘君捐袂褋，玉搔頭映白羅帷。

萱草盈堦是綠衣，玉簪陪檻敢同時。更餘瀧水無聊賴，都向仙姿共一帷。

海岸仙人絕代無，清揚白日坐如如。若從妙色光香覓，須信先生未識渠。

為花求偶豈全無，梅與山礬姊弟如。我已冥心薌澤觀，何須江水對軒渠。

〈水仙花二首〉　郭印

琉璃擢幹耐祁寒，玉葉金鬚色正鮮。弱質先梅誇綽約，獻香真是水中仙。

隆冬百卉若為留，獨對冰姿不解愁。誰插一枝雲鬢裡，清香渾勝玉搔頭。

〈水仙花〉　胡宏（一一〇二壬午—一一六一）

披風擎露曉光寒，玉立霜階照碧鮮。誰遣翩翩離海底，寶釵交映萃群仙。
湘娥故把玉鈿留，能為幽人一洗愁。不似梅花枝幹古，凋年寂寞暮江頭。

〈水仙〉＊

萬木凋傷後，孤叢嫩碧生。花開飛雪底，香襲冷風行。
高並青松操，堅逾翠竹真。挺然凝大節，誰說貌盈盈。

＊此詩為翻黃山谷詩意而成，原有長序。

〈水仙花〉　史浩（一一〇六丙戌—一一九四）

奇姿擅水仙，長向雪中看。翠碧瑤簪盍，鵝黃粉袂攢。
夜闌香苒苒，風過佩珊珊。著在冰霜裡，姮娥御廣寒。

〈水仙花〉　王十朋

葉抽書帶秀文房，玉表黃中耐雪霜。得水成仙最風味，與梅為弟各芬香。

〈和翁士秀水仙〉　曾協

正白深黃態自濃，不將紅粉作華容。卻疑洛浦波心見，合向瑤臺月下逢。

〈次韻龔養正送水仙花〉　范成大

色界香塵付八還，正觀不起況邪觀。花前猶有詩情在，還作凌波步月看。

〈水仙花四絕〉　楊萬里

江妃虛卻蕊珠宮，銀漢仙人謫此中。偶趁月明波上戲，一身春雪舞春風。

額間拂殺御袍黃，衣上偷將月姊香。待倩春風作媒卻，西湖嫁與水仙王。

韻絕香仍絕，花清月未清。天仙不行地，且借水為名。

開處誰為伴，蕭然不可親。雪宮孤弄影，水殿四無人。

〈水仙花〉

鯉魚程潤海茫茫，照眼瓊標十二行。攀弟梅兄同舊隱，風姨月姊特新妝。

湘濱人遠難聞瑟，洛浦才高最斷腸。何似香嚴真實處，鼻端無竅著猜量。

朱熹（一一三〇庚戌—一二〇〇）

〈水仙花賦〉

隆冬凋百卉，江梅厲孤芳。如何蓬艾底，亦有春風香。

紛敷翠羽帔，溫艶白玉相。黃冠表獨立，淡然水仙裝。

弱植愧蘭蓀，高操摧冰霜，湘君謝遺褋，漢水羞捐璫。

嗟彼世俗人，欲火焚衷腸。徒知慕佳冶，詎識懷貞剛。

淒涼柏舟誓，惻愴終風章。卓哉有遺烈，千載不可忘。

〈以水仙花供都運判院〉

張孝祥（一一三二壬子—一一六九）

十月西湖冰齒涼，梅間松下小齋房。幽芳靚色天為笑，落寞南來也自香。

瘴土風烟那有此，卻疑姑射是前身。冰肌玉骨誰消得，付與霜臺衣繡人。

雪屋因君發妙思，作歌可比漢芝房。根塵已證清淨慧，鼻觀仍薰知見香。

玉壺寒露映真色，霧閣雲窗立半身。可但凌波學仙子，絕憐空谷有佳人。

〈水仙〉

淨色只應撩處士，國香今不落民家。江城望斷春消息，故遺詩人詠此花。

〈水仙花〉

釋永頤

洛浦香銷珮解時，荊臺歸去峽雲遲。綠羅湘帶無心疊，玉墜頭花一半垂。

〈水仙花〉

李龏

襪羅塵冷不勝嚬，更向東風占盡春。三十六灣明月下，女冠逢著謫仙人。

〈水仙花二首〉

李石（一一〇八戊子—一一八一）

碧雲玉搔頭，對景山月皎。霜靜在更深，風香我先曉。

肌膚剪秋水，垂雲出龍宮。我意得子珮，笑許無言中。

〈水仙花〉

陳傅良*（一一三七丁巳—一二〇三）

江梅丈人行，歲寒固天姿。蠟梅微著色，標致亦背時。

胡然此柔嘉，支本僅自持。乃以平地尺，氣與松篁夷。

粹然金玉相，承以翠羽儀。獨立萬槁中，冰膠雪垂垂。

水仙誰強名，相宜未相知。刻畫近脂粉，而況山谷詩。

吾聞抱太和，未易形似窺。當其自英華，造物且霽威。

平生恨剛褊，未老齒髮衰。掇花置膽瓶，吾今得吾師。

＊字止齋，永嘉學派代表，講經世濟用之學，所論自有不同。

〈江行得水仙花〉

袁說友（一一四〇庚申—一二〇四）

徹底清姿秀可餐，柔枝不怯膽瓶寒。三星細滴黃金盞，六出分成白玉盤。

是物合陪仙子供，何人遣傍客舟看。山礬似俗梅偏瘦，別與詩人較二難。

〈譚賀州勉賦水仙花四絕〉

曾丰（一一四二壬戌—一二二四）

會逢青帝欲回春，先與梅兄清路塵。自別其衣黃一點，示吾不敢與兄均。
與水相蒸暖盎春，湘妃洛女是前身。乘風香氣凌波影，挑弄眠冰立雪人。
高固難為太素容，卑還惡紫又羞紅。柔黃軟白交相炫，色一歸於正與中。
玉女瓊姬暫謫居，水中無可與為徒。蓮花固與六郎似，貞女終輕賤丈夫。

〈水仙花〉 劉學箕（？—一一九二）

借水開花體態豐，護畦寒日玉瓏璁。素槃黃盞清尊並，綠箸青簪白髮同。
楚楚凌波明振鷺，翩翩遵渚潔飛鴻。斷腸莫賦招魂句，我政憐渠趣未窮。

〈浣溪沙　水仙花〉＊

水上輕盈步月明，凌波仙子襪生塵。是誰招此斷腸魂。
種作寒花愁絕意，含香豔素欲傾城。並芳難弟與難兄。

＊此詞隱括黃山谷詩而成。

〈水仙花〉 韓琥（一一五九己卯—一二二四）

清浸數枝香動人，待吟詩句與花新。洞庭風度湘靈瑟，月冷波寒誰寫真。
冬深猶有水仙花，雪打霜催更好葩。歲歲山間連檻種，數枝亦足傲塵沙。

〈水仙花〉 劉克莊

歲華搖落物瀟然，一種清芬絕可憐。不許淤泥侵皓素，全憑風露發幽妍。
騷魂灑落沉湘客，玉色依稀捉月仙。卻笑涪翁＊太脂粉，誤將高雅匹嬋娟。

＊涪翁指黃山谷。

〈賦水仙花〉 舒岳祥（一二一九己卯—一二九八）

冷淡不生桃李徑，只將素豔伴紅梅。冰清玉潤檀心炯，日暮天寒翠袖迴。
似倚蘭舟并桂楫，羞稱金盞共銀臺。誰將六出天花種，移向人間妙奪胎。

〈水仙花〉　黃庚（宋末元初人）

冰魂月魄水精神，翠袂凌波濕楚雲。雪後清閒誰是侶，汨羅江上伴湘君。

兩宋三十家的水仙花詩，已經很可觀了，而僅元朝一代，水仙花詩就更有突破：

〈水仙花〉　商挺（一二〇九己巳——一二八八）

海上三山璧月明，人間誰識許飛瓊。秋風吹上青鸞背，來散天香與素英。
明月珠衣翡翠裳，冰肌玉骨自清涼。不隨王母瑤池去，來侍維摩病几旁。

〈水仙花〉　袁易（一二六二壬戌——一三〇六）

疾風吹長林，急雪集叢竹。飛仙從何來，翩然賁空谷。
初逢恍若驚，莊視矧敢黷。黃裳韞華藻，素服立幽獨。
昔聞賢達流，滄波振遐躅。太白御鯨背，靈均葬魚腹。
永傷骨為土，緬想人如玉。貞魂千秋後，流落依草木。
吾將佩幽芳，采采不盈掬。

〈水仙花〉　楊載（一二七一辛未——一三二三）

花似金杯薦玉盤，炯然光照一庭寒。世間復有雲梯子，獻與嫦娥月裡看。

〈水仙花〉　洪希文（一二八二壬午——一三六六）

蕹葉葱珩短短枝，香清韻絕水為肌。月明夜色玉連鎖，露冷秋莖金屈巵。
感托洛神曾有賦，品題湘女可無詩。商量恰好海棠聘，月老無人為主持。

〈水仙花二首〉　劉鶚（一二九〇庚寅——一三六四）

水府群仙別一家，清標為洗世鉛華。霜根種種八九月，獨幹亭亭四五花。
素質自堪齊玉雪，冰肌那肯混烟霞。他時明月瑤臺下，一笑相逢更絕佳。

凌波仙子太輕盈，鍾得扶輿氣質清。太史*謬稱礬是弟，花神應許我為兄。
翠葩不逐春風轉，玉骨惟隨夜月明。置向席間看不厭，哦詩同訂歲寒盟。

*「太史」指黃庭堅。

〈賦水仙花〉　蒲道源（一二六〇庚申——一三三六）

柔荑凌雪並梅芳，玉質金相擅國香。方悟西湖林處士，合教配食水仙王。
翠翎叢裡擢寒英，香比梅花一樣清。動得詩家黃太史，為渠覓句播芳名。

〈水仙花〉　胡助（一二七八戊寅——一三五五）

南浦飛雲洛水神，凌波微步不生塵。梅兄礬弟雖同趣，一種風流別是春。

〈題水仙〉　陳高

深冬霜雪送年華，野草全枯木作芽。賴有小園春意在，新開無數水仙花。

〈水仙花〉　倪瓚（一三〇一辛丑——一三七四）

曉夢盈盈湘水春，翠虬白鳳照江濱。香魂莫逐冷風散，擬學黃初賦洛神。

〈水仙花二首〉　丁鶴年（一三三五乙亥——一四二四）

湘雲冉冉月依依，翠袖霓裳作隊歸。怪底香風吹不斷，水晶宮裡宴江妃。

影娥池上晚涼多，羅襪生塵水不波。一夜碧雲凝作夢，醒來無奈月明何。

接續來看明、清兩朝的水仙花詩，又有什麼新樣，並與水仙花道別。

〈白描水仙花〉

張昱（元末明初人）

月下歸來看未真，烏絲幾縷欲生春。莫教縞帶隨風遠，留綰明珠贈洛神。

〈題水仙花〉

史謹（？—一三六七）

冰為肌骨玉為容，時有天香散遠風。欲就馮夷飧石髓，鳴璫聲度月明中。

〈水仙花〉

劉璟（一三五〇庚寅—一四〇二）

婀娜仙姿江漢阿，宛疑月殿下嫦娥。翠翹弄影天風細，玉質浮香雨露多。交甫褰裳承委佩，思王*按轡賦凌波。歲寒無愧盟三友，擊節抒情為爾歌。

*曹植（一九二壬申—二三二），字子建，受封為陳王，諡號為思，故又稱陳思王，作〈洛神賦〉。

〈題水仙花二首〉

王洪

南國多佳人，春風漢皋曲。翠鬢而華裾，逍遙湘水綠。

秀色不自獻，芳香動盈掬。蹇修其誰來，期之在深谷。

幽思不可極，蕩舟湘水間。日暮遇佳人，弄珠妖且閑。

馨香隨風發，秀色若可餐。願此托交甫，解珮以為歡。

〈水仙花〉

王鏊（一四五〇庚午—一五二四）

藐姑射之神人，攜漢濱之二女。

儼仙袂之飄颻，涉滄波而齊步。
悵交甫以莫從，攀桂枝兮延佇。

〈水仙花〉　朱誠泳（一四五八戊寅—一四九八）

仙娥遊水府，肌骨是耶非。解佩逢交甫，凌波訝宓妃。
清風常灑灑，香雪自霏霏。不作人間夢，湘魂一片飛。

〈水仙花〉　楊慎

玉骨冰肌別樣春，凌波步小襪生塵。風來水面香飛處，疑是當年解珮人。

〈水仙花四絕〉

凌波微步洛川傍，合與江梅競晚芳。不見當年林處士，西湖配食水仙王。
金盞銀臺映綠樽，清香況復賽蘭蓀。秖應岩桂為朋輩，未許山礬作弟昆。
瑤池阿母惜幽芳，青鳥東來未許將。小玉雙成都睡去，一枝傳自段安香。
乘鯉琴高採掇新，蔚藍天上少紅塵。黃姑渚畔湔裙水，不是人間妒婦津。

〈水仙花五首〉　朱樸（一五二四甲申—一六〇八）

碧池妝鏡曉寒消，不染鉛華意自嬌。惱殺江南趙公子，卻將金粉浣生綃。
碧露盈盈點翠苗，香風冉冉月中飄。遺芳不入騷人佩，泣對秋蘭恨未消。
粉額塗黃彈翠翹，練裙和露束纖腰。猶疑漢武長門夜，寂寞春寒鎖阿嬌。
月冷秦樓罷玉簫，水邊飛步倚蘭苕。幽花剪刻無人識，零落釵頭白鳳翹。
白玉搔頭金鳳翹，翠裙裊裊束纖腰。紫簫吹斷瑤池夢，飛落寒塘寄寂寥。

〈水仙花〉　王世貞（一五二六丙戌—一五九〇）

瑤池消息路還通，謫籍初分弱水東。吟罷冰壺秋片片，摘殘珠蕊夜叢叢。
霓裳舞奪唐宮月，紈扇歌留漢殿風。零落總如交甫珮，漢江清夢曉來空。

〈水仙花〉　黃淳耀（一六〇五乙巳—一六四五）

小徑誰曾踏，寒芳已著花。氣清春自遠，姿淡月難加，
不采憐幽素，盈畦任整斜。彼姝貞未嫁，持贈豈云差。

〈水仙花〉　彭孫遹（一六三一辛未—一七〇〇）

冷豔幽香閱歲華，獨憑水石結根芽。莫將國色輕相比，碧玉從來是小家。

〈玉連環　水仙〉　曹貞吉（一六三二甲戌—一六九八）

盈盈似隔紅塵路，陳王休賦。黃昏不是乍聞香，月底更無尋處。
靜掩繡簾朱戶，更聽微雨。青溪溪畔女郎祠，髣髴見魂來去。

〈詠水仙花八韻〉　張英

自有神仙骨，況依清淺波。前身應孝女，小字比湘娥。
種別玲瓏巧，花憐姊妹多。衫裁微碧絹，結翦澹黃羅。
影入殘年燭，香留徹夜哦。玉盆圍白石，銀蒜藉青莎。
梅婢那堪受，蘭妻應若何。清芬推第一，花史許誰過。

〈見案頭水仙花偶作二首〉　清聖祖康熙（一六五四甲午—一七二二）

翠帔緗冠白玉珈，清姿終不汙泥沙。騷人空自吟芳芷，未識凌波第一花。
冰雪為肌玉鍊顏，亭亭如立藐姑山。群花只在軒窗外，那得移來几案間。

〈東扶送水仙花五本，時臘月七日雨中〉　厲鶚（一六九二壬申—一七五二）

春思於花亦太廉，一花一葉一愁添。肉人不合尋常見，燈影娟娟雨半簾。

〈水仙花〉　　清高宗乾隆

丰姿未肯倩他憐，照影獨臨清水邊。試讀陳思洛神賦，其餘比擬概應捐。

徐有貞（一四〇七丁亥—一四七二）有〈水仙花賦〉，於水仙花讚頌備至，賦甚長，在此錄其結語：「清兮直兮，貞以白兮。發采揚馨，含芳澤兮。仙人之姿，君子之德兮。」

讀了這麼多詠水仙花的詩詞，突然想到一句俗語：「水仙不開花，裝蒜！」水仙花就是「天葱」、「雅蒜」呀！也先以三絕句讚之，〈水仙花〉：

天葱雅蒜奈若何，玉骨冰肌自婆娑。水上盈盈輕似夢，人間處處贊凌波。

凌波微步襪無塵，塵世風煙誰斷魂。魂自歸來清似水，水中仙姿花絕倫！

任是輕盈韻悠悠，開自無聊落更愁。細雨不堪寒濕盡，空知臨水已驚秋。

再以詞調〈水仙子〉詠之，〈水仙子　水仙花〉：

小寒三候各舒張，梅有高韻擅詞章。山茶便蘊蜜露霜，無如粉落黃。

凌波水上淒涼。雖玉骨，幸自芳。辜負天香！

大寒

整年最冷的節氣

「大寒」在「小寒」之後，依前人說法：「小寒，冰猶未盛；大寒乃盛」、「小寒」是「風寒」，而「大寒」是「氣寒」。

三候

一　雞始乳．征鳥厲疾．水澤腹堅　一

初五日：雞始乳。雞是卵生禽類，怎說「乳」呢？看乾隆的解釋：

卵生無乳胎生乳，雞乳蓋因孚翼名。从乙从孚元鳥喻，司晨司夜玉衡精。
知時雅合為雄唱，論政還當戒牝鳴。漫道新雛力猶弱，養成擬賽鬥場爭。

甲骨文「乳」字是一女子懷抱嬰兒在餵乳（據甲骨文專家許進雄教授說）。乾隆用了前人並不正確的解釋，姑且說說：所謂「从孚從乙」，孚又從爪子，指禽類伏卵時翻覆其卵以生雛，乙同燕（玄鳥）。以人之乳子，兼釋燕之孵卵為乳，而及雞禽。四、五兩句用「玉衡星散為雞，遠雅頌，著倡優，則雄雞五足。」（《春秋運斗樞》）「衡」是北斗七星的第五星，以玉為衡，表示對天象的重視。雞能報曉，故稱之「玉衡精」。「牝雞司晨」為古人所戒。雛雞善加養育，可成雄壯鬥雞。

次五日：征鳥厲疾。乾隆說：

鷙禽亦復名征鳥，其性能禁風與霜。百草已枯眼益疾，三冬欲盡力尤強。
雄心勁羽方將試，華絆金環亦所當。苑監告他飼養者，還應熟慮飽而揚。

「鷹」、「隼」之類的猛禽，就是「征鳥」。唐朝詩人王維（六九二己亥—七六一）的詩句「草枯鷹眼疾」就是說這個。

後五日：水澤腹堅。乾隆說：

卦在坎還支在亥，亥為剛地坎為川。無非氣運神而化，自合凍凝腹乃堅。
太液冰嬉頒賞賚，萬年國俗寓機權。貞元遂啟三陽泰，七十二章吟以全。

大寒於六十四卦中配「坎卦」，和十二地支的最後一位「亥」相配，「腹堅」是說「水的中心凝固如堅冰」。五、六兩句乾隆自注說：「國俗有冰嬉之技，每歲冬至後至臘日，於太液池按八旗排日簡閱，分等賞賚，既可肄勞習武，兼以勵眾施恩，誠萬年所當遵守之善制也。」

第七句是說：過了大寒就將迎接正月，冬將去，春將來。而正月在六十四卦中是「泰卦」，乾卦在內（下），坤卦在外（上）；乾卦三陽爻，是大吉祥（元、大、貞、祥）的到來。最後一句，乾隆讚嘆自己把二十四節氣七十二候完全以詩吟詠，大有如釋重負的欣喜。這套組詩真的是空前絕後的表現，相當不簡單。

大寒也和小寒一樣，幾乎沒有專為此節氣而作的詩文，試舉北宋兩首為例：

〈大寒夜坐有感〉（節錄）　宋庠

河洛成冰候，關山欲雪天。寒燈隨遠夢，殘曆流年杯。

〈大寒吟〉　邵雍（一〇一一辛亥—一〇七七）

舊雪未及消，新雪又擁戶。階前凍銀床，簷頭冰鍾乳。
清日無光輝，烈風正號怒。人口各有舌，言語不能吐。

小寒、大寒過了，一年就到尾聲了。節氣能夠周而復始，生命也可以薪盡火傳！試湊一首，〈大寒戲效五言十二字體成七言四句二十五字〉：

小寒大寒陰陽變，小亂大亂世界散。新歲舊歲前後看，人間空轉！

瑞香花

大寒一候花

「瑞香花」的名稱，最早或見於由五代入宋的陝西人陶穀（九〇三癸亥－九七〇）所撰的《清異錄》一書，書中有三則相關記事：

一、睡香：「廬山瑞香花，始緣一比丘，晝寢盤石上，夢中聞花香烈酷，不可名。既覺，尋香求之，因名『睡香』。四方奇之，謂乃花中祥瑞，遂以『瑞』易睡。」原來這花是江西廬山特產的不知名花，被比丘取名「睡香」，後改稱「瑞香」，還有些傳奇性呢！

二、《花經》九品九命：「張翊者，世本長安，因亂南來。先主擢置上列，卒。翊好學多思致，嘗戲造《花經》，以九品九命升降次第之。時服其允當。……一品九命：蘭、牡丹、蠟梅、酴醾、紫風流（睡香異名）。」張翊仿九品任官制，編《花經》，「睡香」被列為一品。張翊的生平，略見北宋末期人龍袞所撰《江南野史》。張翊曾仕南唐中主、後主，有文采，但沒有記《花經》的事。

三、洛白揚紅汴黃江紫：「瑞香有洛白、揚紅、汴黃、江紫；花之變極矣。」瑞香花的花色：洛陽白、揚州紅、汴京（開封）黃、江州（九江）紫等，花色變化很大。

看來，至少在南唐李後主（李煜，九三七丁酉－九七八）的時候，瑞香已經由九江廬山向黃河、汴水、長江以北各地繁衍，而且也可以說明為何五代以前的詩文幾乎看不到這花的蹤影！

或者以為瑞香花就是《楚辭・九章・涉江》中「露甲辛夷，死林薄兮」中的「露甲」，但不能證實。而陶穀這三則記事，後人輾轉引用，漸漸與文本有了差異。如下段引文：

> 《復齋漫錄》說：「廬山瑞香花，古所未有，亦不產他處。天聖中始稱傳，東坡諸公，繼有詩詠。豈靈草異芳，俟時乃出，故記序篇什，悉作瑞字。訥禪師云：『山中瑞采一朝出，天下名香獨見知。』張祠部圖之，強名佳客，以瑞為睡焉，其詩曰：『曾向廬山睡裡聞，香風占斷世間春。窺花莫撲枝頭蝶，驚覺南柯半夢人。』」《苕溪漁隱》曰：「余觀元祐群公集，並無詠瑞香花詩，惟東坡〈次韻曹子方龍山真覺院瑞香花〉云：『幽香結淺紫，來自孤雲岑。骨香不自知，淺色意殊深。移栽青蓮宇，遂冠薝卜林。結為楚臣佩，散落天女襟。』又有〈西江月詞〉三首，其一云：『領巾飄下瑞香風，驚起謫仙春夢。』其一云：『更看微月轉光風，歸去春雲入夢。』東坡詞意，亦與張祠部詩意相類，但能含蓄之耳。」

這是南宋初胡仔（一〇九五乙亥—一一七〇）《苕溪漁隱叢話》的一段文字（見《後集》卷三十五）。稍作解釋：

一、《復齋漫錄》的著者向來不知，經個人考證是「龔相」，南宋初期人。

二、天聖是北宋仁宗的第一個年號，自一〇二三到一〇三〇年。

三、訥禪師是東坡好友佛印（一〇三二壬申—一〇九八）的師父。所引詩僅存此兩句。

四、「張祠部圖之，強名佳客，以瑞為睡」句，張祠部為張景修，與黃庭堅同一年（一〇六七）進士。官至祠部郎中，所以稱作張祠部。曾以十二花作「十二客圖」（圖之）：「梅花清客、牡丹貴客、芍藥近客、荼蘼雅客、瑞香佳客、薔薇野客、桂花仙客、荷花靜客、茉莉遠客、蘭花幽客、菊花壽客、丁香素客。」這是依據陶穀《清異錄》的敘述。

五、苕溪漁隱：胡仔的別號。胡仔撰有《苕溪漁隱叢話》一百卷，是宋朝筆記名著。

六、「〈西江月詞〉三首」句，實際應是四首。

明朝楊慎有〈瑞香花詩〉一文，既說「瑞香花即《楚辭》所謂露甲也」。又說張圖之改瑞香為睡香，並說唐人詩云：「誰將玉膽薔薇水，新濯瓊肌錦繡禪。體物既工，用韻又奇，可謂絕唱矣！」（《升菴集》卷五十九）

瑞香花是否「露甲」，有待證實。誤以張圖之為人名，又誤讀陶穀原文改「睡香為瑞香」之意，而所稱唐人詩，實為南宋楊萬里所作〈瑞香花開呈益國公〉詩中語，全詩是：

近看丁香萬斛攢，遠看郤與紫毬般。誰將玉膽薔薇水，新灌肌膚錦繡禪。
淨界薰修爾芬馥，無人剪剔自團欒，下元前至上元後，省得龍沉與麝蘭。

楊用脩一代大家，也難免疏失如此，讀書實難。

明朝第五代皇帝宣宗朱瞻基（一三九九己卯—一四三五）有〈瑞香花詩〉一文，也可參考。

瑞香花有數種，或紅或白或紫，春早盛開，芬馥可，蓋唐、宋人多有賦詠之者。予亦見之短篇云：

瑞香花，葉如織，其葉非一狀，花開亦殊色。
或如瑪瑙之殷紅，或如玉雪之姿容。或含淺絳或深紫，細蕤疊萼芬玲瓏。

臘後春前花未放，先春獨占梅花上。繞枝芳意露毰毸，萬卉千葩總相護。
曈曨旭日照階墀，淡蕩香風拂面時。初疑沉檀爇寶鼎，亦似蘭麝熏人衣。
瑞香花，樹高三尺強。山桃野杏動逾丈，得以幽叢約馥香。

說「唐宋人多有賦詠之者」，也是籠統之言。唐人幾無詠者，宋朝則有韓琦（一〇〇八戊申—一〇七五）〈錦被堆〉詩，或是詠睡香之作：

不管鶯聲向曉催，錦衾春晚尚成堆。香紅若解知人意，睡取東君不放回。

「錦被堆」原是薔薇的別稱，有時也被用來形容牡丹，可見花形類似。北宋詠瑞香花的詩人不多，當以蘇東坡之一詩四詞為代表，具引如下：

〈次韻曹子方龍山真覺院瑞香花〉*

幽香結淺紫，來自孤雲岑。骨香不自知，色淺意殊深。
移栽青蓮宇，遂冠薝卜林。紉為楚臣佩★，散落天女襟。
君持風霜節，耳冷歌笑音。一逢蘭蕙質，稍回鐵石心。
置酒要妍暖，養花須晏陰。及此陰晴間，恐致慳啬霖。
綵雲知易散，鶗鴂憂先吟。明朝便陳跡，試著丹青臨。

*五十六歲在杭州作。

★紉為楚臣佩：是亦以為瑞香就是《楚辭》中的露甲。

〈西江月　真覺賞瑞香〉

公子眼花亂發，老夫鼻觀先通。領巾飄下瑞香風。驚起謫仙春夢。
后土祠中玉蕊，蓬萊殿後鞓紅。此花清絕更纖穠。把酒何人心動。

〈坐客見和復次韻〉

小院朱欄幾曲，重城畫鼓三通。更看微月轉光風，歸去香雲入夢。
翠袖爭浮大白，皂羅半插斜紅。燈花零落酒花穠，妙語一時飛動。

〈再用前韻戲曹子方坐客云瑞香為紫丁香遂以此曲辯證之〉

怪此花枝怨泣，託君詩句名通。憑將草木記吳風。繼取相如雲夢。
點筆袖沾醉墨，謗花面有慚紅。知君卻是為情穠。怕見此花撩動。

〈西江月　聞道雙銜鳳帶〉

聞道雙銜鳳帶，不妨單著鮫綃。夜香知與阿誰燒，悵望水沉煙裊。
雲鬢風前綠卷，玉顏醉裡紅潮。莫教空度可憐宵，月與佳人共撩。

東坡果然又開風氣之先了，南宋詩人大量的瑞香花詩，自是受東坡的影響吧！試舉三首為例。

〈實際窗前睡香〉　施樞

瑞錦窠應對錦郎，誰將靈種到幽坊。山深月冷梅花老，壓盡群英是此香。

〈瑞香花〉　范成大

一叢三百朵，細細拆濃檀。簾幕護花氣，不知窗外寒。

臘後春前別一般，梅花枯淡水仙寒，翠雲裘著紫霞冠。妙品只今推第一，寶香元不是人間。為君更酌小龍團。

〈浣溪沙　瑞香〉　張孝祥

都有可觀之處。但它究竟是什麼花？此間看得到嗎？誰能說說？就湊四句助興，〈瑞香花〉：

長在靈山自在香，不知風信飄何方。偶然誤入南柯夢，始歎人間別有鄉。

蘭花

大寒二候花

蘭花種類極多，如以季節分，則《詩經．溱洧》的「蕳」，是指春蘭。《楚辭．九歌．禮魂》：「春蘭兮秋菊，長無絕兮終古。」夏蘭則極少見。而秋蘭則有《楚辭．少司命》：「秋蘭兮青青，綠葉兮紫莖。滿堂兮美人，忽獨與余兮目成。」令人神往！又〈思美人〉：「扈江離與辟芷兮，紉秋蘭以為佩。」「紉秋蘭以為佩」一句，幾乎已成「君子」之表徵，後世文人最愛引用。秋蘭見於歌詠者也因而最多，而冬蘭一如夏蘭，亦少見於詩篇。

明朝初年朱善（一三四〇庚辰－一四一三）作「冬蘭青青，列於階庭；風雪所撓，不枯而榮」四句，以稱讚「守節執義，婦道既全；擇施教子，母道兼盡」的方姓貞婦。

乾隆曾作〈題董誥四季蘭〉詩：

〈春蘭〉
葉下猗猗標素花，楚騷等度本無差。會稽逸少山亭畔，芳挹惠風趣自賒。
〈夏蘭〉
閩省恒因貢夏天，薰風曉露挹清鮮。南朝人訝何平叔，汗拭朱衣更皎然。
〈秋蘭〉
錯無芳笑江淹錯*，冒冷傲霜自有真。卉譜問誰宜結契，祇應秋菊作嘉賓。
〈冬蘭〉
能偷天巧是花師，冬季盆蘭亦有之。卻似善人方入室，底須送暖致微詞。

＊江淹詩：「季月寒氣重，滋蘭錯無芳。」

乾隆自詡十全武功，自稱「十全老人」，格物致知，也不落人後。四時的「蘭花」，又有何不同？南宋戴侗（一二〇〇庚申—一二八五）說：

春蘭葉細，夏蘭葉細而長，秋蘭葉大而澤，冬蘭葉差大，葉皆不冬凋。春蘭一榦一華，夏、秋、冬一榦十數花。四時之蘭，芬馨最於眾芳。

——《六書故》

最後一句是說，無論蘭花開在何時，都是所有的花中，最芳香的。但清人鄒一桂（一六八六丙寅—一七七二）卻說：「冬蘭，則花大而不香，以開在冬月也。」（《小山畫譜》卷上）究竟如何？還得讓「蘭花達人」解說。

在大寒當令的蘭花，自是冬蘭。冬蘭花大而不香，亦極少見於歌詠，南宋薛嵎（一二一二壬申—？）有〈冬蘭〉詩：

出林詎為晚，知我歲寒心。不入離騷怨，來親冰雪吟。
眾芳歸槁壤，獨幹長窮陰。為有幽人致，相看情倍深。

乾隆另有〈蘭〉詩：「春畹秋塘儘裊姍，冰霜傲得是真蘭。摘來香色都清淨，鼻觀從參古佛壇。」顯然是指冬蘭。也湊小詞一闋助興，〈減字木蘭花　冬蘭〉：

因緣一會，自是無心更易醉。常似清閒，冷雨陰風說參商。
渾然獨坐，莫道疏狂誰似我。一樹孤寒，不覺傲冬本是蘭。

山礬

大寒三候花

「山礬」的名義相當複雜，一說本名「榺」，又名「芸香」、「椗花」、「鄭礬」、「瑒花」、「春桂」、「七里香」等等。而南宋曾慥（？—一一六四）《高齋詩話》說，唐人詩中的「唐昌觀玉蕊花」就是山礬。中唐詩人王建（七六五乙巳—八三〇）有〈唐昌觀玉蕊花〉詩：

一樹瓏璁玉刻成，飄廊點地色輕輕。女冠夜覓香來處，唯見堦前碎月明。

「唐昌觀」因唐玄宗（六八五乙酉－七六二）第四女唐昌公主而得名（玄宗有四十九個女兒），道觀中的玉蕊花是公主親種的。詩中提到女冠（女道士），難免引人遐思，但玉蕊花是不是山礬呢？南宋周必大（一一二六丙午－一二〇四）為此特撰了《唐昌玉蕊辨證》一卷，加以釐清，可以參考。

山礬的名字是由黃庭堅取的。黃庭堅〈戲詠高節亭邊山礬花二首〉的序文說：

江南野中有一種小白花，本高數尺，春開極香。野人謂之「鄭花」。王荊公嘗欲作詩而陋其名，予請名曰「山礬」。野人採「鄭花」葉以染黃，必借礬而成色，故名「山礬」。海岸孤絕處，普陀山譯者以謂小白花山，予疑即此花爾！不然，何以觀音老人端坐不去耶！

高節亭在衡陽花光寺旁，黃山谷於徽宗崇寧三年（一一〇四）正月末（二十九日），赴廣西宜州貶地途中，經衡州時到花光寺去探望仲仁長老。山谷的兩首詩這麼說：

高節亭邊竹已空，山礬獨自倚春風。二三名士開顏笑，把斷花光水不通。

北嶺山礬取次開，清風正用此時來。平生習氣難料理，愛著幽香未擬迴。

前一首末句用「花光」代稱花光寺的仲仁長老，長老善畫，山谷尊為「翰墨小神仙」。

經山谷詩的品題後，山礬即身價百倍，躋身名花之列。南宋趙師秀（一一七〇庚寅－一二二〇）

就說：

造化出尤物，餘芳若為容。遙知普陀山，天香落巖風。

題評付大手，妙質煩天公。賴此絕世姿，墮君幽句中。

而其香氣之濃郁，令楊萬里一再在詩中提到：「玉花小朵是山礬，香殺行人只欲顛」、「拂溪楊柳縷生金，欄路山礬香殺人」。此後詠山礬之詩作不少，稍引錄如下：

〈山礬〉　謝薖（一〇七四甲寅—一一一六）

一樹山礬宮樣黃，曉風微送雨中香。鼻端空寂誰知許，莫怪雄蜂取次狂。

〈歸自郡城見道中山礬盛開〉　陳淵（一〇七七丁巳—一一四五）

梅豆班班已滿枝，暗香猶未吐酴醾。和風暖日江南路，正是山礬爛漫時。

〈山礬〉　趙汝鐩（一一七二壬辰—一二四六）

七里香風遠，山礬滿路開。野生人所賤，移動卻難栽。

〈山礬〉　劉嵩

本自托山谷，年年春暮開。野人不愛惜，折送滿城來。

皓雪千枝積，香風十里迴。故人墳上路，見爾獨興哀。

自從黃山谷詠水仙花而有「山礬是弟梅是兄」之語後，好事者已將三者畫成「三友圖」，又稱「三香」。如南宋曾由基〈題畫梅水仙山礬三友圖〉：「陶蘇黃三君，時異風味同。後人思典型，寫入畫圖中。」以「野梅」之「清」比陶淵明（三六五乙丑—四二七），「水仙」之「韻」比蘇東坡，「山礬」之「秀」比黃山谷。其是耶！以下再錄幾首：

〈題水仙山礬梅花圖〉　謝應芳（一二九五乙未—一三九二）

綽約誰家女子，依稀水府仙人。莫怪無言脈脈，正須頻喚真真。
紅杏碧桃春暖，梅兄礬弟冰清。會得生花筆意，隱然金石詩聲。

〈題三香圖〉　劉基（一三一一辛亥—一三七五）

梅是玉堂花，和羹有佳實。水仙如淑女，婉娩抱貞質。
山礬直而勁，野處似隱逸。分類族雖三，論德性乃一。

所以，乾隆的〈山礬〉詩就讚嘆說：

黃龍春色豔山陽，花處風傳七里香。何事分寧黃魯直，先時批判弟兄忙。

真有趣，怪起黃庭堅多事了。吾家涪翁，夙有遠見，既以普陀山觀音老人所眷小白花便是山礬，如今在山礬當令之時，吾人正可向觀音大士祈禱：「以慈悲心，灑山礬露；普施濟民，化解天毒！」更湊二首贊之，〈山礬二首〉：

本是路邊小白花，香傳數里無人誇。涪翁獨悟觀音意，到處慈悲說菩薩。
觀音端坐對山礬，花白香芬普陀傳。高隱何如遊四海，人間到處證方圓！

蠟梅花

大寒中的奇葩

大寒除了前述瑞香、蘭花、山礬三種花應節當令外，還有蠟梅花。東坡曾以「玉蕊檀心兩奇絕」讚賞蠟梅花，那我們就更應該認識蠟梅花。

蠟梅花在唐人詩中沒出現過，到宋朝，在蘇東坡、黃山谷之前，凡說到「臘梅」，都是指「臘月前開的梅花」而言，因梅花是小寒第一候的花信，應在十一月中當令，當然是在臘月之前，和臘月、臘日都無關。蠟梅又作「臈梅」、「臘梅」，別稱「冬梅」、「寒梅」、「黃梅」等；色黃，酷似蜜脾（蜂房的形狀像「脾」），其得名則又與黃山谷有關聯，南宋時黃山谷的裔孫黃子耕（一一五〇庚午—一二一二）在《山谷年譜》中引了資料說：「京師初不以蠟梅為貴，其得名自先生始。」山谷有〈戲詠蠟梅〉二首：

金蓓鎖春寒，惱人香未展。雖無桃李顏，風味極不淺。

體薰山麝臍，色染薔薇露。披拂不滿襟，時有暗香度。

他還作跋語說：

京洛間有一種花，香氣似梅花，亦五出而不能晶明，類女功撚蠟所成，京洛人因謂蠟梅。

據此，這種花因為香氣似梅花，花瓣也是五出，但不像梅花粉白嫣紅，卻像人工上蠟而成，所以汴京、洛陽人稱這種花為蠟梅。再者，對蠟梅花樹也有更具體地描述：「其樹，枝條頗類李；其葉，似桃葉而寬大，紋脈微粗；開淡黃花，味甘微苦。」（《救荒本草》）原來蠟梅花還可以救饑。山谷的年輕友人王立之（一〇六九己酉－一一〇九）在《王直方詩話》中也說：「蠟梅，山谷初見之，戲作二絕。緣此盛於京師。」所說「初見之」，是說山谷第一次在汴京看到這種花，可能正是在王立之個人花園中的蠟梅。山谷詠臘梅的詩還有：

〈蠟梅〉

天工戲剪百花房＊，奪盡人工更有香。埋玉地中成故物，折枝鏡裡憶新妝。

＊此詩第一句就在解釋「類女功撚蠟所成」。

〈從張仲謀乞蠟梅〉

聞君寺後野梅＊發，香蜜染成宮樣黃。不擬折來遮老眼，欲知春色到池塘。

＊山谷戲稱「蠟梅」為「野梅」，花色黃。

〈短韻奉乞蠟梅〉

臥雲莊上殘花笑，香似早梅開不遲。淺色春衫弄風日，遣來當為作新詩。

當時山谷在京師開封，常與東坡等人到王立之的花園賞花；一經這兩位大詩人歌詠唱和，這花就「盛於京師」了。如東坡有〈蠟梅一首贈趙景貺〉：

天工點酥作梅花，此有蠟梅禪老家。蜜蜂采花作黃蠟，取蠟為花亦其物。

天工變化誰得知，我亦兒戲作小詩。君不見萬松嶺上黃千葉，玉蕊檀心兩奇絕。

蠟梅有檀黃顏色，又酷似蜂房。又如晁補之（一〇五三癸巳—一一一〇）有〈謝王立之送蠟梅五首〉，其第四首說：「詩報蠟梅開最先，小奩分寄雪中妍。水村映竹家家有，天漢橋邊絕可憐。」後來詩人吟詠極多，今舉數家詩詞為例：

〈踏沙行　臘梅〉　毛滂（一〇六一辛丑—一一二四）

粟玉玲瓏，雍酥浮動。芳跗染得胭脂重。風前蘭麝作香寒，枝頭烟雪和春凍。

蜂翅初開，蜜房香弄。佳人寒睡愁和夢。鵝黃衫子茜羅裙，風流不與江梅共。

〈蠟梅〉　王安中

雪裡園林玉作臺，侵寒須認暗香回。化工清氣先誰得，風格高奇是蠟梅。

〈蝶戀花　蠟梅〉

剪蠟成梅天著意，黃色濃濃，對萼勻裝綴。百和薰肌香旖旎，仙裳應灑薔薇水。

雪徑相逢人半醉，手折低枝，擁髻雲爭翠。嗅蕊撚枝無限思，玉真未灑梨花淚。

〈次韻劉希顏蠟梅二絕〉　沈與求（一〇八六丙寅—一一三七）

仙衣曳紫練裙黃，天遣清臞勝國香。月上小窗寒影動，不禁風味惱剛腸。

剪成香蜜綴疏枝，度臘爭春已恨遲。清夜無人花睡去，小園風露更相宜。

〈同家弟賦蠟梅詩得四絕句〉其四　陳與義（一〇九〇庚午—一一三八）

一花香十里，更值滿枝開。承恩不在貌，誰敢鬥香來。

〈蠟梅〉　張孝祥

滿面宮妝淡淡黃，絳紗封蠟貯幽香。遙憐未識春消息，乞與一枝教斷腸。

看來，蠟梅花的特色就是色黃而花香。古人於蠟梅與梅，有不同的論說。南唐張翊把花卉分為九品，蠟梅高居一品，與蘭花、牡丹、酴醾、瑞香同列。梅則在四品，與菊、杏、辛夷同列（《花經》）。北宋張景修「十二花客圖」以梅為「清客」，蠟梅不在十二花之內。南宋姚伯聲增至三十客，始列蠟梅為寒客。南宋末程棨又增為五十客，改蠟梅為久客（《三柳軒雜識》）。王十朋以為「梅有暗香稱高士」，「蠟梅奇香稱異士」（〈十八香詞〉）。曾慥以梅為清友，以蠟梅為奇友（〈花中十友〉）。明朝袁宏道（一五六八戊辰—一六一〇）以為，如以花沐浴，則「梅適宜隱士」，「臘梅適宜清瘦僧」（〈花沐浴〉）。各以所見，巧立名目。文人之好事可見。

蠟梅花本為鄉野無名花，因香氣、花瓣「似」梅，亦耐寒，只顏色如蜂房蠟黃，與梅之清白粉紅者不同，遂得蠟梅之名，竟成梅族一支。南宋范成大《梅譜》說：

蠟梅本非梅類，以其與梅同時，香又相近，色酷似蜜脾，故名蠟梅。凡三種，以子種出，不經接，花小香淡，其品最下，俗謂之「狗蠅梅」。經接，花疏，雖盛開，花常半含，名「磬口梅」，言似僧磬之口也。最先開，色深黃，如紫檀，花密香穠，名「檀香梅」，此品最佳。蠟梅，香極清芳，殆過梅香，初不以形狀貴也，故難題詠。山谷、簡齋但作五言小詩而已。此花多宿葉，結實如垂鈴，尖長寸餘，又如大桃，奴子在其中。

東坡讚賞的「玉蕊檀心兩奇絕」，應該就是「檀香梅」吧！

梅屬薔薇科，而蠟梅自成一科。自花名有梅字，漸得名士青睞，由附庸而成大國，聲勢大有超越「梅」者。世事往往如此，豈偶然耶！也戲作三絕句續貂，〈蠟梅〉：

玉蕊檀心淡淡黃，侵寒冒雨散幽香。燈前無寐愁和夢，待得春來別有芳！
本是孤寒野草花，花香蕊瓣若梅家。家群偶染金黃蠟，蠟色誰知天下誇。
耐得陰寒號寒客，客成奇友發奇香。香傳高士驚異士，士嘆人間獨自芳。

節慶

尾牙

臘月十六

冬至之後，小寒、大寒都過了，就到尾牙了。

在臺灣，「尾牙」一詞作臘月十六晚宴解，可能是到清朝中葉前後才出現的。咸豐朝的《續修臺灣府噶瑪蘭廳志》載：

臘月十六日，街衢各舖祀土地神，醴備極豐盛，謂之「尾牙」（以前二月二日為「頭牙」）。蓋此為燕飲牙戶及來春去留伙計而設。好事者作詩有：「一年伙計酬杯酒，萬戶香煙謝土地」之句。

可見尾牙宴在清朝中葉的臺灣已流行。晚清道光朝的《廈門志》載：「十二月十六日，牲醴極豐，晚宴親朋，謂之『尾牙』。」同治朝的《淡水廳志》及光緒朝的《苗栗縣志》也說：「十二月十六日，郊戶以牲醴祀福神曰『尾牙』。」這個習俗似都行於南方，以廈門、金門和臺灣為主。

古人的生活步調既有規律又有理念，把一年分成二十四個節氣，又在節氣之外，於立春播種後，開始一整年人與天、地交通的活動。每月初二和十六日，都有祭祀儀式，尤其是商家、公司行號，祭拜對象是「土地公」或「福德正神」，都代表了「天地」、「自然」和「祖先」。人們虔誠地備置祭品，上香行禮，謝恩祈福，再與家人朋友分用祭品，同享福佑。因此，在街道門戶前看到的那些供桌、祭品，和拈香向天地行禮致祭的虔誠容顏，那正是他們感恩、惜福和自省的表現。而尾牙是每年這一祭禮的最後一次，如今商家及公司行號都會在這時舉行犒勞員工的餐會，必要時，還會用同理心暗示那些表現不理想的受雇者，就將不再續用他了。

「做牙」，應該是很多歷史、傳說、民俗的結合。譬如祭祀的對象，由代表「五土」（四方和中央）之神的「地祇」到「社」，又由單一的「社」衍生成「宅社」（地基主）、「里社」、「鄉社」、「郡社」，再由「社」而成「土地」、「土地神」、「土地公」。「社神」原是「勾龍」，然後一再演變，成了「張福德」——「福德正神」，或任何一位生而保鄉衛土、死後成神的「土地神」。而「牙」呢？原先或是指出兵作戰時誓師的「禡」祭，再轉成代表軍隊的「牙旗」。「做牙」就是在出征前祭旗後享用祭品的

「打牙祭」等等，眾說紛紜，莫衷一是，但都沒有解釋為什麼會是在每月初二、十六兩天舉行，如果說二月初二是福德正神的誕辰，那麼其它各個月分呢？十六日又怎說呢？

有二則文獻記載，或許可以合起來解釋這個疑惑：

一、古人觀察天象，每月初二月亮開始有了些微光芒，然後光芒逐日增加，到了十六日就圓滿明亮了。十六日以後，明亮日減，終至於完全消失。所以初二、十六代表了陰陽消長的自然現象，也給古人一定的啟示，但並沒有設案祭祀的記載。

二、據《舊唐書．玄宗本紀》記載，天寶十一載（七五四）三月，玄宗下旨：「今後每月朔、望，宜令薦食於太廟，每室一牙盤。」

「薦食」就是供奉祭品，「太廟」是天子的祖廟。古時天子祭「九廟」，除始祖居中不動外，以下左昭右穆另有八代祖，所以會說「每室」。「牙盤」指象（獸）牙製作的盤皿。然而每月的朔日一定是初一，不是初二；望日雖往往都在十五日，但有時是十六或十七日。或許把第一則的時間「初二、十六」和後一則的「祭祀、牙盤」連接，或者初一、十五已經有其它的祭祀，再加上皇家儀制對民間的影響，連結前述的種種傳統禮俗，就形成了後來「做牙」的風俗吧。

如今，「尾牙」已經成為企業、公司、社團甚至學校、機關「年終餐敘」的代稱，形式或各有不同，內涵應該一樣——「感恩」、「惜福」、「自省」。尾牙已逐漸形成一種新的文化現象。戲湊二絕記之，〈尾牙〉：

一年容易過臘八，擇日聯歡慶尾牙。最是親朋都幸運，舉觴同樂讚年華。

年年歲暮慶尾牙，美味珍饈更紅花。天地山川同庇廕，民安國泰護家家。

立春

春天的開始

立春的「立」和立夏、立秋、立冬的「立」，都是「開始」的意思。

三候

—東風解凍・蟄蟲始振・魚陟負水—

初五日：東風解凍。乾隆詩說：

一陽子半已初生，論節應從元繼貞。底識立春標歲始，試看解凍拂風輕。
闇闇欲暖漸徐泛，習習為條波細呈。育物對時羲象著，登臺何以樂吾氓。

立春是歲始，所以今天起就是新年了。陽氣發動，春風吹起，冰開始融化。

次五日：蟄蟲始振。乾隆詩說：

青陽氣應水和風，振蟄旋因及百蟲。僂指數來剛逮五，披襟對處恰從東。

蠕蠕欲動方啟戶，屈屈求伸尚守宮。蛇蝎蛟龍無不育，大哉造物有鴻功。

久已停止活動的動物昆蟲，開始活動了。

後五日：魚陟負水。

解凍非云凍絕無，輕澌薄凌尚存湖。陟之乍擬親迴雁，負則偶然殊聽狐。

逸士且遲思澤畔，參軍何用喻娵隅。設云結網臨淵羨，董子名言亦啟吾。

魚從水底升出水面，但水面仍有浮冰未化。

立春日開始農事，要祭春神「勾芒」，祀「土牛」，以祈農事順遂。蘇軾〈立春祭土牛祝文〉說：

三陽既應，庶草將興。爰出土牛，以戒農事。丹青設象，蓋惟風俗之常；耕穫待時，必有陰陽之助。仰惟靈德，佑我穡人。

以立春入詩，應當是從徐陵（五〇七丁亥－五八三）〈雜曲〉的「立春曆日自當新，正月春幡底須故」句始，若作為詩題，則杜甫有〈立春〉詩：

春日春盤細生菜，忽憶兩京梅發時。盤出高門行白玉，菜傳纖手送青絲。
巫峽寒江那對眼，杜陵遠客不勝悲。此身未知歸定處，呼兒覓紙一題詩。

此詩作於代宗大曆二年（七六七），杜子美在四川雲安，一貫憂心時局、悲中自解的心情。

晚唐羅隱有〈京中正月七日立春〉詩：

一二三四五六七，萬木生涯是今日。遠天歸雁拂雲飛，近水遊魚迸冰出。

立春有時還在舊年臘月底呢！以下再選錄宋朝至清朝詩人的立春七絕詩作同賞：

〈立春〉　宋祁

春曉靈旗畫尾斜，漢宮青幘待晨霞。宮中綵樹紛無算，不待東風已作花。

〈立春〉　黃庭堅

春工調物似鹽梅，一一根中生意回。風日安排催歲換，丹青次第與花開。

〈立春〉　張耒

風光先著竹間梅，和氣應從九地回。桃李滿園渾未覺，微紅先向寶刀開。

〈立春〉　李彭（黃庭堅表侄）

后皇司春生意還，無知草木亦班班。顧憐綠髮添華髮，羞插耐寒花上幡。

〈立春〉　王安中

冰雪涔涔梅未芳，欲羞蘭蕙召東皇。蒲萄定自有春色，莫酌涼州孟伯郎。

〈立春〉王庭珪（一〇七九己未—一一七一）

東風來從幾萬里，雪擁江梅未放花。忽見土牛驚換歲，始知春色到天涯。

〈立春〉周紫芝

地下青風欲到時，土牛何得解先知。牆邊雪裡梅花樹，已借清香入舊枝。

〈立春偶題〉張嵲（一〇九六丙子—一一四八）

昔年長恨春歸晚，及到春來又恐殘。今日摧頹蕭寺裡，閉門一任歲將闌。

〈立春〉吳芾

老夫近日苦多屯，且喜來朝已立春。但得餘殃隨臘去，敢圖好事逐年新。
湖山入眼風光好，親舊論心氣味真。更若此身無疾疢，快哉天地一閒人。

〈立春〉虞儔

臘雪初消柳眼寒，春風才入酒杯寬。一年佳節知多少，屈指從今是履端。

〈立春〉洪适

東皇先遣雪清塵，一夜山川眼界新。共喜太平今有象，更將歌舞為迎春。

〈立春〉陸游

鬢毛蕭颯寸心灰，生怕新年節物催。幸是身閒朝睡美，忽聞鼓吹打春回。

〈立春〉楊萬里

飄蓬敢恨一年遲，客裡春光也自宜。白玉青絲那得說，一杯嚥下少陵詩。

〈立春〉朱熹

行盡風林雪徑，依然水館山村。卻是春風有腳，今朝先到柴門。

〈立春〉　廖行之（一一三七丁巳—一一八九）

曉雪才過天氣清，喧闐鉦鼓喜迎春。世間多少虛名事，彩仗驅牛又一新。

〈立春〉　周權（一二七五乙亥—一三四三）

宴罷春盤轉曉風，乾坤生意浩無窮。宿雲新卷山前雨，元氣淋漓萬木中。

〈立春〉　王沂

竹外梅花出短籬，梅邊水暖鴨先知。風流好似西湖上，只欠東風媚酒旗。

〈立春〉　史謹

蒼蒼初日照樓臺，元氣淋漓遍九垓。不是梅花露消息，人間何處識春來。

〈立春〉　劉基

輕輕細雪點枯池，嫋嫋東風拂樹枝。春到草根人未覺，夜來先有蟄蛙知。

〈立春〉　胡奎（一三三一辛未—？）

今朝試寫宜春帖，拾得江南第一花。秋水為神玉為骨，正疑春色在詩家。

〈立春〉　方孝孺（一三五七丁酉—一四〇二）

萬事悠悠白髮生，強顏閱盡靜中聲。效忠無計歸無路，深媿淵明與孔明。

百念蹉跎總未成，世途深恐誤平生。中宵擁被依牆坐，默數鄰雞報五更。

〈立春〉　黃淮（一三六七丁未—一四四九）

薄霧籠雲凍漸消，柳芽凝碧透冰條。緣知天近陽和早，便覺風光勝昨朝。

〈立春〉　吳與弼（一三九一辛未—一四六九）

日日潛心向伏羲，曉窗高詠立春時。梅花滿樹方驚眼，又對千紅萬紫時。

〈立春〉 黃仲昭（一四三五乙卯—一五〇八）

土牛鞭下已飛塵，律轉三陽歲復更。鳥雀亦知春信好，碧梧枝上不停聲。

〈立春〉 李攀龍（一五一四甲戌—一五七〇）

樽前華髮影毿毿，病客思鄉總不堪。一自倦遊三十載，那知春色在江南。

〈立春〉 范承謨（一六二四甲子—一六七六）

暮鐘哀角總難聽，曉起扶筇數落星。昨夜雪消霜便薄，燒痕放出一山青。

〈立春〉 田雯（一六三五乙亥—一七〇四）

往籍看來都是贗，偃師作戲幾曾真。百年蕉鹿三冬夢，歡喜今朝說立春。

〈賣花聲　壬寅立春日作〉 厲鶚

春信一番新，春水生鱗。春花春鳥尚逡巡，剪就釵頭春勝，也添箇春人。
準擬踏春塵，春色初勻。春風困著小腰身。製就春詞知幾首，帖寫宜春。

也湊四句，〈立春〉：

立春已在新歲初，送往迎來喜有餘。空幻無常諸相在，有天有天莫心虛。

再湊一闋詞，〈賣花聲　立春　次清人厲太鴻三百年前詞韻〉：

歲月又更新，春雨如鱗。千紅萬紫盼親巡。無奈新冠疫情作，徒喚人人。
往事已如塵，萬念調勻。欣然自在轉腰身。興到詩詞隨意和。老去青春。

花信

迎春花

立春一候花

「迎春花」顧名思義，應該是春季前就開的花。綜合明朝王象晉（一五六一辛酉——一六五三）《群芳譜》以來文獻的記載：

迎春花，又名金腰帶，叢生，高數尺，方莖厚葉；春前有花，如「瑞香花」，黃色，不結實。雖然是草花，但卻最先點綴了春色。亦不可廢。

看來，迎春花在古代的花卉達人眼中，只有「亦不可廢」的品級。經過一番蒐求，果然可以驗證，所有詠迎春花的作品，歷朝總共也只有十多首，唐朝僅白居易有兩首、宋朝有五家七首、明朝四家五首，詞則有宋朝兩家各一闋，如下列：

〈代迎春花招劉郎中〉　白居易

幸與松筠相近栽，不隨桃李一時開。杏園豈敢妨君去，未有花時且看來。

〈翫迎春花贈楊郎中〉

金英翠蕚帶春寒，黃色花中有幾般。憑君語向遊人道，莫作蔓菁花眼看。

〈中書東廳迎春〉二首　韓琦

覆闌纖弱綠條長，帶雪衝寒折嫩黃。迎得春來非自足，百花千卉共芬芳。*

迎得新春入舊科，獨先嘉卉占陽和。今年頓被寒摧折，應為尖頭送暖多。

*「迎得春來非自足，百花千卉共芬芳」，為迎春花說句公道話。

〈迎春花〉二首　劉敞（一〇一九己未—一〇六八）

穠李繁桃刮眼明，東風先入九重城。黃花翠蔓無人顧，浪得迎春世上名。*

沈沈華省鎖紅塵，忽地花枝覺歲新。為問名園最深處，不知迎得幾多春。

*「黃花翠蔓無人顧，浪得迎春世上名」，真道盡迎春花的落寞無奈。

〈迎春花〉　韋驤（一〇三三癸酉—一〇五五）

欺梅壓柳肯相然，佳號迎春豈浪傳。細葉茸茸垂綠髮，繁英璨璨簇金鈿。

先時不入林鶯妒，晚節唯容露菊鮮。繡在羅衣真有趣，不將紅紫累嬋娟。

〈迎春花〉　王安中

年年節物欲爭新，玉頰朱顏一笑頻。勾引東風到池館，春前花發自迎春。

〈迎春花〉　曹彥約（一一五七丁丑—一二二八）

錦作薰籠越樣新，迎春猶及送還春。花時色與香如此，花後娟娟更可人。

睡入華胥日未曛，博山何在寶香聞。覺來但有南窗靜，葉瘦花肥醉錦薰。

〈迎春花〉　　馮裕（一四七九己亥—一五四五）

春意朝來動，園亭看早芳。濃香分北海，巧笑迓東皇。
餘潤留殘雪，先資借太陽。還輸梅一著，至日倚冰霜。

〈內閣前迎春花開有述〉　　黃佐（一四九〇庚戌—一五六六）

春叢照眼見輕黃，玉署裁詩覺興長。唐苑錯教催羯鼓，漢宮徒自鬥仙裝。
龍池日轉才分色，鳳閣風來細認香。何事偏承天澤早，結根原自五雲傍。

〈迎春花〉　　曹于汴（一五五八戊午—一六三四）

輕黃不似首春時，果是青青但此枝。欲識花無與花有，且言春去竟何之。

〈春暮看迎春花〉　　范景文（一五八七丁亥—一六四四）

春深方欲去，花始見迎春。避雪遲芳候，攀條悵美人。
分黃邀柳伴，愜賞得茶新。持此留將送，相憐意更真。

〈仲冬晦日仁常送迎春花至即邀共賞〉

夕照流窗映薄紗，披風竹影妙攲斜。當寒故暖將為雪，未臘迎春早放花。
雅節和談敲響玉，清供佐酒剪芹芽。坐拈宗案重重掃，耳用聞香鼻味茶。

〈蝶戀花　迎春花〉　　王安中

雪霽花梢春欲到，餞蠟迎春，一夜花開早。青帝迴輿雲縹緲。鮮鮮金雀來飛繞。
繡閣紗窗人窈窕，翠縷紅絲，鬥剪旛兒小。戴在花枝爭笑道：願人常共春難老。

〈清平樂　迎春花〉　　趙師俠

纖穠嬌小，也解爭春早。占得中央顏色好。妝點枝枝新巧。

東皇初到江城，殷勤先去迎春。乞與黃金腰帶，壓持紅紫紛紛。

南唐張翊《花經》，列迎春花為七品，與玫瑰、薔薇同列；明朝張謙德《瓶花譜》則將迎春花列於六品，玫瑰在五品，自是各有所重；而南宋程棨把迎春花稱為僭客（《三柳軒雜識》）。乾隆在〈題錢維城花卉冊　迎春〉解釋說：

裳裳黃瓣曉春開，品命徒勞花譜猜。三柳軒稱為僭客，想因名弗讓乎梅。

被輕蔑是僭客，就因僭越梅花，或者是吧！看來，「花們」也身不由己地被有心人擺佈，但又如何呢？試以兩絕句贊之，〈迎春花〉：

輕黃搖曳戲東風，風蕩雨飄自從容，容與迎春花爛漫，漫云桃李還夢中。
輕黃搖曳蕩東風，自在悠然寒雨逢。莫道迎春等閒事，千花萬卉猶夢中。

櫻桃花

立春二候花

「櫻桃花」最早見於李白〈久別離〉詩：「別來幾春未還家，玉窗五見櫻桃花。」似乎就註定了櫻桃花是用來表示離情別意的，在楊柳依依出現之前，折櫻桃花枝以寄不捨之情，成為詩人所常用。

櫻桃花與櫻花不同屬，花瓣有別，果實又豔紅可食，稱為「朱櫻」，詩人也常吟詠，這裡只錄詠櫻桃花的詩詞：

〈山寺看櫻桃花題僧壁〉　劉言史（七四二壬午—八四三）

楚寺春風臘盡時，含桃先坼一千枝。老僧不語傍邊坐，花發人來總不知。

〈和裴僕射看櫻桃花〉　張籍（七六六丙午—八三〇）

昨日南園新雨後，櫻桃花發舊枝柯。天明不待人同看，遶樹重重履跡多。

〈感櫻桃花，因招飲客〉　白居易

櫻桃昨夜開如雪，鬢髮今年白似霜。漸覺花前成老醜，何曾酒後更顛狂。

誰能聞此來相勸，共泥春風醉一場。

〈和樂天誚李周美中丞宅池上賞櫻桃花〉　劉禹錫（七七二壬子—八四二）

櫻桃千萬枝，照耀如雪天。王孫誚其下，隔水疑神仙。

宿露發清香，初陽動暄妍。妖姬滿鬢插，酒客折枝傳。

同此賞芳月，幾人有華筵。杯行勿遽辭，好醉逸三年。

〈北樓櫻桃花〉　李紳（七七二壬子—八四六）

開花占得春光早，雪綴雲裝萬萼輕。凝豔拆時初照日，落英頻處乍聞鶯。

舞空柔弱看無力，帶月蔥蘢似有情。多事東風入閨闥，盡飄芳思委江城。

〈櫻桃花〉　元稹（七七九己未—八三一）

櫻桃花，一枝兩枝千萬朵，花磚曾立摘花人，窣破羅裙紅似火。

〈折花枝送行〉

櫻桃花下送君時，一寸春心逐折枝。別後相思最多處，千株萬片繞林垂。

〈櫻桃花〉　張祜（七八五乙丑—八五四）

石榴未拆梅猶小，愛此山花四五株。斜日庭前風裊裊，碧油千片漏紅珠。

〈櫻桃花下〉　李商隱

流鶯舞蝶兩相欺，不取花芳正結時。他日未開今日謝，嘉辰長短是參差。

〈櫻桃花〉　王安石

山櫻抱石蔭松枝，比並餘花發最遲。賴有春風嫌寂寞，吹香渡水報人知。

〈山行見野櫻桃花〉　趙蕃（一一四三癸亥—一二二九）

徐行歷歷轉深巃，人意何如鳥語同。山路梅花渾掃跡，春風盡屬野櫻紅。

〈櫻桃花〉　范成大

借暖衝寒不用媒，勻朱勻粉最先來。玉梅一見憐癡小，教向傍邊自在開。

〈櫻桃花〉　楊萬里

櫻桃花發滿晴柯，不賭嬌嬈只賭多。落盡江梅餘半朵，依前風韻合還他。

〈櫻桃花〉二首　周弼（一一九四甲寅—一二五五）

櫻桃未開花繞枝，櫻桃已開紅滿溪。花開幾朝今始見，人折人攀那得知。

黃鸝飛來問誰主，對面相看隔牆語。今日銷魂事可明，昨夜東風過雲雨。

〈櫻桃花〉　方回

淺淺花開料峭風，苦無妖色畫難工。十分不肯精神露，留與他時著子紅。

〈櫻桃花〉　于若瀛（一五五二壬子—一六一〇）

三月雨聲細，櫻花疑杏花。谿轉開雙笑，臨流見浣紗。

〈櫻桃花〉　彭孫遹

燕脂顆顆露華團，點綴韶光入倚闌。崖蜜未香知早熟，山礬有伴慰春寒。
朱顏歲暮徒愁絕，紅粉風流似此難。寄語蕭郎休見伐，明年留取試花看。

〈三姝媚　櫻桃花〉　厲鶚

嬌鶯含得未，正眠燈風收，繁心低綴。薄暈微赬，學玉窗勻面，粉淹脂淚。
悄探芳期，先占了沿溪桃李。無語銷魂，偷折斜枝，下堦游戲。
休觸蜂須飛墜，到細數圓珠，好春流水。翠沼深深，照一庭朧月暖香吹碎。
記挽單衫，相送嬾難醒殘醉。隔著重簾花下，普騰喚起。

滿眼櫻桃花了吧！也湊二首抒感，〈櫻桃花二首〉：

花果名同是櫻桃，便隨風日迎春朝。淡妝不肯爭絕色，贏得朱櫻滿樹搖。
苦雨淒風任性飄，可憐蓓蕊萎枝條。立春似若春未到，果是無花奈果凋！

望春花

立春三候花

「望春花」之名，在文獻中極少見。清初康熙時所修的《淵鑑類函》〈辛夷〉條載：

辛夷花木高數尺，葉似柿而長，初出如筆，正、二月開花，花落無子，夏秋再著花而小，紫苞紅燄。《群芳譜》曰：「辛夷一名辛雄，一名侯桃，一名木筆，一名望春，一名木房生。」（卷四百零六）

然辛夷與木筆、望春間的連接仍有異說，往往分列。辛夷最早見於《離騷》：「辛夷車兮結桂旗」；《九歌．湘君》：「辛夷楣兮藥房」，已成經典。姑以辛夷即為望春花，看看古人如何歌詠。

唐朝詩人最早以辛夷入詩的是杜甫，〈偪仄行〉有「辛夷始花亦已落，況我與子非壯年」的詩句，經常被引用。「詩佛」王維晚年所居住的「藍田輞川」，有「辛夷塢」，他的好朋友裴迪（七一六丙辰—？）寫了有名的〈辛夷塢〉詩：

木末芙蓉花，山中發紅萼。澗戶寂無人，紛紛開且落。

而辛夷花大都會在「暮春」、「感春」之類的題詠中入詩，如韓愈（七六八戊申—八二四）「辛夷高花最先開」（〈感春〉）、錢起（七二二壬戌—七八〇）「辛夷花盡杏花飛」（〈暮春歸故山草堂〉）等，都是後人常引用的文典。而以辛夷花為題的詩，相對還是較少：

〈辛夷花〉　白居易

紫粉筆含尖火焰，紅胭脂染小蓮花。芳情香思知多少，惱得山僧悔出家。

〈辛夷花　問韓員外〉　元稹

韓員外家好辛夷，開時乞取三兩枝。折枝為贈君莫惜，縱君不折風亦吹。

〈二辛夷〉 李群玉

狂吟亂舞雙白鶴，霜翎玉羽紛紛落。空庭向晚春雨微，卻斂寒香抱瑤萼。

〈揚州看辛夷花〉 皮日休（八三四甲寅—八八三）

臘前千朵亞芳叢，細膩偏勝素柰功。螓首不言披曉雪，麝臍無主任春風。
一枝拂地成瑤圃，數樹參庭是蕊宮。應為當時天女服，至今猶未放全紅。

〈奉和揚州看辛夷花韻〉 陸龜蒙（？—八八一）

柳疏梅墮少春叢，天遣花神別致功。高處朵稀難避日，動時枝弱易為風。
堪將亂蕊添雲肆，若得千株便雪宮。不待群芳應有意，等閒桃杏即爭紅。

〈木筆〉 吳融

嫩如新竹管初齊，粉膩紅輕樣可攜。誰與詩人偎檻看，好於戧墨井分題。

〈辛夷〉 歐陽炯（八九六丙辰—九七一）

含鋒新吐嫩紅芽，勢欲書空映早霞。應是玉皇曾擲筆，落來地上長成花。

〈早春雪後見辛夷初發〉 宋庠

冒霰初分葉，驚春已作花。鮮于紫艾綬，殷過赤城霞*。
破蓓香囊小，銜趺彩筆斜。騷人雖麗思，忍作桂旗車。

*自注：「花色淺於紫，深於茜。俗號木筆，皆其形似。」

〈辛夷〉 朱長文

楚客曾留詠，吳都獨擅奇。風霆存老幹，桃李避芳時。

名入文房夢，功資妙手醫*。紫微顏色好，先占鳳凰池。

陸游

*自注：「一名木筆花。」又，辛夷可入藥。

〈病中觀辛夷花〉

餘生垂九十，一病理一衰。旬月不自保，敢作期歲期。
粲粲女郎花*，忽滿庭前枝。繁華雖少減，高雅亦足奇。
持杯酹花前，事亦未可知。明年儻未死，一笑當解頤。

*稱辛夷為「女郎花」！

〈辛夷花歌〉

王惲（一二二七丁亥—一三〇四）

碧桐為身梅作葉，好雨初晴更娟美。當年故苑風土香，草木含滋猶泥泥。
每逢臘盡花已苞，滿眼故家毛穎子。宛然白筆插秦冠，載事彤庭紛內史。
春風芙蓉散木末，紅影亭亭失秋水。騷人取爾為楣梁，託物豈獨誇芬芳。
柔姿中有孤潔操，首出庶物翻春陽。我因繞樹三嘆息，喚起湘纍共一觴。

〈辛夷花〉

胡奎

望春一樹春前放，花樣渾如紫兔毫。肯借題詩三百管，洛陽紙價又增高。

〈辛夷　一名木筆〉

吳寬（一四三五乙卯—一五〇四）

莊周稱散木，形狀獨離奇。名在誰多識，花開每及時。
鳥窺無可食，蟲蝕也須醫。作筆應全誤，紛紛落研池。

〈問人求辛夷〉

朱誠泳

辛夷才著兩三花，花下開尊定幾家。折贈一枝君莫惜，東風寧肯護繁華。

〈辛夷花〉　祝允明（一四六〇庚辰—一五二六）

春叢紺碧雜殷紅，不受中書舊日封。嬴政少恩君幸免，年年何事只書空。

〈辛夷花〉　趙完璧（一五五四年前後在世）

惆悵春殘盡日中，新詞欲寫倦柔風。珠璣不逐猩毫落，意匠悠悠鑄未工。

閱來承寵若為容，倦寫蛾眉獨倚風。滿目楊花心緒亂，彷他桃李不言中。

〈辛夷花〉　陳繼儒（一五五八戊午—一六三九）

春雨濕窗紗，辛夷弄影斜。曾窺江夢彩，筆筆忽生花。

〈辛夷〉　馮文度

木筆花名映碧欄，詞臣相對動毫端。曉來似惹松煙滑，疑向春風詠牡丹。

〈辛夷〉　張新

夢中曾見筆生花，錦字還將氣象誇。誰信花中原有筆，毫端方欲吐春霞。

〈辛夷〉　謝承舉（一四六一辛巳—一五二四）

紫粉蘸毫端，似為不平發。花神寂無言，書空常咄咄。

〈木筆一名望春〉　彭孫遹

何處望春春可憐，花開正及早春天。筍尖森立穎初脫，蘭燼吹來燄未然。

內史筆床清管麗，舍人樂府紫毫鮮。還思鄂杜張公子，荷橐披香侍從年。

古人之作，大致如此矣！也湊詞一闋續貂，〈鷓鴣天　望春花〉：

已過立春前一旬，春花處處把春分。清奇木筆臨風畫，更寫辛夷并望春。
紓典雅，守清芬。女郎麗質本天真。淺紅淡紫增氣韻，夢到湖山莫斷魂。

節慶

祭竈送神

臘月二十四

臘月二十四日，是古代「祭竈送神」的時候。「祭竈」的禮俗，由來已久，晚唐陸龜蒙〈祀竈解〉說：

竈在祀典，聞之舊矣。《祭法》曰：「王為群姓立七祀；其一曰竈；達於庶人，庶人立一祀，或立戶，或立竈。

陸龜蒙所引，見《禮記．祭法》。庶人可立戶或立竈，而「竈」是飲食生活所賴，則「立竈」以祀者應較多。司馬遷（前一四五丙申－八六）《史記．孝武本紀》就有記載：「李少君亦以『祠竈』、『穀道』、『卻老』方見上。」

唐朝司馬貞（六七九己卯－七三二）《史記索隱》說：「祠竈可以致福。《周禮》以竈祠祝融神。」把「祭竈」的原因和「竈神」都交代了。但據《禮記》，祠「祝融」神是在夏季。然而習俗隨時有變，連竈神都會改變，如稍後的《淮南子》就說「故炎帝於火，死而為竈」，因為「炎帝，神農以火德王天下，死託祀於竈神」（《淮南鴻烈解．氾論訓》）。那什麼時候改在十二月二十四日祭竈呢？據明朝周祈說：「二十四祭竈，始於陰子方以黃羊祠竈神。」（《名義考》卷二）

陰子方又是誰呢？他是東漢光武帝劉秀（前六乙卯－五七）的皇后陰麗華（五乙丑－六四））的祖先，陰麗華有弟弟陰興（九己巳－四七）。范曄（三九八戊戌－四四五）《後漢書．陰興傳》最後提到：

> 初，陰氏世奉管仲之祀，謂為相君。宣帝時，陰子方者，至孝有仁恩，臘日晨炊而竈神形見。子方再拜受慶，家有黃羊（指羊腹下帶黃，其肉肥美，膏黃厚而不羶，北方冬季珍品。一說類麞），因以祀之。自是已後，暴至巨富，田有七百餘頃，輿馬僕隸，比於邦君。子方常言「我子孫必將彊大」，至識三世而遂繁昌。故後常以臘日祀竈，而薦黃羊焉。（卷六十二）

原來陰麗華有這樣孝順的祖先，所以得到神靈的福蔭。南宋林同孝就說：「祀竈令人富，相傳陰子方。安知由至孝，非在薦黃羊。」但陰子方是「臘日」晨炊而祭竈神，並不是周祈所說的十二月二十四日。在距離陰子方的三百多年後，晉朝葛洪（二八三癸卯－三四三）《抱朴子．內篇微旨》說：

> 月晦之夜，竈神亦上天白人罪狀，大者奪紀。紀者，三百日也。小者奪算，算者，三日也。吾亦未能審此事之有無也。

葛洪自稱是根據《易．內戒》、《赤松子經》、《河圖記命符》等書轉述，還有具體的罰則，而時間是在「月晦」。後人引用，都直接說成「每月晦」，就是竈神每月月底都要上天廷述職。但即使道行高深如葛洪，尚且不能確定是否真有此類事，而後人卻傳述不已，如五代段成式（八〇三癸未—八六三）《酉陽雜俎》，更敷衍而成：

竈神名隗，狀如美女。又姓張名單，字子郭。夫人字卿忌，有六女，皆名察洽。常以月晦日上天白人罪狀，大者奪紀，紀三百日，小者奪算，算一百日。故為天帝督使，下為地精。……一曰竈神名壤子也。

真是越說越玄。世人為了求福，創造各種神奇說法，十口相傳，就成真了。明確指出祭竈時間是在十二月二十四日的，是南宋范成大在〈臘月村田樂府敘〉的話：「臘月二十四夜『祀竈』。其說謂竈神翼日朝天白一歲事，故前期禱之。」竈神第二天回天廷述職，報告這一家一年的表現；主人因此在這一晚提前祭竈神，祈求祂隱惡揚善。范成大雖是江蘇吳縣人，所記應該是江南普遍的民間習俗，後來就成通行的民俗了。

文人之作鮮少及祭竈者，應是受孔子（前五五一庚戌—前四七九）「獲罪於天，無所禱也」、既不媚奧亦不媚竈論說的影響（參見《論語．八佾》）。晚唐陸龜蒙在〈祀竈解〉的結論說：

天至高，竈至下；帝至尊嚴，鬼至幽仄。果能欺而告之，是不忠也。聽而受之，是不明也。下不忠，上不明，又果何以為天帝乎！

清朝查慎行（一六五〇庚寅—一七二七）〈祀竈〉詩則說：

一年俄逼臘，爆竹接比鄰。不用儺驅鬼，自將詩送神。
晨餐甘脫粟，夕爨付勞薪。此意天應諒，吾非媚竈人。

如今已經沒有「竈」了，但廚房還在，以人們念舊思古的情懷，還是會有象徵性的「祀竈送神」吧！但希望不要作「媚竈」之人。戲成四句，〈祭竈送神〉：

位高萬姓更摩天，天上眾神日夜監。監守覆翻原自媚，媚諛亙古在人間！

小年夜

臘月二十九

「小年夜」應當是民間的習俗，而且在相當晚的時代才在文獻中出現。南宋末文天祥（一二三六丙申——一二八三）有兩首詩，可以參證，第一首是〈小年〉：

燕朔逢窮臘，江南拜小年。歲時生處樂，身世死為緣。
鴉噪千山雪，鴻飛萬里天。出門意寥廓，四顧但茫然。

文天祥的《指南後錄》中，這首詩的下一首〈除夜〉，指的是「辛巳年」（一二八一）的除夕，文天祥已被元人拘囚，夏秋間在獄中寫了〈正氣歌〉，堅拒勸降，一心求死。〈小年〉詩則是在除夕前作，因首句「窮臘」，很容易把小年當作是除夕前一天。但他在兩年前「己卯」（一二七九）年十二月二十四日所寫的〈十二月二十四日〉詩說：

壯心負光岳，病質落幽燕。春節前三日，江鄉正小年。
歲時有如水，風俗不同天。家廟荒苔滑，誰人燒紙錢。

詩中也提到小年，在詩題下有「俗云小年夜」的注語。文天祥是江西人，由此可知在南宋，江西甚至江南，小年夜和祭竈送神是同一天，都在十二月二十四日。

文天祥這兩首詩的詩題，無論是小年或小年夜，都是前此詩文所未見過的。在此之前，小年指「年少」、「年輕」，而小年夜則從未出現。

小年夜的習俗，從南宋或者就一直持續維持著，但在詩中還是少見。明成祖朱棣（一三六〇庚子—一四二四）時代官至武英殿大學士、禮部尚書的金幼孜（一三六八戊申—一四三二）是江西新淦人，他有〈臘月二十四夕偶成二首〉詩：

歲事只如此，匆匆又小年。蘭燈看獨照，柏酒已先傳。
月隱金臺雪，香霏禁樹烟。故園今萬里，南北寸心懸。
浮生若萍梗，歲月易蹉跎。久客鄉書少，慈親白髮多。
春回殘雪在，臘盡小年過。未就閒居賦，聊吟桂樹歌。

金幼孜在北京做官，小年十二月二十四日時，寫下了思念家鄉父母之情。

然而，比金幼孜稍晚的吳與弼，是江西崇仁人，極負盛名的理學家、崇仁學派的創立者，黃宗羲（一六一〇庚戌－一六九五）的《明儒學案》列他為崇仁學派第一人。吳與弼對小年卻有不同的說法，作〈小年夜〉詩：

虛堂明燭小年時，子弄瑤琴父詠詩。會得心中無事旨，樂夫天命復奚疑。

詩題下自注說：「俗以歲除前一夕為小年夜。」「歲除前一夕」，當然是除夕前一夜，不是「十二月二十四日」、而且還是說「俗以」，所以並不是朝廷的規定。同樣是江西，就有如此的不同。

除夕既然是大年夜，那除夕前一晚叫小年夜，似乎也很自然吧！也湊四句寄興，〈小年夜〉：

歲月從來日夜侵，人心世道見虛真。已知往者無如意，寄望來年轉乾坤。

除夕

年三十

「除夕」又稱「歲除」，意思是「舊歲將除，而新歲復至。」又或稱「歲夜」。除夕守歲，由來已久，晉代周處（二三六丙辰－二九七）《風土記》說：

蜀之風俗，晚歲相與餽問，謂之餽歲。酒食相邀為別歲，至除夕，達旦不眠，謂之守歲。

這段話在周處的一千年後，四川眉山人蘇軾曾全文引用。「蜀」原只是指「成都」，後又泛稱「四川」。雖說是「蜀」地風俗，但應有普遍性。南朝陳徐陵的《玉臺新詠》就有〈徐君蒨共內人夜坐守歲〉詩（卷八），徐君蒨是山東郯城北人，和徐陵是同鄉。可見在南北朝時，不只是「蜀地」有「除夕守歲」的習俗了。

唐初王勃（六四九己酉－六七六）〈守歲序〉說：「歲月易盡，光陰難駐。春秋冬夏，錯四序之涼炎；甲乙丙丁，紀三朝之曆數。」唐太宗（五九八戊午－六四九）有〈太原召侍臣守歲〉詩等；中唐王建有〈宮詞〉詩云：

金吾除夜進儺名，畫袴朱衣四隊行。院院燒燈如白日，沉香火底坐吹笙。

可見皇宮中還有「儺」的儀式。南宋初孟元老《東京夢華錄》記宋徽宗（一〇八二壬戌－一一三五）時東京（汴京、開封）宮廷除夕的活動更詳細：

至除日，禁中呈大儺儀，並用皇城親事官。諸班直戴假面，繡畫色衣，執金鎗龍旗。教坊使孟景初身品魁偉，貫全副金鍍銅甲裝將軍，用鎮殿將軍二人，亦介冑，裝門神。教坊南河炭醜惡魁肥，裝判官。又裝鍾馗、小妹、土地、竈神之類，共千餘人，自禁中驅祟出南薰門外轉龍彎，謂之埋祟而罷。是夜禁中爆竹山呼，聲聞於外。士庶之家，圍爐團坐，達旦不寐，謂之守歲。

但有時也會突然中斷，南宋初袁文的《甕牖閒評》就說：

> 古來除夕，闔家團坐達旦，謂之守歲。此事不知廢自何時，前此四五十年，小兒尚去理會，今併不聞矣！

袁文是南宋初高宗、孝宗時浙江鄞縣人，所記或是一地一時的現象。

守歲一直是除夕的主要習俗。除夕詩作極多，都不免感慨歲月、嘆老嗟衰、功業不遂之什，茲選錄自唐至清之作，更認識守歲的內涵：

〈歲除夜有懷〉　孟浩然（六八九己丑—七四〇）

五更鐘漏欲相催，四氣推遷往復迴。帳裡殘燈才有焰，鑪中香氣盡成灰。
漸看春逼芙蓉枕，頓覺寒消竹葉杯。守歲家家應未臥，相思那得夢魂來。

〈除夜作〉　高適（七〇四甲辰—七六五）

旅館寒燈獨不眠，客心何事轉悽然。故鄉今夜思千里，愁鬢明朝更一年。

〈杜位宅守歲〉　杜甫

守歲阿咸家，椒盤已頌花。盍簪喧櫪馬，列炬散林鴉。
四十明朝過，飛騰暮景斜。誰能更拘束，爛醉是生涯。

〈歲夜喜魏萬成郭夏雪中相尋〉　劉長卿（七二六丙寅—七八六）

新年欲變柳，舊客共霑衣。歲夜猶難盡，鄉春又獨歸。

寒燈映虛牖，暮雪掩閒扉。且莫乘船去，平生相訪稀。

〈除夜侍酒呈諸兄示舍弟〉　歐陽詹（七五八戊戌—八〇一）

莫歎明朝又一春，相看堪共賞茲身。悠悠寰宇同今夜，膝下傳杯有幾人。

〈歲夜詠懷〉　劉禹錫

彌年不得意，新歲又如何。念昔同遊者，而今有幾多。
以閒為自在，將壽補蹉跎。春色無新故，幽居亦見過。

〈除夜〉　白居易

病眼少眠非守歲，老心多感又臨春。火銷燈盡天明後，便是平頭六十人。

〈歲夜詠懷兼寄思黯〉

遍數故交親，何人得六旬。今年已入手，餘事豈關身。
老自無多興，春應不揀人。陶窗與弘閣，風景一時新。

〈歲除對王秀才作〉　韋莊（八三六丙辰—九一〇）

我惜今宵促，君愁玉漏頻。豈知新歲酒，猶作異鄉身。
雪向寅前凍，花從子後春。到明追此會，俱是隔年人。

〈除夜〉　徐鉉（九一六丙子—九九一）

寒燈耿耿漏遲遲，送故迎新了不欺。往事併隨殘曆日，春風寧識舊容儀。
預慚歲酒難先飲，更對鄉儺羨小兒。吟罷明朝贈知己，便須題作去年詩。

〈和歲除日〉　梅堯臣

一年三萬六千刻，玉漏唯餘十二時。去日苦多誰會惜，殘陰全少頗能知。

已驚顏貌徐徐改，不奈烏蟾冉冉馳。萬國明朝賀新歲，東風依舊入春旗。

〈旅中歲除〉 邵雍

比到明年無數刻，且令芳酒更斟回。星杓建丑晦將盡，歲箭射人春又來。
不用物情閒作梗，大都心緒已成灰。浮名更在浮雲外，瞬見光陰況復催。

〈除夜〉 徐積

但得文章與道深，年來年去不關心。幾時上得青雲後，兩鬢從教白髮侵。
匣內深藏三尺劍，罇前獨抱一張琴。辭高調古彈將曉，待倩春風聽此音。

〈守歲〉 蘇軾

欲知垂盡歲，有似赴壑蛇。修鱗半已沒，去意誰能遮。
況欲繫其尾，雖勤知奈何。兒童強不睡，守歲夜讙譁。
晨雞且勿唱，更鼓畏添撾。坐久燈花落，起看北斗斜。
明年豈無年，心事恐蹉跎。努力盡今夕，少年猶可誇。

〈除夜〉 蘇轍

老去不自覺，歲除空一驚。深知無得喪，久已罷經營。
黃卷譏前失，清樽借後生。何年遂疏懶，伏臘任躬耕。

〈和歲除〉 韋驤

莫惜年華此夕凋，漫漫將旦即春朝。緹帷指刻更殘律，析木循環復建杓。
玉盞椒花投曉薦，銀檠蠟炬隔年消。祇應幽谷知時早，已欲飛遷翠木喬。

〈壬戌歲除作明朝六十歲矣〉 曾幾（一〇八四甲子—一一六六）

禪室蕭然丈室空，薰銷火冷閉門中。光陰又似燭見跋，學問只如船逆風。
一歲臨分驚老大，五更相守笑兒童。休言四十明朝過，看取霜髯六十翁。

陳藻

〈歲除僧寺看寫疏作〉

元正祈禱萬千般，縱道聰明聽也難。料得鬼神應喜我，不曾投疏一相干。

喻良能

〈戊子除夕追和陳簡齋除夜〉

世事年來已飽更，百年今夕兩分平。窗間蠟炬偎人暖，瓶裡梅花照眼明。
瓦屋三間聊足喜，鬢霜千丈總堪驚。明朝同上西山望，應有江湖春水生。

陸游

〈除夕〉

六聖涵濡作幸民，明朝七十八年身。門前西走都城道，臥看無窮來往人。

楊萬里

〈除夕絕句〉

紫陌相逢誰不疏，青燈作伴未為孤。何須家裡作時節，只問旗亭有酒無。

韓琥

〈除夕〉

年年以酒澆殘臘，日日為詩作好春。澗水漸生梅正發，鳥啼人語亦清新。

方岳（一一九九己未—一二六二）

〈除夕〉

當年意氣亦堪悲，歲晚胸懷只自知。十有九分天不管，百無一遂老如期。
燈寒夜雪漁蓬屋，春共梅花野竹籬。衰白東風那解綠，底須苦向鬢邊吹。

王惲

〈守歲夜〉

靈案回飆闔戶樞，赤囊懸井漬屠蘇。罇留臘味為春酒，門插新桃換舊符。
歲事守來人潦倒，窮愁推去鬼揶揄。明朝最是新年喜，寬大書來聽杖扶。

〈歲夜自遣〉

馬臻（一二五四甲寅—？）

坐見年殘竹爆中，更將杯酒祝東風。道人心事如灰久，辜負燈花一穗紅。

〈歲夜〉

張昱

喧聲爆竹九街傳，瑣瑣悲歡又一年。魍魎已驅儺有道，屠蘇先飲我無緣。

傍人燈火真相向，殢食兒童強不眠。休說開元舊時事，長歌短髮易淒然。

〈紹興客中除夕〉

今歲今朝是歲除，旅人況復在離居。從來牛女成惆悵，烏鵲橋邊莫寄書。

〈壬子歲除〉

文徵明

殘燈明滅照頭顱，八十三齡過隙虛。一歲又從今夕盡，餘生消得幾番除。

老知無地酬君寵，貧喜傳家有父書。獨有梅花堪慰藉，春風消息定何如。

〈申江守歲詞〉

毛奇齡（一六二三癸亥—一七一六）

申江守歲夜筵開，夜半休啣柏子杯。嘗恐客中愁不斷，一年未盡一年來。

〈除夕〉

劉鶚

每憶盤銘日日新，讀書燈火老猶親。姓名雖或聞當世，德業還應愧古人。

百歲光陰嗟白髮，十年蹤跡困紅塵。太平倘與春俱會，一笑渾忘病是貧。

讀了這麼多詩，不免五味紛陳，戲成二絕以湊趣，〈歲除〉：

轉眼匆匆又歲除，老來何處寄區區。功名過往如塵土，依舊時時說子虛！

俗說添年是減年，明朝八二更赧然。自知老耄應黃槁，人笑白頭尚紅顏。

元日

正月初一

正月初一稱為「元日」，是大家所熟悉的，還可以叫做「元朝」、「正月上日」和「月正」。在古代，帝王在這一天要郊祀上天，同時要祭后稷以「祈穀」。然後另選良辰吉日，下田「親耕」，當然只是象徵性地推了耒耜三下，就稱為「三推」，以鼓勵農民勤勞耕作。

元日是新年的開始，宋朝王安石有〈元日〉詩：

爆竹聲中一歲除，東風送暖入屠蘇。千門萬戶曈曈日，爭插新桃換舊符。

說明了元日的重要節目。詩人除了與親朋好友（鄉黨）聚會，一起迎新飲宴之外，當然會有許堆感觸，藉詩歌表現。且錄如下：

〈元朝〉　張說（六六七丁卯－七三〇）

今日新歲樂，不謝往年春。知向來心道，誰為昨夜人。

〈七年元日對酒三首〉　白居易

慶弔經過懶，逢迎跪拜遲。不因時節日，豈覺此時衰。

眾老憂添歲，吾衰喜入春。年開第七秩，屈指幾多人。

三杯藍尾酒，一楪膠牙餳。除卻崔常侍，無人共我爭。

〈元日〉　趙抃（一〇〇八戊申—一〇八四）

人生七十古云稀，加我新年復過期。住在三衢山好處，旺中還賦式微詩。

〈元日〉　吳則禮（？—一一二一）

禿雪盈巾面欲黧，三間茅屋伴淮湄。北湖不道無炊米，也向衡門貼畫雞。

〈元日〉　周行己（一〇六七丁未—一一二五）

正月一日思悠哉，水邊盡日意遲回，豈無俗人一杯酒，不作區區城裡來。

〈元日〉　趙鼎臣（一〇六八戊申—？）

燕舞鶯啼爭窈窕，桃紅李白鬥尖新。盡將錦繡遮阡陌，春到田家自不貧。

〈元日〉　李綱（一〇八三癸亥—一一四〇）

元日尋真到洞天，溪邊春色已嫣然。落花流水人間去，誰到桃源不是仙。

〈元日〉　張嵲

摧頹那覺是華年，城郭衣冠競彩鮮。寒雨連天無事出，臥聽簷溜似山泉。

〈元日〉　喻良能

五十之年又過三，依然白髮照清衫。年來大起山林興，任達從教笑阮咸。

〈元日〉　陳藻

草粿京糰要賀年，玉融風俗不同天。元正卯醉長洲市，又憶浮家厭海鮮。

〈元日〉　陸游

南陌東阡自在身，耄年喜見歲華新。洛中九老非吾侶，且作山陰十老人。

晚塗初入長生運，新歲仍當大有年。剩與鄉鄰同覓醉，市樓酒賤不論錢。

〈元日〉　　范成大

泥絮心情雪樣鬚，詩囊羞澀酒杯嫌。年來萬事都消滅，只有床頭曆日添。

〈元日〉　　楊萬里

筋骸全比去年非，騎吹聲中憶釣磯。待得霜風欺老病，何如閒健一簑歸。

〈元日〉　　張栻（一一三三癸丑—一一八〇）

元日扶衰看早春，嫩苔一徑落梅新。何人舞罷凌波襪，踏匾真珠滿綠絪。

古史書元意義存，春秋揭示更分明。人心天理初無欠，正本端原萬善生。

有時候，元日又正好是立春，錄兩首：

〈元日立春〉　　韓琦

元日難逢是立春，普天誰不喜佳辰。一年氣候均諸節，萬卉芳菲實九旬。柏葉始傾為壽酒，土牛隨示力耕人。故陰盡革無餘臘，端朔陽來慶共新。

這首詩寫的是宋仁宗至和乙未年（一〇五五）的元日，韓琦四十八歲。

〈元日〉　　高翥（一一七〇庚寅—一二四一）

長憶兒時二老旁，元正歲歲有風光。攙先禮數修人事，著好衣裳侍酒觴。

回首不堪追日月，感情空嘆換星霜。尚期我老如親老，卻看兒童做節忙。

真是寫出了許多人共同的心聲！也湊四句書感，〈元日〉：

一元復始又新年，八秩老翁也隨緣。人事已經千萬變，此心依舊未曾還！

人日（正月初七）

「人日」的說法，由來已久，最早要推到漢武帝（前一五六乙酉—前八七）時的東方朔（前一六〇辛巳—前九三）。人日的習俗，在南朝梁元帝（五〇八戊子—五五五）時宗懍所編的《荊楚歲時記》中，有比較具體地敘述：

正月七日，為人日，以七種菜為羹。剪綵為人，或鏤金箔為人，以貼屏風，亦戴之頭鬢。亦造華勝以相遺，登高賦詩。

在人日這一天，要吃七種蔬菜煮成的菜羹，也要將綵紙或金屬薄片製作為人的樣子，貼在屏風上或戴在鬢邊；女人製作華勝（婦女頭上的裝飾）互相贈送；男人則登高賦詩。書中又引漢、魏之際董勛的說法：

禮俗云：正月一日為雞，二日為狗，三日為羊，四日為豬，五日為牛，六日為馬，七日為人，以陰晴占豐耗，正旦畫雞於門，七日帖人於帳。

後來又演變成初一日至初六日不殺雞等六畜、初七日不對人行刑的禮俗。後人引東方朔的說法，又另外加上象徵五穀的初八日，這八天如果都是晴朗的天氣，那麼這一年就物阜民豐、大吉大利了。人日既是代表「人」誕生的日子，而人又是萬物之「靈」，所以人日也被叫作「靈辰」。人日既有上述的風俗，所以歷來騷人墨客的詩篇，也多從此下筆。

人日見於詩題，可以早到南北朝時，當時有「關西孔子」之稱的薛道衡（五四〇庚申—六〇九），以詩歌著名南北，曾奉隋文帝（五四一辛酉—六〇四）之命出使南方陳國，因得陳後主（五五三癸酉—六〇四）敬重，被留居而久不得歸，適逢人日聚會，南朝文士邀他賦詩，當他說出「入春才七日，離家已二年」兩句時，大被嗤笑，以為是浪得虛名，等到後兩句「人歸落燕後，思發在花前」一出口，從容地表示出了自己急切想回故鄉的心意，一共只用了二十個字，平淡中含有至情，因而使得眾人欽服不已。他這首〈人日思歸〉也就成了傳世名作。

人日聚會可大可小，有如陳後主朝廷的盛會，也有家庭的團聚。宋朝張耒有〈人日飲酒賦〉，就是與家人的歡慶，或可代表普遍的現象：

歲後七日，其名曰人。愛此嘉名，酌酒歡欣。豈木行之始和，生庶彙而施仁，又曰人者三才之中，將中和之肇布，易嚴殺之餘冬也。乃命婦子，班坐行觴，酌已相祝，壽考無疆。有否必泰，無窮不通。請觀庭下之枯折，霜霰消而敷榮。羽蟲感陽而群嬉，況乎雲間之飛鴻。於是三酌既醉，喜有所得：安局促而不歎，悟倚伏之無極！

在唐朝，以人日入題的詩，最早或見於高適的〈人日寄杜二拾遺〉：

人日題詩寄草堂，遙憐故人思故鄉。柳條弄色不忍見，梅花滿枝空斷腸。
身在南蕃無所預，心懷百憂復千慮。今年人日空相憶，明年人日知何處。
一臥東山三十春，豈知書劍與風塵。龍鍾還忝二千石，媿爾東西南北人。

杜二拾遺就是杜甫。高適此詩在唐肅宗上元二年辛丑（七六一）作，當時擔任蜀州（成都）刺史，而杜甫也正在成都草堂；然而要到代宗大曆五庚戌（七七〇）正月二十一日，杜甫在翻檢舊文書，發見此詩時，高適已去世五年，杜甫因而「淚灑行間」，於是追和而作〈追酬故高蜀州人日見寄〉：

自蒙蜀州人日作，不意清詩久零落。今晨散帙眼忽開，迸淚幽吟事如昨。
嗚呼壯士多慷慨，合沓高名動寥廓。歎我悽悽求友篇，感君鬱鬱匡時略。
錦里春光空爛熳，瑤墀侍臣已冥寞。瀟湘水國傍黿鼉，鄠杜秋天失鵰鶚。
東西南北更堪論，白首扁舟病獨存。遙拱北辰纏寇盜，欲傾東海洗乾坤。
邊塞西蕃最充斥，衣冠南渡多崩奔。鼓瑟至今悲帝子，曳裾何處覓王門。
文章曹植波瀾闊，服食劉安德業尊。長笛誰能亂愁思，昭州詞翰與招魂。

杜甫原本對高適並不甚欣賞，卻在詩中表現了深情，前人自有解說也。

而杜甫又有〈人日二首〉詩：

元日至人日，未有不陰時。冰雪鶯難至，春寒花較遲。
雲隨白水落，風震紫山悲。蓬鬢稀疏久，無勞比素絲。

此日此時人共得，一談一笑俗相看。樽前柏葉休隨酒，勝裡金花巧耐寒。
佩劍衝星聊暫拔，匣琴流水自須彈。早春重引江湖興，直道無憂行路難。

述說因為新年連著七日的陰冷，引起了悲慨；後人多有迴響。

前賢以人日入題的詩頗多，借題發揮，無施不可。茲選錄唐、北宋以〈人日〉為主題之作七家，以概其餘：

〈六年立春日人日作〉　白居易

二日立春人七日，盤蔬餅餌逐時新。年方吉鄭猶為少，家比劉韓未是貧。
鄉園節歲應堪重，親故歡遊莫厭頻。試作循潮封眼想，何由得見洛陽春。

〈人日立春〉　盧仝*（七九〇庚午—八三五）

春度春歸無限春，今朝方始覺成人。從今克己應猶及，願與梅花俱自新。

*盧仝詩號稱艱澀，此詩則平白可喜。

〈人日即事〉　李商隱

文王喻復今朝是，子晉吹笙此日同。舜格有苗旬太遠，周稱流火月難窮。
鏤金作勝傳荊俗，翦綵為人起晉風。獨想道衡詩思苦，離家恨得二年中。

〈人日〉　宋庠

陽律初回七日春，誰將靈品占佳辰。鏤金剪綵空迎福，無奈牛羊已勝人。

〈人日〉　宋祁

綵勝香囊樂上春，我懷前事悵佳辰。瞿曇尚笑浮生假，況鏤黃金假作人。

〈人日立春輦下作〉　強至（一〇二二壬戌—一〇七六）

樓上滿傾人日酒，更逢春氣到京華。盤擎白玉來生菜，勝插黃金出鏤花。
客與紛紜那可數，年光流轉亦無涯。天邊梅柳應相笑，兩度東風不在家。

〈人日立春〉　劉攽

華勝已宜春，翦綵更為人；風光今日好，顏貌一時新。

也戲成三絕應節，〈人日〉：

人日終於豔陽天，氣清風暖彩雲翻。山光已自回春色，眼界果然開闊連。
人日果然豔陽天，天光雲影真可憐。憐春長怕花開遍，遍野飛英展笑顏。
人日還將添雨水，漫天風色真可憐。惜春長怕花開早，已見滿園放杜鵑！

上元

正月十五

上元節又稱元宵節，在立春間，有時會有不同的情形。但無論節氣怎麼變，上元節的日期都是在正月十五。

「火樹銀花」鬧元宵

上元節有點燈的傳統習俗，也就是現代的元宵燈會。宋初所編的《太平御覽》，把元宵點燈的禮俗推到漢朝，書中引用《史記．樂書》的記載說：

漢家祀太乙（天帝），以昏時祠到天明；今人正月望日（一般在十五日，或有十六、十七日）夜遊觀燈，是其遺事。

又根據文獻記載，除了正月十五「上元」點燈之外，七月十五中元、十月十五下元也都有點燈的事。如今中元節還很普遍，而下元節則除了道教，似乎已經很少見了。

上元節自來是重要節日，歷代歡慶燈節的時間也不同，或三夜，或五夜，或六夜；明成祖永樂七年（一四〇九年）下令全國從十一日起休假十天，君民同樂，應該是慶典時間最長的記載。

初唐詩人蘇味道（六四八戊申－七〇五），有一首〈正月十五日〉詩：

火樹銀花合，星橋鐵鎖開。暗塵隨馬去，明月逐人來。
遊妓皆穠李，行歌盡落梅。金吾不禁夜，玉漏莫相催。

「火樹銀花」、「金吾不禁」的描寫，可以看出在一千三百多年前唐人歡度元宵的盛況，成為了上元的典故，後人沿用不斷。可見這位蘇味道先生的詩語真是雋永有味，他正是蘇東坡的遠祖。東坡三十九到四十一歲（一〇七四－一〇七六）間在密州（山東諸城）擔任知州時，曾有一闋〈蝶戀花密州上元〉詞，前段是這麼寫的：

燈火錢塘三五月，明月如霜，照見人如畫。帳底吹笙香吐麝。更無一點塵隨馬。

回憶此前他在杭州時所經歷的上元燈夕，末句正是化用了他老祖宗蘇味道「暗塵隨馬去」的意思。

今夜是元宵，何處元宵好？

上元詩詞真的不少，就選錄唐、宋五家詩，看他們怎麼說：

〈長安正月十五日〉　白居易

喧喧車騎帝王州，羈病無心逐勝遊。明月春風三五夜，萬人行樂一人愁！

〈正月十五夜聞京有燈，恨不得觀〉　李商隱

月色燈光滿帝都，香車寶輦隘通衢。身閒不睹中興盛，羞逐鄉人賽紫姑*。

* 古人於元宵請紫姑仙「廁神」卜吉凶。

〈上元夜戲作〉　王安石

馬頭乘輿尚誰先，曲巷橫街一一穿。盡道滿城無國豔，不知朱戶鎖嬋娟。

〈四十年前元夕與故人夜遊得此句〉　　蘇軾

午夜朧朧淡月黃，夢回猶有暗塵香*。縱橫滿地霜槐影，寂寞蓮燈★半在亡。

*引《南部煙花記》：「宮人皆以沉香屑裹履中，以薄玉為底，行則香痕印地，名曰塵香。」

★長安巧工丁緩，為常滿燈。九龍、五鳳，雜以芙蕖、蓮葉捧承之狀。見《洞冥記》。

〈元夕〉　　朱熹

何處元宵好？山房入定僧。往來衣上月，明暗佛前燈。

實際徒勞說，空華詎可憑。還教知此意，妙用一時興。

看來，都有白樂天「萬人行樂一人愁」的悵惘，這五位詩家哲人，果真都「別有懷抱」吧！

只許放火，不許點燈

在上元節，點燈是習俗，就來看個「點燈」的故事吧！南宋詩人陸游在《老學庵筆記》（卷五）中有一則記事，大意說：

有個名叫「田登」的人，擔任一州的主官，最不喜歡別人說「點燈」，誰要是觸犯了忌諱，他就大怒，很多部屬因此被鞭打，全州的人只好把「燈」叫做「火」。元宵節這天，照例可以點燈夜遊，並許全州百姓到州城看燈，田登就在各處張貼告示說：「本州依例放火三天。」

「只許州官放火，不許百姓點燈」的典故，就由此而來。這大概是元宵節最有趣的「故事」了。

陸游當然不會隨便編造故事，確實有田登這個人，他在北宋徽宗崇寧五年（一一〇六）前後，曾經擔任撫州（江西臨川）的知州，在任上還為出身撫州的故宰相王安石修建過祠堂，被認為是一個很能幹的地方官，但竟然會有如此迂腐、顢頇的表現，實在令人可笑。即使在那個時代，也成為被消遣的「口實」。田登和點燈的發音實在太接近了，按古人避諱的原則，州官的名字被人們直接呼來喚去，心中當然不爽，哪能像現在官員、首長、元首的名字到處可聞，即使是語帶嘲諷。雖然，古今觀念的轉變，絕不是一朝一夕的事。

在故事結尾，祈願人人都能「點自己的燈」，不再有「只許官僚放火」的唬人笑話。

■「驀然回首」

南宋詞人辛棄疾（一一四〇庚辰—一二〇七），有一闋〈青玉案　元夕〉詞，非常有名：

東風夜放花千樹。更吹落、星如雨。寶馬雕車香滿路。鳳簫聲動，玉壺光轉，一夜魚龍舞。
蛾兒雪柳黃金縷。笑語盈盈暗香去。眾裡尋他千百度。驀然回首，那人卻在，燈火闌珊處。

前段描繪元宵節整個夜晚「火樹銀花」、「車水馬龍」、「簫聲飄揚」、「花燈飛舞」的熱鬧景象。後段前兩句繼續描寫仕女群出逛燈，個個著意妝扮，因而粉黛飄香，笑語盈盈，令人目光流轉，耳不暇接。但這些都不能讓主人翁在意，主人翁心裡焦急的是，始終找不到自己所期盼的人。然而，就在突然一回首的剎那間，卻發現「那人」竟然就站在冷清幽暗的角落裡。

這闋詞被人喜愛的原因，全在後段這四句。梁啟超以為稼軒別有寄託，詞中的「那人」，就是在寫他自己孤芳自賞的兀傲心情，所以有「自憐幽獨，傷心人別有懷抱」的詮釋。稼軒的意思或者不一定如此，人們也不妨各有自己的體會，所以王國維論「成大學問、大事業」的第三層境界的引申說法，就一直被津津樂道。

「驀然回首」四字，應該就是這闋詞最動人心絃之處。「驀然」的決定，看似不經意，其實應是「主人翁」的心意在千迴百轉之後乍現的靈思，這一乍現的靈思，驅動的不是躋身進入襟袖飄香、燈火輝煌熱鬧氛圍中的意念，而是「回首」向「燈火闌珊」處繼續尋覓「那人」的執著。這「驀然」的「回首」，正是一種「頓悟」，若非有過人的智慧，是不可能表現得出來的。如果換一個人，經過「千百度」的尋覓，還是落空以後，他接著所採取的動作或將是「向前走，什麼攏無驚」的賭氣蠻撞了。那麼「失足」的後果勢必難免，再想要「回首」，恐怕真正是不堪了。

似作繭自縛般地一步一回首，固然大可不必，卻真要有回首的勇氣。回首的結果，雖未必如稼軒般能夠獲得意外的驚喜，可能竟是悲苦淒涼，也可能真的落得「萬象成空」，但在面對「也無風雨也無晴」的境界時，不也是值得欣然的嗎？

若你在元宵夜有個黃昏後的約會，當你也在人群裡「尋他千百度」，卻仍然落空而感到焦慮不安、落落寡歡時，不妨也表現一下大智慧大勇氣，來一個「驀然回首」吧！

■「那人」

辛稼軒在〈青玉案　元夕〉詞的最後三句說：「眾裡尋他千百度，驀然回首，那人卻在、燈火闌珊處！」

「那人」！多麼令人會心的稱呼，又是多麼親暱的口語。當初讀稼軒詞時，怎麼會忽略了呢？是稼軒第一個用它來代替特定又無須言宣的人兒嗎？

經過一番檢索，連「那人家」、「那人人」都割捨了，只取「那人」，結果發現，這麼靈動而韻致無窮的詞，使用的人竟然是那麼少。唐人幾乎全沒用到，兩宋第一個用的人還是北宋中期的山谷道人黃庭堅，他在〈憶帝京〉後段結處說：「斷腸人依舊，鏡中消瘦。那人知後，怕夯你來僝僽。」再就是稍晚的劉一止（一〇七八戊午—一一六〇），在〈夜行船〉前段結處說：「十頃疏梅開半就。折芳條、嫩香沾袖。今度何郎，尊前疑怪，花共那人俱瘦。」接著是歐陽澈（一〇九一辛未—一一二七）的〈虞美人〉詞後段首句：「那人音信全無個，幽恨誰憑破。撲花蝴蝶若知人，為我一場清夢、去相親。」張孝祥的〈醉落魄〉詞後段結處：「桃花庭院光陰速，銅鞮誰唱大堤曲。歸時想是櫻桃熟，不道秋千、誰伴那人蹴。」再來就是稼軒的「那人卻在、燈火闌珊處」，也最為動人心絃了。看來，「那人」的若有若無、迷離恍惚，正合乎詞體婉約的特性呀！

吾家涪翁（山谷道人晚年貶在四川「涪州」，自號「涪翁」）真有創意，正該回應。戲代稼軒詞中的「那人」，作小詞回應，聊充表白吧！〈醉花間　代那人答稼軒問〉：

那人盼，那人念。那人尚未見。那人燈夜約，那人豈無惦。
那人自顧盼，那人驀然現！那人綻心眼，那人呀：眉如怨！

再以小詞一闋應節，〈鷓鴣天　上元〉：

雨水節前過上元，懸知寶島燈花鮮。世間到處鬧災變，人寰有時自得安。
新運到，占坤乾。今年月精視無間。立春會有陽光現，何日花開笑逐顏！

雨水

雪水融化，降雨增多

「雨水」的意思，是說冰雪融化而成為雨水。雨水有哪些自然現象呢？看看乾隆怎麼說。

三候

——獺祭魚・候雁北・草木萌動——

初五日：獺祭魚。

物生孰不性靈含，海獺知春視亦眈。度水因之為曲穴，祭魚遂爾取深潭。
圍陳乃似習乎禮，狠鬥依然敗以貪。何事簡編列書几，寓言仍復有樊南。

乾隆認為「獺祭魚」，只是寓言。

次五日：候雁北。

旋轉璿璣物盡知，自然隨運那資師。衡陽律暖因呼侶，塞北天寬可育兒。
嘹唳度雲聲落漢，徘徊印月跡留陂。君王亯雁光輝有，莫漫高飛太液池。

乾隆自注三、四兩句：「雁於仲秋往南避寒，至仲春則回向北。蓋雁本聚居於沙漠水澤間，字育皆在其地耳。」

後五日：草木萌動。乾隆抒感說：

昭蘇槖籥遞侵尋，不疾不徐甾且愔。遍地含芽及莩甲，連林柳眼與梅心。
形於無處覺其有，色向淺中染以深。物自樂哉民孰省，惻然漢詔意貽今。

草木開始有生氣了，遍地、連林的綠意隨機而成長。

雨水是節氣，也可以是因雨而積水的現象。節氣的雨水，見於韻文的，除上引乾隆的三首詩之外，僅有下舉三家之作，甚出意外！

〈勸農口號十首其一〉　許綸（？—一二〇九）

一勸農家莫惰農，春來雨水已流通。有男有女勤耕績，必定時和更歲豐。

〈明發三衢〉　楊萬里

拔盡新秧插盡田，出城一眼翠無邊。不關雨水愁行客，正是年年雨水天。

〈正月二日雨雹　是日雨水節〉　陳獻章（一四二八戊申——一五〇〇）

雨水不雨水，雨雹胡乃然。小者如蓮實，大者如彈丸。

仍聞隔江言，有雹大如拳。吾君古帝堯，神功格皇天。

雹往而霰*來，無乃為豐年。

*自注：「後二日雨霰。」

便湊四句應節，〈雨水〉：

立春臨別豔陽天，雨水蹣蹣步步蓮。自是繁花都似錦，還應禾穀大登年！

花信

菜花

雨水一候花

菜花，究竟是指什麼菜的花呀？所有提到菜花的詩，都說菜花是黃色的，而且常與別的花葉做對比：菜花結子麥抽芒；麥苗堆綠「菜花黃」；麥波蒼翠「菜花黃」；桃花紅罩「菜花黃」；桃花紅襯「菜花黃」；吹苑野風桃葉碧，壓畦春露「菜花黃」；杏花堆白「菜花黃」；杏花紅覆「菜花黃」；菜花含潤黃如濯，柳葉拖煙綠尚輕；梅子金黃杏子肥，麥花雪白菜花稀；四山松葉碧，一徑「菜花黃」；木棉花赤「菜花黃」；楊花如雪「菜花黃」；「菜花黃」盡綠陰成；「遍野黃金菜花茂」。

這可說明，菜花的顏色是金黃色，而且花期很長，宋人王之道就說：「清明過了桃花盡，頗覺春容屬菜花。」還可以一直到夏日「梅子金黃時」！菜花見於詩題中，要到明朝才出現，茲列如下：

〈和董蘿石菜花韻〉　王守仁（一四七二壬辰—一五二九）

油菜花開滿地金，鵓鳩聲裡又春深。閭閻正苦饑民色，畎畝常懷老圃心。
自有牡丹堪富貴，也從蜂蝶謾追尋。年年開落渾閒事，來賞何人共此襟。

第一句已經點明菜花就是油菜花了，乾隆的〈菜花〉詩更進一步說：

黃萼裳裳綠葉稠，千村欣卜榨新油。愛他生計資民用，不是閒花野草流。
宿雨初收羃野烟，金英千頃遠蔫綿。幾株紅杏低枝照，大似蘇堤春曉天。

詩中表示這種植物可以榨油，那就是油菜花。古人已有共識，所以只說菜花吧！再回頭看有關菜花的詩句：

〈春日小園即事〉　方回

摘花不恤種花難，幾日工夫一日殘。最是好花留不得，不如只種菜花看。

〈感懷〉　馬臻

山南山北菜花黃，又做春風夢一場。多少亭臺渾不見，欲憑煙鳥問斜陽。

〈送春〉　張之翰（一二四三癸卯—一二九六）

風風雨雨妒年芳，九十韶華夢一場。只道春歸無覓處，滿畦流水菜花香。

〈春暮飲田家〉　郭鈺（一三一六丙辰—？）

牡丹芍藥委蒼苔，風挾餘香去復來。二十四番都過盡，一樽獨對菜花開。

〈暮春〉　于謙（一三九八戊寅—一四五七）

槐柳拂雲長，清陰覆短牆。群芳俱落盡，祇有菜花黃。

〈詠菜花〉　朱鶴齡（一六〇六丙午—一六八三）

黃雲一望陌阡連，偏稱村翁貰酒眠。色粲金繩誰布地，光連鶯羽欲浮天。
低風錦合千重障，炙日香濃百和烟。更羡麥畦青界道，野花分綴亦嫣然。

〈菜花〉　彭孫遹

山杏初胎柳未芽，綠雲中舞柘枝斜。久為農圃知田意，敢謂英雄老歲華。
風物三春供蠟屐，色香一例上蜂衙。公門只解栽桃李，不道人間有此花。

一望無垠的油菜花田，金黃一片，如雲如煙，不僅悅目賞心，其中又蘊含了生命的滋養，功在人群，所以宋朝黃彥平讚嘆說：「菜花亦不惡，何獨愛桃花！」

看了一望無際菜花田的金黃菜花，只有嘆惋，試成四句記之，〈菜花〉：

到處尋春探春花，眼前一片黃金霞；可憐鮮豔都遍野，無奈紅梅疏影斜！

杏花

雨水二候花

一提到杏花，就會讓人先想到「杏壇」。杏壇之名，最早見於《莊子・漁父》：「孔子遊於緇帷之林，休坐乎杏壇之上；弟子讀書，孔子弦歌鼓琴。」

顧炎武（一六一三癸丑—一六八二）先引了司馬彪（？—三〇六）注：「緇帷，黑林名也。杏壇，澤中高處也」，而後說：

> 《莊子》書凡述孔子皆是寓言。漁父不必有其人，杏壇不必有其地。即有之亦在水上葦間，依陂旁渚之地，不在魯國之中也明矣。今之杏壇，乃宋乾興間四十五代孫道輔增修祖廟，祖廟移大殿，於後因以講堂舊基石為壇，環植以杏，取杏壇之名名之耳。
>
> ——《日知錄》卷三十一

宋真宗於壬戌（一〇二二）年正月初一改年號為乾興，卻在當年二月十九日崩逝，仁宗即位（年號仍舊，當年冬至後才改元「天聖」）。孔道輔（九八五乙酉—一〇三九）是孔子第四十五世孫，二十八歲進士及第，三十二歲出任仙源縣（山東曲阜）知縣，負責祭祀孔子的事務。在任上因見孔廟卑陋，奏請重修，於舊基殿（東漢明帝時建）前講堂築為壇，環植以杏，就取名杏壇。這就是杏壇的由來。

說到杏花，也會讓人想到南宋詩人陳與義「客子光陰詩卷裡，杏花消息雨聲中」，以及陸游「小樓一夜聽春雨，深巷明朝賣杏花」的詩語。兩人都因為杏花詩句得到皇帝的賞識，而有特殊的遭遇。

杏和梅不易分辨，「杏樹大，葉似梅，差大，花色微紅，圓而有尖；二月開，未開色純紅，開時色白微帶紅，至落則純白矣。花五出，其六出者必雙仁，有毒。千葉者不結實。杏有黃花者，真絕品。」（《花譜》）

明朝毛晉（一五九九己亥—一六五九）《陸氏詩疏廣要》說：「梅花早而白，杏花晚而紅。梅實小而酸，杏實大而甜。梅可以調鼎，杏則不任此用。世人或不能辨，言梅杏為一物。此則北人不識梅也。」（卷上之下）而《禮記月令》說：「杏花生，種百穀。」古人長期觀察所得，可以參證。

詠杏花的作品很多，詩詞曲都有，選錄四十家作品為例：

〈杏花〉　庾信

春色方盈野，枝枝綻翠英。依稀映村塢，爛漫開山城。
好折待賓客，金盤襯紅瓊。

〈重尋杏園〉　白居易

忽憶芳時頻酩酊，卻尋醉處重徘徊。杏花結子春深後，誰解多情又獨來。

〈杏花〉　元稹

常年出入右銀臺，每怪春光例早回。慚愧杏園行在景，同州園裡也先開。

〈杏花〉　溫庭筠

紅花初綻雪花繁，重疊高低滿小園。正見盛時猶悵望，豈堪開處已繽翻。
情為世累詩千首，醉是吾鄉酒一尊。杳杳豔歌春日午，出牆何處隔朱門。

鄭谷（八四九己巳—九一一）

〈杏花〉

不學梅欺雪，輕紅照碧池。小桃新謝後，雙燕卻來時。
香屬登龍室，煙籠宿蝶枝。臨軒須貌取，風雨易離披。

〈途中見杏花〉　吳融

一枝紅杏出牆頭，牆外人行正獨愁。長得看來猶有恨，可堪逢處更難留。
林空色暝鶯先到，春淺香寒蝶未遊。更憶帝鄉千萬樹，澹烟籠日暗皇州。

〈杏花〉　王禹偁

桃紅梨白莫爭春，素態妖姿兩未勻。日暮牆頭試迴首，不施朱粉是東鄰。

〈杏花〉　林逋

蓓蕾枝梢血點乾，粉紅腮頰露春寒。不禁烟雨輕欹著，秪好庭臺愛惜看。
偎柳傍桃斜欲墜，等鶯期蝶猛成團。京師巷陌新晴後，賣得風流更一般。

〈初見杏花〉　梅堯臣

不待春風遍，煙林獨早開。淺紅欺醉粉，肯信有江梅。

〈和梅聖俞杏花〉　歐陽修

誰道梅花早，殘年豈是春。何如豔風日，獨自占芳辰。

〈杏花〉　文同（一〇一八戊午—一〇七九）

仙杏一番新，妖嬈洗露晨。待妝憂粉重，欲點要酥勻。

月淡斜分影，池清倒寫真。君須憐舊物，曾伴曲江春。

〈北陂杏花〉　王安石

一陂春水繞花身，花影妖饒各占春。縱被春風吹作雪，絕勝南陌碾成塵。

〈杏花〉　徐積

一點胭脂淡染腮，十分顏色為誰開。殘燈欲盡書幃閉，猶有清香半夜來。

〈杏花〉　王銍（一〇八六丙寅—一一四四）

醉裡餘香夢裡雲，又隨風雨去紛紛。人間春色都多少，莫掃殘英枉斷魂。

〈臨江仙　杏花〉　李彌遜（一〇九〇庚午—一一五三）

一片花飛春已減，那堪萬點愁人。可能春便負閑身。細思愁不飲，卻是自辜春。

且共一樽追落蕊，猶勝陌上成塵。杯行到手莫辭頻。杏花須記取，曾與此翁鄰。

〈雲露堂前杏花〉　范成大

蠟紅枝上粉紅雲，日麗煙濃看不真。浩蕩風光無畔岸，如何鎖得杏園春。

〈郡圃杏花〉　楊萬里

小樹嫣然一兩枝，晴醺雨醉總相宜。才憐欲白仍紅處，正是微開半吐時。

得幸東風無與對，主張春色更還誰。海棠穠麗梅花淡，匹似渠儂別樣奇。

〈菩薩蠻　杏花〉　劉學箕

昨日杏花春滿樹，今晨雨過香填路。零落軟臙脂，濕紅無力飛。

轉頭春易去，春色歸何處。待密與春期，春歸人也歸。

〈杏花〉　趙秉文（一一五九己卯—一二三二）

看傳微雨隔簾櫳，十載觥船不負公。愁見餘春紛雪白，且看初日眩霞紅。兩株副使鶯吟裡，一色新郎馬足中。投老安能知許事，一鞭農事趁春風。

〈杏花〉　元好問（一一九〇庚戌——一二五七）

小橋南北夢幽尋，殘醉懵騰不易禁。一樹杏花春寂寞，惡風吹折五更心。

桃李前頭一樹春，絳唇深注蠟猶新。只嫌憨笑無人管，鬧簇枯枝不肯匀。

〈牆頭杏花〉　宋無（一二六〇庚申——一三四〇）

紅杏西鄰樹，過牆無數花。相煩問春色，端的屬誰家。

〈杏花〉　袁易

擬賦春風碎錦枝，含毫無句入支頤。趙村當日花千樹，白傅風流大好詩。

〈杏花始開〉　安熙（一二六九己巳——一三一一）

生紅和露滴臙脂，又到芳春寂寞時。便擬提壺花下醉，欲愁羞殺背陰枝。

〈杏花〉　舒頔（一三〇四甲辰——一三七七）

群芳一樣受春風，偏向枯枝點綴紅。種樹仙居雲氣表，賣花人在雨聲中。

無香蜂蝶何須鬧，有色容莊不在工。遊子尋芳莫輕折，存仁方見積陰功。

〈蝶戀花　杏莊為莫景行題〉　凌雲翰（？——一三七二）

一色杏花三百樹，茅屋無多，更在花深住。旋壓小槽留客醉，舉杯忽聽黃鸝語。

醉眼看花花亦舞，風落殘紅，飛過鄰牆去。恰似牧童遙指處，清明時節紛紛雨。

〈雨中對杏花〉　楊基

杏花枝上雨冥濛，洗得胭脂淡淡紅。寄語東君莫相妒，放教春色十分濃。

〈道傍杏花一樹盛開〉 楊士奇（一三六四甲辰—一四四四）

碧草初出地，杏花紅滿枝。粲粲耀晨旭，盈盈嬌路岐。
稱我庭階賞，植遠不可移。翫之未忍別，念當長育時。

〈杏花〉 沈周（一四二七丁未—一五〇九）

半抱春寒薄染煙，一梢斜露曲牆邊。東家小女貪妝裹，聽買新花破曉眠。

〈杏〉 吳寬

花信風寒已早來，隔牆俄見赤雲堆。並頭兩樹長相倚，屈指三春始得開。
曲水少年誰復採，公門今日要兼栽。莫言結實供人啖，破核還堪作藥材。

〈杏花盛開喜而賦此〉 朱誠泳

二月春陰花信稀，滿庭紅杏忽芳菲。東君有意須加護，莫遣西風忽漫飛。

〈杏花〉 薛蕙（一四八九己酉—一五四一）

東風作意辨年華，先釀輕紅上杏花。楊柳初生燕初到，春光併屬野人家。

〈傷杏花〉 楊巍（一五一六丙子—一六〇八）

方喜杏花爛漫開，豈禁風雪兩相催。何如松柏嶺頭樹，依舊蒼蒼映綠苔。

〈杏花〉 王世貞

誰剪仙人六出花，從教春色倍妍華。移來上苑霞千樹，種就河陽錦萬家。
破萼東風青旆曉，亞枝殘照玉鞭斜。曲江舊是題名侶，零落孤村謾自嗟。

〈雪中杏花〉 于慎行（一五四五乙巳—一六〇八）

春寒無可奈，愁思入韶華。更落瑤臺雪，還添上苑花。

凝妝聊傅粉，待暈始成霞。試汎山陰棹，東風滿若邪。

〈杏花〉　汪琬（一六二四甲子—一六九一）

煙雨迷濛古岸斜，淡紅淺白繚村家。緋桃未放緗梅落，占斷風流是此花。

〈杏花〉　葉方藹（一六二九己巳—一六八二）

脈脈豈無怨，亭亭如有言。開時猶恨少，落處不為繁。
山鳥曉還鬧，鄰蜂晚更喧。未甘憔悴意，恐負豔陽恩。

〈瓶中杏花〉　張英

一枝山杏破輕寒，最愛微舒色可餐。乍白乍紅為態好，含煙含雨欲開難。
怯當荒圃風前立，折向甑瓶簾下看。佗日培栽三十樹，還營傑閣倚層巒。

〈杏花半落〉　陳廷敬（一六三八戊寅—一七一二）

宛轉辭枝似別家，飄零衰白向天涯。春光未老多桃李，怪底心情為杏花。

〈牆角杏花〉　湯右曾（一六五六丙申—一七二一）

長紅小白態交加，一隊春中五杏花。他日東風夢臨汝，鶯鶯燕燕各天涯。

〈落梅風曲　鄰牆杏花〉　厲鶚

高樓雨，深巷風。
惜花人，作詩無用。紅香笑窺牆角東。
笑先生：白頭非宋。

杏花開時，已近清明時節，南宋和尚志南，有〈舟次〉詩：

古木陰中繫短蓬，杖藜扶我過橋東。沾衣欲濕杏花雨，吹面不寒楊柳風。

此詩三、四兩句，大為朱熹所讚賞，也是大家都能朗朗上口的詩句。

讀了這許多杏花詩，讚嘆之餘，不免也湊一闋小詞應景，〈醉花陰　杏花〉：

雨水節中來有信，紅白杏花暈。歲月忽如雲，春草如薰，老去夢誰問！

偶然酒與杯頻引。更醉花陰穩。萬事轉頭新，孤月西沉，相思能餘寸！

李花

雨水三候花

明朝李時珍說：「李，綠葉白花，其種近百，色味不同，遲早亦異。」（《本草綱目》）所以李花是白色的，與桃花的紅色成為明顯對比；「桃花紅，李花白」，早已是兒歌的歌詞了。

唐太宗時，大臣蕭瑀（五七五乙未—六四八）和陳叔達（五七二壬辰—六三五）一起欣賞李花，談到李花的特色，竟有九種，就是「香、雅、細、淡、潔、密，宜月夜，宜綠鬢，宜泛酒」，合稱「九標」，這是別的花所沒有的「造化」。如遇到一位名叫「李九標」的人，就可知道是什麼意思了！

李花雖有「九標」，而且比桃花早開花（桃花是下個節氣「驚蟄」的第一候花），但兩者連稱，必是先桃後李，而這種連稱，最早可能就見於司馬遷在《史記．李將軍列傳》中所引的諺語：「桃李不言，下自成蹊。」甚者，「李」還要代替「桃」遭受蟲蝕僵仆的災難，「李代桃僵」遂成為可能是唯一

「李」前「桃」後的例子，因為連花名，都被合成為「桃李花」，所以獨詠李花的詩作，就大打折扣了。而即使是桃李花聯合出擊，也還不如梅花那麼得詩人青睞。宋人曾手就說：「詩人大抵韻視梅而俗視桃李，故梅詩最多，桃李詩最少。」梅花高雅有姿韻，桃李花則凡俗；李花「九標」中雖也含雅，但與梅相比，立刻相形見拙。李花遭遇如此，真是情何以堪！

但還是有人讚賞的，如初唐陳子昂（六六一辛酉—七〇二）〈感遇〉詩有：「去去桃李花，多言死如麻。」韓愈詠〈李花〉詩五首，都是長律，其警句常為後人引用：「風揉雨練雪羞比，波濤翻空杳無涘。誰堆平地萬堆雪，剪刻作此連天花。」以下再選錄自唐朝至清朝的李花詩：

〈道州城北樓觀李花作〉　呂溫（七七二壬子—八一一）

夜疑關山月，曉似沙場雪。曾使西域來，幽情坐超越。
將念浩無際，欲言無所說。豈是感懷抱，人自憐孤節。

〈李花〉　李商隱

李徑獨來數，愁情相與懸。自明無月夜，強笑欲風天。
減粉與園籜，分香沾渚蓮。徐妃久已嫁，猶自玉為鈿。

〈春題〉　崔道融

滿眼桃李花，愁人如不見。別有惜花人，東風莫吹散。

〈感李花　二月九日〉　梅堯臣

重門雖鎖春風入，先折桃花後李花。赤白門妍思舊曲，舊聲傳在五王家。
五王不見留花萼，花萼壞來碑缺落。當時李白欲騎鯨，醉向江南曾不錯。

〈和聖俞感李花〉　歐陽修

昨日摘花初見桃，今日摘花還見李。晴風暖日苦相催，春物所餘知有幾。

中年多病壯心衰，對酒思歸未得歸。不及牆根花與草，春來隨處是芳菲。

〈洛陽春吟〉　邵雍

桃李花開人不窺，花時須是牡丹時。牡丹花發酒增價，夜半遊人猶未歸。

〈李花〉　司馬光

嘉李繁相倚，園林淡泊春。齊紈剪衣薄，吳紵下機新。

色與晴光亂，香和露氣勻。望中皆玉樹，環堵不為貧。

〈李花〉　強至

地暖春才半，蹊深氣已暄。風光何處好，雪浪此時翻。

勻似金刀剪，裝成玉杖繁。夭桃漫相壓，吏部竟誰言。

〈李花〉　劉攽

尋幽興不淺，佳木梢已芳。積雪春未融，明玉仍自香。

赤日照未好，會待清月光。念無瓊玖報，聊復進雕觴。

〈李花〉　李復（一〇五二壬辰—？）

桃花爭紅色空深，李花淺白開自好。前日含青意澀縮，今晨碎玉亂高杪。

暖風借助開更多，餘陰鬱芘花還少。天晴不愁不爛漫，後花開時先已老。

〈李花〉　李流謙（一一二三癸卯—一一七六）

春寒怪底一分加，元是東君雪作花。已後殘梅矜夜魄，強隨飛絮舞朝霞。

霜葩薦畀何人共，碧實堆盤儘客誇。為汝泫然慶有意，騷人端是感年華。

〈富沙城外李花盛開〉　李洪（一一二九己酉—？）

萬石灘頭數十家，溪流衮衮麥畦斜。三分春色今餘幾，開盡桃花見李花。

〈山莊李花〉　楊萬里

山莊又報李花穠，火急來看細雨中。除卻斷腸千樹雪，別無春恨訴東風。

〈李花〉

李花宜遠更宜繁，惟遠惟繁始足看。莫學江梅作疏影，家風各自一般般。

〈李花〉　岳珂（一一八三癸卯—一二四三）

一枝眼底物華新，翠袖清霜更可人。靚色不須誇縞夜，韶容聊復返青春。

日烘有意姿仍潔，露洗無言態更真。不趁繁華更孤迥，為君喚起雪精神。

〈李花〉　李曾伯（一一九八戊午—一二六八）

昨夜孤村宿，春深人寂寥。庭前一株李，為我縞中宵。

〈李花*〉　方回

仙根判耦得無差，春對夭桃夏對瓜。此豈輕浮閒果子，白花亦復勝紅花。

*世言桃李瓜李，予謂李當在桃瓜之上；花白勝紅，子沉勝浮也。

〈李花〉　趙必象（一二四五乙巳—一二九四）

李花不減梅花白，閒與梅花爭幾回。惟有暗香疏影句，承當不下讓還梅。

〈池上李花〉　李孝光（一二八五乙酉—一三五〇）

天寒古雪逾碧，月落行雲未歸。孤鶴橫秋清曉，仙翁顛倒裳衣。

〈李花〉 舒頔

老君指樹因為姓，太白相傳是一家。晴雨半春難見葉，暖風三月始開花。

整冠聰客生疑似，鑽核乞人虛歎嗟。底事道傍多苦味，纍纍此去不須誇。

〈道傍李花為風雨所殘〉 何喬新（一四二七丁未—一五〇二）

縞袂珠襦白玉冠，含悽無語怯春寒。東風不為多情惜，無數殘鈿趁馬鞍。

〈詠李花〉 李夢陽（一四七二壬辰—一五二九）

城東萬李樹，此樹獨鮮奇。竟日風開落，無人誰得知。

〈李花〉 王世貞

郢曲千林花事新，一枝嬌婉出風塵。歌穠處處停游妓，報玖時時憶故人。

露井謾為桃悵恨，烟江未損玉精神。君聽大業歌中語，只有楊花泣暮春。

〈李花〉 清高宗乾隆

春園放萼許同桃，淡白濃紅態各操。月下試教閒夜盼，方知品格此花高。

可見詠李花詩還是很有可觀的。且作小詩二首寄興，〈李花〉：

碎玉連珠風雨飄，遠觀雪白滿枝搖。何須疏影暗香韻，自有天資號九標！

驚蟄

春雷初響，萬物從沉睡甦醒

《禮記・月令》說：「孟春，蟄蟲始振。仲春，始雨水。」

驚蟄原來是在正月中，雨水則在二月，但從漢武帝於太初元年（前一〇四）恢復以每年正月為歲首的夏曆起，驚蟄就在雨水之後了。驚蟄三候會有什麼自然現象？乾隆又怎麼說。

三候

桃始華・倉庚鳴・鷹化為鳩

初五日：桃始華。乾隆說：

蔌蔌山凹復水邊，春華頭踏信初傳。欲彈蓓蕾耐寒峭，得弄丰姿灼日鮮。

白似與梅作孤注，紅如忌杏著先鞭。開時巽二慣相妒，望雨長教歎悵然。

乾隆在末句自注：「山桃開時輒多大風。又北方春月每常盼雨，故花時多不能暢適也。」

次五日：倉庚鳴。乾隆說：

金衣恰試出幽黃，還向喬林聲漸揚。豈有不平鳴咄咄，率因應候舞裳裳。

調喉無礙藏枝密，刷羽偏能選樹芳。我讀豳風重民事，聽之每為念蠶桑。

《詩經．豳風》篇敘農事甚詳。

後五日：鷹化為鳩。乾隆說：

鳩化為鷹鷹化鳩，仁於春返義之秋。戴家不盡辭因著，董氏扶陽意可求。

禽類尚能體愛育，人心豈得恣虔劉。寄言行獵渭城者，亟亟何須屢下鞲。

他也質疑說：

蓋鷹之類不一，鳩之類亦不一。世人各予以名，注釋者傳聞無據，甚有以鳥之小而鷙者皆曰隼，大而鷙者皆曰鳩之說，尤為倒置。故《禽經．鳥疏》聚訟紛如，難以殫辨。鷹能化鳩，鳩復化鷹，盖必無其理。亦如冬夏麋鹿之角解，非經考定，不能覈實。此予所以有取於孟子「盡信書不如無書」之說也。

看來乾隆還真是力求實際的帝王，所以能成就他的十全武功。

古人專詠驚蟄的詩作少見，即以春雷為題者亦鮮有，且看：

〈觀田家〉（節錄）　韋應物（七三七丁丑—七九一）

微雨眾卉新，一雷驚蟄始。田家幾日閒，耕種從此起。
丁壯俱在野，場圃亦就理。歸來影常晏，飲犢西澗水。

〈甲戌*正月十四日書所見來日驚蟄節〉　張元幹（一〇九一辛未—一一七〇）

老去何堪節物催，放燈中夜忽奔雷。一聲大震龍蛇起，蚯蚓蝦蟆也出來。

＊甲戌是南宋高宗紹興二十四年（一一五四），張元幹五十四歲。

〈聞蛙〉　趙蕃

驚蟄已數日，聞蛙初此時。能知喜風月，不必問官私。

〈二月初二雪未止〉　張之翰

今日驚蟄日，無人敢料天。正須風淡蕩，何苦雪連綿。
落片剛隨馬，流澌枉礙船。誰言春信晚，已到小桃邊。

〈驚蟄日雷〉　仇遠（一二四七丁未—一三二六）

坤宮半夜一聲雷，蟄戶花房曉已開。野潤風高吹燭滅，電明雨急打窗來。
頓然草木精神別，自是寒暄氣候催。惟有石龜并木雁，守株不動任春回。

〈西江月　春雷〉　陸求可（一六一七丁巳—一六七九）

半夜雷車驚蟄，初春雨腳穿江。梅花應已滿山香，急駕蘭橈畫槳。

一帶青山如沐，半灣綠水停航。白雲渺渺雪茫茫，明月天連紙帳。

「驚」字从「馬」，本來的意思就是「馬遇到可疑可怕的現象而畏懼」，引申為「震驚」。「蟄」則是「到了冬天隱藏不動的蟲」，再由「蟲」推衍到所有的動物。陶淵明說：「仲春遘時雨，始雷發東隅。眾蟄各潛駭，草木縱橫舒。」蘇東坡說：「行看積雪厚埋牛，誰與春工掀百蟄。」黃山谷說：「雷驚天地龍蛇蟄，雨足郊原草木柔。」雷聲驚起蟄伏的萬物，讓萬物在春風春雨的潤澤下復甦，充滿了盎然生意，欣欣向榮。仍湊四句應節，〈驚蟄〉：

雷聲未震已心驚，驚蟄春陽照眼明。明日且尋桃花雨，雨落紛紛滿路程！

花信

桃花

驚蟄一候花

說到桃花，就會想到〈桃花源記〉。但陶淵明的重點不在歌詠桃花，所以只用「落英繽紛」四字交代漁人忽入桃花源的時間應在暮春時節。然而，桃花源已成為後人歌詠桃花的焦點之一了。

桃花入詩，或者首見於庾信，他有「春水望桃花」、「桃花顏色好如馬」、「流水桃花香」、「桃花數樹紅」、「水似桃花色」、「三月則桃花共下」等詩句。然後，李白〈山中答俗人〉詩：

問余何意棲碧山，笑而不答心自閒。桃花流水窅然去，別有天地非人間。

李白此詩極為膾炙人口。另有杜甫的〈絕句漫興〉之五：

腸斷春江欲盡頭，杖藜徐步立芳洲。顛狂柳絮隨風去，輕薄桃花逐水流。

末句也成為後人的「口實」。而「桃花一笑開無主，可愛深紅愛淺紅」（〈江畔獨步尋花〉）之意，亦耐人尋味。還有，劉禹錫的〈再遊玄都觀絕句〉：

百畝中庭半是苔，桃花淨盡菜花開。種桃道士歸何處，前度劉郎今又來。

使「前度劉郎」成了詠桃花的另一焦點。又李賀（七九〇庚午—八一六）「況是青春日將暮，桃花亂落如紅雨」（〈將進酒〉）的感傷，也動人心絃。但都是詩中的「桃花」散句。晚唐皮日休有〈桃花賦〉，他眼中的「桃花」是：

有豔外之豔，華中之華。眾木不得，融為桃花。厥花伊何，其美實多。佁隸眾芳，緣飾陽和。開破嫩萼，壓低柔柯。其色則不淡不深，若素練輕茜，玉顏半酡。

元朝蒲道源〈秋日桃花詩序〉則說：

> 夫桃之為物，其始華見紀於中春之候，其色夭夭，其葉蓁蓁，其實蕡然，見詠於詩人，此其常也。若乃嚴霜肅殺之秋，或一二見於搖落之株，其造物機緘，呈露發泄，雖不可詰，猶老人之兒齒復生，烏可人人而求之哉！
>
> ——《閒居叢稿》

由此可見，秋天也會開桃花的。以桃花入題的詩，首見於唐朝張說〈桃花園馬上〉：

> 林間豔色驕天馬，苑裡穠妝伴麗人。願逐南風飛帝席，年年含笑舞青春。

張說之後的桃花詩作極多，舉不勝舉，茲先選唐人作品同賞：

〈廨中見桃花南枝已開北枝未發〉　劉長卿

何意同根本，開花每後時。應緣去日遠，獨自發春遲。
結實恩難忘，無言恨豈知。年光不可待，空羨向南枝。

〈題百葉桃花〉　韓愈

百葉雙桃晚更紅，窺窗映竹見玲瓏。應知侍史歸天上，故伴仙郎宿禁中。

〈宮詞〉　王建

樹頭樹底覓殘紅，一片西飛一片東。自是桃花貪結子，錯教人恨五更風。

〈晚桃花〉　白居易

一樹紅桃亞拂池，竹遮松蔭晚開時。非因斜日無由見，不是閒人豈得知。
寒地生材遺挍易，貧家養女嫁常遲。春深欲落誰憐惜，白侍郎來折一枝。

〈金谷桃花〉　許渾（七八八戊辰—八六〇）

花在舞樓空，年年依舊紅。淚光停曉露，愁態倚春風。
開處妾先死，落時君亦終。東流三兩片，應在夜泉中。

〈桃花〉　羅隱

暖觸衣襟漠漠香，間梅遮柳不勝芳。數枝豔拂文君酒，半里紅欹宋玉牆。
盡日無人疑悵望，有時經雨乍淒涼。舊山山下還如此，回首東風一斷腸。

〈桃花〉　釋齊己（八六三癸未—九三七）

千株含露態，何處照人紅。風暖仙源裡，春和水國中。
流鶯應見落，舞蝶未知空。擬欲求圖畫，枝枝帶竹叢。

唐人的桃花詩大抵如此，接下來看看宋人如何詠桃花：

〈桃花〉　林逋

柳壂梅飄半月初，小園孤樹更庭除。任應雨杏情無別，最與烟篁分不疏。
比並合饒皮博士，形相偏屬薛尚書。薄紅深茜尖尖葉，亦有愁腸未負渠。

〈和公儀龍圖小桃花〉　梅堯臣

三分春色一分休，始見桃花著樹頭。霰雪斗來如約勒，為公留作上林遊。

〈桃花〉　文彥博

雨過新含灼灼華，烟籠芳樹勢交加。狂飛粉蝶穿朱檻，巧囀流鶯傍碧紗。
露井細香飄烈麝，霜林濃豔散餘霞。嚼毫更近成陰處，似入仙源一逕斜。

〈和江鄰幾學士桃花〉　歐陽修

草上紅多枝上稀，芳條綠萼憶來時。見桃著子始歸後，誰道仙花開落遲。

〈建溪桃花〉　蔡襄

何物山桃不自羞，欲乘風力占溪流。仙源明有重來路，莫下橫波礙客舟。

〈桃花〉　陳襄（一〇一七丁巳—一〇八〇）

小樓西望那人家，出屋香梢幾樹花。只恐東風能作惡，亂紅如雨墮窗紗。

〈桃花〉　文同

種近短牆邊，開臨小檻前。倚風無限意，笑日有餘妍。
枝軟圍深密，苞穠墮碎圓。祇應芳樹下，時見武陵仙。

〈宮詞〉　王珪（一〇一九己未—一〇八五）

一片桃花一片春，夜來風雨落紛紛。多情更逐東流水，還作高唐夢裡人。

〈桃花〉　鄭獬（一〇二二壬戌—一〇七二）

春入關山亦未遲，苧蘿山下見西施。不羞白髮欺雙鬢，且對清尊插一枝。

〈探後園桃花〉　韋驤

縱落不隨流水去，儘開惟有白雲知。何須惆悵無人賞，自有春風二月時。

憶對殘花邀客醉，留連花下惜芳辰。而今只待微紅露，便向枝頭覓舊春。

〈三月三日〉　郭祥正（一〇三五乙亥—一一一三）

一盞扶頭又半酣，久無歸夢到江南。桃花欲發杏花謝，細雨斜風三月三。

〈桃花〉　蘇軾

爭開不待葉，密綴欲無條。傍沼人窺鑑，驚魚水濺橋。

〈臘月見桃花〉　楊時（一〇五三癸巳—一一三五）

脂臉輕勻作豔妝，未應潔白似梅香。夭紅不見凌霜操，漫向春前取次芳。

〈小桃晚發〉　洪芻（一〇六六丙午—一一三〇）

深深淺淺小桃枝，苦被蠻風瘴雨欺。莫恨春工開最晚，卻應孤豔落還遲。

〈碧桃色白而多葉跗萼皆碧置几硯間蕭然有出塵之想因賦〉　李光（一〇七八戊午—一一五九）

不作尋常好面皮，劉郎去後弄妝遲。喚回濃睡春方好，洗退殘紅晚更宜。
薝蔔有香陪冷豔，酴醾無力鬥豐肌。最憐月下朦朧影，定起山僧莫皺眉。

〈千葉碧桃〉　李綱

每恨桃花抵死紅，年年穠豔笑春風。誰知零落臙脂後，淺碧微開烟雨中。

〈虞美人　亭下桃花盛開，作長短句詠之〉　陳與義

十年花底承朝露，看到江南樹。洛陽城裡又東風，未必桃花得似、舊時紅。
胭脂睡起春才好，應恨人空老。心情雖在只吟詩，白髮劉郎孤負、可憐枝。

〈嶺下桃花作澹紅色絕可愛因作絕句〉　張九成（一〇九二壬申—一一五九）

江北桃花色頗穠，不堪凡陋也春風。誰知嶺下新來樣，故作宮妝澹水紅。

〈桃花〉　朱松（一〇九七丁丑—一一四三）
核裏黃泥灑石崖，今年繁蕊便爭開。遊人要識春多處，但覓紅雲逐水來。

〈桃花〉　劉子翬（一一〇一辛巳—一一四七）
手種桃花滿北山，花紅豔豔照春灣。不知何代兒孫老，卻見漁舟乍往還。

〈桃花〉　李處權（？—一一五五）
照水桃花樹，春風灼灼開。雖非天上種，何異觀中栽。
帝子吹笙罷，漁人信棹迴。故園何處是，目盡望鄉臺。

〈泛舟觀桃花〉　陸游
花涇二月桃花發，霞照波心錦裏山。說與東風直須惜，莫吹一片落人間。

〈雪晴窗開展唐詩得一片桃花悵然賦之〉　楊萬里
偶開詩卷雪窗晨，中有桃花片尚新。卻憶攜詩花底看，回頭又是一年春。

〈以紅碧二色桃花送務觀〉　朱熹
碧雲欲合帶紅霞，知是秦人洞裡花。俗眼只應窺燕麥，不如送與謫仙家。

〈桃花〉　趙公豫（一一三五乙卯—一二一二）
亭亭一樹燦窗前，氣暖風和分外妍。何必桃源尋異處，此間談笑亦神仙。

〈題堂下桃花〉　趙蕃
桃花顏色曉猶深，薄暮風煙已不禁。人生抵死朱顏恃，不料青銅霜雪侵。

〈書窗碧桃〉　陳文蔚（一一五四甲戌—一二三九）
銅瓶只插碧桃花，日對幽人靜不譁。為爾細觀冰雪豔，就中便覺牡丹夸。

〈桃花〉　華岳（？—一二二一）

紅雨隨風散落霞，行人幾誤武陵家。牧童若向青帘見，應認枝頭作杏花。

〈正月二十五日過真溪見桃花〉　程公許

桃花簇簇有人家，寂歷炊煙晚照斜。滿眼芳春無處著，一機新錦濯煙霞。

〈桃花〉　詹初

桃花灼灼鬥春芳，一見如雲滿目光。不識冬來霜雪遍，芳心爭似竹松長。

〈桃花飄零滿澗〉　韓琥

細水收晴露淺沙，葉新枝上綠交加。春風誤得劉郎老，猶有心情數落花。

〈慶全菴桃花〉　謝枋得（一二二六丙戌—一二八九）

尋得桃源好避秦，桃紅又見一年春。花飛莫遣隨流水，怕有漁郎來問津。

桃花真是可人呀！再來看看金、元兩代的詩人怎麼說：

〈黃桃花〉　王寂（一一二八戊申—一一九四）

應嗔國色朝酣酒，賜與羽衣如太真。道士厭看千樹老，令君別換一城新。

〈馬上見桃花〉　趙秉文

緗梅拂額更不俗，栗玉削肌殊可人。想得乞漿尋舊約，東風不似去年春。

〈集句小桃〉　李俊

可憐馬上逢春色，不得明窗貯古瓶。秪恐東風易零落，兔葵燕麥又青青。

桃花依舊笑春風，悵望無人此醉同。應是夢中飛作蝶，樹頭樹底覓殘紅。*

*四句皆引自唐人詩句，第一句為崔護〈題都城南莊〉，第二句為趙嘏〈南亭〉，第三句為呂溫〈夜後把火看花南園招李十一兵曹不至呈座上諸公〉，第四句為王建〈宮詞百首〉。

〈玄都觀桃花〉

前度劉郎復阮郎，玄都觀裡醉紅芳。非關小雨能留客，自是桃花要洗妝。

人世難逢開口笑，老夫聊發少年狂。一杯盡吸東風了，明日新詩滿晉陽。

〈山洞桃花〉　劉秉忠（一二一六丙子—一二七四）

山村路僻客來稀，紅杏梢頭掛酒旗。洞裡桃花人不見，春心春色只春知。

〈桃花落〉

溪上夭桃春已過，劉郎漸老奈花何。狂風向晚休生惡，枝上殘紅苦不多。

〈蟠桃花詩〉　王義山（一二一四甲戌—一二八七）

蕊珠仙子駕紅雲，來說瑤池分外春。道是當年和露種，三千花實又從新。

紅雲元透西崑路，青鳥銜枝花顫舞。薰風初動子成初，消息一年傳一度。

〈路邊桃花〉　耶律鑄（一二二一辛巳—一二八五）

不似劉郎初見時，塵埃憔悴損胭脂。多情閱盡行人面，醉倚東風果笑誰。

〈三月桃花詞〉

春盡山桃花滿枝，怨春休道北來遲。人人爭醉春時節，政是江南腸斷時。

〈日日亭午大風樹杪忽見桃花一枝〉

贏得夭桃銜麗姿，漸教開上最高枝。司花未必能為地，便是顛風欲起時。

〈冬日桃花同諸公賦〉　方回
碧桃花擁長春洞，秀出元英獨自芳。一點香心滿容笑，探傳何意與劉郎。

〈早見桃花〉
離家四五程，所至盡堪驚。未許盜皆息，焉能軍不行。
人移山裡住，春廢道傍耕。破屋知誰主，桃花照眼明。

〈觀中桃花次友人韻〉　楊公遠（一二二八戊子—？）
琳宮深處小桃紅，當日玄都事已空。今見花開渾似舊，不知又隔幾春風。

〈碧桃花〉　張弘範（一二三八戊戌—一二八〇）
應是玄都觀裡仙，為嫌白淡厭紅蔫。故栽一種新顏色，疑是飛仙墜翠鈿。

〈桃花〉　馬臻
淺碧繁紅又滿枝，化工消息本無機。豔滋曉露鶯搖落，香漬春泥燕掠歸。
金谷園中芳草在，玄都觀裡昔人非。自從雲隔天臺路，劉阮如今夢亦稀。

〈憶秦娥　初見桃花〉　劉詵（一二六八戊辰—一三五〇）
春愁淺，窺人忽見桃花臉。輕寒初透，小窗猶掩。
東風裙濕湘波颭。相逢處處如人面。劉郎老去，怕伊重見。

〈桃花〉　吾丘衍（一二七二壬申—一三一一）
絳彩酣春色，嬌香膩午風。誰云蜀江浪，不與武陵通。
度朔千年在，玄都一夜空。妝臺意無盡，餘恨滿青銅。

〈詠井上桃花〉　余闕（一三〇三癸卯—一三五八）

本是仙源種，移來禁中栽。為愛妖嬈色，偏臨露井開。

舒頔

〈桃花〉

漫山粗俗軟輕堆，雨露無私處處開。道士曾移種仙館，漁翁相引到天臺。

色隨歌扇輕翻覆，紋織香羅巧剪裁。非是芳心貪結子，衹因造化育胚胎。

〈碧桃〉

移得仙家異種歸，綠葩素質淡芳菲。春風不結青枝子，暖雨曾沾紺色衣。

皮子賦工花特異，玄都觀古樹應非。月明酒盡瓊枝落，疑是西園粉蝶飛。

丁復（一三一二年前後在世）

〈桃花〉

春色總可惜，最憐紅未開。留花能解事，郎去待歸來。

李昌祺（一三七六丙辰—一四五二）

〈雨中桃花〉

霡霂過芳園，枝枝積淚痕。色憐開處淡，香愛墜時聞。

採倦蜂鬚濕，銜多鳥味芬。東風解人意，吹片到衡門。

趙完璧

〈雨中桃花〉

驚風疏雨度新枝，曉裛紅妝半不支。含淚有情胡塞別，尋芳無力華清時。

胭脂冷濕青烟合，絳雪香沉碧蘚滋。簾捲幽軒看不厭，漫漫春浸武陵涯。

畢自嚴（一五六九己巳—一六三八）

〈途次和張年翁咏桃花〉

綠楊春樹蔭芳鄰，中有夭桃別　新。馬上不煩頻指點，好花應笑白頭人。

徐熥（一五六一辛酉—一五九九）

〈白桃花〉

春風吹遍武陵源，幻出瑤枝樹樹繁。色似何郎初傅粉，嬌同妃子乍承恩。

開當柳絮渾無迹，落向苔裀覺有痕。獨愛羽衣花下客，玉笙聲斷月黃昏。

〈桃花片〉

一夜天孫剪絳綃，滿林紅雨亂蕭蕭。武陵溪上香魂散，露井風前艷質銷。

粉黛凋殘留半靨，胭脂零落帶餘嬌。崔郎腸斷尋春處，人面花容兩寂寥。

〈道中折桃花〉　施閏章（一六一八戊午—一六八三）

河朔風沙白日黃，桃花獨笑短籬旁。一年春色惟看汝，駐馬誰能不斷腸。

〈泊舟得桃花〉

沙村野店笛聲殘，小泊三江渡口寒。風雨連朝春暗減，好花留折一枝看。

〈飲丘路桃花下〉　吳綺（一六一九己未—一六九四）

憐春不惜醉，屢憩野人家。芳樹爭初日，晴溪隔亂霞。

到山朝飯筍，歸閣夜分花。勝事心相得，寧憂鬢欲華。

〈黃金洲見桃花〉　王士禎（一六三四甲戌—一七一一）

巖屋纔三合，煙扉自一家。春風何造次，開遍小桃花。

〈瓶中桃花〉

水晶枕上一枝新，別作嫣紅楚岸春。疑是息夫人未起，細腰宮裡見橫陳。

〈樊川桃花〉

三月樊川路，紅桃散綺霞。終南青送黛，潏水碧穿沙，

草色裙腰合，渠流燕尾叉。銷魂過杜曲，一樹最夭斜。

〈村口看桃花〉　汪琬

山中十日九苦雨，黃鸝無聲綠鳩語。鉤簾忽見亂山晴，整頓芒鞵躡華去。
楊柳橋西谿水長，吹花風起水生香。欲知前面花多少，一簇紅雲擁夕陽。

〈對桃花作二首〉

玄鳥差池紫蜨新，夕陽低映小園春。桃花未必迷來路，直是無人解問津。
偶然乞得數株栽，便有飛英點綠苔。應笑蟠桃太遲鈍，千年方見一花開。

歷代桃花詩也已夠多了，這就打住了吧！或傳唐太宗有〈詠桃〉詩：

禁苑春暉麗，花蹊綺樹妝。綴條深淺色，點露參差光。
向日分千笑，迎風共一香。如何仙嶺側，獨秀隱遙芳。

——《全唐詩》

唐太宗應是詠桃花的第一位作者。也湊兩絕句自怡，〈桃花〉：

仲春驚蟄未雷前，暖日和風百卉妍。或白或紅天命見，人間何處是桃源。
夢中到處問桃花，醉後還驚落雁霞。風月無關春浪漫，多情誰更共咨嗟！

棣棠

驚蟄二候花

棣棠花經常與《詩經》中說的「棠棣」混為一談，清康熙朝據明朝王象晉《群芳譜》為底本，增刪而成的《廣群芳譜》於〈棣棠〉加以釐清說：「棣棠，花若金黃，一葉一蕊，生甚延蔓。春深與薔薇同開，可助一色。有單葉者，名金盌，性喜水。」題下註說：「郁李名常（棠）棣，與此迥別。原譜誤合為一，今正之。」（卷三十四）。所以乾隆〈棣棠〉詩說：「不因撿校群芳譜，誤注誰分周雅詩。」

以現代花卉分類言，棣棠花（*Kerria japonica*）是「薔薇科薔薇亞科棣棠花屬」唯一的一種植物。一名「日本薔薇」，日語名「山吹」，花語是「高貴」，極受日本人喜愛。

清人鄒一桂《小山畫譜．黃棣棠》下云：

蔓生，花黃，千葉，如球，大如彈丸，長條千朵，開足圓滿，不見蒂。葉尖圓有齒，宜植籬間，四月花開。

從畫家的角度描述棣棠花，可以和《廣群芳譜》互補。而棣棠花和棠棣的混淆，由來已久，難以分明，因此詩人詠之者極少，唐人絕無，宋以後亦偶見而已，可能是二十四種花信中最「寂寞」的花，但因為有特殊的「黃」色，連顏色相似的黃菊花，都得用「棣棠菊」以顯現不凡，南宋范成大《范村菊譜》說：「棣棠菊，一名金鎚子花，纖穠酷似棣棠，色深如赤金，他花色皆不及，蓋奇品也。窠株不甚高，金陵最多。」

明人徐賁（一三三五乙亥—一三九三）〈雙頭菊為周孟瞻昆仲賦〉：

籬落花開並蒂黃，相依不是競秋光。情親共冒重陽雨，志傲同凌十月霜。
莫道寒英為獨秀，須知晚節有聯芳。譜中異品誰能及，只合題名作棣棠。

如此這般，則棣棠花也可以聊以自安了，但卻還是被南宋的姚伯聲評為「俗客」，在三十花客的第二十七位。就來看看屈指可數的棣棠花詩詞吧：

〈詠棣棠〉　　宋祁

潘賦幽芳在，周詩榮萼傳。佛輪千幅細，公帶萬釘圓。

〈棣棠花＊〉　　梅堯臣

更衣入侍宮中貴，韡韡芸黃殿後花。門色長宜日光近，生輝尤喜樹蔭斜。
依稀鞠服開風袂，約略仙盤裛露華。不與豔桃偷結子，漫天飛去作朝霞。

＊詩題據《廣群芳譜》，今《梅堯臣詩集》題作〈甘棠〉。但「甘棠」花色白，此詩第二句「芸黃」，五句「鞠服」即「黃衣」，知非甘棠。

〈蝶戀花　棣棠〉　　王寀（一〇六八戊申—一一一九）

花為年年春易改，待放柔條，繫取長春在。宮樣妝成還可愛，鬢邊斜作拖枝戴。
每到無情風雨大，檢點群芳，卻是深叢耐。搖曳綠蘿金縷帶，丹青傳得妖嬈態。

〈道傍棣棠花〉　　范成大

乍晴芳草競懷新，誰種幽花隔路塵。綠地縷金羅結帶，為誰開放可憐春。

〈棣棠〉　　高士談（？—一一四六）

閒庭隨分占年芳，裊裊青枝淡淡香，流落孤臣那忍看，十分深似御袍黃。

〈與諸君飲吳別駕園〉　　高啟（一三三六丙子—一三七四）

春來幾度醉無涯，不似今朝向汝家。四海弟兄俱在座，好風吹出棣棠花。

〈對花憶舍弟〉　王世貞

恒時泉石那孤賞，此際園林懶獨誇。有信轉憑鴻鴈翼，開樽愁對棣棠花。
清朝出處依心事，垂老篇章惜歲華。上苑只今春草發，可能無夢向天涯。

〈棣棠〉二首　清高宗乾隆

黃金鏤瓣淺深勻，幾縷晴絲染麴塵。任爾柔條羅帶結，知難繫取可憐春。
色占中央爛漫枝，後時約略並荼蘼；不因撿校群芳譜，誤注誰分周雅詩。

欣賞這八詩一詞，能了解這是怎樣的花了嗎？也湊二首為「棣棠」解，〈棣棠〉：

誰人能道棣棠花，淡淡清香在自家。年年春半金黃發，有夢何須向天涯。
天生自有簇金黃，便是秋花也借妝。縱有詩人猶未賞，春來依舊貴群芳！

木蘭花

驚蟄三候花

木蘭最早出現在屈原〈離騷〉「朝搴阰之木蘭兮，夕攬洲之宿莽」、「朝飲木蘭之墜露兮，夕餐秋菊之落英」，以及〈九章〉「擣木蘭以矯蕙兮，糳申椒以為糧」。而因南朝齊梁時古樂府〈木蘭辭〉的主人翁是「花木蘭」，則又使木蘭花成了「女郎花」。

木蘭花樹高八、九尺，經寒不凋，花粉紅，二、三月間開。而材質極佳，可以製舟船，「木蘭舟」、「木蘭橈」遂為詩文中常見；又可製成酒樽，唐朝獨孤及（七二六丙寅—七七七）就說：「木蘭為樽金為杯。」

晉朝成公綏（二三一辛亥—二七三）〈木蘭賦〉說：

覽眾樹之列植，嘉木蘭之殊觀。至於玄冥授節，猛寒嚴烈，峨峨堅冰，霏霏白雪；木應霜而枯零，草隨風而摧折；顧青翠之茂葉，繁旖旎之弱條；諒抗節而矯時，獨滋茂而不雕。

成公綏對木蘭稱讚備至。唐朝李華（七一五乙卯—七七八後）的〈木蘭賦〉，開篇說：「功列桐君之書，名載騷人之詞。生於遐深，委於薪燎，天地之產珍物，將焉用之。」李華對木蘭被當成「薪柴」，深致感慨！宋初徐鉉〈木蘭賦〉則說：「外爛爛以凝紫，內英英而積雪。芬芳兮謝客之囊，旖旎兮仙童之節。」又別有寄託。詠木蘭花的詩，略見如下：

〈題靈佑上人法華院木蘭花〉　劉長卿

庭種南中樹，年華幾度新。已依初地長，獨發舊園春。
映日成華蓋，搖風散錦茵。色空榮落處，香醉往來人。
菡萏千燈遍，芳菲一雨均。高柯儻為楫，渡海有良因。

〈戲題木蘭花〉　白居易

紫房日照胭脂拆，素豔風吹膩粉開。怪得獨饒脂粉態，木蘭曾作女郎來。

〈題令狐家木蘭花〉

膩如玉指塗朱粉，光似金刀剪紫霞。從此時時春夢裡，應添一樹女郎花。

〈和白使君木蘭花〉 徐凝

枝枝轉勢雕弓動，片片搖花玉劍斜。見說木蘭征戍女，不知那作酒邊花。

〈木蘭〉 李商隱

三月二十二，木蘭開拆初。初當新病酒，復自久離居。
愁絕更傾國，驚新聞遠書。紫絲何日障，油壁幾時車。
弄粉知傷重，調紅或有餘。波痕空映襪，烟態不勝裾。
桂嶺含芳遠，蓮塘屬意疎。瑤姬與神女，長短定何如。

〈陳秀才亭際木蘭〉 方干（八〇九丙辰—八八六）

昔見初栽日，今逢成樹時。存思心更感，遠看步還遲。
蝶舞搖風蕊，鶯啼含露枝。徘徊不忍去，應與醉相宜。

〈木蘭花〉 李涉

碧海真人著紫衣，始堪相並木蘭枝。今朝繞郭花看遍，盡是深村田舍兒。

〈偶題〉 裴庭裕

微雨微風寒食節，半開半合木蘭花。看花倚柱終朝立，卻似凄凄不在家。

〈木蘭〉 劉僎（一二〇八年前後）

曉來隨手抹新妝，半額娥眉宮樣黃。銖衣洗就薔薇露，觸處聞香不炷香。
君不見同時素馨與茉莉，究竟帶些脂粉氣。
又不見錢塘欲語嬌荷花，粗枝大葉忒鉛華。
何如個樣隱君子，色香不俗真有味。根苗在處傲炎涼，敢與松柏爭雪霜。

椒桂萸蕕君雜處，小窗相對無相忘。

〈木蘭花〉　張舜民（一〇四四甲申—？）

石上紅花低照水，山頭綠篠細含烟。天生一本徐熙畫，只欠鵁鶄相對眠。

〈木蘭花〉　衛宗武（？—一二八九）

頗費東君巧，晚春才有芳。森森紫毫束，豔豔粉囊張。

凡木難仝譜，猗蘭袛有香。花名傳樂府，雅調更悠揚。

〈木蘭〉　貢性之

好雨晴時晝景遲，暖風和日長辛夷。深閨莫道無人到，粉蝶今朝也得知。

〈次韻見寄〉　陳獻章

西風吹老木蘭花，水閣氛氳帶晚霞。溪上行人不相識，隔船對語問誰家。

〈木蘭花〉　史鑑（一四三四甲寅—一四九六）

玉色娟娟淨不華，莫教零落委泥沙。不知刳木為舟日，開過東風幾度花。

〈春日憶山中故居〉　彭孫遹

紅葉娟娟絕可憐，木蘭一樹玉如烟。生憎草木無情思，今歲花開勝往年。

〈含韻齋木蘭〉　清高宗乾隆

東風早似醺，玉樹尚芳芬。落莫心空度，徘徊意轉欣。

分來馡座霧，留得罨[illegible]雲。春色誰無分，遊蜂鎮日紛。

〈木蘭〉

江郎才思謝家嬌，幾許春光著意描。含韻齋*中三月半，翠罌銀管不相饒。

＊自注：「圓明園含韻齋木蘭極盛。」

自宋詞興起後，或因詞調有〈木蘭花〉、〈木蘭花慢〉、〈減字木蘭花〉等，又「木蘭舟」、「木蘭橈」幾乎詩中必見，是以獨詠木蘭花之詩作，顯然不能與桃花、杏花相比。

驚蟄三候花信到齊了，試成二首作結：

〈驚蟄三候花信〉

桃花紅豔佔春光，何處誰人看棣棠。湖上舟橈輕蕩漾，木蘭樽映木蘭芳。

〈驚蟄不聞雷〉

驚蟄已然過十天，天邊春日竟炎炎。炎陽漫道真如夏，夏若來時更莫言。

驚蟄偶然不聞雷，雷天大壯夢已非。非花非霧增白髮，髮落能經幾歲催！

節慶

二月初二

二月初二，有什麼特別嗎？在這天，同時有四種節日慶典在各地舉辦，我們就來看看。

亞聖孟子誕辰

農曆二月初二是亞聖孟子的生日（前三七二己酉—前二八九）。孟子的誕生，也有一段傳奇，《孟子年譜》記載說：「孟子生時，母夢神人乘雲自泰山來，母凝視久之，忽片雲墜而寤。里巷皆見有五色雲覆孟氏居。」而孟母三遷，更是大家所熟悉的故事。

孟子繼孔子之後說「仁」，又加以「義」；文天祥在〈正氣歌〉中說：「孔曰成仁，孟曰取義。」孔、孟仁義道德的人倫主張，深入人心，影響深遠。

濟公活佛誕辰

濟公活佛可不是虛擬的神話人物，他究竟是誰？濟公確有其人，而且家世不凡。

南宋釋居簡（一一六四甲申—一二四六）有一篇〈湖隱方圓叟舍利銘〉，等於是濟公活佛的小傳，〈銘〉文說：

舍利，凡一善有常者咸有焉，不用闍維法者，故未之見。都人以「湖隱方圓叟」舍利晶瑩而聳觀聽，未之知也。叟，天臺臨海李都尉和文遠孫，受辭於「靈隱佛海禪師」；狂而疏，介而潔；著語不刊削，要未盡合準繩，往往超詣，有晉、宋名緇逸韻；信腳半天下，落魄四十年，天臺、雁蕩、康廬、潛皖，題墨尤雋永；暑寒無完衣，予之，尋付酒家保。寢食無定，勇為老病僧辦藥石。……與蜀僧祖覺大略相類，覺尤詼諧；它日覺死，叟求予文祭之曰：「嗚呼！吾法以了生死之際驗所學，故曰生死事大，大達、大觀；為去來，為夜旦；顛沛造次無非定，死而亂耶？譬諸逆旅，宿食事畢，翩然於邁，豈復滯留。……」叟曰：「嘻！亦可以祭我！」逮其往也，果不下覺；舉此以祭之，踐言也。叟名「道濟」，曰「湖隱」，曰「方圓叟」，皆時人稱之。嘉定二年五月十四死於淨慈。邦人分舍利，藏於雙巖之下。銘曰：璧不碎，孰委擲；疏星繁星爛如日。鮫不泣，誰汎瀾；大珠小珠俱走盤。

——《北礀集》卷一〇

李都尉是北宋太宗時候的駙馬都尉李遵勗（九八八戊子—一〇三八），字公武、用和，謚和文，是有名的書畫文人，和大詩人楊億（九七四甲戌—一〇二〇）是好朋友。所以濟公本姓李，算起來是李遵勗的五世孫，於南宋寧宗嘉定二年（一二〇九）年圓寂，享年七十三歲，推其生年，是在南宋高宗紹興七年丁巳（一一三七）二月初二生。後人引述釋居簡的文章，又有增補，如明朝田汝成：

濟顛者，本名道濟，瘋狂不飭細行，飲酒食肉，與市井浮沉；人以為顛也，稱濟顛。始出家靈隱寺，寺僧厭之，逐居淨慈寺，為人誦經下火，累有果證。年七十三歲，端坐而逝。人有為之贊曰：「非俗非僧，非凡非仙；打開荊棘林，透過金剛圈。眉毛廝結，鼻孔撩天。燒了護身符，落紙如雲烟。有時結茅，宴坐荒山巔；有時長安市上酒家眠。氣吞九州，囊無一錢。時節到來，奄如蛻蟬。湧出舍利八萬四千，贊嘆不盡，而說偈言。嗚呼！此其所以為濟顛也耶！今寺中尚塑其像。

——《西湖遊覽志餘》卷一四〈湖隱上人贊〉

濟公活佛還有詩文五篇傳世：

〈偶題〉

幾度西湖獨上船，篙師識我不論錢。一聲啼鳥破幽寂，正是山橫落照邊。

——《淨慈寺志》

〈筍疏〉

拖油盤內磚黃金，和米鐺中煮白玉。二者兼得之矣！

——宋林洪《山家清供》

〈玉泉寺〉

千章老木冷涵秋，今日重來話舊游。一池寒水凝虛碧，照出當年五百流。
中有神龍隱頭角，為雨為霖蘇旱涸。聖主垂衣風雨調，龍亦安然在丘壑。

——明吳之鯨《武林*梵志》卷五

*「武林」、「虎林」，都是「杭州」的別名。

〈游洞霄宮*〉

平明發餘杭，扁舟泝清流。登岸五六里，小徑穿林丘。
奇峯聳天柱，九鎖巖谷幽。雲根立仙館，勝處非人謀。
入門氣象雄，金碧欺雨眸。彈棋古松下，啼鳥聲相酬。
羽衣讀黃庭，內景宜自修。蓬萊隔弱水，九轉即可求。
坡翁★昔賦詩，刻石記舊游。溪山增偉觀，萬古傳不休。
我來弔陳跡，枯腸怯冥搜。執炬入大滌，襟袖寒颼颼。
懸崖石乳滴，千歲無人收。樵夫指巖竇，此處通龍湫。
方期過東洞，紅日驚西投。徘徊出山去，空使猨鶴愁。

——《宋詩紀事》卷九三引《洞霄詩集》

* 洞霄宮在餘杭，漢武帝元封三年（一〇八）創，為投龍祈福之所。

★「坡翁」指蘇東坡。東坡有〈洞霄宮〉詩，是詠洞霄宮之代表作：上帝高居愍世頑，故留瓊館在凡間。青山九鎖不易到，作者七人相對閒。庭下流泉翠蛟舞，洞中飛鼠白鴉翻。長松怪石宜霜鬢，不用金丹苦駐顏。

濟公的詩作，清新可誦，無愧為作者。古今人物為聖為賢，成仙成神，享千秋萬世之福報，無非是有濟世德業也。謹以四句誦之，以申紀念，〈二月初二濟公活佛誕〉：

皇親五世活神仙，介節有為還若顛。道濟方圓號湖隱，賦詩仰望百斛*傳。

* 南宋人稱引東坡文字為「百斛明珠」。個人曾撰〈百斛明珠考〉，見《兩宋詩詞文綜論稿》第五（臺灣大學出版中心，二〇一八年十一月）。

土地公誕辰

二月初二是土地公（伯公、土地神、福德正神）的生日，這是比較為人知曉的。古代祭天祭地，就是對天地化育的感恩。原先有所謂「五土」，指所有在土地上的自然資源，包括山河丘陵森林濕地，後來就簡稱為「后土」、「社」，《左傳》載：

> 共工氏有子曰勾龍，為后土，上官之名也；死以為社神而祭之，故曰勾龍為后土。後轉為社，故世人謂社為后土。

所以最早的土地神就是勾龍，後世不斷演化，在地方又分為城隍和土地。城隍必有廟，而土地每每隨處設壇；又凡保鄉衛土有功的人，死後往往就被居民奉為土地，禮敬膜拜。東漢末蔣子文任秣陵（今南京）尉，為驅逐盜匪，額頭受傷而死亡，其後常顯靈驗，福禍地方。三國吳國君主孫權（一八二壬戌—二五二）就封他為「蔣侯」，立廟鍾山，並改鍾山為蔣山（北宋樂史《太平寰宇記》卷九〇）。這正是典型的例子。宋仁宗也曾於一〇四二年封府州「土地神」為「靈祐廟」，以表彰忠義。

土地神經長期演化而成土地公，又稱伯公、福德正神等。福德正神最為尊崇，民間傳說，福德正神姓張名福德，時代可以推到周朝，而且有不同的身分。如今，福德正神已經成為地方保護神，伯公最接地氣，是民眾祈求福祉的神祇。宋朝學者解釋福、德兩字說：「百順之謂福」，「至當之謂德」；又說「德者福之基」，「福者德之致」。只要做正當的事，就能事事順遂，有德就能有福。因此，以福德稱呼最親民的神明，應有正面的意義。

每年到今日，各地方演戲慶讚，為伯公賀壽，並同享福德，由來已久矣！謹成四句紀念，〈二月初二詠福德神〉：

福德人人求，宮壇處處修。可憐世道險，何日能無憂！

龍擡頭

二月初二日有「龍擡頭」的說法。《月令輯要》卷六引《帝京景物略》說：

煎元旦祭餘餅熏床炕，曰「熏虫兒」，謂引龍虫不出也。燕少蜈蚣而多蝎，為毒倍焉；少蚊而多蠅，其為擾倍焉；蚤、蝨之屬臭蟲又倍焉；所苦尤在編戶，雖預薰之，實未之有除也。

又《日下舊聞考》卷一百四十七引《宛署雜紀》說：

鄉民用灰自門外蜿蜒布入宅廚，旋繞水缸，呼為「引龍迴」。

這兩段記載，說的都是當年北京（燕、帝京、日下）的習俗，使用燒熱的煙灰驅除蜈蚣、蝎、蚊、蠅、蚤、蝨、臭蟲等毒蟲。「編戶」指一般百姓，「用灰自門外蜿蜒布入宅廚，旋繞水缸」，就具體地描繪了龍的形象。可見當時河北地方的居民，在正月之後，對居家衛生的重視。或許別的地方也有類似的作為，但不會是普遍的民間活動吧！

春分

白晝時間開始轉長

二十四節氣中，有春分和秋分。古人說，「春秋謂之分者，春秋各九十日，而春分、秋分，各居九十日之半，故也。」（明朝蔡清《易經蒙引》）古人認為一年是三百六十天，因此春夏秋冬平均各季是九十天。但有時候卻不到九十天，而只有八十九天，如一月可能是二十九天，二、三月則是三十天，春季實際是八十九天，正是「九十春光減一日」，而且真正的「春半」，要到二月十五日，正是春分第二候第二天。

三候

玄鳥至・雷乃發聲・始電

初五日：玄鳥至。「玄鳥」就是「燕子」。乾隆說：

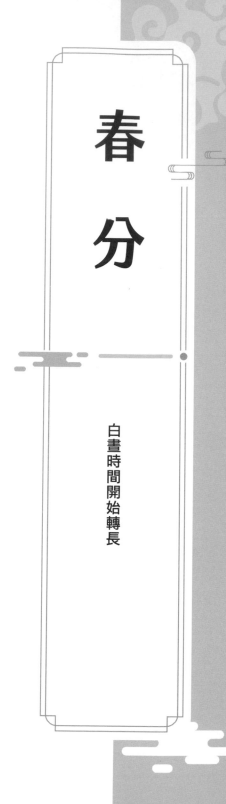

春來秋去孰為之，夏見冬藏亦豈奇。祇以翱翔能任運，遂如宛轉善知時。
儻逢王巷本無意，欲入盧梁底有窺。千古原多拈詠者，爾何獨著道衡詩。

末句指南北朝北齊薛道衡〈人日〉詩：「人歸落雁後，思發在花前」詩句。

次五日：雷乃發聲。乾隆說：

震位更臨中月候，為雷初試發聲和。屈伸蟄出天教喜，鬱鼓利興律豈訛。
望雨每因希聽亟，推雲惟是祝休多。顧家詩句傳奇語，奇矣其如鄙若何。

末五日：始電。乾隆說：

雷電相需孰後先，或因遠近識其然。雷緣近故先聞耳，電以遠斯後見旃。
五日為期亦約略，二儀妙運藉昭宣。協時惟正不語怪，何必稱奇列缺鞭。

二月是仲春，春分又春半。古賢有哪些詩作呢？

〈春分日〉　徐鉉

仲春初四日，春色正中分。緣野徘迴月，晴天斷續雲。
燕飛猶個個，花落已紛紛。思婦高樓晚，歌聲不可聞。

〈春分日〉　　沈一中

日展春寒薄，風恬霽景流。四陽初大壯，百刻正鴻溝。

食案前雛鵲，漁磯下野鷗。讀書有餘暇，時對撒秧舟。

〈長安春晚〉（節錄）　　溫庭筠

曲江春半日遲遲，正是王孫悵望時。杏花落盡不歸去，江上東風吹柳絲。

〈禁煙留題錦屏山下四首〉之一　　邵雍

春半花開百萬般，東風近日惡摧殘。可憐桃李性溫厚，吹盡都無一句言。

〈清平樂〉　　南唐後主李煜

別來春半，觸目愁腸斷。砌下落梅如雪亂。拂了一身還滿。

雁來音信無憑，路遙歸夢難成。離恨恰如春草，更行更遠還生。

〈春雨絕句〉　　陸游

今年春半不知春，飛雹奔雷嚇殺人。縫得春衫元未著，免教惆悵洛陽塵。

以上這些詩詞，或許都可以算作春分的詩吧！

詩人特別喜歡用「九十春光」代表春季，又多用在感嘆春日的流逝，如：唐朝陳陶（八一二壬辰—八八五）「九十春光在何處，古人今人留不住」（〈春歸去〉）；宋朝蘇軾「九十日春都過了，貪忙何處追遊。三分春色一分愁」（〈臨江仙〉）。當然，也有寫得輕快的：明朝戴浩（一三九一辛未—一四八三）「九十春光似酒濃，隔簾香暖小桃紅。杖藜緩步尋芳草，閒逐黃鸝過水東」（〈詠春〉）。

漢朝蔡邕（一三二甲申—一九二）在《獨斷》說：「天子父事天，母事地，兄事日，姊事月。故春分朝日，秋分夕月也。」意思是說，在古代，自命為「天子」的帝王，在春分早上要祭日，秋分晚上要祭月，一如祭天、祭地，慎重將事。春分、秋分當天，白晝和夜晚一樣長。過了春分，晝漸長、夜漸短，一直到夏至，晝最長，夜最短；而後夜漸長、晝漸短，到了秋分，晝夜又一樣長，然後夜更長、晝更短，到了冬至，夜最長、晝最短。

春季天候大抵晴朗，百花盛放，一派春和景明氣象，真是好春日子。戲成四句湊興，〈春分〉：

九十春光忽半分，百花競放各紛紛。一時好景都緣會，萬世千年誰與論。

花信

海棠

（春分一候花）

海棠經常和甘棠混淆，甘棠見於《詩經》，而後世海棠是別種。南宋鄭樵（一一〇四甲申－一一六二）就說：「以為即甘棠，誤甚。海棠來自海外，古世無有。風人安得見之哉！」

海棠以蜀本為第一。葉光而厚，春末花開，紅色微白，實如小瓜，或似梨而稍長；花未開時如硃砂爛漫，稍白，半落如雪，天下所無也。

唐玄宗時宰相賈耽（七三〇庚午－八〇五），著有《百花譜》，以海棠為「花中神仙」，又或說

「海棠無香」。於是，海棠的色與香，就成為世人談論的焦點。

明朝陸樹聲（一五〇九己巳—一六〇五）〈海棠花帖〉說：

海棠花柔條嫩葉，而花萼纖妍，如美女細腰，體不勝衣，優柔㝏娜之態。一種花豔而枝梗堅實者，名「鐵梗」。唐詩人杜工部工於體物，而於海棠無詩，故詩人詠〈雨中海棠〉云：「應為無詩怨工部，至今含露作啼妝。」

清朝鄒一桂《小山畫譜．海棠》說：

三月花，五出，多層。蕊叢生，深紅。開足正面白，反瓣深紅，其瓣狹長而圓末，柄蒂俱紅者，為西府海棠。唐時大內所植，今不易得。柄綠而帶紅者為多，著花處先有尖圓小葉，青色，而其嫩葉反大而微紅。

海棠以蜀（成都）地所產最有名，杜甫住成都草堂多年，詩作也不少，竟無詠海棠之作，因而生出許多議論，甚至附會說是因為杜甫母親閨名為「海棠」的緣故。鄭谷〈蜀中賞海棠〉：

濃澹芳春滿蜀鄉，半隨風雨斷鶯腸。浣花溪上堪惆悵，子美無心為發揚。

最末句自注說：「杜工部居兩蜀，詩集中無海棠之題。」宋初王禹偁〈送馮學士入蜀〉結語說：

「莫學當初杜工部，因循不賦海棠詩。」

又據《太真外傳》載：「明皇登沈香亭，召太真；時宿酒未醒，命高力士及侍兒扶掖而至；醉顏殘妝，釵橫鬢亂，不能再拜。明皇笑曰：『海棠春睡未足耶！』」遂也成為海棠詩的一大話題。

再者，海棠多是木本，而秋海棠則是草本，開花季節也不同，就另當別論了。唐朝詩人詠海棠花的作品並不多：

〈題磁嶺海棠花〉　溫飛卿（八一二壬辰—八七〇）

幽態竟誰賞，歲華空與期。島回香盡處，泉照豔濃時。
蜀彩澹搖曳，吳妝低怨思。王孫又誰恨，惆悵下山遲。

〈擢第後入蜀經羅村路見海棠盛開偶有題詠〉　鄭谷

上國休誇紅杏絕，深溪自照綠苔磯。一枝低帶流鶯睡，數片狂和舞蝶飛。
堪恨路長移不得，可無人與畫將歸。手中已有新春桂，多謝煙香更入衣。

〈海棠〉

春風用意勻顏色，銷得攜觴與賦詩。穠麗最宜新著雨，嬌嬈全在欲開時。
莫愁粉黛臨窗懶，梁廣*丹青點筆遲。朝醉暮吟看不足，羨他蝴蝶宿深枝。

*梁廣是當時有名的花卉畫家。

〈海棠二首〉　吳融

太尉園林兩樹春，年年奔走探花人。今來獨倚荊山看，回首長安落戰塵。
雪綻霞鋪錦水頭，占春顏色最風流。若教更近天街種，馬上多逢醉五侯。

〈海棠花〉　　釋齊己

繁於桃李盛於梅，寒食旬前社後開。半月暄和留豔態，兩時風雨免傷摧。
人憐格異詩重賦，蝶戀香多夜更來。猶得殘紅向春暮，牡丹相繼發池臺。

唐人海棠詩，大約如此。兩宋詩人對海棠花特為鍾情，如徐積〈海棠花序〉說：

海棠花盛於蜀中，而秦中者次之，蓋其株翛然如出塵高步，俯視眾芳，有超群絕類之勢，而其花甚豐，其葉甚茂，其枝甚柔，望之甚都（美），綽約如處女，婉娩如純婦人，非若他花冶容不正，有可犯之色。蓋花之美者海棠也，視其色如淺絳，而外英數點如深胭脂。此詩家所以為難狀也。

因此吟詠者眾，今但舉自覺可喜者分享：

〈和人春暮〉　　寇準（九六一辛酉—一〇二三）

流年賦分長多感，盡日長思立短亭。猶謝海棠花始發，似留春色向凋零。

〈海棠〉　　劉筠（九七一辛未—一〇三一）

昔聞遊客話芳菲，濯錦江頭幾萬枝。縱使許昌詩筆健*，可能終古絕妍辭。

*唐朝薛能（八一七丁酉—八八〇）曾任許昌節度使，作詩號雄健，時得杜甫之風。

〈海棠〉　　宋祁

薄暝霞洪爛，平明露濕鮮。長衾繡作地，帳密錦為天。　梅堯臣

〈海棠〉

江燕入朱閣，海棠繁錦條。醉生燕玉頰，瘦聚楚宮腰。　韓維

曾未分香去，尤宜著意描。誰能共吹笛，樹下想前朝。

〈西堂前雙海棠花〉

群芳斂色避妖妍，細葉柔條盡可憐。明豔濃常因日暖，清香秘不許風傳。　文同

麗於宮錦如新濯，紅甚山櫻恐墜燃。若使退之堂下有，不應長被五楸牽。

〈和何靖山人海棠〉

為愛香苞照地紅，倚欄終日對芳叢。夜深忽憶高枝好，把酒更來明月中。　王安石

〈海棠花〉

綠驕隱約眉輕掃，紅嫩妖饒臉薄妝。巧筆寫傳功未盡，清才吟詠與何長。

〈官舍東偏海棠開最晚落亦後時以詩嘲之〉　呂陶（一〇二八戊辰—一一〇四）

花到春深半已過，此花猶見滿枝柯。傳來芳信雖為晚，占得韶光卻是多。

愛惜錦文愁雨急，留連妝臉笑風和。後先榮謝人休問，且伴樽前一醉歌。

〈海棠花〉

彼美花兮宜晚春，柔姿淑豔是何人。十分國色妝須淡，數點胭脂畫未勻。　徐積

帶雨容開渾是恨，出牆頭望恰如真。幾時謫下蓬萊島，霞汙仙衣痕尚新。

〈寓居定惠院之東雜花滿山有海棠一株土人不知貴也〉（節錄）　蘇軾

江城地瘴蕃草木，只有名花苦幽獨。嫣然一笑竹籬間，桃李漫山總粗俗。

也知造物有深意，故遣佳人在空谷。自然富貴出天姿，不待金盤薦華屋。
朱唇得酒暈生臉，翠袖卷紗紅映肉。林深霧暗曉光遲，日暖風輕春睡足。
雨中有淚亦淒愴，月下無人更清淑。先生食飽無一事，散步逍遙自捫腹。
不問人家與僧舍，拄杖敲門看脩竹。忽逢絕豔照衰朽，歎息無言揩病目。

〈海棠〉　馮山（？—一〇九四）

東風嫋嫋泛崇光，香霧霏霏月轉廊。只恐夜深花睡去，更燒高燭照紅妝。

〈和賞海棠〉

三春花卉滿州城，渠占風流第一名。老杏酸寒誇錦繡，野梨乾強學瑤瓊。
穠妝雨後頻來看，尤物年深特地榮。為是翰林親手植，莫辭歡賞慰民情。

〈海棠花〉　黃庭堅

海棠院裡尋春色，日炙嫣紅滿院香。不覺風光都過了，東窗渾為讀書忙。

〈病起觀垂絲海棠感慨作二絕句〉　饒節（一〇六五乙巳—一一二九）

遲日暖風逼春事，海棠垂絲轉嬌羞。分明綽約若處子，桃杏塵凡非此流。
賣花擔上誇桃李，頓使春工不值錢。莫怪海棠不受折，要令笄珥絕凡緣。

〈海棠〉　釋惠洪

酒入香腮笑未知，小妝初罷醉兒癡。一枝柳外牆頭見，勝卻千叢著雨時。

〈海棠二首〉　傅察（一〇八九己巳—一一二五）

恰恰清明昨夜過，海棠幽獨占春多。杜陵不是無心賦，才薄難工奈若何。
欲識東君用意工，故將殘葉襯輕紅。可憐雨洗胭脂濕，只怕風吹翠幄空。

〈秉燭看海棠〉　張擴（？—一一四七）

從公燭下看花枝，直到海棠花睡時。恰似玉人春枕穩，溫風吹酒上凝脂。

〈絕句〉　陳與義

海棠脈脈要詩催，日暮紫緜無數開。欲識此花奇絕處，明朝有雨試重來。

〈虞美人　東山海棠〉　李彌遜

海棠開後春誰主，日日催花雨。可憐新綠遍殘枝，不見香腮，和粉暈燕脂。
去年攜手聽金縷，正是花飛處。老來先自不禁愁，這樣愁來，欺老幾時休。

〈雨中海棠〉　張九成

玉脆紅輕不耐寒，無端風雨苦相干。曉來試卷珠簾看，蔌蔌飛香滿畫欄。

〈月下觀海棠〉　張嵲

澄空流華月，列炬林梢綴。眾焰爍明霞，紅曛花似醉。
流連陶嘉月，共惜春風駛。預歎他日來，餘紅紛滿地。

〈題家園海棠小亭壁〉　曹勛（一〇九六丙辰—一一七四）

萬點勻紅上海棠，小亭無處著春光。放教曉日滋新彩，要問東君學醉妝。

〈海棠花〉　劉子翬

幽姿淑態弄春晴，梅借風流柳借輕。初種直教圍野水，半開長是近清明。
幾經夜雨香猶在，染盡胭脂畫不成。詩老無心為題拂，至今惆悵似含情。

〈詠海棠〉　吳芾

海棠元自有天香，底事時人故謗傷。不信請來花下坐，惱人鼻觀不尋常。

花間春色麗晴空，惱我狂來只遶叢。試問妖嬈誰與比，一株勝卻萬株紅。

〈題海棠〉　李石

百鳥啼春樹樹紅，輕舟掠岸往來風。江南江北花多少，都在先生酒盞中。
林光皎皎弄青枝，頗怪東風解凍遲。一夜前溪流雪汁，餘花別岸不須吹。

〈海棠〉　王十朋

欲與春爭媚，嫣然一笑芳。雨中如有恨，疑是為無香？

〈黃海棠〉　洪适

漢宮嬌半頩，雅淡稱花仙。天與溫柔態，妝成取次妍。

〈海棠〉　陸游

誰道名花獨故宮，東城盛麗足爭雄。橫陳錦障闌干外，盡吸紅雲酒醆中。
貪看不辭持夜燭，倚狂直欲擅春風。拾遺舊詠悲零落，瘦損腰圍擬未工。

〈海棠〉

十里迢迢望碧雞，一城晴雨不曾齊。今朝未得平安報，便恐飛紅已作泥。
蜀地名花擅古今，一枝氣可壓千林。譏彈更到無香處，常恨人言太刻深。

〈久雨驟晴山園桃李爛漫獨海棠未甚開戲作〉

雨霽風和日漸長，小園尊酒逼年光。直令桃李能言語，何似多情睡海棠。

〈寄題石湖海棠〉　范成大

老懶居家似出家，園林春色雨沾沙。海棠尚自無心看，天女何須更散花。

〈海棠〉　李流謙

十二仙人玉琢欄，帶晴帶雨總宜看。東君不許尋常見，可忍狂風滿地殘。

周必大

〈次韻楊廷秀并序〉

萬花川谷主人為海棠賦二詩，妙絕古今。斷章有「年年不帶看花眼，不是愁中即病中」之歎，代花次韻。

江國群芳自有餘，詩才酒興不愁無。卻憐西蜀移根遠，醉向東風落筆初。

傳粉施朱淡復濃，不辭沐雨更梳風。豈知命似佳人薄，不在我公樂事中。

〈海棠塢〉

楊萬里

細雨初寒濕翠裳，新晴特地試紅妝。無人會得東風意，春色都將付海棠。

〈曉登萬花川谷看海棠〉

準擬今春樂事濃，依前枉卻一東風。年年不帶看花眼，不是愁中即病中。

〈海棠〉

廖行之

暖日烘晴二月天，萬絲垂舞競春妍。誰移西蜀寸根遠，獨領東風一笑嫣。

醉臉凝脂朝過雨，紅妝照燭夜籠烟。漫山百卉空粗俗，知是流霞第一仙。

〈海棠〉

樓鑰（一一三七丁巳—一二一三）

海棠初發為題詩，倏見輕紅萬點吹。已惜落英鋪滿地，更憐幾片罥蛛絲。

〈念奴嬌　海棠時過江潭〉

王炎（一一三七丁巳—一二一八）

曉來雨過，正海棠枝上，臙脂如滴。桃杏不堪來似，信是傾城傾國。

藏韻收香，誰能描貌，閣盡詩人筆。從教睡去，為留銀燭終夕。

不待過了清明，綠陰結子，無處尋春色。蔌蔌輕紅飛一片，便覺臨風悽惻。

莫道無情，嫣然一笑，也似曾相識。惜花無主，自憐身是行客。

〈海棠〉 袁說友

江行了不按春光，江路欣看得海棠。淺蘸深紅叢蓓蕾，細開濃白巧梳妝。

蜀花但鬥臙脂濕，荊種新傳膩粉香。行客紛紛正寥落，為渠著語快飛觴。

〈海棠〉 陳傅良

淡月看花似霧中，遽呼燈燭倚花叢。夜來月色明如晝，卻向庭蕪數落紅。

〈海棠〉 趙蕃

肅肅朝寒不自持，暈生因酒似朱施。向來只夢梨花雨，不見西湖濃抹時。

〈觀海棠有成〉 宋理宗趙惇（一一四七丁卯——一二〇〇）

東風用意施顏色，豔麗偏宜著雨時。朝詠暮吟看不足，羨他逸蝶宿深枝。

宋人於海棠如此鍾情，能有說乎？宋以後又如何呢？元、明、清三代的海棠詩，加起來都沒有宋朝多，或許是睡去了……

〈海棠〉 釋善住

胭脂作紅豔，獨立弄春妍。雖未成遐舉，飄飄骨欲仙。

〈海棠〉 張之翰

獨倚東風奈困何，能紅能白不須多。只渠顏色誰堪比，更恨無香亦太過。

〈海棠〉 馬臻

殷紅含露臥朝寒，疑是春工畫未乾。底事詩人吟不穩，直須燒燭夜深看。

〈海棠〉　吾丘衍

困雨愁烟濕錦絲，脂痕輕染最嬌枝。曲闌長斷春風晚，花未開時色已衰。

〈海棠〉　尹廷高

李花帶俗杏花粗，爭似天然蜀錦圖。雨暈香脂嬌欲滴，日酣紅袖醉相扶。
未消光彩搖銀燭，且約芳菲伴玉壺。欲辦窗間小橫軸，丹青易染態難摹。

〈海棠〉　侯克中（一二二五乙酉—一三一五）

燕蹴鶯捎力不支，綠攢紅簇擅芳時。醉酣曉日霞凝臉，睡足春風雪滿枝。
得意總輸坡老句，關心惟欠少陵詩。恰如西子新妝罷，困倚闌干有所思。

〈題海棠〉　陳樵（一二七八戊寅—一三六五）

東風吹墮緗雲影，別院春遲宮漏永。繡幃寶帶綰流蘇，夢入瑤臺呼不醒。
熒熒銀燭花蕊多，城頭烏啼奈曉何。

〈海棠〉　洪希文（一二八二壬午—一三六六）

花品從來說海棠，風流格調賽群芳。淵材*有恨空沙魘，子美無言為發揚。
雨透臙脂添薄媚，風搖銀燭減輝光。妙年若許寒梅聘，世上應誇兩洞房。

* 宋僧釋惠洪曾言彭淵材以「海棠無香」為五大恨事之一。其餘四者為：鰣魚多刺、金橘太酸、蓴菜性冷及曾子固不能作詩」。

〈暮春〉　貢性之

桃花落盡杏花殘，曉雨廉纖釀小寒。獨有海棠春睡足，須燒銀燭夜深看。

〈西齋庭前海棠〉　　高啟
寂寥銀燭與金盤，睡足簾前怯曉寒。不是詩人賞幽獨，雨中深院有誰看。

〈移海棠花〉　　陳獻章
小朵輕紅帶雨香，柔條深翠引風長。道人不是看花客，肯把牆隈借海棠。

〈海棠〉　　陸治（一四九六丙辰—一五七六）
明妃扶醉打毬回，斜倚東風笑未開。仙仗欲臨魚鑰啟，六宮齊擁絳紗來。

〈生色海棠〉　　彭年（一五〇五乙丑—一五六六）
粉合胭脂作晚妝，富於顏色吝於香。東風不肯全分付，相對梅花各斷腸。

〈海棠〉　　陸師道（一五一七丁丑—一五七四）
花名婀娜怯東風，色染胭脂別樣紅。今夜碧天明月好，不須高燭絳紗籠。

〈海棠絕句〉　　田雯
今日狂夫分外狂，愛花便死亦何妨。自逃禪後無他好，一事關心是海棠。
柔姿嫩質自相憐，沐雨酣霞畫檻前。恰似唐宮鬥春色，江梅開盡海棠妍。

〈海棠〉　　清高宗乾隆
海棠格調自無倫，晴雨幾番到半春。最是迎風婀娜樣，絕勝夜深伴獨吟。
出塵絕類見幽姿，更看多情春雨時。桃李云何爭豔麗，花仙哪用更描眉。

讀了這麼多海棠詩，不能無感，也戲成三首助興吧，〈海棠—花中神仙〉：

絕色幽姿默默偕，清香雅韻悠悠來。太真醉後嬌無那，卻得三郎眉眼開。

秋海棠

九月重陽節花

秋海棠亦有海棠之名，也惹人愛憐，就一併說說秋海棠吧！

據明朝高濂（一五七三癸酉—一六二〇）說，海棠有七種，秋海棠是其一，但大有不同：

海棠有「鐵梗」，色如硃紅。有「木瓜」，粉紅。有「西府」。有「樹海棠」二種，一紫一白。有「垂絲海棠」，吐絲美甚，冬至日用糟水澆，則來春花盛。若「秋海棠」，嬌冶柔軟，真同美人倦妝；此品喜陰，一見日，色即瘁。

前六種都在春日開花，至於秋海棠，卻在九月重陽時節開花。清初所編《廣群芳譜》載：「秋海棠，一名八月春。草本，花色粉紅，甚嬌豔，葉綠如翠羽。此花有二種：葉下紅筋者為常品，綠筋者開花更有雅趣。」清朝鄒一桂在《小山畫譜．秋海棠》中則從畫家的角度描述：

草本，葉尖圓鋸齒，大者如盤，紅筋密布，反面微綠，而筋全紅，逐節而上。花開四出，圓瓣，兩大兩小，黃心如小球，有微柄擎出花心。花枝對生，紅柄如絲，蕊圓扁，有蒂如三角鈴者。有有苞無蒂者，子如豆，生於葉間，落地即萌，明秋開花，其舊根經冬復發，花葉更肥。又有白花者，柄亦微紅。秋英娟媚，無如此花。

還有一些記載，可以增加對秋海棠的認識：

秋海棠喜陰生，又宜卑濕，莖岐處作淺絳色，綠葉，文似朱絲，婉媚可人，不獨花也。

秋海棠嬌好，宜於幽砌北窗下種之，傍以古拙一峰，菖蒲、翠筠、草，皆其益友也。

秋花中，此為最豔，亦宜多植。

凡插花水惟梅花、秋海棠二種有毒，毒甚，須防嚴密。

秋海棠嬌，然有酸態，鄭康成、崔秀才之侍兒也。

菊以黃白山茶、秋海棠為婢。

秋海棠的得名，有個悽豔動人的傳說，元朝伊世珍有記載：

昔有婦人思所歡不見，輒涕泣，恆灑淚於北牆之下。後灑處生草，其花甚媚，色如婦面，其葉正綠反紅，秋開，名曰斷腸花，又名八月春，即今秋海棠也。

——《瑯嬛記》

歷代記載看到此，對秋海棠的了解，或許也夠了吧！

秋海棠雖和海棠聯譜，卻一直到了明朝才有詩人歌詠，僅約十五家十九首，且又常與海棠、楊貴妃藕斷絲連：

〈秋海棠〉　邵寶（一四六〇庚辰——一五二七）

名姝魂返蜀天涯，猶有餘姿在此花。開處每依庭下石，移來非自海中槎。清含曉露如承雨，淡對秋風更著霞。檢盡圖經無族譜，獨將色相借春詩。

〈秋海棠〉

離離秋草綴紅芳，春睡初醒又晚妝。不是嬌姿解愁絕，人間人自有柔腸。

〈賦秋海棠〉　潘希曾（一四七六丙申——一五三二）

自是東風第一流，不隨桃李弄春柔。駐顏誰與傳丹訣，傾國天留豔素秋。清極傳霜肌不粟，睡來侵月影還幽。沉香亭畔如曾見，莫道楊妃得與儔。

〈秋海棠五首〉　邊貢（一四七六丙申——一五三二）

海棠盈盈開素秋，雨晴斜日上簾鉤。幽芳不與春風約，碧樹朱闌俱暮愁。

海棠開日近重陽，秋蝶翩翩過短牆。題品要知觀物眼，只須風骨不須香。

海棠花開秋雨霏，休將遲暮怨芳菲。東園桃李盈千樹，昨日穠華今日稀。

庭下秋棠開紫綿，映風含雨淨娟娟。羽人自解丹丘術，種得花來亦是仙。

梧桐葉凋金井闌，芭蕉風雨怨秋殘。海棠十月猶含蕊，故伴青松當歲寒。

〈秋海棠〉　顧璘（一四七六丙申——一五四五）

陰葉翠瑤濕，薄英紅粉香。絕憐秋苑下，復爾見春光。

〈河傳　秋海棠〉　陸求可

霞燦庭角，錦生牆下，的的高秋。風前雨後，入眼總覺輕柔，最風流。

枝頭碎點珊瑚樣。霜天長。綠葉蠨蛸網，垂垂著地。宛然一段氍毹，亂紅鋪。

〈詠秋海棠〉 謝文著

道院舒遲見海棠，錯教坡老恨無香。娉婷獨立西風裡，絕勝楊妃試晚妝。

〈秋海棠〉 俞琬綸

春色先陰到海棠，獨留此種占秋芳。稀疏點綴猩紅小，堪佐黃花薦客觴。

〈秋海棠〉 王端

美人出秋水，顏色類春花。解語含風致，芳心淡月華。

濃妝紅映玉，小睡碧翻霞。無限深宵露，盈盈清淚斜。

〈詠白秋海棠〉 沈甡

粉黛霏微露淺紅，可憐嬌小托幽叢。如何不及蘆花絮，飄入秋江釣艇中。

〈秋海棠〉（引自《檇李詩繫》） 徐範

力薄違春夏，花閑草露中。有誰憐夜雨，無奈泣寒蟲。

冷骨先庭晚，秋魂滿地紅。自知根蒂弱，不敢怨飄風。

清初乾隆之前，有六家詠秋海棠，詩六首、詞一闋：

〈秋海棠〉 施閏章

苔厚階庭靜，陰多雨露偏。容顏秋自好，不擬傍人憐。

〈鬢雲鬆　美人折秋海棠〉 吳綺

洛川波，巫峽岫。種得情根，腸斷還依舊。

淚灑西牆苔似繡。幾點疎紅，較比春來瘦。
粉沾衣，香惹袖。移向窗紗，不怕寒蛩咒。
霜落玉階寒未透。伴取花枝，今夜燈兒後。

〈秋海棠〉二首　　彭孫遹

一當風露一嫣然，睡態如春別自妍。忽忽聞名最悽豔，依依弄色太嬌憐。
寒叢欲坼檀心弱，曉暈初開絳靨圓。料得有人惆悵絕，斷腸秋在小窗前。
韶光麗色逐飄塵，小豔重披白露辰。數點不禁遙夜雨，一枝愁殺曉寒人。
朝華易隕還如夢，秋氣多悲合愴神。欲向花前譜新句，蕭條非復舊時春。

〈秋海棠花〉　　張英

秋花亦占海棠名，玉露金風別有情。蘭縱比幽傷冷落，杏雖如色讓輕盈。
微香應欲消遺恨，紅淚依然泣舊盟。節節珊瑚低拂地，臨風一笑許傾城。

〈秋海棠〉

豆莢疎籬引蔓長，水紅花映夕葵黃。新秋晴雨多無準，一片閒情護海棠。

〈秋海棠〉　　湯右曾

海棠何有此，蜀府未知名。朝日芙蓉色，秋風籬落生。
翠應憐小草，紅欲豔傾城。移作清齋供，幽香配杜蘅。

〈白秋海棠〉　　厲鶚

瓊姿不著一分肥，如此幽閒絕世稀。當戶金星開曉靨，下堦涼月曳秋衣。
望來甘后風神似，愁到班姬笑語非。只有流螢信孤潔，夜深常傍短叢飛。

乾隆一人，即有近三十首詠〈秋海棠〉詩作，豈非因唐、宋兩代闕如，正得以發揮乎！實亦歷代帝王少見之作者，茲錄七絕三首：

不與春光爭豔冶，卻教秋圃擅風流。輸他江氏三分白，借己楊家一半柔。

斜倚井桐紈影動，低臨池水鏡光浮。寒蛩唧唧清宵永，仿佛金籠玉枕頭。

一種寒英性獨柔，露華拂檻最風流。長生殿裡癡情重，既占春還不讓秋。

閱讀至此，也湊趣來四句吧，〈秋海棠〉：

秋色連天是菊黃，海中槎遠斷誰腸。棠陰悽惻悲紅綠，花落迴風奈重陽！

梨花

春分二候花

明朝李時珍《本草綱目》載：「梨樹高二、三丈，尖葉光膩，有細齒，二月開白花如雪，六出。」清初成書的《廣群芳譜》（一七〇八）補充說：「梨樹似杏，高二、三丈，葉亦似杏，微厚大而硬，色青，光膩有細齒，老則斑點。二月間開白花如雪，六出。」清人鄒一桂《小山畫譜．梨》從畫家的角度說：

三月盡花開，五出，色純白。心初黃，開足後赭墨色。長柄叢生，葉嫩綠，亦有柄，隨風而舞。花之流逸者也。寫此花者，必兼風月，或飛燕宿鳥，以淡墨青烘之，則花顯而雲氣亦出。其幹柔曲，老幹蒼黑，以濃淡墨畫之，不用赭。又紅梨花，開在二月間，色微紅，開時無葉，絕少韻致。

由此可知，畫梨花時，往往就有月色、禽鳥、雨和風。除了被稱為「花之流逸者」外，《格物叢話》說：「春二、三月，百花開盡，始見梨花。靚豔寒香，自甘寂寞。」明朝高濂《遵生八牋》「梨花二種」還說：「有香臭二種，其梨之妙者花不作氣，醉月欹風，含烟帶雨，瀟灑丰神，莫可與並。」這樣的描繪真是稱賞備至。以上是古人對梨花的描述，這種花還必須知道什麼呢？

梨花在詩文中出現，最早或是南朝宋孝武帝劉駿（四三〇庚午－四六四）的〈梨花贊〉：

沃脊異壤，舒慘殊時。惟氣在春，具物合滋。
嘉樹之生，於彼山基。開榮布采，不雜塵緇。

而南朝梁劉孝綽（四八一辛酉－五三九）有〈詠梨花應令〉詩：

玉壘稱津潤，金谷訪芳菲。詎匹龍樓下，素蕊映朱扉。
雜雨疑驚浴，因風似蝶飛。豈不憐飄墜，願入九重闈。

其後，詩人提到梨花的詩非常之多，因為梨花開時，正是在寒食、清明時節。李白「柳色黃金嫩，梨花白雪香」（〈宮中行樂詞〉）和「梨花千樹雪，楊葉萬條煙」（〈送別〉）的書寫，被後人大量翻用。而白居易在〈長恨歌〉中用「玉容寂寞淚闌干，梨花一枝春帶雨」形容楊貴妃的姿韻，蘇軾在惠州作〈西江月〉詞以悼念愛妾朝雲，結語說出「高情已逐曉雲空，不與梨花同夢」的心情。兩者就成為後人「梨花雨」、「梨花夢」的文本，迴盪千古！唐朝以梨花入題的詩作，或許是從錢起的〈梨花〉詩開始吧：

〈梨花〉　錢起

豔靜如籠月，香寒未逐風。桃花徒照地，終被笑妖紅。

〈聞梨花發贈劉師命〉　韓愈

桃蹊惆悵不能過，紅豔紛紛落地多。聞道郭西千樹雪，欲將君去醉如何。

〈江岸梨花〉　白居易

梨花有思緣和葉，一樹江頭惱殺君。最似孀閨少年婦，白妝素袖碧紗裙。

〈江花落〉　元稹

日暮嘉陵江水東，梨花萬片逐江風。江花何處最腸斷，半落江流半在空。

〈對梨花贈皇甫秀才〉　韋莊

林上梨花雪壓枝，獨攀瓊豔不勝悲。依前此地逢君處，還是去年今日時。
且戀殘陽留綺席，莫推紅袖訴金巵。騰騰戰鼓正多事，須信明朝難重持。

唐人之作僅如此，入宋以後，作梨花詩之詩人大增：

〈無題〉　晏殊（九九一辛卯—一〇五五）

油壁香車不再逢，峽雲無跡任西東。梨花院落溶溶月，柳絮池塘淡淡風*。
幾日寂寥傷酒後，一番蕭瑟禁煙中。魚書欲寄何由達，水遠山長處處同。

*三、四兩句，膾炙人口。有人以為，「溶溶月」應作「溶溶雨」，更切情理。

〈梨花〉　梅堯臣

處處梨花發，看看燕子歸。園思前法部，淚濕舊宮妃。
月白鞦韆地，風吹蛺蝶衣。彊傾寒食酒，漸老覺歡微。

〈會壓沙寺*觀梨花〉　韓琦

同賞梨花過淨坊，壓沙幽閴面平岡。孤園不治黃金界，醉筆徒誇白雪香。
風急幾番雲影亂，殿深全掩玉毫光。朝來經雨低含淚，競寫真妃寂寞妝。

*北京壓沙寺的梨花和長安玄都觀的桃花，一樣有名氣！韓琦在壓沙寺建有雪香亭。

〈和梨花〉　文同

素質靜相依，清香暖更飛。笑從風外歇，啼向雨中歸。
江令歌瓊樹，甄妃夢玉衣。畫堂明月地，常此惜芳菲。

〈和道矩紅梨花〉　司馬光

繁枝細葉互低昂，香敵酴醾豔海棠。應為窮邊太寥落，併將春色付穠芳。

〈北園梨花〉　強至

寒食北園春已深，梨花滿枝雪圍遍。清香每向風外得，秀豔應難月中見。
苦嫌桃李共妖冶，多謝松篁相蔥蒨。黃鸝紫燕莫過從，時有一聲拖白練。

〈十月梨花〉　郭祥正

皓質輕盈粉乍勻，小園初見一枝新。意嫌開在梅花後，先吐香心不待春。　　蘇軾

〈東欄梨花〉

梨花淡白柳深青，柳絮飛時花滿城。惆悵東欄一株雪，人生看得幾清明。　　黃庭堅

〈壓沙寺梨花〉

壓沙寺後千株雪，長樂坊前十里香。寄語春風莫吹盡，夜深留與雪爭光。　　晁補之

〈和王拱辰觀梨花〉

海棠十韻詫芬芳，慚愧梨花冷似霜。賴有樂天春雨句，寂寥從此亦馨香。　　晁說之

〈梨花〉

春到梨花意更長，好將素質殿紅芳。若為寄與江南客，枉是楊梅憶庾郎。　　謝逸（一〇六八戊申—一一一三）

〈梨花已謝戲作二詩傷之〉

冷香消盡晚風吹，脈脈無言對落暉。舊日郭西千樹雪，今隨蝴蝶作團飛。

剪剪輕風漠漠寒，玉肌蕭瑟粉香殘。一枝帶雨牆頭出，不用行人著眼看。　　李新

〈梨花〉

太真欲泣君王羞，一枝帶雨春梢頭。年來樂府不栽種，淡月青煙無處求。　　許景衡（一〇七二壬子—一一二八）

〈梨花〉

飛瓊端是張公女，獨對東風無一語。粉淚盈盈春欲暮，看盡夭桃作紅雨。　　王安中

〈清明後一日出尋梨花〉

霜紅雪白不同時，春到騷人了未知。素豔底應成偃蹇，練裙縞袂且追隨。　　宋徽宗趙佶（一〇八二壬戌—一一三五）

〈梨花〉

樓臺影裡和風暖，絃管聲中瑞日長。從聽嬌鸝說來路，莫教蜂蝶損濃芳。

〈春詞〉 李綱

晚來急雨作輕寒，只恐梨花落點殘。喚起小童窗外看，玉妃何事淚欄干。

〈梨花〉 胡寅

梅花如夢李成塵，卻伴酴醿過晚春。未要烘晴千樹白，且看帶雨一枝新。

〈梨花〉 陸游

粉淡香清自一家，未容桃李占年華。常思南鄭清明路，醉袖迎風雪一杈。

〈瓶花盡落而梨花瀟灑如故〉 薛季宣（一一三四甲寅——一一七三）

天帝南遊匹馬還，紅雲作陣雨闌干。駐顏下嚥如冰雪，一粒清涼得賜丹。

〈九江春半雨中寒甚忽見梨花〉 楊冠卿

江城一雨春強半，寒色著人芳信遲。賴有梨花遮病眼，一枝帶雨出疏籬。

〈梨花〉 袁說友

東風日日點征衣，野闊林疏四望奇。景物剩供行客眼，梨花更索老夫詩。

登山趁得春三月，帶月猶看雪一枝。七日崎嶇三百里，倡條冶葉故相隨。

〈詠紅梨花〉 家鉉翁（一二一三癸酉——？）

萬玉林中慣識君，霜天月夜富精神。誰將紅粉涴顏色，卻與夭桃鬥暮春。

〈賞梨花〉 趙必象

李俗桃粗不用評，梅花之後此花清。喚醒山谷商量過，差替山礬做弟兄。

〈梨花〉 吳惟信（一二七八戊寅——一三六八）

白髮傷春又一年，閒將心事卜金錢。梨花瘦盡東風懶，商略平生到杜鵑。

元好問

宋朝以後還有許多詠梨花詩！

〈梨花〉

梨花如靜女，寂寞出春暮。春工惜天真，玉頰洗風露。
素月淡相映，蕭然見風度。恨無塵外人，為續雪香句。
孤芳忌太潔，莫遣凡卉妒。

〈賦紅梨花〉

瓊枝玉蕊靜年芳，知是何人與點妝。可道海棠羞欲死，能紅能白更能香。

劉秉忠

〈梨花〉

玉骨冰姿映曉光，露盈檀蕊洗新妝。夭桃豔杏果誰賞，雌蝶雄蜂空自忙。
仙桂是高寧有種，海棠雖美卻無香。司花護惜花長好，莫遣東風取次狂。

方回

〈梨花〉

仙姿白雪帔青霞，月淡春濃意不邪。天上嫦娥人未識，料應清雅似梨花。

程鉅夫（一二四九己酉—一三一八）

〈梨花〉

神清體綽約，雲淡月朦朧。道是玉環似，輸渠林下風。
清香發妙質，皓齒映明眸。惆悵東闌俗，移來白雪樓。

王旭

姑射仙人霜雪膚，東君施與翠裙襦。高情遠意十分有，冶態妖容半點無。
未要春風吹散漫，且教明月伴清癯。雖然不與梅同夢，何愧寒香雪裡株。

〈鵲橋仙　韋國器約賞梨花〉　同恕（一二五四甲寅——一三三一）

鶯鶯燕燕，蜂蜂蝶蝶，酒債幾時還徹。韋郎又約醉梨花，對一樹玲瓏香雪。
盈盈脈脈，翻翻折折，小雨朝來乍歇。一年最是好光陰，算只有清明三月。

〈詠梨花〉　張雨（一二八三癸未——一三五〇）

折得瑤花第一枝，清明時節寄他誰。絕憐天上無真色，虢國夫人淡掃眉。

〈梨花〉　舒頔

憑闌幾見物華新，淑氣香催粉膩勻。淡淡園林千樹雪，溶溶庭院一枝春。
仙肌綽約能超俗，玉骨玲瓏不染塵。休進西園諸子弟，如今佳調久無人。

〈梨花〉　貢性之

帶雨寒無色，迎風雪有香。紛紛愛紅紫，誰復識何郎。

〈梨花〉

庭院深沈淑景長，一枝晴雪淡生香。看春又過清明節，倚遍闌干幾斷腸。

〈東堂梨花〉　張昱

為爾東堂雪滿株，花時長是憶吾廬。風前恐化莊周蝶，月下還迷衛玠車。
老至逢春成感慨，與來把酒為躊躇。尋常一樣清明節，說似當年總不如。

〈對梨花〉　高啟

素香寂寞野亭空，不似鞦韆院落中。臥對一枝愁病酒，清明今日雨兼風。

〈菩薩蠻　梨花夜月〉　　楊基

水晶簾外娟娟月，梨花枝上層層雪。花月兩模糊，隔簾看欲無。

月華今夜黑，全見梨花白。花也笑姮娥，讓他春色多。

〈梨花〉　　童軒（一四二五乙巳—？）

一種精神分外奇，肯同桃杏炫穠姿。春香小店年年酒，月冷閒庭夜夜詩。

一枕暖雲鶯喚曉，滿簾晴雪燕來時。洗妝最惜春風面，粉褪香殘欲怨誰。

〈梨花〉　　沈周

瑩白姿容謝粉鉛，不教酒洗自嬋娟。日華暖抱溶溶雪，月影涼生淡淡煙。

深鎖春愁歸院後，靜思曉夢憑闌邊。那堪掃地東風惡，抹撥清明又一年。

〈雨中對梨花〉　　王鏊

佳人默默立春寒，細雨輕風縞袂單。玉質似嫌脂粉涴，殘妝淨洗覓人看。

〈梨花為風雨所敗〉　　朱誠泳

夜來風雨釀春寒，斷送梨花滿地殘。最恨洗妝辜舊約，小軒詩酒共誰看。

〈梨花〉　　顧璘

一枝繁雪亞牆東，千樹夭桃枉自紅。腸斷不禁明月夜，縞衣珠珮倚微風。

〈至昌平與客月下看主人後園梨花〉　　陸深（一四七七丁酉—一五四四）

最愛梨花傍晚看，月光如水漾輕寒。為憐明日知何處，試借春風暫倚闌。

〈梨花〉　　孫一元（一四八四甲辰—一五二〇）

露華時為洗鉛妝，剪剪輕風透越裳。深院無人吹玉笛，秋千斜搭月如霜。

〈梨花〉　　王世貞

暖雪柔芳出錦除，怪來蜂蝶盡揶揄。晨糚未散垂垂粉，晚淚初勻簌簌珠。
愁對峭風時欲語，夢回殘月意同孤。莫言零落無人問，自有冰心在玉壺。

〈梨花〉　　清高宗乾隆

巧裁蛤粉碎鏤金，風遞幽香小院深。若向孤山衡雪放，逋翁應有妒梅心。
綠雲鬟髻玉妝成，雨後風前最有情。卻笑低頭簪帽者，愛花翻汙此花清。

春分期間，往往都是春日高照、風清氣爽的天氣，而梨花在陽光曝曬下，會憔悴萎落嗎？戲成三絕句應景，〈梨花〉：

氣爽天清春日好，可憐梨花眉未掃。一枝飄搖憐帶雨，猶恐夢中嬌柔老。
半醒半睡梨花天，夢裡雨中猶伴仙。豔陽高照憂憔悴，莫教三春更無顏。
微風細雨自殷勤，寂寞梨花何處尋？二月仲春若秋晚，但知有夢亦浮雲！

薔薇　春分三候花

綜合明朝李時珍《本草綱目》及其他文獻的記載，薔薇的風姿是：

野生林塹間，四、五月開花，四出。人家栽玩者，莖粗葉大，延長數丈，花亦濃大。有白、黃、紅、紫數色。花最大者名「佛見笑」，小者名「木香」，皆香豔可人。

一名「薔蘼」，其花有八出、六出之別，花上之露可調粉，香膩之極。原作「牆蘼」，意思是「草蔓柔靡，依牆垣而生」。有「刺紅」、「山棘」、「牛棘」、「買笑藤」等別名。種類有「朱千薔薇」、「荷花薔薇」、「刺梅堆」、「五色薔薇」等，而「黃薔薇」色蜜花大，韻雅態嬌，紫莖修條，繁夥可愛，薔薇上品也。

另有野生薔薇，號「野客」。雪白粉紅，香更郁烈。其他如「寶相」、「金鉢盂」、「佛見笑」……。

清人鄒一桂《小山畫譜．薔薇》說：

叢生，青莖，多刺，長條著花，色態多般，有紅白花，深淺不一，花藥繁朵如杯大，葉五七出不等，而以花黃者為上品。花大，蜜色，必過枝乃活。一種名「玉堂春」，數花叢於一頂，大如錢，色嬌紅，莖無刺。一種名「十姊妹」，花小而五色俱備，并有花心內復生蕊者，亦叢生於枝末，而有刺。……又野薔薇，生於岸坡，單瓣五出，圓而缺，香烈，取之烝滴為露者是也。

「薔薇露」或「薔薇水」應就是所謂「香水」，何時由何地傳入，有不同說法，姑置不論。有個故事，卻應該一提：據說柳宗元（七七三癸丑—八一九）接到韓愈的來信時，一定先以「薔薇露」灌手，薰「玉蕤香」，然後才開函讀詩。他說：「大雅之文，正當如是！」（見白居易《白孔六帖》）所稱「玉蕤香」，又名「百花新香」，是薰香類的香，有三種不同製法。（參明周嘉胄《香乘》）

薔薇入詩，首見於古樂府，作者不詳，流傳到南宋收錄於龔明之所編的《中吳紀聞》：

妖嬈破瓜女，爭上秋千架。香飄石榴裙，影落薔薇下。
牆外見鴛鴦，雙雙春水塘。歸來情脈脈，無緒理殘妝。

其後，南北朝對薔薇已有見解，茲錄如下：

〈詠薔薇〉　謝朓（四六四甲辰—四九九）
低枝詎勝葉，輕香幸自通。發萼初攢紫，餘采尚霏紅。
新花對白日，故蕊逐行風。參差不俱曜，誰肯盼薇叢。

〈詠薔薇〉　梁簡文帝蕭綱（五〇三癸未—五五一）
燕來枝益軟，風飄花轉光。氤氳不肯去，還來階上香。

〈賦得薔薇〉
石榴珊瑚蕊，木槿懸星葩。豈如茲草麗，逢春始發花。
迴風舒紫萼，照日吐新芽。

梁朝君臣，詠薔薇遂成風習，試看：

〈看摘薔薇〉

梁元帝蕭繹

倡女倦春閨，迎風戲玉除。近叢看影密，隔樹望釵疏。
橫枝斜綰袖，嫩葉下牽裾。牆高攀不及，花新摘未舒。
莫疑插鬢少，分人猶有餘。

〈看美人摘薔薇〉

劉緩（？—五四〇）

新花臨曲池，佳麗復相隨。鮮紅同映水，輕香共逐吹。
繞架尋多處，窺叢見好枝。今新猶恨少，將故復嫌萎。
釵邊爛熳插，無處不相宜。

〈詠薔薇詩〉

鮑泉（？—五五一）

經植宜春館，霍靡上蘭宮。片舒猶帶紫，半捲未全紅。
葉疏難蔽日，花密易傷風。佳麗新妝罷，含笑折芳叢。

〈詠薔薇〉

柳惲（四六五乙巳—五一七）

當戶種薔薇，枝葉太葳蕤。不搖香已亂，無風花自飛。
春閨不能靜，開匣理明妃。曲池浮采采，斜岸列依依。
或聞好音度，時見銜泥歸。且對清酤湛，其餘任是非。

是啊！無論對什麼花，不都可以「且對清酤湛，其餘任是非」嗎？何況是佛見也笑的薔薇花。

唐朝詩人對薔薇也很著意，李白有「不到東山久，薔薇幾度花」、「林壑久已蕪，石道生薔薇」之語，常被後人引用，但只是散句。儲光羲（七〇六丙午—七六〇）有〈薔薇〉七古，詩長不錄。以下將唐人看薔薇的各種姿態錄示：

〈和薔薇花歌〉　孟郊（七五一辛卯—八一四）

仙機札札織鳳凰，花開七十有二行。

天霞落地攢紅光，風枝嫋嫋時一颺，飛散葩馥遶空王。

忽驚錦浪洗新色，又似宮娃逞妝飾。

終當一使移花根，還比蒲桃天上植。

〈邀人賞薔薇〉

蜀色庶可比，楚叢亦應無。醉紅不自力，狂豔如索扶。

麗蕊惜未掃，宛枝長更紆。何人是花侯，詩老強相呼。

〈戲題新栽薔薇（時尉盩厔*）〉　白居易

移根易地莫憔悴，野外庭前一種春。少府無妻春寂寞，花開將爾當夫人。

* 當時白居易是「盩厔」的「縣尉」（少府）。

〈戲題盧祕書新移薔薇〉

風動翠條腰嫋嫋，露垂紅萼淚闌干。移他到此須為主，不愛花人莫使看。

〈城上薔薇〉　李紳

薔薇繁豔滿城陰，爛漫開紅次第深。新蕊度香翻宿蝶，密房飄影戲晨禽。

竇閨織婦慚詩句，南國佳人怨錦衾。風月寂寥思往事，暮春空賦白頭吟。

〈薔薇〉　朱慶餘

〈薔薇花〉　杜牧（八〇三癸未—八五二）

繞架垂條密，浮陰入夏清。綠攢傷手刺，紅墮斷腸英。

粉著蜂鬚膩，光凝蝶翅明。雨來看亦好，況復值初晴。

〈臨水薔薇〉　李群玉

朵朵精神葉葉柔，雨晴香拂醉人頭。石家錦障依然在，閒倚狂風夜不收。

〈朱秀才庭際薔薇〉　方干

堪恨復堪傷，無情不久長。浪搖千臉淚，風舞一叢芳。

似濯文君錦，如窺漢女妝。所思雲雨外，何處寄馨香。

〈重題薔薇〉　皮日休

繡難相似畫難成，明媚鮮妍絕比倫。露壓盤條方倒地，風吹豔色欲燒春。

斷霞轉影侵西壁，濃麝分香入四鄰。看取後時歸故里，爛花須讓錦衣新。

〈薔薇〉　陸龜蒙

濃似猩猩初染素，輕於燕燕欲凌空。可憐細麗難勝日，照得深紅作淺紅。

〈和重題薔薇〉

倚牆當戶自橫陳，致得貧家似不貧。外布芳菲雖笑日，中含芒刺欲傷人。

清香往往生遙吹，狂蔓看看及四鄰。遇有客來堪玩處，一端晴綺照煙新。

穠華自古不得久，況是倚春春已空。更被夜來風雨惡，滿階狼藉沒多紅。

〈薔薇花〉　裴說（？—九〇八）

一架長條萬朵春，嫩紅深綠小窗勻。只因根下千年土，曾葬西川織錦人。

〈拂水薔薇〉 韓偓

江中春雨波浪肥，石上野花枝葉瘦。枝低波高如有情，浪去枝留如力鬥。
綠刺紅房戰裛時，吳娃越豔𩫖酣後。且將濁酒伴清吟，酒逸吟狂輕宇宙。

〈雨中看薔薇〉 徐夤（八四九己巳—？）

何處遇薔薇，殊鄉冷節時。雨聲籠錦帳，風勢偃羅帷。
通體全無力，酡顏不自持。綠疏微露刺，紅密欲藏枝。
愜意憑欄久，貪吟放盞遲。旁人應見訝，自醉自題詩。

〈薔薇〉

朝露洗時如濯錦，晚風飄處似遺鈿。重門剩著黃金鎖，莫被飛瓊摘上天。

〈薔薇〉 吳融

萬卉春風度，繁花夏景長。館娃人盡醉，西子始新妝。

〈薔薇〉 釋齊己

根本似玫瑰，繁英刺外開。香高叢有架，紅落地多苔。
去住閒人看，晴明遠蝶來。牡丹先幾日，銷歇向塵埃。

唐人好作「聯句」詩，《劉禹錫集》中有〈薔薇花聯句〉詩，正可作例子：

似錦如霞色，連春接夏開。（劉禹錫）
波紅分影入，風好帶香來。（裴度 七六五乙巳—八三九）

得地依東閣，當階奉上臺。（白行簡 七七六丙辰—八二六）
淺深皆有態，次第暗相催。（劉禹錫）
滿地愁英落，緣堤惜棹迴。（裴度）
芳濃濡雨露，明麗隔塵埃。（白行簡）
似著燕脂染，如經巧婦裁。（白居易）
奈花無別計，只有酒殘杯。（張籍）

入宋以後，文人對薔薇仍然歌詠不衰。

〈薔薇〉 夏竦（九八五乙酉—一〇五一）

紅房深淺翠條低，滿架清香敵麝臍。攀折若無花底刺，豈教桃李獨成蹊。

〈五色薔薇〉 劉敞

春來百花次第發，紅白無數競芳菲。解向人間占五色，風流不盡是薔薇。

〈黃薔薇〉

綠葉黃花相映深，水邊臺畔結浮陰。何人解賞傾城態，一笑春風與萬金。

〈春日〉 秦觀

一夕輕雷落萬絲，霽光浮瓦碧差差。有情芍藥含春淚，無力薔薇臥曉枝。＊

＊三、四兩句，被元好問評為「女郎詩」。

〈西園風雨雜花謝〉 張耒

楚澤春殘雨又風，啼鶯芳草思無窮。蕪菁滿地黃金爛，不及薔薇一點紅。　饒節〈薔薇〉

薔薇作架高一丈，準擬春風如許長。可憐條間一寸葉，中有嫩色三月香。　王庭珪〈訪清首座觀薔薇〉

紅玉蕊攢青玉枝，群芳淨盡獨開時。只應天女回軒晚，散得天花滿竹籬。
花開花落春何在，宴坐高僧總不知。空色難謾禪伯眼，薔薇應待老夫詩。　鄭剛中（一〇八八戊辰—一一五四）〈薔薇〉

一架薔薇四面垂，花工不苦費胭脂。淡紅點染輕隨粉，浥遍幽香清露知。　史浩〈薔薇〉

花是薔薇如綺繡，春風滿架暉晴晝。為多規刺少拘攣，野客之名從此有。　許綸〈黃薔薇〉

佳色光浮額，微香露著衣。枝條還更好，花品世間稀。　洪适〈薔薇〉

竹外霞為幄，花間錦作籬。離宮多怨女，吃吃竟亡隋。　陸游〈二月二日夢中作〉

零落薔薇委道傍，更堪微雨漬殘香。象床玉尺人何在，腸斷新裁錦一方。　楊萬里〈野薔薇〉

紅殘綠暗已多時，路上山花也則稀。藞苴餘春還子細，燕脂濃抹野薔薇。　姜特立（？—一一九二）〈野薔薇〉

擬花無品格，在野有光輝。香薄當初夏，陰濃蔽夕暉。
籬根堆素錦，樹杪掛明璣。萬物生天地，時來無細微。

〈無題〉 蘇泂（一一七〇庚寅—？）

樹端浮綠漲連雲，青草池亭不見人。猶有薔薇數枝在，雖然是夏亦如春。

〈薔薇花〉 劉克莊

浥露含風匝未開，呼童淨掃架邊苔。湘紅染就高張起，蜀錦機成乍剪來。
公子但貪桃夾道，貴人自愛藥翻堦。寧知野老茅茨下，亦有繁英送一杯。

〈薔薇花詩〉 王義山

碎剪紅綃間綠叢，風流疑在列仙宮。朝真更欲薰香去，爭擲霓衣上寶籠。
忽驚錦浪洗春色，又似宮娃逞妝飾。會當一遣移花根，還比蒲桃天上植。

〈薔薇〉 劉秉忠

漫與東風作主人，栽培花草伴閒身。不辭接竹成高架，收拾薔薇一片春。

〈薔薇〉 王惲

月下亭皋百卉空，秋陽分暖發春叢。重滋芳露供坡墨，兩見嬌黃出漢宮。
要伴紫荊昌節晚，肯容鮮菊擅西風。結根得所原來盛，及物為祥恐未公。

〈黃薔薇花〉 方回

春工借露染鵞裳，欲學東籬一樣黃。輸與菊花在何處，止禁晴暖不禁霜。

〈紅薔薇花〉

月桂金沙各鬥春，薔薇紅透更精神。雖然面似佳人笑，滿體鋒鋩解刺人。

〈薔薇〉　劉因（一二四九己酉—一二九三）

色染女真黃，露凝天水碧。花開日月長，朝暮閱兩國。

〈薔薇花〉　高啟

花葉林中絳蘂開，窮陰不道豔陽回。空房雨裡看如笑，應喜今朝有客來。

〈薔薇〉　沈周

荊棘叢中鬥冶容，冷風浥露淡交濃。更誇獨得春香首，都讓纖纖紫豔紅。

〈薔薇〉　王立道（一五一〇庚午—一五四七）

密蕊與繁枝，參差間竹扉。紅芳雖自媚，綠刺罥人衣。

〈雨中撥悶〉　黎民表（一五一五乙亥—一五八一）

風雨秦淮花事稀，春光強半在薔薇。蛾眉已自愁金屋，更遣臨春舞畫衣。

〈薔薇三絕〉　張佩

多謝東風巧剪裁，朱朱白白待春開。偶因無事尋詩句，又見沿蹊錦繡堆。

雨回新綠方留潤，日映輕紅無盡嬌。為惜江南春事好，對香吹水入金焦。

薔薇開盡知春晚，燕子閒來又日西。卻恨丹青描不得，旋將心事付深閨。

〈薔薇花〉　王世貞

內史臺中露未晞，宜春館裡烟霏微。輕苞不雨俄先坼，冶蕊無風恒自飛。

倡女摘條愁措指，歡期就結畏鉤衣。微吟柳惲新篇罷，瞥見斜陽燕子歸。

〈薔薇〉　彭孫遹

欲折柔條思不禁，濃香杳杳暗相尋。似疎更密態妍好，已落猶開色淺深。

曉幕生寒吹絳雪，小屏終日弄春陰。何當把取枝頭露，玉瀣芳鮮灑客襟。

〈憶秦娥　黃薔薇〉

清明近。好風初占薔薇信。薔薇信，脂輕粉薄，天然檀暈。
夜來已覺春寒困，曉妝約略黃兒褪。黃兒褪，幽香一滴，露珠新搵。

〈薔薇花〉　田雯

瑟瑟絲絲絕可憐，紅鬚綠刺弄春烟。分明一段蜀江錦，鋪在竹窗晴日邊。
堪笑香山老居士，花開將爾當夫人。我唯一看一回醉，消盡瓶中麴米春。

〈薔薇〉　清高宗乾隆

更始番風到幾巡，薔薇浥露發花新。無端麗影剛垂架，知爾柔條惹得人。
上品從來稱淡黃，開花易盛久難當。休言有刺不堪把，衞足應同識鮑莊。

歷代詠薔薇詩真是美不勝吟，戲成四首湊趣。

〈薔薇〉

錦繡堆成紅綠黃，從來馥郁自然香。天生野性滿枝刺，佛見笑時蜂蝶狂！
風雨聲中愰愰搖，含珠帶玉自逍遙。縱無佛處亦應笑，況有莊生蝶夢嬌！

〈黃薔薇二首〉

眼前一色淡金黃，聞說瞿曇帶笑望。佛褂龍袍同上賞，凡夫俗子也顛狂。
看花一笑醉茫茫，空望朝雲暮雨粧。濃睡不消春夜往，醒來還記幾朵黃。

春社

立春後第四十一至五十天

在談春社日前，先簡要說說「社」與「社會」。「社」是土地神。祭「社」最早見於《尚書．泰誓》，周武王伐商紂，大軍渡孟津，誓師之詞中有一段話說：

受（紂名）有臣億萬，惟億萬心；予有臣三千，惟一心。商罪貫盈，天命誅之。予弗順天，厥罪惟鈞。予小子夙夜祗懼，受命文考（文王），類於上帝，宜於冢土。

「冢土」是「太（泰）社」，也就是「社」；祭「社」的儀式稱為「宜」；「社」是土神，原稱「后土」。土以代天生物養人，百穀皆土所出，故祭「社」則以「稷」配，蓋后稷能殖百穀，而有功於民者。漢朝蔡邕《獨斷》解釋古代祭祀說：

天子之宗社曰「泰社」，天子所為群姓立社也。天子之社曰「王社」，一曰「帝社」。古者有命將行師，必於此社，授以政。《尚書》曰：「用命賞於祖（廟），不用命戮於社。」

大夫以下成群立社曰「置社」。大夫不得特立社，與民族居。百姓以上則共一社，今之「里社」

是也。社的概念一再發展，社神自然也跟著衍變。社神原是由后土勾龍轉化，然後輾轉發展，成了城隍、福德正神，或任何一位生而保鄉衛土、死後成神的土地公。

宗懍《荊楚歲時記》說：「社日，四鄰並結綜會社，牲醪為屋於樹下，先祭神，然後饗其胙。」先祭神，再分享酒食。顧炎武《日知錄》也說：「古者，春秋祭社，一鄉之人，無不會集。」由此可知，這應是「社會」一詞之原始，其後各類祀神活動或個別聚會都泛稱為「社會」，如唐朝白居易等人在洛陽的「九老會」，以及任何群體的結社，如「詩會」等。

再繼續談社日傳統。傳說凡飲祭社所供的酒，可以治耳聾。南宋葉夢得（一〇七七丁巳—一一四八）《石林詩話》記：

> 世言社日飲酒治聾，不知其何據。五代李濤有〈春社從李昉求酒詩〉云：「社公今日沒心情，為乞治聾酒一瓶。惱亂玉堂將欲遍，依稀巡到第三廳。」

又有以為是由「致酒勾龍」訛變而成的。清朝吳景旭（一六一一辛亥—？）《歷代詩話》引《鮒窺膾攡》說：

> 社飲糍酒，非謂止聾；社勾龍以勞農也。春為農之始，戊者土德也，致酒灌勾龍乎！此解為正，然俗尚相沿……。
>
> ——卷五十四

並且，社日當天一定會下雨：「社公社母，不社舊水，故社日必雨，謂之社翁雨。陸魯望（龜蒙）詩：『幾點社翁雨，一番花信風。』陸放翁詩：『催花初過社公雨，對酒喜烹溪友魚。』」（《提要錄》）再者，南宋初人張邦基，在《墨莊漫錄》中記了一事：「今人家閨房，遇春秋社日，不作組紃，謂之忌作。張籍〈吳楚詞〉云：『今朝社日停針線，起向朱櫻樹下行。』」

春秋兩季都有「社日」。春社在立春後第五個「戊日」，為了祈求五穀豐登；秋社則在立秋後第五個「戊日」，為了感恩還願。帝王賞賜祭肉，每被比為東方朔「歸遺細君」典故。

以上是有關「社」與「社會」及社日習俗的大要。以春社、秋社為題作詩，往往只稱「社日」，必須據詩句判斷分別，如杜甫的〈社日〉詩：

九農成德業，百祀發光輝，報效神如在，馨香舊不違。
南翁巴曲醉，北雁塞聲微。尚想東方朔，詼諧割肉歸。

此詩前四句寫農作豐收、報答神靈，則可判定主題為「秋社」。無論春社祈神或秋社報神，既有社會，則必然會飲宴歡樂，逐漸形成輪流主辦，有如今日「輪值爐主」之俗，而「貧困者得以豁免」，此法甚妙，可以發揚。

春社祭土地神祈求豐收，必有「祝文」，試舉元朝陳櫟（一二五二壬子—一三三四）〈春社祝文〉：

時惟孟春，雨露既濡，履之怵惕，遠焉是追。恭惟祖宗，流家德厚，子孫綿綿，先訓克守，實藉餘慶。宅宅田田，四時祭祀。敢有不虔，享於克誠。粢盛葷茹，錫茲福祉，春風和舉。尚饗。

歷代春社詩雖不多，自有代表性，茲舉如下：

〈社日村居〉　王駕（八五一辛未—？）

鵝湖山下稻粱肥，豚柵雞棲半掩扉。桑柘影斜春社散，家家扶得醉人歸！

〈春社〉　梅堯臣

年年迎社雨，淡淡洗林花。樹下賽田鼓，壇邊伺肉鴉。
春醪酒共飲，野老暮相譁。燕子何時至，長皋點翅斜。

陸游〈遊山西村〉詩「簫鼓追隨春社近，衣冠簡朴古風存」一聯，膾炙人口。又所作「春社」詩頗多，都可供參證：

〈春社日效宛陵先生體社雨〉

開歲才幾時，春社忽已及。茫茫草色深，蕭蕭雨聲急。
扶犁行白水，不惜芒屩濕。村童更可憐，赤脚牛背立。

〈社鼓〉

酒旗三家市，煙草十里陂。林間鼓鼕鼕，迨此春社時。
飲福父老醉，嵬峩相扶持。君勿輕此聲，可配豐年詩。

〈社酒〉

農家耕作苦，雨暘每關念。種黍蹋麴蘗，終歲勤收斂。

社酓雖草草，酒味亦醇釅。長歌南陌頭，百年應不厭。

〈社肉〉

社日取社豬，燔炙香滿村。饑鴉集街樹，老巫立廟門。
雖無牲牢盛，古禮亦略存。醉歸懷餘肉，霑遺遍諸孫。

〈春社有感〉

憔悴前朝白髮郎，祠庭賦祿玷恩光。寸心未與年俱老，萬事惟憑酒暫忘。
穿仗兩曾觀揖遜，扶犁獨幸返耕桑。耆年凋落還堪歎，社飲推排冠一鄉*。

*自注：「三山百家之聚，年莫余先者。」

〈春社〉四首　韓淲（一一五九己卯—一二二四）

桑眼初開麥正青，勃姑聲裡雨冥冥。今朝有喜君知否，到處人家醉不醒。
社肉如林社酒濃，鄉鄰羅拜祝年豐。太平氣象吾能說，盡在鼕鼕社鼓中。
柴門西畔枕陂塘，社雨新添一尺強。臺省諸公方袞袞，故應分喜到耕桑。
太平處處是優場，社日兒童喜欲狂。且看參軍喚蒼鶻，京都新禁舞齋郎。

〈社雨〉

開簾捲書坐，燕聲煙雨中。時物依辰至，春社古所同。
豈不知其然，歲月何匆匆。擁襟一閑謠，林花落簷風。

〈春社〉　朱誠泳

參差茅屋燕飛來，農事方興社鼓催。斜日半山林影亂，杏花香裡醉人回。

〈新燕歌〉

一從秋社去，春社與誰期。年年來往如相識，又向烏衣國裡歸。
王謝堂前音問絕，玉京紅縷聲悲咽。壘逼高樓柳似烟，泥銜香徑花如雪。
一番相見一番新，呢喃終日語頻頻。雙飛莫入深閨裡，人在綠窗初睡起。

〈朗生以春社不赴約寄嘲〉　張元凱（一五五四年前後在世）

群兒盡駕犢車輕，傀儡場中簫鼓迎。紅杏春旗黃柳仗，家家社裡醉先生。

〈春社〉　李悌謙

今日報春社，風光處處同。社公三日雨，花信幾番風。
野老還祈穀，村醪可治聾。醉歸茅屋臥，花月淡朦朧。

〈春社〉　清高宗乾隆

社日憑誰報，梁頭燕語新，才看如畫景，已是可憐春。
風軟遊絲重，晴烘花氣醇。賽神村鼓響，酣舞太平人。

〈春社祈豐〉

古寺風旛出樹杪，崎嶇寺路阻而修。農民奔走祈春社，一歲勤勞此起頭。

春社時，燕鳥由北方飛回；到了秋社，又飛回北方。南宋詞人史達祖（一一六三癸未—一二二〇）作〈雙雙燕　詠燕〉詞一闋，極寫燕鳥之神態，為詠物詞之代表：

過春社了，度簾幕中間，去年塵冷。差池欲住，試入舊巢相並。
還相雕梁藻井。又軟語、商量不定。飄然快拂花稍，翠尾分開紅影。

芳徑。芹泥雨潤。愛貼地爭飛，競誇輕俊。紅樓歸晚，看足柳昏花暝。應是棲香正穩。便忘了、天涯芳信。愁損翠黛雙蛾，日日畫欄獨憑。

試成三絕句應景，〈春社〉：

春社節前不雨天，豔陽高照百花妍。但同老友追往日，劇飲高談忽忘年。
社日懸知是雨天，誰人呼喚治聾先。春花驚眼如幻夢，欲醉枇杷晚翠前。
耄耋但知日日連，連天風月照華顛。顛頤歡樂都如夢，夢回人世更無言。

花朝

二月十五

二月十五日稱為「花朝」，是百花的生日。最晚從北宋開始，二月十五日已經是花朝的固定日子。唐人白居易〈琵琶行〉的「春江花朝秋夜月」，隱然已經有「春花秋月」和「花朝月夕」的內涵了。「花朝月夕」或是泛說，但花朝在二月十五日，則正好又是月圓時，就自然而成「花朝月夕」的良辰吉日了。花朝的日子，原本因為地域的不同，或者是在二月初二，或者是二月十二日、二月十五日。然而，花朝在仲春，固是「春花」，而為了與八月十五日的「中秋月」呼應，成就「春花秋月」的讚美，於是二月十五日就出線了。

正月間，有時晴有時陰，或春陽普照，或春雨綿綿，但似乎都不妨礙花朵們的迎春綻放，春花可愛可賞，於是花朝成了親朋好友聚會飲宴的良辰，古人都鄭重將事，如南宋劉辰翁（一二三二壬辰——一二九七）便有「請人啟」、「達赴啟」之作。〈花朝請人啟〉說：

親朋落落，慨今雨之不來；節序匆匆，撫良辰而孤往。輒修小酌，敬屈大賢。固知治具之荒涼，所願專車之焜耀。春光九十，又看二月之平分；人生幾何，莫惜千金之一笑，引領以俟，原心是祈。

〈答赴啟〉則說：

燕語春光，半老東風之景。蟻浮臘味，特開北海之尊。紀樂事於花前，置陳人於席上。相從痛飲，但慚口腹之累人；不醉無歸，幸勿形骸而索我。

雖是行禮如儀，卻也極見真誠。以花朝為題賦詩，可能要晚到南宋：

〈花朝〉　戴復古（一一六七丁亥——一二四八）

今朝當社日，明日是花朝。佳節唯宜飲，東池適見招。
綠深楊柳重，紅透海棠嬌。自笑鬢邊雪，多年不肯消。

〈二月十五日〉（節錄）　陳著（一二一四甲戌——一二九七）

百年此樂能幾日，今日何日是花朝。
誰知醉無以將還自愧。終不如獨醒君子賦離騷。

〈摘紅英　賦花朝月晴〉　胡仲弓

花朝月，朦朧別。朦朧也勝簷聲咽。親曾說，令人悅。落花情緒，上墳時節。
花陰雪，花陰滅。柳風一似鞦韆掣。晴未決，晴還缺。一番寒食，滿村啼鴂。

〈與杜友定花朝之約〉　方回

花朝曾有約，來此定詩盟。隱几江湖夢，閉門風雨情。
身名千載共，心事一般清。且盡吟樽樂，徂徠不用賡。

〈二月十五晚吳江二親攜酒〉　楊公遠

今日山城好事新，客來誇說齒生津。喜晴郊外多遊女，歸暮溪邊盡醉人。
鮮筍紫泥開玉版，嘉魚碧柳貫金鱗。一壺就請衰翁飲，亦與花朝報答春。

〈花朝〉　劉詵

花朝恰了一分春，雨雪陰霾占兩旬。物態未妍寒瑟縮，人生易老事因循。
洗瓷杯酌浮蛆酒，擁地爐燒帶葉薪。翻憶昔年成感慨，長官出郭劭耕民。

〈花朝〉　張之翰

此日晴暄自不多，候明遮隱有雲過。山深聽雨人猶臥，病裡逢春意若何。
四海交游無古道，百年風雨得狂歌。東林草木多生意，飛杏青青過薜蘿。

〈花朝雨中漫書〉　舒頔

料峭餘寒尚未收，客中懷抱又杭州。人生百歲五十過，春事三分一半休。
落筆雲煙生疊嶂，滿簾風雨捲層樓。兒童問得湖船價，擬待新晴作醉游。

〈花朝雨〉

細細花朝雨，問花何日開。尋芳幽徑去，拾翠曲堤回。
屐齒沾香草，籬根臥落梅。因思去年事，愁苦遁山隈。

〈花朝偶成〉　藍仁（一三一四甲寅—一三八六）

一聲霹靂洗乾坤，滿目青山帶白雲。地底龍蛇驚欲動，樹頭烏鵲喜相聞。
鄰人買酒酬春社，野老攜書就夕曛。閒拂塵埃開匣鏡，白頭微有黑絲分。

〈花朝徒步〉　董紀

花氣藹晴芬，遊人暖欲曛。白飛天際鳥，紅起海東雲。
酒旆遙相指，漁歌斷更聞。野塘春水黑，科斗自成文。

〈花朝〉　黃淮

狴犴嚴扃鑰，花朝不見花。若無牆外柳，何以識年華。

〈庚戌花朝〉　李昌祺

愛閑長日掩衡門，懶步芳堦惜蘚痕。百歲光陰將大半，一年春色又平分。
梨花開到簷前蕊，蒲草青回石上根。永樂初科逢此日，三場正試禮闈文。

〈辛亥花朝〉

平分春色恰相停，處處秋千日日晴。柳為迎風偏婀娜，花因臨水更分明。
尋芳已負嬉游興，對景徒添感嘆情。猶記南官曾獻藝，白頭無補負恩榮。

〈花朝〉　陸深

故園新甲子，今日是花朝。雨意含高閣，風光到小桃。
陰晴候農圃，山水動漁樵。夙有林泉癖，淮南謾見招。

〈花朝〉 皇甫汸（一四九二壬子——一五八二）

虞廷殷仲月，吴苑表芳晨。故事聊成俗，風光半入春。
無言桃李色，一倍柳條新。但恐繁華歇，何辭竹葉頻。

〈花朝〉 皇甫涍（一四九七丁巳——一五四六）

曲徑香風轉，芳亭淑氣催。入紅藏逸釣，拂翠引仙杯。
問俗春遊勝，占豐霽色開。韶蹤定可駐，還有月華來。

〈花朝感興〉 王立道

疏雨輕風濕曉烟，曲江春色倍堪憐。新蒲細柳行宮裡，語燕啼鶯御道邊。
擬向尊前銷客思，更於花下惜芳年。明時事業非無賴，揚子何為獨草芊。

〈花朝雨〉 范景文

拈得花朝字，無花亦自憐。移情聽夜雨，借景看雲烟。
霽賞期明日，芳遊憶去年。一杯春水綠，攜上泛湖船。

〈花朝喜晴是日驚蟄〉 吳綺

霽色佳辰好，山窗尚薄寒。草痕將次第，花信已平安。
粉蝶經時見，銀蟾著意看。欣欣應有望，春事待憑欄。

〈花朝〉 彭孫遹

殘雪緣甍霽色新，曉寒清峭不知春。幽蘭欲茁思公子，瑤草徒芳怨美人。
寥落素書歸雁後，消磨綺思賞花辰。玉缸試倒如澠酒，醉舞前溪白紵巾。

也戲湊二首應景，〈花朝〉：

春社花朝接踵來，小園香徑日徘徊。金黃滿眼風鈴綴，淡白深青各自飛。
春花秋月何時有？對酒當歌甚事憂？世態原知莫可否，人情豈問等閒愁。

寒食

清明前一或二日

寒食節又稱禁煙節、熟食日，就在清明的前一天，應節的活動都與清明連接。寒食的由來，一般都說與春秋晉文公（前六九七甲申—前六二八）的忠臣介之推（？—前六三六）有關，或者又認為是由古代「季春改火」的禮制演變而來（據《周禮．秋官．司烜氏》）。季春改火，最適合的木材是榆木，所以寒食次日清明的新火，就是「榆火」。歐陽修〈清明賜新火〉詩說：

魚鑰侵晨放九門，天街一騎走紅塵。桐花應候催佳節，榆火推恩忝侍臣。
多病正愁餳粥冷，清香但愛蠟煙新。自憐慣識金蓮燭，翰苑曾經七見春。

皇帝為嘉勉大臣，特別賞賜新火，時間是在清明的凌晨。但晚唐韓翃（唐玄宗天寶十三年進士）有名的〈寒食日即事〉詩則說：

春城無處不飛花，寒食東風御柳斜。日暮漢宮傳蠟燭，輕煙散入五侯家。

意思是說在寒食當天夜晚，已經由皇帝賞賜並傳送有新火火種的蠟燭給貴族了。貴族可以如此，百姓恐怕就得等清明當天一早，「鑽榆木以取火」。至於歐陽修詩中「桐花應候催佳節」一句，指桐花是清明節候的信花；另兩種花是菱花和柳花（見明楊慎《升菴集》卷八十〈二十四番花信風〉）。

宗懍《荊楚歲時記》說：「去冬至百五日，即有疾風甚雨，謂之『寒食節』。」自清初羅馬傳教士湯若望（一五九二壬辰—一六六六）重訂曆法以後，冬至與清明之間的間隔縮短，又為了維持寒食的特有習俗，就將寒食定在清明節前一日。現今的二十四節氣，就是用湯氏的定法。

寒食節要禁火，但沒有火就不能煮食，所以古人在寒食前一兩天有「催熟」的習俗——把食物煮熟的動作，以備寒食當天食用，故寒食又稱熟食日。杜甫就有〈熟食日示宗文宗武〉詩：「幾年逢熟食，萬里逼清明。」寒食前準備好的食物會是什麼？南宋呂祖謙（一一三七丁巳—一一八一）說：「三月寒食，薦稠餳、冷粥、蒸菜。」『餳』就是飴（糖），如果是「麥餳」，就是麥芽糖；明朝楊基〈江村寒食〉說：「預折楊枝插繞簷，豆糜香軟麥餳甜。」再者，因為時代地域的不同，也會有變化，如浙江的清明粿、福建的潤餅卷、客家人的草仔粿等，都是寒食流傳下來的食品，這類的「寒食」，現在於市面上不難找到，尤其是清明節前，品嘗這些美食時，能不興起「思古之幽情」乎！

寒食上墳祭墓的活動，不知起於何時，而在唐玄宗開元二十年（七三二）時，正式成為禮制，沿襲既久，已成習俗。但曾幾何時，或者因為兩個節日只差一天，寒食的相關活動，包括掃墓，逐漸被併入清明了。

過了寒食、清明就是穀雨，最適合稻、麥插秧播種，所以就要開始為農事而忙了。因此，這三個節日的時間，既在農閒，又是春暖花開的時光，基本上都是呼朋引伴、尋春踏青、飲酒作樂的日子，即使是寒食，原有春祭，後來又成為民眾掃墓的日子，但仍是一樣。寒食、清明相連，清明在後，就成了最受關注的節日。元人王惲〈醉歌行〉所說的「人生歡樂不易得，況值清明時節好」，就可以概括。而綜觀唐人詩文，絕無於清明上墳祭掃的事，即在唐玄宗下詔以寒食上墳為禮制之前，也是如此。因此，在解讀杜牧〈清明〉詩之前，就先得有此認知，詩錄於下：

清明時節雨紛紛，路上行人欲斷魂。借問酒家何處有，牧童遙指杏花村。

再就宋人詩文觀察，北宋大抵沿襲了寒食上塚的習俗，但從南宋開始，改為清明上塚的情形，越來越多了，以致終於成為固定的禮俗了。就隨興湊四句吧！〈寒食〉：

冷粥潤餅麥芽糖，寒食熱情滿市場。但有古風傳世代，誰知禁火因那樁！

春去入夏

三月至五月

清明 — 穀雨 — 立夏 — 小滿 — 芒種 — 夏至

清明

天氣漸漸轉暖，草木欣欣向榮

根據學者的研究，清明的概念大約起於周代，有記載則始見於漢朝。清明的時間是在春分後的第十五天，清明的意思是：「萬物生長此時，皆清淨明潔。」所以清明原來是踏春賞花的日子。在唐朝，清明這一天，往往全城出動，鼓樂喧天，杜甫在長沙寫的〈清明〉詩，就有「著處繁花務是日，長沙千人萬人出」的描述，熱鬧的景況可知。長沙如此，都城長安就更可以想見了。

清明節一詞，最早應該見於初唐駱賓王（六一九己卯－六八四）的〈鏤雞子〉詩：

幸遇清明節，欣逢舊練人。刻花爭臉態，寫月競眉新。
暈罷空餘月。詩成併道春。誰知懷玉者，含響未吟晨。

所謂「鏤雞子」，是指在雞蛋上畫畫，三、四兩句描述的「刻花」、「寫月」就是解釋。這樣的過節活動，早在南北朝楊衒之（？－五五五）的《洛陽伽藍記》和宗懍的《荊楚歲時記》中都記載了，後者尤其詳細。寒食這天，除了「挑菜」（食生菜）外，還有「鬥雞」、「鏤雞子」、「鬥雞子」等遊戲。

鬥雞由來已久，後來還受到唐玄宗的青睞，但在當時已是清明節的遊戲了（見《東城父老傳》）。而「鏤雞子」則是「古之豪家，食稱『畫卵』。今代猶染藍茜雜色，仍加雕鏤，遞相餉遺，或置盤俎。《管子》曰：『雕卵然後瀹之，所以發積藏，散萬物。』張衡（七八戊寅－一三九）《南都賦》曰：『春卵、夏筍、秋韭、冬菁。』便是補益滋味。」可見畫卵也是有典故的，但這活動本來是寒食的事，怎麼改在清明節呢？或許就因為兩個節日只差一天，相關活動很容易延續吧！

清明三候的自然現象又如何呢？且看乾隆的說明。

三候

桐始華・田鼠化為鴽・虹始見

初五日：桐始華。

桐生茂豫逮春三，遂有桐華枝妙含。花落實成青則美，實孤花望白應慚。
孰知周室琢圭戲，卻憶鄘風作瑟堪。蓁莘待他鳴鳳集，卷阿吉士喻良談。

乾隆解釋三、四兩句說：「華而不實者曰白桐，華而結實者曰青桐。見《月令集解》。」則「華而不實」確有其事。

次五日：田鼠化為鴽。有趣的轉化，乾隆一向質疑：

三月由來辰候當，火鶉水鼠化其常。相生位應子而午，交變神彰陰與陽。
田害去斯為善事，禮儀成或佐佳湘。堯居設以云比擬，我亦無心黃屋黃。

後五日：虹始見。虹在去年「小雪」初「藏」起後，至此始見：

天地緣何淫氣行，晦翁茲語我疑生。春深律暖致斯見，日映雲輕因以成。
西宇朝隮必其雨，東方暮現定為晴。武夷亭幔空中架，躡此居然到玉京。

朱熹《詩集傳》說「虹為天地之淫氣」。乾隆甚不以為然，用很長的文字加以辯駁，以為「虹乃日光雨氣相薄而成，並無淫義。即如天地絪緼萬物化生，乃陰陽二氣妙合而凝，皆正道非淫氣也。」

清明前一日是寒食，所以詩人詞客往往把寒食、清明同題歌詠，就像唐玄宗李隆基的詩所說：「今歲清明行已晚，明年寒食更相陪。」（〈初入秦川路逢寒食〉）

在寒食文中已提到，寒食本有祭墓的行事，由唐入宋後，逐漸轉成在清明施行，從文人詩歌中可以看出端倪。時間較早的如范成大有〈清明日狸渡道中〉詩：

灑灑沾巾雨，披披側帽風。花燃山色裡，柳臥水聲中。
石馬立當道，紙鳶鳴半空。墦間人散後，烏鳥正西東。

此詩應是范成大在高宗紹興二十五年（一一五五）三十歲時，由蘇州往溧水南塘道途中所作，「墦間人散後」正是描述清明掃墓的情況。稍晚的王炎有〈清明日先塋掛楮錢〉（癸酉）詩：

昔人最重去墳墓，絕喜歸來老一邱。豈是他山無筍蕨，只緣故國有松楸。
百年暫住人間世，千古俱為地下游。色境悲歡雖夢事，楮錢聊掛樹梢頭。

癸酉年（一二一三）已入南宋後期，王炎是安徽婺源人。「楮錢」就是紙錢，在中唐就已出現了，如張籍〈北邙行〉：「寒食家家送紙錢」；白居易〈寒食野望吟〉：「風吹曠野紙錢飛，古墓纍纍春草綠」等詩都有談到。南宋更後期的戴復古有〈清明感傷〉詩：「清明思上塚，昨夜夢還家。」

入元之後，所見更多，如方回〈閏二月十六日清明〉：「故鄉寒食澆松處，亦想兒曹念乃翁。」（「澆松」意為掃墓）；還有戴表元（一二四四甲辰——一三一〇）〈壬午清明〉：「登陣戍出吹彈樂，上塚船歸語笑聲」等。到了明朝，像鄧雅〈清明日掃先墳〉：「已過寒食節，況值落花天。」莫非是過了寒食才掃墓？劉崧〈清明日所見〉：「紙錢麥飯誰家子，忽憶清明上塚行。」而藍仁的〈清明〉詩還說：「清明日，大風起，紙錢飛作灰散落。千山與萬水，舊墳間新墓，哀哀哭不已。」似乎更可作為明朝多在清明掃墓的代表作。

宋末陸文圭（一二五〇庚戌——一三三四）〈清明〉詩說：

花開花落總無情，贏得詩人百感生。今日東闌看梨雪，坡仙去後幾清明。

陸文圭已是「坡仙」蘇東坡後一百五十年的人了。每年到了清明節，自然就會讓人想起「坡仙」的〈東欄梨花〉詩：

梨花淡白柳深青，柳絮飛時花滿城。惆悵東欄一株雪，人生看得幾清明。

東坡寫這首詩時是四十二歲，其後「坡仙」的年歲只有二十四個「清明」了，是他所能預知的嗎？「人生看得幾清明」的惆悵，誰都不能免吧！試用「坡仙」此語發端，湊成四句應節，〈清明〉：

人生看得幾清明，歲月忽焉已不驚。老去光陰莫悵惘。儻來日月任天行！

花信

桐花

清明一候花

桐花的相關種種，大家知道多少呢？北宋陳翥（九八二壬午－一〇六一）的《桐譜》，分「桐」為六種：紫花者名「紫桐」。花如百合白花者名「白桐」，類穀花而不實。一種油桐名「膏桐」，實可壓油。一種「刺桐」，文理細密，性喜折裂，花側敷如掌，體有巨刺，如欓樹，實如楓。一種「頳桐」，身青葉圓大而長，高三、四尺即有花，花色紅如火，無實。一種人家庭院所植，名「梧桐」，皮白葉青，子可啖。大家認得哪幾種呢？

古文獻還記載說：「黃帝服黃服，戴黃冠。齋於宮。鳳乃蔽日而來，止帝園，食竹實，棲帝梧桐；終不去。」（《昭明文選．論衡》注引《瑞命紀》，此書傳為孔子弟子及後學者所記。）這是鳳鳥和梧桐的美麗連結，後來詞體有〈鳳棲梧〉一調（又名〈蝶戀花〉），雖另有故事傳說，但應是由此而來。

據說東漢蔡邕聽到燒桐木發出的聲音，就知道是質地絕佳的木頭，適合製成琴，製作完成後一彈，果然聲音美妙，而因為燒過的桐木還帶著焦黑，於是就取名為「焦尾琴」。而琴瑟之材，惟取白桐，白桐葉三杈、白花而不結子。

宋朝黃庭堅年輕時讀了蘇軾的詩作之後，自嘆所作不足觀，就把前此所寫的詩、約一千多首都拿出來準備燒掉，邊燒又邊重讀前作，有些捨不得燒毀的詩作，就留下來編成兩卷，命名為《焦尾集》、《弊帚集》。當前的美食家老朋友焦桐，他的筆名也有取於上述典故之意吧！

又有一種名為「海桐花」的，也就是「山礬」。再者，「桐花鳳」則是小鳥名，清朝吳景旭《歷代詩話》引《寰宇記》：

> **桐花色白，至春，有小鳥色焦紅翠碧相間，生花中，唯飲其汁，不食他物，花落遂死，人以蜜水飲之，或得三四日。性多跳躑，抵觸便死。土人畫桐花鳳扇，即此也。**

回到桐花本身。桐花在季春三月開花，唐人以桐花入詩的並不多，一直到皎然（七三〇庚午—七九九）的「桐花落萬井，月影出重城」（〈五言同裴錄事樓上望〉）；「桐花飛盡子規思，主人高歌興不至」(〈陳氏童子草書歌〉)才見文采。而韓愈有「桐花最晚今已繁,君不強起時更難」(〈投贈病中憶花〉)、張籍有「地僻尋常來客少,刺桐花發共誰看」(〈送汀州源使君〉)等,但都是散句。

到了元稹才有以〈桐花〉為題的五言八十二句長詩,寄給好友白居易申說心中不平的抒憤之作;白居易也以同樣篇幅〈答桐花〉回覆。應是文學史上少見的長篇唱和詩作。元稹另有二詩藉桐花寓情:

〈三月二十四日宿曾峯館,夜對桐花,寄樂天〉

微月照桐花,月微花漠漠。怨澹不勝情,低徊拂簾幕。
葉新陰影細,露重枝條弱。夜久春恨多,風清暗香薄。
是夕遠思君,思君瘦如削。但感事暌違,非言官好惡。
奏書金鑾殿,步屣青龍閣。我在山館中,滿地桐花落。

〈桐孫〉

去日桐花半桐葉,別來桐樹老桐孫。城中過盡無窮事,白髮滿頭歸故園。

此二詩都不免有感慨之意!陳陶〈泉州刺桐花詠六首〉,引錄一首:

不勝攀折悵年華,紅樹南看見海涯。故國春風歸去盡,何人堪寄一枝花。

李商隱有一首寄給「韓冬郎」的詩:

十歲裁詩走馬成，冷灰殘燭動離情。桐花萬里丹山路，雛鳳清於老鳳聲。

這首詩把桐花和鳳連結，說的卻是人。結句是大家所熟悉的，李商隱用來稱讚他好友韓瞻（字畏之）的兒子韓偓的才情；韓偓小字「冬郎」，李商隱是他的姨丈呢。

再看宋朝詩人的桐花情懷吧！宋朝詠桐花的詩稍多，但仍很難和桃、杏、梨花相比，且看：

〈刺桐花〉　丁謂（九六六丙寅—一〇三七）

聞說鄉人說刺桐，花如後發始年豐。我今到此憂民切，只愛青青不愛紅。

〈桐花〉　歐陽修

猗猗井上桐，花葉何蓑蓑。下蔭百尺泉，上聳凌雲材。
日出花照耀，飛香動浮埃。今朝一雨過，狼籍黏青苔。
斯桐乃誰樹，意若銘吾齋。嗟爾不自勉，鳳凰其來哉。

〈常州郡齋〉　陳襄

桐花著地雪成痕，時有幽禽巧語言。應笑使君林野性，日依山水避塵諠。

〈桐花〉　劉敞

一株青玉立，千葉綠雲委。亭亭五丈餘，高意猶未已。
仙僧年九十，清淨老不死。白雲手種時，一顆青桐子。

〈刺桐花〉　王十朋

初見枝頭萬綠濃，忽驚火傘欲燒空。花先花後年俱熟，莫遣時人不愛紅*。

＊自注：「丁謂詩：只愛青青不愛紅。」

〈過霸東石橋桐花盡落〉　楊萬里

老去能逢幾個春，今年春事不關人。紅千紫百何曾夢，壓尾桐花也作塵。

〈道傍桐花〉　高翥

春色來時物喜初，春光歸日興闌餘。更無人餞春行色，猶有桐花管領渠。

〈山行即事〉　方回

落盡桐花春已休，過牆新竹籜初抽。山行步步黃泥滑，小立谿橋聽雨鳩。

〈桐花〉　胡奎

悵惜年光怨子規，王孫見事一何遲。等閒春過三分二，憑仗桐花報與知。

〈雙桐生〉　高啟

雙桐生古井，井上桐花落。妾心如轆轤，繫在青絲索。

〈梧桐園〉　楊慎

桐花香，桐葉冷。生宮園，覆宮井。

雨滴夜，風驚秋。鳳不來，君王愁。

〈桐花〉　彭孫遹

曲水惠風輕，桐華正吐英。枝條引晨露，門巷近清明。

剪剪寒應盡，霏霏雪不驚。啄花夭鳳小，又見綠陰成。

〈桐花〉

小纈叢叢拂曙光，一枝原合在昭陽。琴書亂灑風無力，簾箔低垂月有香。

墮去分明雙玉珥，落來惆悵半銀床。遊蜂莫更相凌藉，秋實留教待鳳凰。*

*自注：元微之詩：「明月滿庭池水綠，桐花垂在翠簾前。」錄元稹原詩，〈憶事〉：「夜深閒到戟門邊，卻繞行廊又獨眠。明月滿庭池水綠，桐花垂在翠簾前。」

〈桐石詠〉四首其一　　吳雯（一六四四甲申—一七〇四）

半醉不醉笑靨紅，如珪桐葉含清風。東山月上暮天碧，醉把桐花臥桐石。

〈桐花〉　　清高宗乾隆

清明一候桐始華，亭亭嫩綠臨窗紗。為惜分陰坐春晝，高岡鳳翽予情遐。

作為清明一候的桐花，似乎被很多詩人淡忘了，不免為之感慨，且湊四句抒感，〈桐花嘆〉：

今宵莫作桐花夢，夢覺還驚滿眼空。空知春去三分二，二分流水太匆匆。

菱花

清明二候花

據明朝李時珍《本草綱目》和其他文獻上的記載說：

芰蔆，其葉枝散，故字從芰。蔆有三角、四角；其角稜峭，故謂之蔆，俗呼為蔆角。蔆簡作菱，蔆角就是菱角。

生水中，葉浮水上；其花黃白色，花落而實生，落向水中乃熟。一種四角，一種兩角。

兩角中又一嫩皮而紫色者謂之浮蔆。或說兩角曰蔆，三角四角曰芰。通謂之水栗。其葉似荇，白花赤實，其花晝合宵開，隨月轉移，猶葵之向日。舊說鏡謂之菱花，以其面平，光影所成。又有紅、白二種。

菱角生食性冷，因為菱花開花時是背向陽光的，所以煮熟為佳。蒸作粉，用蜜和食之尤美。江淮及山東兩地會將菱角曬乾作為米糧囤積，這不但可以救荒，還可以入藥呢！我們對菱花真有點陌生，原來是在夜間開的黃、白色小花。誰看過菱花呢？誰照過菱花鏡呢？

屈原（前三四三戊寅－前二七八）為楚人，〈離騷〉有「製芰荷以為衣」句，楚人稱「蔆」為「芰」，而「屈到嗜芰」的典故見於《國語．楚語》。柳宗元作〈非國語〉，對「嗜芰」的事加以非難；蘇軾為此也寫了〈屈到嗜芰論〉，對柳宗元的看法，隔著時空，大唱反調。「芰」就是「菱角」也！

再者，古人用銅製鏡，而菱花鏡的名稱，最早見於東漢末伶玄所撰《趙飛燕外傳》中，大意是說，當趙飛燕（前四五丙子－前一）正式被漢成帝（前五一庚午－前七）立為皇后時，趙飛燕的妹妹趙合德送的賀禮中，就有「七尺菱花鏡一奩」。然而，並沒有解釋為什麼叫菱花鏡。

北宋陸佃（一〇四二壬午－一一〇二，陸游的祖父）在《埤雅》說：「鏡謂之蔆花，以其面平，光影所成如此。」庾信〈鏡賦〉云：「照壁而蔆華自生」是也。而南宋羅願（一一三六丙辰－一一八四）《爾雅翼》則說：「昔人取菱花六觚（角）之象以為鏡。」還有說是因在鏡的背面畫了菱花之故，究竟如何，難以確定。而菱花鏡以至菱花，就成為鏡子的代稱，古人凡歌詠鏡子的詩詞，都有菱花出現，但以菱花為題的詩作幾乎未見，有提到的則是附隨採菱而現。此所謂喧賓奪主耶，不得已，聊舉所見，可能是全詩錄、可能部分節錄，依詩人年代順序，對「菱」、「芰」有所交代。

曹魏曹植作〈九詠〉，有：「遇遊女於水裔，採菱花而結詞」一句。

晉朝左思（二五〇庚午—三〇五）〈蜀都賦〉中說：「綠菱紅蓮。」

晉簡文帝司馬昱（三二〇庚辰—三七二）有〈採菱曲〉：「菱花落復含，桑女罷新蠶。桂棹浮星艇，徘徊蓮葉南。」

北周庾信〈王昭君〉則說：「鏡失菱花影，釵除卻月梁。」

隋朝釋明曠〈採菱曲〉：「菱花清且香，待老在橫塘。何如浮萍草，浪跡水雲鄉。」作者是和尚，詩則被歸為禪詩，有禪意否？

中唐李益（七四八戊子—八二七）〈蓮塘驛〉有「菱花覆碧渚，黃鳥雙飛時」的句子。

白居易〈看採菱〉：「菱池如鏡淨無波，白點花移青角多。時唱一聲新水調，瞞人道是採菱歌。」

溫庭筠〈昆明池水戰詞〉：「茂陵仙去菱花老，唼唼游魚近煙島。」

李商隱〈破鏡〉：「玉匣清光不復持，菱花散亂月輪虧。秦臺一照山雞後，便是孤鸞罷舞時。」

薛逢〈靈臺家兄古鏡歌〉：「鏡上磨瑩一月餘，日中漸見菱花舒。」

韓偓〈閨怨〉：「時光潛去暗淒涼，嬾對菱花暈晚妝。初折鞦韆人寂寞，後園青草任他長。」

韋莊〈三堂東湖作〉：「滿塘秋水碧泓澄，十畝菱花晚鏡清。」

以上就是唐以前有談到菱花的詩作，「花」少而「鏡」多。北宋詩人僅有宋神宗時的趙企（？—一一一八）有「愁從竹葉杯中去，老向菱花鏡裡來」句，是有名的對句，其餘詩人甚至連菱花鏡都不照呀！南宋也極少，是很奇特的文學現象。以下錄南宋至清朝有關菱花的詩作：

〈菱沼〉　楊萬里

柄似蟾蜍股樣肥，葉如蝴蝶翼相差。蟾蜍翹立蝶飛起，便是菱花著子時。

〈吳江旅思〉　王鎡（南宋末）

千絲楊柳拂征篷，一望菱花漾曉風。人在畫樓高處立，鷺鷥飛入水晶宮。

〈覽鏡〉　李俊民（一一七六丙申—一二六〇）

不教朱粉汙天真，長對菱花顧影頻。但把蛾眉掃來淡，尚嫌不似虢夫人。

〈採菱詞〉　朱樸

采菱南塘下，水深菱葉稀。菱花比妝鏡，菱葉比羅衣。

輕風漾楫去，落日唱歌歸。無情兩白鳥，來往趁船飛。

〈採菱曲〉　宗臣（一五二五乙丑—一五六〇）

湖上菱花落復開，蘭舟桂楫去復來。

妖童豔女行相催。行相催，不可住。羅衣寒，碧水綠。

〈採菱曲〉　王世貞

蜻蛉刺水去，不復畏欹斜。渠自愛菱角，儂自愛菱花。

〈畫眉〉　盧象昇（一六〇〇庚子—一六三九）

玉指輕將兩袖分，菱花照出鬥彎紋。巫山十二堪描寫，淺黛斜侵拂鬢雲。

清朝黃之雋（一六六八戊申—一七四八）有一首「集句詩」，好像也為菱花說了話：

一朵能行白牡丹。（唐崔涯〈贈李端端〉）

雪肌仍是玉琅玕。（唐韓偓〈浣溪紗〉）
可憐顏色經年別，（唐元稹〈贈李十二牡丹花片〉）
須盡笙歌此夕歡。（五代晚唐馮延巳〈拋毬樂〉）
夾幕繞房深似洞，（唐白居易〈日高臥〉）
含詞忍笑膩於檀。（宋徐鉉〈夢遊〉）
畫圖省識春風面，（唐杜甫〈詠懷古蹟〉）
穩稱菱花子細看。（唐羅鄴〈謝友人遺華陽巾〉）

仔細看來，說的還是菱花鏡呀！不免以四句惜之，〈惜菱花〉：

花開只在月華時。哪得佳人顧盼之。誰令化身前後鏡，紅顏白髮競相持。

柳花

清明三候花

先說說柳和楊的異同吧！清朝康熙皇帝曾寫〈楊柳〉一文檢討文獻，對楊、柳的不同，分辨極詳：

《古今物疏》於草木之名，皆不能區別，如楊柳本二木，二木之內，柳又有十種餘，楊亦有數種。注釋家往往合稱之，即有分之者，於楊則曰似柳，於柳則曰似楊，不知二木迥然不相似也。楊之葉，厚而澗，色深而光，其枝粗硬而白，枝頭結蕊，累累如懸鈴，春盡時，則四拆中落，白花如氈。柳之葉，狹而長，色淺而暗，其枝柔細而綠，葉間著花如葚，花後則成絮而飛，二木之不同如此。

《易》曰：「枯楊生稊。」《詩》曰：「東門之楊。」又曰：「折柳樊圃。」經傳所載原未嘗合一也。即《小雅》所稱「楊柳依依」，是言春時楊與柳俱依依然也。《周禮．膏物》注曰：「謂楊柳之屬。」「之屬」云者，猶言某某類耳。自《毛傳》注：楊柳為蒲柳。而後人遂合為一。不知蒲柳生水澤中，可為箭笴，別是一種。詩人騷客承襲詞章，不能精求物類，然其於楊花則只曰花，於柳花則曰綿曰絮，是亦不能掩其異矣。至李時珍注《本草》謂：「楊枝硬而揚起，故曰楊，柳枝弱而垂流，故曰柳。」是又以直柳垂柳，指為楊與柳之分，其謬益甚。多識之學不亦難乎？

康熙的論述，有待植物學家確認。但康熙所稱「詩人騷客不能精求物類」者，似乎從來如此。不過，柳花也稱為花，然而柳花、楊花往往混稱。如柳花的特色是漫空如雪，而楊花則入水經宿即化為浮萍，蘇軾就說：「柳花著水萬浮萍。」元朝宋無在〈萍〉詩也說：「風波長不定，浪跡在天涯。莫怨身輕薄，前生是柳花。」更有索性就合稱為楊柳花者，奈何！

先看看柳花、柳絮（綿）和楊花的詩賦吧！柳花漫天飛舞的景象，能引起什麼樣的聯想呢？

明朝薛瑄（一三八九己巳—一四六四）在《讀書錄》說：「偶見柳花悠揚高下，因悟造化流行雍容自然之妙；造化翕寂專一，則發育萬物有力；人心寧靜專一，則窮理作事有力。」哲人果然就有「格物致知」的智慧！南朝宋伍輯之〈柳花賦〉說：

步江皋兮騁望，感春柳之依依。垂柯葉而雲布，揚零花而雪飛。
或風迴而遊薄，或霧亂而飆零。野淨穢而同降，物均色而齊明。

「揚零花而雪飛」一句，就讓人想起才女謝道韞（三四九己酉—四〇九）用「未若柳絮因風起」比擬「白雪紛紛」的景象，當然要比「撒鹽空中」傳神。

唐人詩中有柳花或專詠柳花的詩並不多，如：

〈金陵酒肆留別〉　李白

風吹柳花滿店香，吳姬壓酒勸客嘗。金陵子弟來相送，欲行不行各盡觴。
請君問取東流水，別意與之誰短長。

〈送子壻崔真父歸長城〉（節錄）　劉長卿

送君巵酒不成歡，幼女辭家事伯鸞。桃葉宜人誠可詠，柳花如雪若為看。

〈曲江陪鄭八丈南史飲〉（節錄）　杜甫

雀啄江頭黃柳花*，鵁鶄溪鶒滿晴沙。自知白髮非春事，且盡芳尊戀物華。

*柳花一定是雪白的嗎？由第一句可知，也有黃色的！

〈柳花歌送客往桂陽〉　戴叔倫（七三二壬申—七八九）

滄浪渡頭柳花發，斷續因風飛不絕。搖煙拂水積翠間，綴雪含霜誰忍攀。
夾岸紛紛送君去，鳴棹孤尋到何處。移家深入桂水源，種柳新成花更繁。
定知別後消散盡，卻憶今朝傷旅魂。

〈柳花詞〉三首　劉禹錫

開從綠條上，散逐香風遠。故取花落時，悠揚占春晚。

輕飛不假風，輕落不委地。撩亂舞晴空，發人無限思。

晴天黯黯雪，來送青春暮。無意似多情，千家萬家去。

〈狐泉店前作〉　白居易

野狐泉上柳花飛，逐水東流便不歸。花水悠悠兩無意，因風吹落偶相依。

〈過襄陽樓呈上府主嚴司空〉（節錄）　元稹

襄陽樓下樹陰成，荷葉如錢水面平。拂水柳花千萬點，隔林鶯舌兩三聲。

〈題柳〉　溫庭筠

楊柳千條拂面絲，綠煙金穗不勝吹。香隨靜婉歌塵起，影伴嬌嬈舞袖垂。

羌管一聲何處曲，流鶯百囀最高枝。千門九陌花如雪，飛過宮牆兩自知。

〈詠柳花〉　薛能

浮生失意頻，起絮又飄淪。發自誰家樹，飛來獨院春。

朝容榮斷砌，晴影過諸鄰。亂掩空中蝶，繁銜陌上人。

隨波應到海，霑雨或依塵。會向慈恩日，輕輕對此身。

唐人對柳花的書寫就這些了，若似「無情」！

〈和張文潛晚春〉　徐積

留春是芳草，送春宜柳花。日長花正亂，誰倚闌干斜。　　郭祥正

〈望牛渚有感〉（節錄）

帆影隨潮上，樵聲隔岸聞。柳花迷客眼，三月雪紛紛。

〈讀韓退之詩有作〉　　晁說之

萬樹殘英委泥滓，柳花成絮獨高飛。自憐纖質無人賞，宛轉還從洛浦歸。

〈柳花〉　　石敏若

來時萬縷弄輕黃，去日飛毬滿路傍。我比楊花更飄蕩，楊花只是一春忙。

〈春日〉　　陸游

桃花輕薄柳花狂，蛺蝶翩翩燕子忙。惟有龜堂*無一事，閉門白日不勝長。

＊陸放翁的書齋有「龜堂」、「書巢」之稱。

〈柳花〉　　釋文珦（一二一〇庚午—一二八七）

岸柳飛花老卻春，風前何事巧隨人。都緣漂蕩無歸處，全似天涯倦客身。

〈傷春〉　　何應龍

荷葉初浮水上錢，柳花飄盡岸頭綿。不知春色歸何處，欲向空山問杜鵑。

宋朝詠柳花的詩大致如此，可見宋人對柳花也似乎不很在意。

〈戲贈柳花〉　　元好問

誰擘輕綿亂眼飄，不教翠紐綴長條。只愁更作浮萍了，風轉波衝去轉遙。

〈題李溉之送別詩卷〉　薩都拉（一二七二壬申—一三五五）

清平三曲動明皇，四海知名李白狂。把酒探春送行客，揮毫字字柳花香。

〈柳花詞〉五首其二　張昱

望窮河水是隋家，風落長堤御柳斜。春盡花飛留不住，白頭啼遍後棲鴉。
揚州寺前楊柳多，柳枝能舞更能歌。夜來吹入維摩室，化作天花可奈何。

〈柳花〉　李瓚

澤國春餘江樹盡，柳花無數沒鳧翁。每當白日飛晴雪，似與游絲逐惠風。
灞上啼鶯孤驛外，隋堤歸馬夕陽中。離人欲折還驚歎，空對柔條恨不窮。

〈柳花詞〉　胡奎

迎得春來又送歸，被他撩亂撲征衣。莫教十字街頭種，花到開時四散飛。

〈入水化萍葉〉

隨風為白雪，入水化青萍。無限離人意，長亭又短亭。
上天如白雲，入水化萍葉。雲萍無定蹤，如何不愁妾。
盈盈牆下桃，花落子留樹。薄命似楊花，隨風不知處。
朝撲綺羅衣，夕委黃塵道。不知長江上，化作浮萍草。

〈柳花〉　彭孫遹

半糝征衣半拂輪，章臺約略舊腰身。誰將柳市為花市，不管愁人與恨人。
絮白定然憐落粉，葉黃爭自惜餘春。東風無賴吹如雪，杳杳長安陌上塵。

〈湖心寺見柳花作〉　厲鶚

亭亭酒舫著三潭，楊柳飛花水染藍。卻訝春衣風力緊，一天晴雪過湖南。

〈柳花〉　清高宗乾隆

點研楊花入眺憑，因風飛墮自難勝。如塵著體全無汙，似雪晞陽卻不凝。

乾隆竟也沒有聽受他祖父的教誨，柳花楊花分不清！

柳花但如此，那柳絮、柳綿又如何呢？是誰說柳絮「似花還似非花」！似耶？非耶？恍惚迷離，且看：

〈絕句漫興〉　杜甫

腸斷春江欲盡頭，杖藜徐步立芳洲。癲狂*柳絮隨風去，輕薄桃花逐水流。

＊柳絮癲狂，子美首唱！

〈柳絮〉　張氏（吉中孚妻）

靄靄芳春朝，雪絮起青條。或值花同舞，不因風自飄。

過罇浮綠醑，拂幌綴紅綃。那用持愁翫，春懷不自聊。

〈柳絮〉　劉禹錫

飄颺南陌起東鄰，漠漠濛濛暗度春。花巷暖隨輕舞蝶，玉樓晴拂豔妝人。

縈迴謝女題詩筆，點綴陶公漉酒巾。何處好風偏似雪，隋河隄上古江津。

〈柳絮〉　白居易

三月盡時頭白日，與春老別更依依。憑鶯為向楊花道，絆惹春風莫放歸。

〈柳絮〉 宋祁

萬縷金長暖絮縈，雪乾雲困遍春城。衝風力盡飛應怯，試與鴻毛較重輕。

〈柳絮〉 梅堯臣

陶令*生涯漉酒巾，門前種柳萬條新。花今吹作蓬萊雪，曲舊得於關塞人。
應與殘英閑是伴，不隨舞蝶去爭春。可憐輕質都無定，一落銀河莫問津。

*「陶令」指陶淵明，號五柳先生。

〈柳絮〉 文彥博

拂地高陽翠影濃，楊花斷續蔽香紅。密和微雨粘沙坂，亂逐輕風透綺籠。
漆園旋驚飛蝶夢，玉庭頻擬散鹽空。青門一望依依處，十里金堤二月中。

〈柳絮〉 韓琦

慣惱東風不定家，高樓長陌奈無涯。一春情緒空撩亂，不是天生穩重花。

〈柳絮〉 徐積

長條徒自重，狂絮去何之。禁籞穿花樹，春江撲酒旗。
因風無定意，著物有閒時。謝女*何為者，深情在雪詩。

*「謝女」指才女謝道韞。

〈柳絮〉 郭祥正

風定漫漫雪不飛，忽然飄去幾時歸。瓊林金谷知多少，半入樓臺半拂衣。

〈柳絮〉 張耒

零亂委空風，悠揚點芳草。卻為身最輕，華堂等閒到。

〈柳絮〉　陳與義

柳送腰肢日幾迴，更教飛絮舞樓臺。癲狂忽作高千丈，風力微時穩下來。

〈柳絮〉　郭印

柳條初弄綠，已覺春風駐。而今二月尾，滿路團飛絮。人生安足恃，忽忽朱顏去。飄零未肯休，萍泛知何處。見之動中懷，欲寫無佳句。歸來宴坐餘，悠然得深趣。

〈柳絮〉　薛季宣

脈脈依依愁不茹，欲翔未定邅容與。體輕委脫韶華去，飄泊晴天離又聚。

〈柳絮〉　楊萬里

寒勒花遲卻速殘，晴吹絮過忽吹還。雪翻霽日光風急，毬袞回廊曲榭閑。萬里雲天皆去處，群飛蹤跡恣中間。道渠催得春闌著，春不緣渠獨不闌。

〈柳絮〉　姜特立

隨風弄日碎春雲，撲戶穿帷惱殺人。底事飄揚少拘束，愛將豪縱去酬春。

〈惜分飛　柳絮〉　劉學箕

池上樓臺堤上路，盡日悠揚飛舞。欲下還重舉，又隨蝴蝶牆東去。
糝逕飄空無定處，來往綠窗朱戶。卻被春風妒，送將蛛網留連住。

〈柳絮〉　何夢桂（一二二九己丑——一三〇三）

風攪晴空日色和，柳花故故惱詩魔。繡床漸覺香毬滿，漁艇初疑雪片多。隨意飛來無定著，捲春歸去欲如何。顛狂到底風流在，又化浮萍漾綠波。

〈柳絮〉　張宏範（一二三八戊戌—一二八〇）

東風殢煞柳梢頭，吹去香綿得自由。不到池塘成翠靨，顛狂飛入酒家樓。

〈柳絮〉　高啟

輕盈易飄泊，思逐春雲亂。已拂武昌門，還縈灞陵岸。
沙頭雀啄墮，水面魚吹散。官樹曉茫茫，哀歌腸欲斷。

〈柳絮〉　朱誠泳

顛狂已見隨風起，飄蕩還應逐水流。九十春光容易老，等閒莫點少年頭。

〈柳絮歌〉　何景明（一四八三癸卯—一五二一）

長安三月百花殘，滿城飛絮何漫漫。千門萬戶東風起，陌上河邊春色闌。
美人高樓鎖深院，白花濛濛落如霰。晴窗窈窕朝日遲，亂入簾櫳趁雙燕。
遊絲相牽時裊裊，委地飄廊不須掃。君不見江頭綠葉吹香綿，隨波化作浮萍草。

〈柳絮〉　彭孫遹

薄似吳綿一縷微，輕如春雪點人衣。因風便作漫天勢，入幕穿簾到處飛。

〈永遇樂　柳絮〉　宋犖（一六三四甲戌—一七一四）

望去非花，飄來疑雪。輕狂如許。未作浮萍，已離深樹。
此際誰為主。隋堤三月，幾回翹首，一片漫天飛舞。
最堪憐、無根無蒂，總被東風弄汝。
蹋歌魏女，離情多少，問道春光何處。乍撲空簾，旋黏芳逕，好倩鶯銜取。
還思往日，鵝黃初染，變態頓分今古。枉垂著、長條蹺地，綰伊不住。

乾隆有九首詠柳絮的七律，錄一首，〈戲詠柳絮〉：

及節應時物盡同，夏初柳絮自飛空。方綿不足裝衣用，擬雪曾無利麥功。
落水似浮誰使泛，沾泥難起旋成融。雨霑多值輕盈日，笑爾顛狂技欲窮。

至於柳綿，只有元朝張宏範一首〈柳綿〉詩：

暗織千絲了不忙，不須蠶繭不須桑。請君試看春風外，楊柳枝頭噴雪香。

前乎此，李商隱〈臨發崇讓宅紫薇〉詩有「桃綏含情依露井，柳綿相憶隔章臺」句；蘇軾〈蝶戀花 春景〉詞有「枝上柳綿吹又少，天涯何處無芳草」都膾炙人口。

看了柳花、柳絮、柳綿，那楊花呢？楊花從一千五百年前就開始「飛」了。

庾信〈春賦〉有「新年鳥聲千種囀，二月楊花滿路飛」句，而後李白〈猛虎行〉則說：「溧陽酒樓三月春，楊花茫茫愁殺人。」而他寄給王昌齡（六九八戊戌－七五六）的詩傳誦千古：

楊花落盡子規啼，聞道龍標過五溪。我寄愁心與明月，隨風直到夜郎西。

杜甫〈曲江對酒〉說：「桃花細逐楊花落，黃鳥時兼白鳥飛。」不像用「輕狂」說柳絮。接下來再欣賞幾首相關詩詞：

〈歎楊花〉　韋應物

空濛不自定，況值喧風度。舊賞逐流年，新愁忽盈素。
才縈下苑曲，稍滿東城路。人意有悲歡，時芳獨如故。

〈晚春〉　韓愈

草樹知春不久歸，百般紅紫鬥芳菲。楊花榆莢無才思，惟解漫天作雪飛。

〈楊花〉　薛濤（七六八戊申—八三一）

二月楊花輕復微，春風搖蕩惹人衣。他家本是無情物，一晌南飛又北飛。

〈楊花〉　吳融

不鬥穠華不占紅，自飛晴野雪濛濛。百花長恨風吹落，唯有楊花獨愛風。

〈踏莎行〉　晏殊

小徑紅稀，芳郊綠遍。高臺樹色陰陰見。春風不解禁楊花，濛濛亂撲行人面。
翠葉藏鶯，朱簾隔燕。爐香靜逐遊絲轉。一場愁夢酒醒時，斜陽卻照深深院。

〈暮春〉　王安石

無限殘紅著地飛，谿頭煙樹翠相圍。楊花獨得東風意，相逐晴空去不歸。

〈楊花〉　劉攽

不分春色晚，楊花意氣驕。吹噓輕一羽，容易點層霄。
細細穿簷隙，姍姍學舞腰。暫來幽僻地，還復去人遙。

〈楊花〉　沈遼（一〇三二壬申—一〇八五）

島夷三月不知春，唯有楊花似故人。老大相逢何可語，滿頭白髮不勝嚬。

蘇軾〈水龍吟　次韻章質夫楊花詞〉詠楊花的詞，為人所熟悉：

似花還似非花，也無人惜從教墜。拋家傍路，思量卻是，無情有思。縈損柔腸，困酣嬌眼，欲開還閉。夢隨風萬里，尋郎去處，又還被、鶯呼起。
不恨此花飛盡，恨西園落紅難綴。曉來雨過，遺蹤何在？一池萍碎。春色三分，二分塵土，一分流水。細看來、不是楊花，點點是離人淚。

無論楊花、柳花、柳絮，都是「似花還似非花」耶！

〈楊花詞〉　李廌（一〇五九己亥—一一〇九）

特地飛來有意，等閑卻去無情。若比邇來時態，秖應時態猶輕。

〈楊花〉二首　陳淵

出處陶潛宅，與亡煬帝堤。窗扉容點綴，原野自高低。
地迥棲難穩，風高去易迷。顛忙能幾日，萍滿水東西*。

*自注：「楊花入水為萍。」

〈楊花〉　曹勛

春光誰占得，楊花獨自知。未到傳消息，將歸送別離。

隨風飛更急，入戶舞還低。大有撩人處，妝臺惱畫眉。

〈楊花〉　鄧深

楊花似雪雪應嗔，散漫輕飛太逼真。結習已消那得住，卻沾塵土不沾身。

〈楊花〉　樓鑰

杜門無緒看芳菲，見說楊花滿路飛。謝汝不隨人冷暖，因風翻舞到柴扉。

〈楊花〉　趙蕃

雨樹蒙茸集，晴空散亂飛。若為能撲撲，何只詠依依。
花裡渾迷蝶，風前屢點衣。未妨吹盡得，病起帶寬圍。

〈楊花〉二首　洪适

桃花開落不同時，燕子銜泥相伴飛。若向章臺問春色，可無清淚濕征衣。
官路風輕落絮迷，望中高下雜游絲。糁氈擬雪春無際，只有騷人盡得知。

〈睡起見楊花滿庭偶書〉　陸游

斷香裊裊傍窗紗，睡起瞢騰日未斜。堪歎一春風雨惡，今年四月見楊花。

〈楊花〉　楊萬里

只道垂楊管別離，楊花一去不思歸。浮蹤浪跡無拘束，飛到蛛絲也不飛。

〈楊花〉　高翥

萬縷千絲拂水濱，盡催飛絮送殘春。風前輕薄佳人命，天外飄零蕩子身。
繞路鋪時成素毯，就泥沾處襯芳塵。江頭雨過遺蹤盡，留得柔條折贈人。

〈楊花〉　華岳

一絲不染湖光白，萬點能回山色青。三月金明池上水，與予同是一浮萍。

〈楊花〉　吳錫疇（一二一五乙亥—一二七六）

為見春風不久歸，顛狂上下弄晴暉。只饒天與無拘束，入幕穿簾任意飛。

飛舞隨春去不停，空條留得罩郵亭。狂心未肯沾泥死，猶作輕浮水上萍。

〈楊花〉　舒岳祥

斷茸冉冉青樓外，浮影悠悠紫陌間。晴日暖風真得所，遊絲野馬與俱閒。

舞經林苑鶯銜去，飛去簾櫳燕掠還。莫把蘆花來比擬，秋深客子更愁顏。

宋朝以後，楊花還是如飛絮浮萍：

〈楊花〉　方回

燕忙鶯懶聽芳詞，憶醉西湖畫舫時。山墅不知春早晚，隔牆數點墮書帷。

〈楊花〉　釋善住

池塘春欲暮，散漫復霏微。未得為萍去，先來作雪飛。

帶泥粘燕嘴，和雨點人衣。向晚東風急，飄零無所歸。

〈楊花〉　耶律鑄

遊人枉自怨年華，斷送春風是此花。可是東君難管領，一天晴雪過誰家。

〈楊花〉　馬臻

品題曾入百花名，長恨濛濛畫不成。灞岸雨餘粘穗溼，章臺風暖撲人輕。

〈楊花〉　侯克中

緩隨流水知無力，閒度高樓似有情。想得山齋清影裡，亂和蛛網惹柴荊。

〈楊花〉　何中（一二六五乙丑—一三三二）

風裡楊花自在狂，枉將巧態媚東皇。香緜遍地蒼苔冷，飛雪漫天白日長。
偶趁蜂兒來客舍，慣隨燕子過鄰牆。甫能吹入東流水，化作浮萍剗地忙。

〈楊花〉　劉鶚

萬點楊花倚石開，千層椶葉下山來。諸峰窅窕深春綠，獨自衝烟看幾回。

〈楊花〉　范梈（一二七二壬申—一三三〇）

如雪紛紛不自持，殷勤長藉好風吹。莫欺此日飄零甚，猶有為萍變化時。

〈楊花〉　程端學（一二七八戊寅—一三三四）

穿空透戶本無因，若便隨風惱殺人。我似楊花花似我，年年飛盡玉堂春。

〈楊花〉　何景明

輕盈飄蕩失因依，遍繞郊園及草池。卻似鵝毛初退氄，僅如蠶絮不成絲。
暫飛須倚狂風勢，高舞寧思落地時。吹盡殘紅遊子倦，此花猶自費人詩。

〈嘲楊花〉　薛蕙

三月楊花裊裊白，憂人淚點暗中拋。漫天撲地有何意，惹草粘沙多似毛。
忽趁狂風翻自遠，更遮落日強相高。紅塵滿眼青樓暮，攪亂春愁為爾勞。

〈楊花〉　王世貞

陌上楊花四散飛，千蹊萬徑巧因依。莫矜風便縱橫去，會見途窮寂寞歸。

六代愁深金粉詞，一溪春漲麴塵絲。柔條已是無拘管，慚愧東風特地吹。

〈減字木蘭花　楊花〉

楊花亂起，搖蕩春光千萬里。無限長條，牽惹行人東陌橋。

楊花落盡，也有暮鴉來借問。且管生前，身後浮萍最可憐。

楊花無語，昨夜月明今夜雨。斜拂征鞍，不問行人便折看。

楊花且住，山鳥不啼春已暮。試上章臺，唯有東風依舊來。

〈楊花〉　趙完璧

點點過樓臺，因風何處來。庭空雪歷亂，簾靜日徘徊。

漢苑春仍老，吳宮寂可哀。飄颻度江水，腸斷幾時回。

〈坐對楊花〉

何處楊花小院輕，捲簾孤坐午風清。一春寥落江南夢，腸斷吳姬勸客情。

〈飛絮詞〉　郭諫臣（一五〇四甲子—一五六〇）

楊花如雪舞晴空，飄泊隨風恰似儂。願化浮萍逐流水，與君千里或相逢。

〈又詠楊花〉　魏裔介（一六一六丙辰—一六八六）

裊裊空庭輕似雪，依依小院薄如綿。無人知是堤邊柳，占盡春光雨後天。

〈楊花〉　陳廷敬

楊花不寂寞，袞袞逐芳塵。搖落多情客，顛狂薄命身。

晚風過別樹，細雨送殘春。幾度河橋外，相憐一愴神。

〈楊花〉六言二首

物態森如枳棘，客心弱似楊花。忙過雕闌玉碣，閒投茅舍山家。
垣短條垂弱縷，水明葉蘸微波。燕語巧催春去，花飛知奈愁何。

〈賦得楊花〉 清高宗乾隆

又見楊花舞，清和節令初。紛紛豈有瓣，去去總乘虛。
頏頡迷狂燕，喚喁引醉魚。詩題供雨後，畫景稱春餘。
憎愛全無繫，飄沉任所如。莫教頻點硯，鎮日籠紗疏。

讀了這麼多的柳花、楊絮，不能無感，也湊三絕句作結吧！〈柳花楊絮〉：

柳花落水化浮萍，楊絮漫天飛滿庭。水起風生春去也，人間別有依依情。
禪心已若沾泥絮，俗念化萍逐水去。酒醒今宵任依依，人間何處散愁緒。
春風遂過清明節，楊柳依依不忍謝。飛絮漫天上下斜，浮萍逐水浮沉別！

節慶

上巳 三月初三

三月三日（丙辰日），已在清明的第三候末了，並且進入暮春三月。一說到暮春三月，就會讓人想起「暮春三月，江南草長，雜花生樹，群鶯亂飛」的文句，真是千古絕唱。即使已經忘了作者丘遲（四六四甲辰－五〇八）還說些什麼。清人宋犖把它改寫成了一首七言絕句：

三月江南正好春，水如碧玉草如茵。雜花生樹鶯飛亂，一段風光惱殺人。

「三月上巳修禊」的事，由來已久。前人注《詩經・溱洧》，多引《韓詩》薛君〈章句〉的說法：

鄭國之俗，三月上巳，之溱、洧兩水之上，招魂續魄，秉蘭草祓除不祥。

西漢末劉歆（前五〇辛未－二三）《西京雜記》說：「三月上巳，張樂於流水。」（卷三）東漢應劭（一四〇庚辰－二〇六）《風俗通義》說：「《周禮》：『女巫掌歲時以祓除、釁浴。』禊者，潔也。……《尚書》：『以殷仲春，厥民析。』言人解療生疾之時，故於水上釁潔之也。巳者，祉也，邪疾已去。祈分祉也。」（卷八）

梁朝沈約（四四一辛巳－五一三）在《宋書・禮志二》述三月上巳風俗之演變，引了東漢蔡邕《月令章句》，「《論語》暮春浴沂，古有斯禮。今三月上巳祓於水濱，蓋出此」為證，而最後說：「自魏以後，但用三日，不以巳也。」據此，則「上巳修禊」的時間，在漢以前，不一定是三月三日，但一定要在巳日；自魏以後，就只在三月三日，而不一定是巳日了。

《論語・先進》篇有一段孔子和弟子聊天的紀錄。有一天，子路、曾點（曾參之父）、冉有、公西華四個人陪著孔子談天，孔子要四人「盍各言爾志」，談談各自的志向。子路搶先說，只要三年，就能讓貧弱的國家轉強。孔子微笑不言。冉有順著子路的話題，也談治國。公西華謙虛地說希望好好學禮。曾點自覺和三人的想法不同，似乎不想說，在孔子鼓勵下，吐露自己的心願：「春服既成，冠者五、六人，童子六、七人，浴乎沂，風乎舞雩（舉行祭祀的地方），詠而歸。」孔子聽了，讚嘆說：「吾與點也！」

這一段師生之間的對話，表現了孔子的胸襟氣象，後人多所發揮。引這段文，是要證明蔡邕藉曾點所說的那段話，說明在王羲之（三〇三癸亥—三六一）等人參加蘭亭雅集的八百五十年前，已經有暮春三月同樂的事，而王羲之〈蘭亭集序〉中所說：「群賢畢至，少長咸集。」不就是曾點所說的「冠者五、六人，童子六、七人」嗎？（當日參與蘭亭雅集者，都是當時知名之士，包括謝安等人，共四十一位，其中有王羲之的三個兒子，就算是童子吧！）

宋代的時候，已經開始把三月三蘭亭會、五月五端午、九月九重陽並重了。會友訪勝，悠然同歡！試成四句記之，〈三月三〉：

暮春三月正初三，老少會同共流觴。五月龍舟端午競，滿城風雨近重陽。

三月三遙想王羲之

在晉穆帝永和九年癸丑（三五三）三月三日，右軍將軍王羲之邀請了朋友和子弟共四十一人，在會稽山陰（浙江紹興）的蘭亭舉行修禊，在那天寫下了有名的〈蘭亭集序〉，而書法和文章兼美，世稱「禊帖」。當年王右軍五十一歲，已是知天命之年，所以文章寫來感懷萬端，又搖曳生姿，自然生動。個人年紀越大，越能領會其中之意，在此溫故知新吧！

〈蘭亭集序〉

永和九年，歲在癸丑，暮春之初，會於會稽山陰之蘭亭，修禊事也。群賢畢至，少長咸集。此地有崇山峻嶺，茂林修竹；又有清流激湍，映帶左右，引以為流觴曲水，列坐其次。雖無絲竹管絃之盛，一觴一詠，亦足以暢敘幽情。是日也，天朗氣清，惠風和暢，仰觀宇宙之大，俯察品類之盛，所以遊目騁懷，足以極視聽之娛，信可樂也。

夫人之相與，俯仰一世，或取諸懷抱，晤言一室之內；或因寄所託，放浪形骸之外。雖趣舍萬殊，靜躁不同，當其欣於所遇，暫得於己，快然自足，不知老之將至。及其所之既倦，情隨事遷，感慨係之矣。向之所欣，俛仰之間以為陳跡，猶不能不以之興懷，況脩短隨化，終期於盡。古人云：「死生亦大矣。」豈不痛哉！

每攬昔人興感之由，若合一契，未嘗不臨文嗟悼，不能喻之於懷。固知一死生為虛誕，齊彭殤為妄作。後之視今，亦猶今之視昔，悲夫！故列敘時人，錄其所述。雖世殊事異，所以興懷，其致一也。後之攬者，亦將有感於斯文。

王羲之在〈蘭亭集序〉中，書寫了二十一個之字，姿態皆不同，各具格韻。他的書法成就，影響之大，無人可比，可惜只活了五十九歲。唐太宗稱讚說：

詳察古今，研精篆素，盡善盡美，其唯王逸少乎！觀其點曳之工，裁成之妙，煙霏露結，壯若斷而還連；鳳翥龍蟠，勢如斜而反直。玩之不覺為倦，覽之莫識其端。心摹手追，此人而已，其餘區區之類，何足論哉！

因此，唐太宗竟遺命用「禊帖」給自己殉葬。今日所見，已非真跡，誠為可惜。

謹成四句紀念，〈頌右軍蘭亭集一六六八年前辛丑三月三〉：

右軍書聖古今名，逸少傳神在楷行。
二十一之各成韻，千秋萬世頌蘭亭。

「又匆匆過了清明時節」——辛棄疾的感嘆

南宋詞人辛棄疾有一闋〈念奴嬌〉詞，開筆就說：「野棠花落，又匆匆過了，清明時節！」這位被政敵攻擊是「殺人如草芥，花錢如泥沙」的英雄，又被稱讚是「才大情至」的大詞人，清初周濟（一七八一辛丑—一八三九）說他的詞：「斂雄心、抗高調；化溫婉、成悲涼！」真能令人動容縈心。這闋〈念奴嬌〉詞，後人加了題目：「春恨」，是耶？非耶？

清明過了，接著來的是穀雨，而十五天之後就進入立夏了。春天總是要過去的，雖然珍惜眼前的時光，當是最重要的事吧！

上引辛稼軒詞起筆說「野棠花落」，意思正是「早已過了春分」，因為海棠正是春分第一候的花信。他接著說：而今，清明時節，「又」匆匆過了！節候推移，令人心驚，終於在全詞最後說出：「也應驚問：近來多少華髮！」

時間的流逝完全不留餘地，自是讓人感喟。南唐詞人馮延巳（九〇三癸亥—九六〇）說：「誰道閒情拋棄久？每到春來，惆悵還依舊！」（〈蝶戀花〉）宋朝張先（九九〇庚寅—一〇七八）說了：「送春春去幾時回。」（〈天仙子〉）蘇軾（一〇三六丙子—一一〇一）接著又說：「明年春到，重尋幽夢，應在亂鶯聲裡。」（〈永遇樂〉）明朝劉基則說：「病來只盼春風到，不擬春風曉更寒。」（〈春日雜興〉）辛棄疾還說：「更能消幾番風雨，匆匆春又歸去。惜春長怕花開早，何況落紅無數！」（〈摸魚兒〉）這些語句，又是怨春，又是傷春；或期盼嚮往，或失落徬徨，春日的來臨令人歡欣，但到了暮春三月，又讓人莫名的悵然。

年年都有暮春三月，但美好的時光，冉冉而去，讓人百感盈懷。正因有「清明時節已闌珊，想看前人詠嘆篇。但取暮春并春暮，多吟多感更難堪」一念，因此試著要看看前賢寫暮春或春暮的詞章，以見千古同慨之情。不想遍檢了唐人詩作，藉暮春抒懷者，竟只有杜甫〈暮春〉一首：

臥病擁塞在峽中，瀟湘洞庭虛映空。楚天不斷四時雨，巫峽長吹千里風。

沙上草閣柳新闇，城邊野池蓮欲紅。暮春鴛鷺立洲渚，挾子翻飛還一叢。

而寫春暮的，也僅有韋莊一首：

一春春事好，病酒起常遲。流水綠縈砌，落花紅墮枝。

樓高喧乳燕，樹密鬥雛鸝。不學山公醉，將何自解頤。

唐朝詩人於暮春三月豈如此無感乎！為之驚嘆。其後則兩宋有二十八家，金、元十六家，明十九家，清初至乾隆三家。總和共六十六家百餘首，各抒所懷，多有可觀，且先以稼軒〈念奴嬌．書東流村壁〉全詞作引起：

野棠花落，又匆匆過了，清明時節。剗地東風欺客夢，一枕雲屏寒怯。曲岸持觴，垂楊繫馬，此地曾經別。樓空人去，舊遊飛燕能說。聞道綺陌東頭，行人長見，簾底纖纖月。舊恨春江流不斷，新恨雲山千疊。料得明朝，樽前重見，鏡裡花難折。也應驚問：近來多少華髮？

稼軒豈不自知耶！試湊小令一闋，戲代應之，〈如夢令　惜髮　答稼軒〉：

日日鏡前眉皺，白髮漸疏無救。驚問眼前人，笑道英雄難售！來酒！來酒！欣見壯懷朋友！

穀雨

降雨充沛，滋潤秧苗

穀雨接在「清淨明潔」的清明之後，同樣有半個月，這期間「雨雲」會很密，雨量卻未必多，在在顯示「潤物無聲」的功能，對百穀的成長最有助力，因為在寒食、清明之後，氣溫日漸升高，往往有「春行夏令」的天候，而地氣和暖，穀類不會再受寒害，即使真遇上了「清明霜，穀雨雪」，也不用擔心，因此穀雨又稱為「嘉雨」。以下是穀雨的三候。

三候

萍始生・鳴鳩拂其羽・戴勝降於桑

初五日：萍始生。浮萍開始出現了！乾隆說：

植根於水實無根，非色非空至理存。鶴食鴨茵因物付，面青背紫任風翻。

虛舟不繫堪相擬，老血變為本戲論。最是風人王化被，采蘋南澗意猶惇。

次五日：鳴鳩拂其羽。乾隆說：

七候曾經鷹化時，拂其羽長上高枝。每憐喚雨鳩佳矣，似較呼晴鵲勝之。
聽去邕邕原入律，看來楚楚可為儀。夏初春末望霖慣，林外鳴音共鎖眉。

後五日：戴勝降於桑。乾隆說：

既解催耕復司織，堪於禽類首稱良。農人聽若呼布穀，蠶婦觀之識降桑。
仁見謂仁知謂知，逸誠非逸忙非忙。卵生嘉爾重民事，儀鳳何須頌兆祥。

「戴勝」就是布穀鳥吧！戴勝出現在桑樹上，正是為了提醒農民留意農耕，桑婦注意養蠶。明朝王俊華〈題春雨鳴鳩圖〉詩就說：

穀雨暗時鳩亂鳴，梨花枝上四三聲。春風處處催耕急，不似尋常百囀鶯。

專詠穀雨的詩作極少，僅如：

〈穀雨〉　朱橰（一一三八年前後在世）

大點紛林際，虛簷寫夢中。明朝知穀雨，無策禁華風。
石渚收機巧，烟蓑建事功。越禽牢閉口，吾道寄天公。

〈次韻別賦〉　袁華（一三一六丙辰—？）

穀雨初晴三月時，燕飛簾幕晝遲遲。主人不見花開落，欲倩徐熙*寫折枝。

＊徐熙創水墨淡彩畫法，五代有名的花鳥畫家。

如果配合花信，回應穀雨三候的花，依次是牡丹、酴醾、楝花。在談花信前，就先說說穀雨茶吧。清明是呼朋引伴放懷飲酒的日子，穀雨則是待月西窗讀書品茗的時光。

北宋黃庭堅說：「落絮遊絲三月候，風吹雨洗一城花。未知東郭清明酒，何似西窗穀雨茶。」南宋陸游說：「過盡僧家到店家，山形四合路三叉。清明漿美村村賣，穀雨茶香院院誇。」南宋又有戴復古說：「掃松預造清明酒，入峽先租穀雨茶。隨分支吾度時節，那求不死煉丹砂。」明朝楊基則說：「杏花村裡清明酒，陽羨山中穀雨茶。如此情懷如此景，行人何事不思家。」詩人幾乎都用清明酒（漿）和穀雨茶對舉，究竟穀雨茶是什麼茶？更確切地說，穀雨茶應該要稱為穀雨前茶，也就是在節氣之前採摘的茶葉，又稱為雨前茶，也因為還在暮春三月，也是春茶的一種，但春茶之中還是有分別，南宋初王觀國《學林新編》說：

茶之佳者，造在「社前」；其次「火前」，謂寒食前也；其下則「雨前」，謂穀雨前也。

「社前」指的是「春社」以前，春社都在春分次日的「戊日」，意謂著春茶分為三等，而春社、寒食和穀雨，各相隔約半個月，越早摘的茶越好。話雖如此，但能產出雨前茶，已經是不可多得的了。和王觀國約略同時的周紫芝，就有「千里歸心秋後燕，一年春事雨前茶」的話，雨前茶是春茶的壓軸，還是有相當代表性的，所以詩詠中要比「社前」、「火前」還要多。

過了穀雨，就真的要「送春」了，王維〈送春辭〉說：「日日人空老，年年春更歸。相歡在尊酒，不用惜花飛。」北宋張先〈天仙子〉詞則說：「送春春去幾時回，臨晚境，傷流景。往事後期空記省。」詩人詞客，都用了「空」字寄託惜春的情意，真是古今同慨，「如此情懷如此景」！聊湊四句續貂吧，〈穀雨〉：

暮春三月穀雨天，紅豔一枝獨自憐。茶韻空云前此有，風光可待更明年。

花信

牡丹

穀雨一候花

牡丹在穀雨三候的花信中率先登場，它挾著國色天香，幾乎獨佔整場穀雨花信的光采，所以「穀雨花」也是牡丹的別稱。唐朝舒元輿（七九一辛未—八三五）〈牡丹賦序〉開篇說：

古人言花者，牡丹未嘗與焉。蓋遁於深山，自幽而芳，不為貴者所知，花則何遇焉。天后之鄉西河也，有眾香精舍，下有牡丹，其花特異；天后歎上苑之有闕，因命移植焉。由此京國牡丹，日月寖盛。今則自禁闥洎官署，外延士庶之家，瀰漫如四瀆之流，不知其止息之地。每暮春之月，遨遊之士如狂焉，亦上國繁華之一事也。

「天后」指武則天（六二四甲申－七〇五），是山西文水縣人。舒元輿這段文字，說明了唐朝重牡丹的背景。由晚唐入五代的段成式，在《酉陽雜俎》中又有些補充：

前史無說牡丹者，惟《謝康樂集》言竹間水際多牡丹。成式撿《隋朝種植法》，初不說牡丹，則知隋朝花藥中所無也。開元末（七四一），裴士淹奉使回至汾州，得白牡丹一窠，植於長興私第。至德中（七五六－七五八），馬僕射領太原，又得紅紫二色者，移於城中。元和初（八〇六）猶少，今與戎葵角多少矣。

「戎葵」就是「蜀葵」、「一丈紅」，草本花類。段成式的第一句話，被後人普遍引用，但今傳本《謝靈運集》未見。歐陽修《洛陽牡丹記．花品敘》就說：

牡丹初不載文字，唯以藥載《本草》，然於花中不為高第。大抵丹延以西及褒斜道中尤多，與荊棘無異，土人皆取以為薪。自唐則天以後，洛陽牡丹始盛。然未聞有以名著者。如沈、宋、元、白之流，皆善詠花草，計有若今之異者，彼必形於篇詠，而寂無傳焉。唯劉夢得有〈詠魚朝恩宅牡丹〉詩，但云「一叢千萬朵」而已，亦不云其美且異也。謝靈運言永嘉竹間水際多牡丹，今越花不及洛陽甚遠，是洛花自古未有若今之盛也。

謝靈運（三八五乙酉—四三三）是浙江人，歐陽修在文章中段後的說法，也被後人質疑。《洛陽牡丹記》分為「花品」、「釋名」、「風俗」三部分，已經是有關牡丹的經典之作，就所見錄其要點如下：「牡丹名凡九十餘種，然余所經見而今人多稱者才三十許。」歐陽修列在「花品」的僅二十四種。「至牡丹則不名，直曰花。其意謂天下真花獨牡丹，其名之著不假曰牡丹而可知也。其愛重之如此。」洛陽人心目中，只有牡丹才是「花」。

「凡物不常有，而為害乎人者曰災；不常有而徒可怪駭不為害者曰妖。語曰：天反時為災，地反物為妖。此亦草木之妖而萬物之一怪也。然比夫癭木臃腫者，竊獨鍾其美而見幸於人焉。」唐人已有稱牡丹為「妖」的，或是別有所諷，歐陽修更借題發揮了。

再看明朝李時珍的《本草綱目》對牡丹的介紹。牡丹原有「鼠姑」、「鹿韭」、「百兩金」、「木芍藥」、「花王」等名稱，後來又稱「國色」、「富貴花」、「洛陽花」。牡丹，以色丹者為上，雖結子而根上生苗，故謂之牡丹。唐人謂之「木芍藥」，以其花似芍藥，而宿幹似木也。群花品中，以牡丹第一，芍藥第二，故世謂「牡丹」為花王，芍藥為花相。其名或以地，或以人，或以色，或以異。又說，牡丹乃天地之精，為群花之首。而「姚黃」更是牡丹之王，宋朝徐積〈姚黃序〉說：

天下牡丹九十餘種，而姚黃居第一。其名雖千葉，而實不可數，或累計萬有餘英，不然不足高一尺也。花肉既重，其梢下屈如一器攲側之狀，此亦花之巨美而精傑者乎。

不知花卉學家的看法又如何，還是看看詩人們怎麼寫牡丹吧！牡丹入詩，或者是從李白開始的，〈清平調〉第三首：

名花傾國兩相歡，長得君王帶笑看。解釋春風無限恨，沈香亭北倚闌干。

把楊貴妃和牡丹相提並論，後世豔稱。後來白居易也用「醉嬌勝不得，風嫋牡丹花」形容關盼盼，而北宋徽宗時汴京名歌妓李師師，別號是「白牡丹」。有詩人形容說楊妃是紅牡丹，那關盼盼或許就是黃牡丹了。和李白同時的王維有〈紅牡丹〉詩：

綠豔閒且靜，紅衣淺復深。花心愁欲斷，春色豈知心。

而後作者不斷，詩作極多，可以證明歐陽修所說「寂無傳焉」是不確的。今只選錄純粹詠牡丹者，倡和應酬和瓶中題畫之作，只好割愛。先看唐人怎麼說：

〈牡丹〉　李益

紫蕊叢開未到家，卻教遊客賞繁華。始知年少求名處，滿眼空中別有花。

〈戲題牡丹〉　韓愈

幸自同開俱隱約，何須相倚鬥輕盈。陵晨併作新妝面，對客偏含不語情。

雙燕無機還拂掠，游蜂多思正經營。長年是事皆拋盡，今日欄邊暫眼明。

〈牡丹〉　薛濤

去年零落暮春時，淚濕紅箋怨別離。常恐便同巫峽散，因何重有武陵期。
傳情每向馨香得，不語還應彼此知。只欲闌邊安枕席，夜深閒共說相思。

〈題所賃宅牡丹花〉　王建

賃宅得花饒，初開恐是妖。粉光深紫膩，肉色退紅嬌。
且願風留著，惟愁日炙燋。可憐零落蘂，收取作香燒。

〈牡丹〉　劉禹錫

庭前芍藥妖無格，池上芙蕖淨少情。唯有牡丹真國色，花開時節動京城。

〈惜牡丹花〉二首　白居易

惆悵階前紅牡丹，晚來唯有兩枝殘。明朝風起應吹盡，夜惜衰紅把火看。
寂寞萎紅低向雨，離披破豔散隨風。晴明落地猶惆悵，何況飄零泥土中。

〈牡丹〉二首　元稹

簇蕊風頻壞，裁紅雨更新。眼看吹落地，便別一年春。
繁綠陰全合，衰紅展漸難。風光一抬舉，猶得暫時看。

〈夜看牡丹〉　溫飛卿

高低深淺一闌紅，把火殷勤繞露叢。希逸近來成懶病，不能容易向春風。

〈牡丹〉

水漾晴紅壓疊波，曉來金粉覆庭莎。裁成豔思偏應巧，分得春光最數多。

欲綻似含雙靨笑，正繁疑有一聲歌。華堂客散簾垂地，想憑闌干斂翠蛾。

〈牡丹〉　李商隱

壓徑復緣溝，當窗又映樓。終銷一國破，不啻萬金求。
鸞鳳戲三島，神仙居十洲。應憐萱草淡，卻得號忘憂。

〈牡丹〉　羅鄴（八二五壬申—？）

落盡春紅始著花，花時比屋事豪奢。買栽池館恐無地，看到子孫能幾家。
門倚長衢攢繡轂，幄籠輕日護香霞。歌鐘滿座爭歡賞，誰信流年鬢有華。

〈牡丹〉　羅隱

似共東風別有因，絳羅高捲不勝春。若教解語應傾國，任是無情亦動人。
芍藥與君為近侍，芙蓉何處避芳塵。可憐韓令功成後，辜負穠華過此身。
豔多煙重欲開難，紅蕊當心一抹檀。公子醉歸燈下見，美人朝插鏡中看。
當庭始覺春風貴，帶雨方知國色寒。日晚更將何所似，太真無力憑闌干。

〈牡丹〉　方干

借問庭前早晚栽，座中疑是畫屏開。花分淺淺臙脂臉，葉墮殷殷膩粉腮。
紅砌不須誇芍藥，白蘋何用逞重臺。殷勤為報看花客，莫學遊蜂日日來。

〈牡丹〉

不逢盛暑不衝寒，種子成叢用法難。醉眼若為拋去得，狂心更擬折來看。

〈詠白牡丹〉　韋莊

凌霜烈火吹無焰，裛露陰霞曬不乾。莫道嬌紅怕風雨，經時猶自未凋殘。

閨中莫妒啼妝婦，陌上須慚傅粉郎。昨夜月明清似水，入門惟覺一庭香。

〈觀牡丹〉　杜荀鶴（八四六丙寅—九〇四）

聞來吟繞牡丹叢，花豔人生事略同。半雨半風三月內，多愁多病百年中。
開當韶景何多好，落向僧家即是空。一境別無唯此有，忍教醒坐對支公。

〈牡丹〉　唐彥謙（八四八戊辰—八九四）

真宰多情巧思新，故將能事送殘春。為雲為雨徒虛語，傾國傾城不在人。
開日綺霞應失色，落時青帝合傷神。嫦娥婺女曾相送，留下鴉黃作蕊塵。

〈牡丹花〉　徐寅

看遍花無勝此花，剪雲披雪蘸丹砂。開當青律二三月，破卻長安千萬家。
天縱穠華刳鄙吝，春教妖豔妒豪奢。不隨寒令同時放，倍種雙松與辟邪。

〈紅白牡丹〉　吳融

不必繁絃不必歌，靜中相對更情多。殷鮮一半霞分綺，潔澈旁邊月颭波。
看久願成莊叟夢，惜留須倩魯陽戈。重來應共今來別，風墮殘香襯綠莎。

〈題南平後園牡丹〉　釋齊已（八六三癸未—九三七）

暖披煙豔照西園，翠幄朱欄護列仙。玉帳笙歌留盡日，瑤臺伴侶待歸天。
香多覺受風光剩，紅重知含雨露偏。上客分明記開處，明年開更勝今年。

〈牡丹〉　李山甫

邀勒春風不早開，眾芳飄後上樓臺。數苞仙豔火中出，一片異香天上來。
曉露精神妖欲動，暮煙情態恨成堆。知君也解相輕薄，斜憑闌干首重迴。

唐朝已經有不少詠牡丹詩了，而且美不勝讀，可惜歐陽永叔都未體察到。入宋以後的詩作更多，尤其陪皇帝作的應制詩和朋友賞花酬唱之作，幾乎俯拾即是，只好全部割捨，還是只錄單純詠牡丹的，看詩人怎麼說：

〈牡丹賦〉　　徐鉉

伊牡丹兮，灼灼其花。擢秀暮春，交光綺霞。其氣則胡香楚蘭，其麗則湘娥趙娃。向日爭媚，迎風或斜。爛如重錦，燦若丹砂。京華之地，金張之家。盤樂縱賞，窮歌極奢。英豔既謝，寂寥繁柯。無秋實以登薦，有皓本以蠲痾。其為用也寡，其見珍也多。所由來者舊矣，孰能遏其頹波。

〈牡丹〉　　張詠（九四六丙午—一〇一五）

桃源分散恨無期，忽憶江城見有時。歌遠醉園拋不得，幾人終夜起題詩。

〈朱紅牡丹〉　　王禹偁

渥丹容貌著霓裾，何事僧軒秪一株。應是吳宮歌舞罷，西施因醉誤施朱。

〈雨中牡丹〉　　穆修（九七九己卯—一〇三二）

萬金期勝賞，三月破穠芳。妒忌巫娥雨，摧殘洛苑香。
怨啼甄后玉，寒出貴妃湯。掩斂無聊極，誰來替斷腸。

〈浣溪沙　牡丹〉　　晏殊

三月和風滿上林，牡丹妖豔直千金。惱人天氣又春陰。為我轉回紅粉面，
向誰分付紫檀心。有情須殢酒杯深。

〈牡丹〉　宋祁

壓枝高下錦，攢蕊淺深霞。疊綵晞陽媚，鮮葩照露斜。

〈白牡丹〉　梅堯臣

白雲堆裡紫霞心，不與姚黃色鬥深。閑伴春風有時歇，豈能長在玉階陰。

〈紫牡丹〉

葉底風吹紫錦囊，宮爐應近更添香。試看沉色濃如潑，不愧逢君翰墨場。

〈牡丹初牙為鴉啄之感而成詠〉

牡丹經雨發香牙，滿地新紅困餓鴉。利觜可能傷國豔，只教春色入凡花。

〈牡丹〉　韓琦

青帝恩偏壓眾芳，獨將奇色寵花王。已推天下無雙豔，更占人間第一香。
欲比世終難類取，待開心始覺春長。不教四季呈妖麗，造化如何是主張。

〈三頭牡丹〉

駢枝三出牡丹紅，奇有雙頭結未工。宛似靈芝相並秀，瑞雲攢處起香風。

〈牡丹〉　劉敞

宮女妝花不必勻，淺紅深紫自爭新。已能含笑驚愁眼，枉是無言對暮春。

〈惜洛陽牡丹為霜風所損〉　司馬光

名花多種欲紛敷，一夕霜風非所虞。節物偶然何足道，人情遺恨不能無。

〈獨賞牡丹〉　邵雍

飄飖健筆詩千首，惆悵東風酒百壺。縱使前春滿朱檻，使車那復滯西都。

賞花全易識花難，善識花人獨倚欄。雨露功中觀造化，神仙品裡定容顏。
尋常止可言時尚，奇絕方名出世間。賦分也須知不淺，算來消得一生閑。

〈牡丹吟〉

牡丹花品冠群芳，況是其間更有王。四色變而成百色，百般顏色百般香。

〈牡丹〉二首　范純仁（一〇二七丁卯—一一〇一）

牡丹奇擅洛都春，百卉千花浪糾紛。國色鮮明舒嫩臉，仙冠重疊翦紅雲。
競馳絕品供天賞，旋立佳名竦眾聞。園吏遮藏恐凋落，直敧青蓋過殘曛。

〈牡丹吟〉　郭祥正

三月金張啟仙館，百種名花此尤罕。昭君曉怯邊地寒，太真晝臥華清暖。
夢為莊叟蝴蝶狂，散作襄王雲雨短。莫笑空山芝與蘭，冷豔不隨金剪斷。

〈雨中看牡丹〉三首　蘇軾

霧雨不成點，映空疑有無。時於花上見，的皪走明珠。
秀色洗紅粉，暗香生雪膚。黃昏更蕭瑟，頭重欲相扶。
明日雨當止，晨光在松枝。清寒入花骨，肅肅初自持。
午景發穠麗，一笑當及時。依然暮還斂，亦自惜幽姿。
幽姿不可惜，後日東風起。酒醒何所見，金粉抱青子。
千花與百草，共盡無妍鄙。未忍汙泥沙，牛酥煎落蕊。

〈雨中明慶賞牡丹〉

霏霏雨露作清妍，爍爍明燈照欲然。明日春陰花未老，故應未忍著酥煎。

〈吉祥寺賞牡丹〉　朱長文

人老簪花不自羞，花應羞上老人頭。醉歸扶路人應笑，十里珠簾半上鈎。

〈牡丹〉　孔平仲（一〇四四甲申——一一〇四）

奇姿須待接花工，未必妖華限洛中。應是春皇偏與色，卻教仙女愧乘風。
朱欄共約他年賞，翠幄休嗟數日空。誰就東吳為品第，清晨仔細閱芳叢。

〈雙頭牡丹〉

牡丹意態已無窮，況是連房鬥淺紅。曉色競開雙萼上，春光分占一枝中。
娥英窈窕臨湘浦，姊妹輕盈倚漢宮。只為多嬌便相妒，芳心相隔不相同。

〈牡丹〉五首　黃裳（一〇四四甲申——一一三〇）

衮衮群芳已失真，超然奇秀始離倫。夜遊說與雕欄客，費盡天機老卻春。
晚得天真獨有餘，百花榮謝莫相須。無窮春思包含盡，但問薰風有也無。
香色兼收三月尾，聲名都壓百花頭。天真無處窺神化，欄畔新妝卻自羞。
東秦西洛景相望，只候花開是醉鄉。曾見玉香毬最好，樽前何獨說姚黃。
夜對金蓮尤婉孌，曉窺清照轉精神，若教更共人長久，豈待能言始惱人。

〈蝶戀花　牡丹〉

每到花開春已暮，況是人生、難得長歡聚。一日一遊能幾度，看看背我堂堂去。
蝶亂蜂忙紅粉妒，醉眼吟情、且與花為主。雪怨雲愁無問處，芳心待向誰分付。

〈牡丹〉　張耒

天女奇姿雲錦囊，故應聽法傍禪床。靜中獨有維摩覺，觸鼻惟聞淨戒香。

〈牡丹二首〉　傅察

無奈狂風日日催，東君欲去復徘徊。應緣眾卉羞相並，故遣妖姿最後開。
半醉西施暈曉妝，天香一夜染衣裳。躊躇欲盡無窮意，筆法誰人繼趙昌。

花王魅力十足，果然美不勝收，再看南宋詩人的讚嘆：

〈牡丹〉　王十朋

今古幾池館，人人栽牡丹。主翁兼種德，要與子孫看。
人道此花貴，豈宜顏巷栽。春風情不世，紅紫一般開。

〈牡丹〉　洪适

綺麗偏宜晝，香霞獨占春。洛陽荊棘久，誰是惜花人。

〈姚黃牡丹〉　虞儔

紅紫爭先有底忙，姚黃晚出最芬芳。玉非蒸栗難同色，露是薔薇更染香。
翠幄密遮春去路，黃雲低映曉來妝。十分喜氣眉間見，快瀉鵝兒醉洛陽。

〈牡丹〉　許綸

眾卉從爭媚，花開始是春。一年春富貴，造物太於人。

〈夢觀牡丹〉　陸游

忘卻晨梳滿把絲，棟花嫌不似臙脂。起來一笑看清鏡，惟插梨花卻較宜。

〈剪牡丹感懷〉

雨聲點滴漏聲殘，裋褐猶如二月寒。閉戶自憐今伏老，聯鞍誰記舊追歡。欲持藤榼沽春碧，自傍朱欄剪牡丹。不為掛冠方寂寞，宦遊強半是祠官。

〈戲題牡丹〉　范成大

主人細意惜芳春，寶帳籠堦護紫雲。風日等閒猶不到，外邊蜂蹀莫紛紛。

〈立春檢校牡丹〉　楊萬里

牡丹又欲試春妝，忙得閒人也作忙。新舊年頭將替換，去留花眼費商量。東風從我袖中出，小蕾已含天上香。只道開時恐腸斷，未開先自斷人腸。

〈紫牡丹〉二首　薛季宣

萬花不分不春妍，究竟專春是牡丹。紫錦香囊金屑暖，翠羅舞袖掌文寒。恨無國色天香句，借與風條日萼看。家有洛陽一千朵，三年歸夢繞欄干。歲歲東風二月時，司花辛苦染晴枝。夜輸百斛薔薇水，曉洗千層玉雪肌。寒食清明空過了，姚黃魏紫不曾知。春愁蹙得眉尖破，何處如今更有詩。

〈牡丹〉

三春首出眾芳菲，笑倚東風蹙翠眉。洛浦未翔要玉佩，湯泉新浴曳褂衣。無雙可奈傾城恨，第一何堪代命為。桑柘不花花乍可，清霜誰是不空枝。

〈詠牡丹〉　趙蕃

洛下誰移致，江南種得成。高株非自接，徑尺信能盈。恨匪堅牢質，漫令城國傾。未宜貧舍有，風起莫多驚。

〈牡丹〉　程公許

春工殫巧萬花叢，晚見昭儀擅漢宮。可惜芳時天不借，三更雨歇五更風。

〈滿庭芳　雨中再賦牡丹〉　汪莘（一一五五乙亥—一二二七）

雲繞花屏，天橫練帶。畫堂三月初三。斜風細雨，羅幕護輕寒。無數天香國色，枝枝帶洛浦嵩山。燒紅燭，吞星日，光射九霞冠。仙宮深幾許，黃鶯問道，紫燕窺簾。似太真姊妹，半醒微酣。須信生來富貴，何曾在草舍茅庵。皇州近，扁舟載去，春色冠東南。

〈牡丹〉　林希逸（一一九三癸丑—一二七一）

生意草亦佳，可但蓮菊好。富貴本何心，莫以色見我。

〈牡丹多不開花〉　方岳

少作花頭多作叢，十分能有幾分紅。春工自不容人力，抱甕窮年笑此翁。
韶風萬物照吾廬，昨歲駢頭今併疏。自是愛花心不足，何知物物有乘除。

〈江神子　牡丹〉

窗綃深隱護芳塵，翠眉顰，越精神。幾雨幾晴，做得這些春。切莫近前輕著語，題品錯，怕渠嗔。碧壺誰貯玉粼粼。醉香茵，晚風頻。吹得酒痕，如洗一番新。只恨謫仙渾懶卻，辜負那，倚欄人。

〈早春牡丹〉　趙孟堅（一一九九己未—一二六四）

香泥封籜接頭新，幻出花王見早春。時節不須寒食候，工夫遠勝洛陽人。
嫩黃蠟葉拳微皺，半醉宮妝粉未勻。恐怕晚風須愛護，羅幃遮卻看頻頻。

〈牡丹〉　戴昺（一二〇〇庚申—？）

萬巧千奇費剪裁，瓊瑤錦繡簇成堆。世間妖女輪回魄，天上仙姬降謫胎。
笑臉倚風嬌欲語，醉顏酣日困難擡。東君若使先春放，羞殺群花不敢開。

〈詠不開牡丹〉　陳著

一種仙根自洛城，春深何事不花生。芳心未必全羞澀，猶恨東風用力輕。

〈念奴嬌　詠牡丹〉

洛陽地脈，是誰人，縮到海涯天角。綠樹成陰芳霧底，得見當年臺閣。
園杏貴客，海棠姬侍，擁入青油幕。人間那有，風流天上標格。
如困如懶如羞，夜來應夢入，西瑤仙宅。為你閒風輕過去，不教妨卻。
嬌不能行，笑還無語。惟把香狼藉，花花聽取，年年無負春約。

〈牡丹〉　舒岳祥

東風常帶三分冷，春日自有一種香。百花合和不可揀，中人如酒令人狂。
馬塍賣花只貪早，野翁自愛開遲好。看花不可見花心，爛漫開時春已老。
梢頭繭栗幼枿杆，有許包藏費天巧。自攜尊酒醉花陰，偃仰鹿皮聽語少。

〈牡丹〉　衛宗武

淑景駸駸到牡丹，探芳日日倚楹欄。巧心吐出黃金縷，腴臉開成紫玉盤。
春晚有花飛欲盡，山中此種得應難。便須收拾歸囊錦，更酌清尊仔細看。

〈牡丹〉　施樞

天然貴格鎮群芳，細雨叢中試寶妝。肯與亂紅爭國色，日同柔綠挽春光。

玉蘭倚困嬌無力，金鴨沉煙不敢香。可惜承恩亭北賦，苦無妙語告君王。

〈白牡丹〉 王鎡

翠雲低護玉樓臺，露洗香苞逐旋開。昨夜賞花人酒醉，月中錯認水晶杯。

花王畢竟不同群花，宋朝以後還有眾多千姿百態的「牡丹」：

〈紫牡丹〉 元好問

金粉輕粘蝶翅勻，丹砂濃抹鶴翎新。儘饒姚魏知名早，未放黃徐下筆親。
映日定應珠有淚，淩波長恐襪生塵。如何借得司花手，遍與人間作好春。
夢裡華胥失玉京，小闌春事自昇平。只緣造物偏留意，須信凡花浪得名。
蜀錦浪淘添色重，御爐風細覺香清。金刀一剪腸堪斷，綠鬢劉郎半白生。
天上真妃玉鏡臺，醉中遺下紫霞杯。已從香國偏薰染，更惜花神巧剪裁。
微度麝薰時約略，驚移鸞影卻低回。洗妝正要春風句，寄謝詩人莫漫來。

〈題牡丹〉 陳植（一二九三癸巳——一三六二）

京洛全盛日，花開大若槃。繁華驚夢覺，風雨五更寒。

〈新開牡丹〉 劉秉忠

四月新來三月還，一春光景鏡中看。東風也逐情濃處，吹落桃花放牡丹。

〈春曉月下觀白牡丹〉 耶律鑄

小立猶癡睡，凝情出翠籠。玉盤承曉露，金鏡掛春風。

豈為素娥妒，不呈青帝功。萬花推第一，誰更忌專宮。

〈天香臺牡丹〉

牡丹名品數姚黃，分外精神分外香。氣節得教稱貴客，風標元索號花王。
玉妃醉露足春睡，魏后倚風呈曉妝。天賜寵榮光價在，得無誇麗酒仙鄉。

〈雙頭牡丹〉

並倚春風映畫堂，相偎應說夜來長。同枝同葉緣何事，脈脈芳心各自香。
玉盤雙捧九天香，競負恩華示寵光。意得沉香亭北畔，太真臨鏡倚新妝。

〈白牡丹〉　侯克中

皎皎名花壓眾芳，剪冰裁雪作衣裳。洛神豈受塵埃染，虢國不煩脂粉妝。
非色能專天下色，有香絕異世間香。姚黃魏紫休相妒，從此春風屬素王。

〈未開牡丹〉　張弘範

包藏國色與天香，儘使游蜂自在狂。直待百花零落後，旋誇魏紫共姚黃。

〈牡丹〉　劉因

世變日以文，花卉亦應爾。懸知太古時，其美未如此。

〈牡丹〉　洪希文

雖異山林質，生於水竹涯。只今爭富麗，喚作洛陽花。
國色酣朝酒，天香散曉風。荒村蜂與蝶，老死菜花叢。

〈牡丹〉　李孝光

富貴風流拔等倫，百花低首拜芳塵。畫欄繡幄圍紅玉，雲錦霞裳踏翠裀。

天上有香能蓋世，國中無色可為鄰。名花也自難培植，合費天公萬斛春。

許有壬（一二八七丁亥—一三六四）

〈牡丹始開值雨〉

小人傾善類，怪雨妒花王。國色嬌含潤，天葩濕吐香。
太真初賜浴，孫壽慣啼妝。富貴吾何羨，開晴謾一觴。

胡天游（一二八八戊子—一三六八）

〈牡丹花〉

相逢盡道看花歸，慚愧尋芳獨後時。北海已傾新釀酒，東風猶鎖半開枝。
掃空紅紫真無敵，看到雲仍未可知。但願倚闌人不老，為公長賦謫仙詩。

何中

〈牡丹〉

異錦星孫巧，奇雲夢女神。珊瑚離鐵網，翡翠糝金塵。
天上花難並，仙家畫莫親。如何元化力，獨釀一根春。

張昱

〈殘牡丹〉

繞闌莫惜酒行頻，開到姚黃已暮春。瓊樹今朝歌正好，彩雲昨夜夢非真。
園林雖不異前日，車馬可憐非舊人。欲倩東風問蝴蝶，花前誰是百年身。

〈湖山堂觀牡丹〉

穠香偏惹宦遊人，銀甕連車載酒頻。乍雨乍晴三月節，傾城傾國一年春。
卻勝飛燕為皇后，謾把驚鴻比洛神。若問風流誰可賦，只應宋玉是東鄰。

劉嵩

〈牡丹〉

千葉鶴翎紅，仙姿自不同。名傳李唐後，根托帝壇中。
霞佩分王母，金盤送玉童。異香留不得，長是逐天風。

〈牡丹〉　楊基

當時姚家黃，花面濶一尺。惆悵洛陽人，而今多未識。

〈牡丹〉　李昱

紅紫春來總浪誇，風流須讓牡丹花。盈盈仙掌盛朝露，冉冉酡顏映晚霞。
此物宜栽天子苑，為誰來自野人家。客中相對俱寥落，且與殷勤舉玉窪。

〈牡丹〉　王紱（一三六二壬寅——一四一六）

魏紫姚黃取次栽，清和將近始花開。群芳任意參前去，國色多情殿後來。
簾外日高施帳幄，酒邊風暖醉亭臺。東君賦予何多也，無限繁華獨占魁。

〈山中見牡丹〉　李昌祺

不嫌惡雨并乖風，且共山花作伴紅。縱在五侯池館裡，可能春去不成空。

〈重唁山中牡丹〉

不煩澆灌不煩栽，長過清明穀雨開。為問洛陽豪貴客，幾家還有舊亭臺。

〈刺牡丹〉　鄭文康（一四一三癸巳——一四六五）

名花不入小家園，歲歲花時沸管絃。只恐春風容易過，鄰翁耕作種瓜田。

〈五色牡丹〉　張寧

五色名皆具，千金價不賒。相看真似錦，比美更無花。
瑞鳳銜天詔，祥雲夾日華。沉香亭久廢，變態更誰家。

〈庭前牡丹盛開〉　王鏊

一年花事垂垂盡，忽見庭前錦繡層。粉臉薄侵紅玉暈，芳心斜倒紫檀稜。

春雲不動陰常覆，曉露微霑媚轉增。造化無私還有意，石闌干畔幾迴憑。

〈白牡丹〉 朱誠泳

〈三月三日庭前白牡丹一枝獨開〉

紅紫休誇錦作堆，瑤華一朵占先開。似從姑射山頭見，不減唐昌觀裡栽。綽約每憐天與態，瓏璁應藉雪為胎。風情一種無由見，攜酒誰當月下來。

〈白牡丹〉

洗卻紅妝面，天然粉態真。花王冰作骨，姑射水為神。

縞袂迎風暖，瓊杯捧露新。東皇嫌冶麗，別幻一般春。

〈牡丹〉

新曲傳供奉，名花擅洛陽。風神應國色，標格自天香。

百草皆為隸，孤叢特擬王。沈香亭在否，今古笑三郎。

〈紅牡丹〉

天風吹破錦雲團，涼沁胭脂露未乾。好似玉環妝束罷，絳羅衫袖拂闌干。

〈白牡丹〉

素娥乘月下瓊樓，脫卻天香紫綺裘。遊遍洛陽無伴侶，凌風騎鶴到揚州。

〈黃牡丹〉

姚家一種殿群芳，不學宮妝學道妝。秀毓中央顏色正，品題無忝作花王。

〈牡丹〉 顧清（一四六〇庚辰——一五二八）

三月東園花壓闌，種花人去我來看。不須爛熳開千朵，惜取芳根伴歲寒。

〈詠東園黃牡丹〉 邊貢

霽園霞石媚春光，結侶看春坐夕陽。天上謫仙逢李白，世間名品見姚黃。
千鬟萬瓣深含態，細幕輕簾迥透香。後會恐遲花謝去，攜尊明日過林塘。
〈牡丹〉　　薛蕙
紅紫紛紛次第稀，故留國色殿春暉。東皇巧思應多少，西子妖魂定是非。
香霧氤氳籠寶靨，流風宛轉弄仙衣。白頭更覺鍾情劇，忍訴清尊不醉歸。
〈牡丹〉　　謝榛（一四九五乙卯—一五七五）
洛下名花迥絕塵，寶闌斜倚見風神。香飄梁苑聚仙子，色壓漢宮無美人。
宿露暗侵芳骨冷，曉霞低照靚妝新。謝家只解題紅藥，此日狂吟醉好春。
〈詠白牡丹一花〉　　皇甫涍
何苦春風吝，名花不兩生。故知姿絕世，獨自表傾城。
〈賞牡丹〉　　曹于汴
花前逸興欲傾杯，為問此心何處來。物理若還不我與，等閒那得笑顏開。
〈牡丹落幾盡矣惟餘一枝垂垂不墜因而賦此〉　　范景文
已見殘紅片片飛，一枝留得送春歸。妝經雨洗胭脂薄，香惹風來蛺蝶稀。
半醉微痕迷曉暈，剩餐餘馥勝癡肥。畫工何似春工巧，濃碧叢中淺著緋。

以上是金、元、明三代的詩篇，相當可觀，但數量還比不上清朝乾隆之前的詩作。清初詩人歌詠牡丹絕不多讓，尤其金粟山人彭孫遹，所作真是驚人，堪稱牡丹知音，以下請繼續雅賞：

〈牡丹花下作〉　朱鶴齡

花色總輸伊，橫陳當麗姬。妖嬈西子笑，豐膩太真肌。
寶髻光搖座*，栴檀氣壓枝。晚來絲雨潤，婀娜倍生姿。

*自注：「《楞嚴經》：『世尊從肉髻中湧出百寶光。』」

〈月下牡丹〉　吳綺

何必瑤臺見玉鐺，分明仙霧擁霓裳。三更水浸樓臺冷，半夜露和珠翠香。
紅袖吹燈偏愛影，寶鬟臨鏡更添妝。誰能續取奇章紀，月地雲階枉斷腸。

〈牡丹〉其一　彭孫遹

天葩原自有根芽，寒食春寒卻試花。百蘊烟濃流夕吹，九成帳暖護朝霞。
邢娥色足當人主，韓掾香應出帝家。肯向東風鬥凡豔，紛紛桃李太夭斜。

〈黃牡丹〉

絕代穠姿照綺寮，風前婀娜顫金翹。甘泉寶鼎凝雲氣，芳苑銅盤浥露標。
蜂抱春叢香未褪，鶯含仙蕾色偏饒。東皇若署花中正，上品端宜數孟姚。

〈白牡丹〉二首

瑤臺舊種是仙葩，壓倒河陽十萬家。草木精英含太素，帝天色相現空華。
隋侯未必珠無纇，趙氏終嫌璧有瑕。最好撩人春月夜，玉盤承露一枝斜。
重璧臺空事已非，風前猶自吐芳菲。劇憐暝色通瑤幌，乍怯春寒覆玉衣。
絕代何人呈皓質，倚闌終日弄清暉。沉香宴罷歡無極，更舞霓裳月下歸。

〈綠牡丹〉二首

粲粲穠姿領豔陽，新紆緱綬侍東皇。倚欄祇覺苔無色，拂檻翻疑葉有香。
欲把綠沈描黛嫵，似歌黃裡怨春芳。綺琴莫向花前弄，辨影聞聲總斷腸。
采芳空自惜韶年，一匊盈盈思渺然。春宴欲將袍鬥色，曉妝還與鬢爭妍。
琉璃屏影枝枝脆，鷫鷞衣痕縷縷鮮。寄語天家花鳥使，斛珠好為致嬋娟。

〈深紅牡丹〉

休向涼州更借緋*，潛溪春色在仙闈。花王自合開朱邸，青帝翻教載赤旂。
香霧重重籠絳豔，明霞片片漾晴暉。羅虬何事輕相比，應向雕欄得見稀。

*自注：「涼州緋色天下之最。見《魏書尉聿傳》。」

〈淺紅牡丹〉

嫩雨鮮雲點染勻，枝頭一種退紅新。流霞淺拂胭脂暈，滴露輕研琥珀塵。
自漬小朱成國色，不教太赤汙天真。守宮減盡餘香在，花信蹉跎入暮春。

〈紫牡丹〉

魏相園亭跡已湮，繁花密葉尚如新。荷囊曉引含香客，茸帳宵偎舞掌人。
不道蘭宮無袐種，若移薇省有芳鄰。洛中豪貴爭相賞，絲障高籠十里春。

〈並蒂牡丹〉

漫裁鴛錦護花神，琬琰仙姿不涴塵。雨後難禁同夢態，風前如見比肩人。
香流紫谽雙鬟動，露浥紅綿兩靨春。好是夜來清讌罷，合歡枝上月重輪。

〈牡丹花〉

王士禎

雕欄曲曲寶糚成，步障春風十里輕。陳氏君臣爭結綺，楊家姊妹總傾城。

千花奪笑俱回臉，片蕊迎酣別繫情。最是洛陽新上已，誰能不唱麗人行。

宋犖

〈綠牡丹〉

異種遙分洛下春，青霞碧水鬥精神。香傳蘿逕花難辨，蕊映蕉窗色竝新。
翠被鄂君元獨擁，黛眉西子正宜顰。何當倒掛來么鳳，點綴風光穀雨辰。

張英

〈牡丹〉

萬疊羅衣倚畫欄，沉香亭畔昔同看。和風夢暖紅珠帳，曉露光凝赤玉盤。
粉頰微痕脂欲透，絳綃斜映錦成團。上林三月花千種，更有何花壓牡丹。

陳廷敬

〈墨牡丹〉其一

新綠蛾眉畫未勻，瑣窗日影淡如銀。玉顏自抱臨妝恨，不比昭陽鏡裡人。

〈傷庭前牡丹〉

查慎行

依稀一夢閱繁華，草沒庭荒野老家。省卻暮年多少事，灰心從此不栽花。

〈暢春園眾花盛開最為可觀惟綠牡丹清雅迥常世所罕有賦七言絕以記之〉

清聖祖康熙

碧蕊青霞壓眾芳，檀心逐朵韞真香。花殘又是一年事，莫遣春光放日長。

〈詠各種牡丹〉

晨葩吐禁苑，花蒔就新晴。玉版參仙蕊，金絲雜綠英。
色含潑墨發，氣逐彩雲生。莫訝清平調，天香自有情。

〈詠牡丹〉

清世宗雍正（一六七八戊午——一七三五）

酣豔枝枝五色妝，難將蘭麝與論量。欲留春住舒奇彩，獨擅嬌多領眾芳。
天女霞冠簪寶髻，仙姝玉佩曳霓裳。瓊漿飲罷瑤池宴，雙頰潮紅膩粉光。

〈牡丹〉　　清高宗乾隆

一庭步障護霞光，自是花中合有王。試問開期何太晚，恐差百卉盡收芳。

〈牡丹〉

豔酣每值好春殘，行雨流風莫妒歡。破頰鼠姑常笑日，始知藝苑有還丹。

清初盛世的三位帝王都加入詠牡丹了，於戲！盛哉！北宋帝王亦有吟詠，且讓群臣賡和，多為歌功頌德之作，不如康熙祖孫父子三人自詠情懷，歲月果真就如康熙所詠「花殘又是一年事，莫遣春光放日長」！

牡丹的二三事

牡丹盛名下，還衍生出「墨牡丹」、「黑牡丹」和「牡丹酥」，這些跟牡丹花有什麼關係？

墨牡丹

牡丹種類既多，顏色繽紛，惟黑色牡丹則文獻上僅一見，所謂「異種」（清．王士禎《池北偶談》卷二十四），而前引康熙詩有「色含潑墨發」，豈即是耶！然「水墨牡丹畫」則頗不少，習稱「墨牡丹」。

黑牡丹

黑牡丹者，實非牡丹花，謎底揭曉，則必出人意表。類書紀載：

唐末劉訓者，京師富人。梁氏開國，嘗假貸以給軍。京師春遊，以觀牡丹為勝賞。訓邀

客賞花，乃繫水牛數百在前，指曰：「劉氏黑牡丹也。」時牛極貴，一頭牛不下一百千也。

五代第一個政權是朱全忠所建的「梁」。朱全忠用兵時，曾向富豪劉訓借錢以供軍費。後梁定都汴京（開封）後，春日也以賞牡丹花為時髦，劉訓邀朋友賞牡丹，卻在樹下聚集了幾百頭水牛，說是「劉家黑牡丹」；當時一頭牛價高十萬錢。那牡丹花的價格如何？白居易〈買花〉詩說：

帝城春欲暮，喧喧車馬度。共道牡丹時，相隨買花去。
貴賤無常價，酬直看花數。灼灼千朵紅，淺淺五束素。
上張幄幕庇，旁織笆籬護。水灑復泥封，移來色如故。
家家習為俗，人人迷不悟。有一田舍翁，偶來賣花處。
低頭獨長歎，此歎無人喻：一叢深色花，十戶中人賦。

白居易這首詩是所謂「新樂府諷諭詩」，一叢深色的牡丹花，可以是十戶人家一天的生活費。又有記載說：「元和中，京師貴游尚牡丹，一本直數萬。」

元和（八〇六－八二〇）是唐憲宗的年號，前此正是白居易諷諭詩寫作的時間，而下距朱全忠稱帝（九〇七）尚有一百年矣，牡丹花價高如耕牛，所以劉訓以幾百頭牛為幾百蕊牡丹乎！莫非一株牡丹價如一頭耕牛？清初周召《雙橋隨筆》卷六有以下記載：

蘇東坡在黃，即坡之下種稻，為田五十畝，牧一牛。一日牛忽病幾死，呼牛醫療之；云：「不識症狀。」王夫人多智多經涉，語坡曰：「此牛發痘斑，法當以青蒿作粥啖之。」如言而效。嘗舉以示章子厚曰：「我自謫居後，便作老農，更無樂事，豈知老妻猶能接黑牡丹也！」俗呼牛為「黑牡丹」。子厚曰：「我更欲留君與語，恐人又謂從牛醫兒來，姑且去。遂大笑而別。」

這段記載不全可靠，因為章惇（字子厚）從來沒去黃州探望東坡，但以牛為「黑牡丹」，不僅有所本，後人也已習用。南宋戴石屏〈題牛圖〉說：「牡丹花下連宵醉，今日閒看黑牡丹。得此躬耕東海曲，一貧無慮百憂寬。」元朝馬祖常（一二七九己卯—一三三八）〈淮上初見吳牛〉也詠：「獨愛江邊黑牡丹，新編龍具不知寒。春來高價如金貴，背上童兒爾好看。」

而中國史上最善畫牛的是晚唐戴嵩，他畫的〈鬥牛圖〉、〈牧牛圖〉，聞名於世，與韓幹（七〇六丙午—七八三）畫馬並稱。由上述可知，黑牡丹也是水牛的別名。

牡丹酥

宋朝丘濬《洛陽貴尚錄》記載說：

孟蜀時兵部貳卿李昊，每牡丹花開，將數朵分遺親友，以金鳳牋成歌詩以致之。又以「與平酥」同贈，且云：「俟花凋謝，即以酥煎食之，無棄穠花也。」其風流貴重如此。

所稱「孟蜀」是孟知祥、孟昶父子時代的「後蜀」（九三五—九五五）。李昊原為前蜀王衍朝翰林學士，王衍降於後唐，李昊作降表，後入孟蜀，官至禮部尚書；孟昶兵敗投降趙宋，其降表也是李昊所作。於是有蜀人夜晚在李昊家大門貼上「世修降表李家」，當時傳以為笑。不過，李昊創造出用「牛酥」煎「凋謝牡丹」的「牡丹酥」；前引蘇軾詠牡丹詩，一則說：「未忍汙泥沙，牛酥煎落蕊。」再則說：「明日春陰花未老，故應未忍著酥煎。」又，「興平」屬長安，所產「牛酥」為貢品，極名貴。「牛酥」者，牛乳所製乳酪，有如今之起司，所以牡丹酥，即「牡丹起士」乎！美食家朋友，何妨研發精製。

唐朝王建〈題所賃宅牡丹花〉結兩句：「可憐零落蕊，收取作香燒。」以牡丹而言，寧「零落作香燒」？或「牛酥煎落蕊」？讀罷牡丹詩，又知黑牡丹，一笑之餘，湊成長句作結，〈黑牡丹〉：

君不見姚黃魏紫牡丹冠，各色天香千萬株。
又不見玉環師師關盼盼，世傳國色有三姝。
畫手更效墨梅狀，墨牡丹花但恐無。
惜花且莫燒成烏。濃豔猶堪煎作酥。
黑牡丹，漫田野，古來絕品但看戴嵩「牧牛圖」！

酴醾花

穀雨二候花

南宋末謝維新《古今合璧事類備要．別集》（卷三十一，書成於一二五七年）說：

酴醾花，藤身青莖多刺，每一穎著三葉，品字樣，葉面光綠，背翠，多缺刻，青跗紅葶，及開時花變白，帶淺碧，多葉，其香微而青。種之者用大高架引之，盤曲而上。二、三月間爛熳可觀也。又一種黃花，同時而開。字本作稌穈，後加酉；或又曰「酴醾」酒名，世以所開花顏色似之，故取名焉。

而清康熙四十九年（一七一〇）編成的《御定淵鑑類函》，對「酴醾」的名稱又有所補充：「《群芳譜》曰：一名『獨步春』，一名『百宜枝』，一名『瓊綬帶』，一名『雪纓絡』，一名『沈香蜜友』。大朵千瓣，香微而清，本名荼蘼；一種色黃似酒，故加酉字。」

又《四川志》記：「成都縣出酴醾花，有三種，曰『白玉碗』，曰『出爐銀』，曰『雲南紅』；色香俱美。」又《成都古今記》載：「酴醾花香甚，可以為酒。晉山濤為郫令，以此花釀酒竹中，所謂『郫筒酒』也。」山濤（二〇五乙酉—二八三）字巨源，是「竹林七賢」之一。他在擔任四川郫縣縣令時，用酴醾花釀酒，這款酴醾酒色香味三絕，適合於老人清興。在中晚唐，清明節時，皇帝會特別用酴醾酒賞賜大臣。另外酴醾酒又是「重釀酒」，故詠酴醾多有酒，由此而來！

又或以為酴醾就是「木香」，木香有二種，檀心者就是「酴醾」。酴醾花也可以做「枕囊」，黃庭堅詩說：「名字因壺酒，風流付枕幃。」幃就是囊之意。

酴醾是草本爬藤，所以必須為植物搭架子，酴醾架就成酴醾的附加成分，而「酴醾架下」的表述，是其他花卉所少見的。

《花品》評酴醾花為「雅客」，然而宋朝以前竟然看不到詩人對「雅客」的歌詠，讓人非常意外！兩宋詠酴醾的詩則頗為可觀，而後又少見了，真是很特殊的現象。且先看宋朝詩人對酴醾的喜愛：

〈詠酴醾〉 宋祁

來自蠶叢國*，香傳弱水神。析酲疑破鼻，併豔欲留春。

*蜀地（四川成都）古屬「蠶叢」。

〈新釀酴醾酒送吳蔡二副樞〉 文彥博

此花猶未發，此酒已先香。獨有甘芹意，開罇略為嘗。

〈漁家傲〉 歐陽修

三月清明天婉娩，晴川祓禊歸來晚。
況是踏青來處遠，猶不倦，鞦韆別閉深庭院。
更值牡丹開欲遍，酴醾壓架清香散。
滿注金樽誰解勸，增眷戀，東風回晚無情絆。

〈酴醾〉 韓維

平生為愛此香濃，仰面常迎落架風。每至春歸有遺恨，典刑猶在酒杯中。

〈同曼叔觀潁昌酴醾〉

前日看花花正發，今日看花花欲歇。入門但見綠陰下，寂寞無人委春雪。
狂風飄簸百卉盡，惟有清香吹不絕。攀條惆悵可奈何，與君把酒到明月。

〈酴醾花〉

細蓓繁英次第開，攀條盡日未能回。不如醉臥春風底，時使清香拂面來。

〈惜酴醾〉

天意再三珍野豔，花中最後吐奇香。狂風莫掃殘英盡，留與佳人貯絳囊。

〈即事〉二首　劉敞

長日熏風春欲回，啼鶯鳴鴂亂相催。不嫌柳絮都飛盡，惜許酴醾取次開。

白社不知天上樂，殘芳可惜逐東風。誰家酴醾花正發，走馬平明看醉翁*。

*「醉翁」者，歐陽修也！

〈探花郎送花坐中與鄰幾戲作〉七首其一　鄭獬

酴醾薔薇香最奇，古人不聞今始知。世間此輩復何限，零落深林方足悲。

〈酴醾〉　韋驤

清香無物敵，粉葉自成圍。白玉瓏璁髻，真珠纓絡衣。

〈賦酴醾短歌少留行旆〉

酴醾高架凌春風，飄然疑與天香同。瓊英綠葉何玲瓏，開樽爛賞情無窮。

把酒祝花花且記，玉堂仙人*將整轡。柔條好為挽雲軿，少慰邦人戀軒意。

*「玉堂」指翰林院，「玉堂仙人」就是翰林學士。

〈杜沂遊武昌以酴醾花見餉〉　蘇軾

酴醾不爭春，寂寞開最晚。青蛟走玉骨，羽蓋蒙珠幰。

不妝豔已絕，無風香自遠。淒涼吳宮闕，紅粉埋故苑。

至今微月夜，笙簫來絕巘。餘妍入此花，千載尚清婉。

怪君呼不歸，定為花所挽。昨宵雷雨惡，花盡君應返。

南宋王十朋評東坡此作是詠酴醾第一。北宋後期起，詩人對酴醾花的喜愛程度，讓人相當訝異，會是受東坡影響嗎？

〈招執中看酴醿〉　彭汝礪（一〇四二壬戌—一〇九五）

恰是酴醿初盛時，清香終日在塵衣。參差正對金沙*拆，散漫更為蝴蝶飛。
日暖綠雲長闇淡，春深白雪更霏微。急來相就花前醉，看盡此花春欲歸。

*金沙為花名。

〈酴醿〉　張舜民

冰肌雪豔映殘春，燠日薰風入四鄰。任是主人能愛惜，也拚一半與遊人。

〈見諸人唱和酴醿詩輒次韻戲詠〉　黃庭堅

梅殘紅藥遲，此物共春歸。名字因壺酒，風流付枕幃。
墜鈿香徑草，飄雪淨垣衣。玉氣晴虹發，沈材鋸屑霏。
直知多不厭，何忍摘令稀。常恨金沙學，顰時正可揮。

〈戲荅王觀復酴醿〉

誰將陶令黃金菊*，幻作酴醿白玉花。小草真成有風味，東園添我老生涯。

*酴醿菊為菊花的品種之一。

〈以金沙酴醿送公壽〉

天遣酴醿玉作花，紫綿揉色染金沙。憑君著意樽前看，便與春工立等差。

〈張仲謀家堂前酴醿委地〉

沈水衣籠白玉苗，不蒙湔拂苦無聊。煩君斫取西莊柳，扶起春風十萬條。

〈酴醾〉

漢宮嬌額半塗黃，入骨濃薰賈女香。日色漸遲風力細，倚欄偷舞白霓裳。

〈觀王主簿家酴醾〉

肌膚冰雪薰沉水，百草千花莫比芳。露濕何郎試湯餅，日烘荀令炷爐香*。
風流徹骨成春酒，夢寐宜人入枕囊。輸與能詩王主簿，瑤臺影裡據胡床。

*「露濕何郎試湯餅，日烘荀令炷爐香」兩句用以形容美男子，傳誦一時，此是黃山谷的名詩。上句說色白，下句說香濃。以何郎、荀令形容美男子的詩句，在唐朝有李端〈贈郭駙馬〉：「薰香荀令偏憐小，傅粉何郎不解愁。」上句說曹操第一謀臣荀彧（一六三癸卯－二一二），字文若，別號令君，他至人家作客，三日香氣不歇。下句說東漢末何晏（一九六丙子－二四九）字平叔，有名的玄學家，臉白如施粉，時稱「傅粉何郎」。

〈次韻景珍酴醾〉

莫惜金錢買玉英，擔頭春老過清明。天香國豔不著意，詩社酒徒空得名。
及此一時須痛飲，已拚三日作狂酲。濠州園裡都開盡，腸斷蕭蕭雨打聲。

黃山谷的詠花之作，以詠酴醾最多。「肌膚冰雪薰沉水，百草千花莫比芳」，酴醾的香，就如「水沉香」一般，薰人欲醉呢！

〈賞酴醾有感〉　秦觀

春來百物不入眼，唯見此花堪斷腸。借問斷腸緣底事，羅衣曾似此花香。

〈次韻李秬酴醾〉　晁補之

天紅瑣碎競春嬌，後出何妨便奪標。雲鶴嬉晴來萬隻，飛龍驚震上千條。

蓐收晃蕩風前仗，萼綠飄翩月下綃。會向瓊林亭畔見，天涯相遇一魂銷。

〈酴醿〉　張耒

欲知此園古，請視酴醿蒼。孫枝已輪囷，走蔓龍蛇長。
春風一吹噓，灼灼發奇光。仙姝不可挹，順風飲其香。

〈題西園酴醿〉

風霜老枿蹙龍蛇，中有青春白玉葩。要使根深生意遂，不妨秋雨臥泥沙。

〈晚春初夏〉

酴醿壓架不勝繁，洗雨吹風更可憐。姑射仙人本仙骨，百花凋盡獨嬋娟。

〈春曉〉　毛滂

酴醿春曉與誰芳，自是新來雨露香。燕子覓巢終軟媚，楊花滿路尚顛忙。

〈醉書〉　李彭

酴醿奪目表春餘，閒雅雍容亦甚都*。睥睨園林眾芳歇，持觴耐久作歡娛。

*都，美也！

〈酴醿〉　葛立方（？—一一六五）

玉骨檀心不肯妝，牽絲引蔓過東牆。正須把酒酬清豔，莫待幽香閟枕囊。

〈月夜看酴醿〉　王庭珪

誰與東皇殿後塵，更無凡木敢爭春。來觀夢草菴前月，疑是廣寒宮裡人。
雨罷香風吹滿院，夜深笑語動諸鄰。詩詞要並花奇絕，對此吟哦句自新。

〈中夜起坐惜春亭月照酴醿清香郁然因成四韻〉

袖手歸來避世塵，酴醿坐對惜餘春。靚妝不入市廛眼，幽韻只應丘壑人。
醉喚江梅君益友，力移亭竹我比鄰。天公著意憐詩客，月色西窗一夜新。

〈酴醿盛開〉　周紫芝

洗雨梳風玉作肌，溫泉初試太真妃。莫驚霧帳人方睡，怕作風軒雪又飛。
未有酒樽酬玉豔，枉教春色到柴扉。詩成不為花遊說，要看山翁倒載歸。

〈暮春〉

花到酴醿欲盡時，一春已是燕遊稀。舊來持酒聽歌處，乞與東風燕子飛。

〈酴醿〉　李綱

殘陰未許春光洩，噴作沙陽三尺雪。摧傷花卉盡枯槎，惟有酴醿寒更茁。
幽人早起傍園林，獨喜枝頭瓊蕊綴。應憐逐客正淒涼，折贈殷勤慰愁絕。
清香馥郁坐中飄，汲水養之殊未歇。和煙帶露愈芬芳，更許幽叢時為擷。
愁霖連日作輕寒，寂寂禪扉方晝閉。春風駘蕩好幽尋，安得連拳掛雌霓。
寒過春光還漏洩，酴醿架上花如雪。輕盈皓色訝梅開，芬馥清香勝蘭茁。
龍鬚初引翠蔓長，玉質全看素英綴。結成幽洞自深沈，蔭此芳醪更奇絕。
銅瓶只浸兩三枝，香在根塵都不歇。幽人贈我意已勤，卻愧終朝煩採擷。
子美惟愁花欲飛，淵明自愛門常閉。尋芳須趁春未殘，更喜晴天垂彩霓。
春入酴醿如憤洩，翻空萬點枝頭雪。濃花嫩蕊滿柔柯，應笑蓬葭春亦茁。
東君端的銜工夫，故把瓊酥巧妝綴。含風觸處便氛氳，帶月看時更清絕。
幽香移入小齋中，獨比餘花最難歇。子應憐我惜春光，刺手鉤衣幾番擷。

卻嗟草木本無情，亦解隨時自開閉。對花一醉更翻書，醉裡猶能讀為霓。

〈即事〉　鄭剛中

窗外斜陽弄晚暉，酴醾更在小窗西。莫言無酒堪供醉，花氣熏人已欲迷。

〈酴醾數蕊瘦小如紙花而清芬異常〉　陳與義

小盤和雨送酴醾，瘦怯東風玉蕊稀。豈是書窗少培植，大都香足不須肥。

〈酴醾〉

雨過無桃李，惟餘雪覆牆。青天映妙質，白日照繁香。
影動春微透，花寒韻更長。風流到尊酒，猶足助詩狂。

〈酴醾〉　蘇籀（一〇九一辛未—？）

絆挽風光數丈枝，曳松拖雪不勝宜。濃鉛輕素誰調練，鬱蕙滋蘭無等夷。
婆律著人酲自解，昆吾雕玉賞尤奇。攀條嗅蕊思京洛，末利晶熒自一時。

〈酴醾〉

梅釅蘭氳芍藥清，旃檀婆律萃天馨。試開秦趙當年目，何藉珠簾翡翠屏。

〈酴醾〉　朱松

翩翩風馭駕花神，更遣酴醾殿晚春。壓架穠香千尺雪，喚回中酒惜花人。

〈酴醾〉　劉子翬

顛風急雨退花晨，翠葉銀苞照眼新。高架攀緣雖得地，長條盤屈總由人。
横釵素朵開猶小，撲酒餘香韻絕倫。唯有金沙顏色好，年年相伴殿殘春。

〈酴醾〉四首

〈春晚〉 王之道

蒙籠春幰頂，天矯赤虬身。雨蕊猶緘暖，精神照晚春。
斑斑心點紫，疊疊萼承冰。除卻橫枝韻，群芳盡與能。
獨立幽亭晚，春風玉一圍。殘英不著地，去作嶺雲飛。
霜粃薰碧醥，氣味已相傳。終以香為累，無人解倒懸。

〈酴醾花〉 史浩

照眼酴醾正及時，鞓紅相映似相知。天公應也憐芳意，一霎輕風宿霧披。
帶雨酴醾不自持，短垣高榭倚斜枝。野人莫覓丹青手，摹寫春容一絕詩。

〈酴醾〉 王十朋

滿架猶煩雪作英，年年嚮此眼偏明。春遲故欲牡丹伴，韻勝還馳雅客名。
縹緲碧裳留夜月，娉婷玉面起朝酲。卻嫌梅蕊無才思，零落蒼苔為笛聲。

〈酴醾〉

日烘香倍遠，雨浥韻尤清。誰把玉錢比，恐花羞此名。

〈酴醾〉

萬斛虬珠眩眼明，傲春遲吐冠園英。詩因居士*價方重，酒賜名臣花遂榮。
香異竹間吹細細，韻如堂上出盈盈。芳姿自可友蘭蕙，惜不當時遇獨清。

*「居士」指東坡，詩見三〇七頁。王十朋是南宋高宗朝第十科的狀元，狀元及第當年已經四十六歲了。

〈酴醾〉 洪邁（一一二三癸卯—一二〇二）

妝淡洗逾靚，肌香薰不成。皎然月露姿，一笑午景晴。
聊移夢蝶床，相對戶不扃。誰令風雨暴，睡起春縱橫。

〈酴醾〉　范成大

東風微峭護餘春，紅紫香中酒自溫。不用忙催銀燭上，酴醾如雪照黃昏。

〈雨中酴醾〉　楊萬里

翡翠堆頭亂不梳，梅花腦子糝肌膚。夜來急雨元無事，曉起看花一片無。

〈野酴醾盛開〉

千朵齊開雪面皮，一芽初長紫蘭枝。一芽來歲還千朵，誰見開花似雪時。

〈酴醾〉

以酒為名卻謗他，冰為肌骨月為家。借令落盡仍香雪，且道開時是底花。

白玉梢頭千點韻，綠雲堆裡一枝斜。休休莫斸西莊柳，放上松梢分外佳。

〈酴醾初發〉

一春長是怨春遲，過卻春光總不知。已負海棠桃李了，再三莫更負酴醾。

〈浣溪沙　酴醾〉　朱熹

壓架年來雪作堆，珍叢也是近移栽。肯令容易放春回。

卻恐陰晴無定度，從教紅白一時開，多情蜂蝶早飛來。

〈酴醾雨後〉　趙善括

晼晚春闌雨，酴醾花意秋。雪飛香霰集，龍門玉雲浮。

外戶楊青眼，中堂浪白頭。夢回人不見，心醉兀悠悠。

〈春老雨寒酴醾竟爛〉

無定若遊絲，神人薦玉衣。飄搖思遠舉，婀娜怯空歸。

曉色檀心重，春寒酒力微。牽腸無柳眼，香絮雪花飛。

〈月下酴醾〉

噴人清馥遍閒庭，心醉銀釭對酴醾。高髻月娥呈素面，孤雲天蓋拂明星。腰支夭裊愁縈緒，玉佩招搖尚典型。著意正須延永夜，新條明月定飄零。

〈酴醾花謝有感〉

當初曾醉浣花春，席地棠梨當錦茵。今日酴醾飄似雪，閒忙不比舊時人。

〈酴醾花〉

東鄰處子太優柔，醉倚欄干十二樓。清白有家傳醞籍，醇醲無味飲風流。帶搖翠握蒼蛟動，佩解虹梁綠蟻浮。嘉木自香香到骨，困人非酒欲誰疇。

〈酴醾〉 戴復古

東風滿架索春饒，三月梁園雪未消。剩馥何人炷蘭麝，桑枝無力帶瓊瑤。

〈酴醾〉 陳著

東風先遣白花開，坐後妝梳殢鏡臺。雪豔慣逢風落絮，雲香不到雨成梅。下交芍藥當堦發，高伴金沙上架來。珍重美人收拾去，春衣分馥雅持杯。

〈酴醾〉 嚴粲

東風暖送龍蛇起，麗日晴烘玉雪香。可惜開時春向晚，不教桃李見清芳。

相看絕似好交友，著眼江梅季孟中。海窟笙簫來鶴背，月林冰雪繞春風。

〈酴醾〉 劉仲尹

滿前玉蕊名尤重，特地梨花夢不同。安得涪翁*香一瓣，種成聊供小南豐。

＊涪翁指黃庭堅。

〈酴醿盛開〉二絕　方回

羅雀閒門未寂寥，小園花事自春饒。日葵霜菊踰千本，更有酴醿十萬條。

雪色聯飛蝶過廊，烏衣交語燕歸梁。酴醿花下午酲解，春靜人閒白日長。

〈酴醿花〉

未用爐薰燃篤耨，何須粉面佐娉婷。通宵痛飲此花下，露滴杯中酒更醒。

〈酴醿〉　劉因

勿翦架上花，不是畏多刺。得蔭難忘枝，曾向花陰醉。

〈酴醿〉　侯克中

過卻清明景已闌，酴醿未肯放春殘。綠羅數幅連青錦，白玉千重簇紫檀。

顏色何嘗饒臘酒，芳馨惟恐勝秋蘭。晚風吹落枝頭雪，謾作尋常粉蝶看。

〈晚春〉　凌雲翰

酴醿壓架雪成堆，一日須看一百回。滿袖清香渾不記，卻憐蜂蝶趁人來。

〈酴醿〉　吳寬

酴醿發長條，叢生類蓍草。每記眾花開，此種開獨早。

南方色多紅，黃色見者少。但嫌易零落，蜂蝶食不飽。

曲闌強遮護，童子日必掃。花落當復開，豈似主人老。

〈刺醿〉

昔枉詩客來，覓句步頻繞。載誦成感傷，誰來慰幽抱。

酴醾有數種，同名而異字。花開欲折難，銛鉤如棘刺。白者榦獨長，紅者香更膩。種之小徑旁，所恨罥衣袂。插竹加編縛，步障差可類。石家金谷園，恐乏此佳致。

〈酴醾花下偶成〉　王世貞

手插芳根傍右廂，春來競發似新妝。驚看白髮三千丈，笑對金釵十二行。為想得名因以色，若教結實定無香。花開閱盡人間客，百歲都能醉幾場。

〈酴醾花〉　清世宗雍正

暗香柔態出風塵，未取蒙茸刺眼新。妝粉不隨朝雨盡，額黃長傍晚山勻。六朝清詠傳倡女，三殿芳醪遍從臣。記取落英收拾後，流蘇帳底有餘春。

〈酴醾〉　清高宗乾隆

羞與群芳爭冶豔，每於幽處見丰姿。但教香色尋常在，莫恨人間知不知。

〈酴醾〉

迎風屢舞自傞傞，策騎尋芳側弁俄。自是此花能醉客，非關春酒中人多。

從元朝經明朝到清初乾隆，前後五百餘年，只得八家之作，差勝唐朝三百年而無一首詠酴醾，不免感慨繫之，戲成兩首贊之，〈酴醾〉：

清豔幽香韻有餘，花開滿架映冰膚，誰教終在牡丹後，醉翁居士不能扶！

酴醾花釀酴醾酒，酒韻飄香不常有。有便醉依花架前，前身應是七賢友！

楝花

穀雨三候花

南宋羅願在《爾雅翼》中，總結文獻上對「楝」的記載，大要說：

楝木高丈餘，葉密如槐而尖，三、四月開花，紅紫色，芬香滿庭。其實如小鈴，至熟則黃，俗謂之「苦楝子」，亦曰「金鈴子」，可以練，故名「楝」。……《淮南子》記，……楝實秋熟，古以楝實應七月之氣。……鳳皇非梧桐不棲，非楝實不食。荊楚之俗，五月五日民並斷新竹筍為筒，楰楝葉插頭，纏五絲縷，江水中以為辟水厄。士女或楝葉插頭，五絲纏臂，謂為長命縷。俗言屈原以此日投水，百姓競以食祭之。漢建武中，長沙人有見人自稱三閭大夫者，謂之曰：「所祭甚善，常苦為蛟龍所竊；蛟龍畏楝葉、五色絲，自今見祭，宜以五色絲合楝葉縛之。」所以俗並事之。宗懍引《風俗通》，以為獬豸食楝，原將以信其志也。然則鳳凰獬豸皆食楝，而蛟龍特畏之，是亦異矣。

簡要來說，楝一名「苦楝」，果實名「金鈴子」，如彈丸，生青熟黃，為治氣殺蟲之藥，皮可殺蟲。「可以練」，或就指可練藥，以殺蟲毒，治療積滯脹氣。宗懍在《荊楚歲時記》說蛟龍畏楝，故端午以楝葉包米作角黍（粽），投江中祭屈原也。明朝李時珍《本草綱目》補充說：「楝長甚速，三五年即可作椽。」又《草花譜》記：「苦楝發花如海棠，一蓓數朵，滿樹可觀。」

二十四番花信風，到楝花風時，已在暮春三月末，這一候過了，春日結束，進入夏季，就是立夏了。經過牡丹、楊柳的激情，或因為春事將盡，人們對最後的花信楝花，雖然紅紫色豔，芬芳滿庭，竟是意興闌珊，唐朝兩百餘年，只見溫飛卿有一首詩，〈苦楝花〉：

院裡鶯歌歇，牆頭舞蝶孤。天香熏羽葆，宮紫暈流蘇。
晻曖迷青瑣，氤氳向畫圖。只應春惜別，留與博山爐。

從宋初到清初，八百多年間，勉強湊合，也只有十七家十八首而已：

〈楝花〉　梅堯臣

紫絲暈粉綴鮮花，綠羅布葉攢飛霞。鶯舌未調香萼醉，柔風細吹銅梗斜。
金鞍結束果下馬，低枝不礙無闌遮。長陵小市見阿姊，濃熏馥郁升鈿車。
莫輕貧賤出閭巷，迎入漢宮人自誇。

〈鍾山晚步〉　王安石

小雨輕風落楝花，細紅如雪點平沙。槿籬竹屋江村路，時見宜城賣酒家。

〈書湖陰先生壁〉

桑條索漠楝花繁，風斂餘香暗度垣。黃鳥數聲殘午夢，尚疑身屬半山園。

〈楝花〉　陳師道（一〇五三癸巳—一一〇一）

密葉已成蔭，高花初著枝。幽香不自好，寒豔未多知。
會見垂金彈，聊容折紫綏。粉身非所恨，猶復得聞思。

〈春夏之交閒居無事觸緒成詠〉　李之儀

楸花落盡楝花繁，門巷人稀半是村。好事憑誰消濕熱，一簾疏雨下黃昏。

〈楝花〉　舒岳祥

燕入黃梅雨，寒收苦楝風。團團羽葆蓋，疊疊繡熏籠。
文錦才堪用，金鈴實有功。小畦留一樹，斤斧幸相容。

〈楝花〉　張蘊

綠樹菲菲紫白香，猶堪纏黍弔沉湘。江南四月無風訊，青草前頭蝶思狂。

〈古斷腸曲〉　周端臣

楝花飾雪糝蒼苔，人未歸來燕已來。滿眼春驚連日老，兩眉愁是幾時開。

〈見楝花開〉　何中

綠光深淺上窗紗，矻矻讎書髮已華。年譜他時誰記取，一株紅楝兩年花。

〈竹枝曲〉　沈夢麟（一三〇七丁未—一三九九）

楝花開時南風起，送郎南征渡江水。今秋若道郎不歸，樹頭誰采金鈴子。

〈晚春〉　凌雲翰

春色相將到楝花，柴門深掩似山家。日長無事琴書罷，紗帽籠頭自煮茶。

〈暮春〉　徐賁

楝花零落曉溪津，節物無情不戀人。二十四風看已盡，等閒觴酒過青春。

〈春暮〉　錢子正

紫楝花開春日長，萬紅落盡燕泥香。赤闌橋畔無人過，看得啼鶯在綠楊。

〈貞谿初夏〉　邵亨貞（一三〇九己酉—一四〇一）

楝花風起漾微波，野渡舟輕客自過。沙上兒童臨水立，戲將萍藻飼黃鵝。
唐時升（一五五一辛亥——一六三六）〈田家即事〉

楝花蔌蔌柳毿毿，犬吠西鄰餉麥蠶。雨過木棉齊放葉，相邀作社到城南。
彭孫遹〈閨詞〉

楝花風過已春殘，四月清和即次看。小院初陳櫻筍會，內家爭愛越梅酸。
清高宗乾隆〈楝花〉

堂堂九十去堪憐，紫楝花開首夏天。廿四番風成底事，枝頭梅子大於錢。

乾隆真是有始有終，「堂堂九十去堪憐」，九十天的春季，畢竟就要過了，「廿四番風成底事」？二十四番花信風，在春日累積的能量，使得接下來的萬物，更能欣欣向榮，「枝頭梅子大於錢」是立見的欣喜。

穀雨過了，接下來就是立夏。自去年小寒初，到今年穀雨終，歷經八個節氣一百二十天，每個節氣三種花，從梅花開始，到楝花收尾，共二十四種花，所以所謂「二十四番花信」也結束了。看了這麼多的花，有什麼心情和感悟呢？明朝胡奎〈春風詞〉說：

花信二十四，春愁千萬端。年年吹不散，故故作餘寒。
通帷花氣重，入戶燕衣輕。噓寒還作暖，吹雨復兼晴。
朝吹杏花開，暮送桃花落。榮悴各因時，莫怨東風惡。

北宋陶弼〈對花有感〉則說：

得莫欣欣失莫悲，古今人事若花枝。桃紅李白薔薇紫，問著東風總不知。

詩人的抒懷都有道理，戲以短句兩首抒感：

〈穀雨三候花信〉

楝花開了春已盈，釀酒酴醿春韻醒。國色名酥春滿口，人間到處春暮情！

〈二十四番花信已矣〉

寒梅引領楝花空，九十春光照眼朦。荷盡菊殘黃綠了，人間更見白頭翁！

立夏

夏天的開始

三候

——螻蟈鳴・蚯蚓出・王瓜生——

初五日：螻蟈鳴。螻蟈就是青蛙，或誤以為是又名「螻蛄」的「鼯鼠」，但不是。乾隆說：

二物訛為一物鳴，螻蛄螻蟈異形成。未曾精考禮月令，遂致謬傳夏小正。
蛄自能飛艱上屋，蟈惟知伏喜依坑。每當望雨傾聽際，偏厭藏泥不作聲。

第五句自注說：「蛙鳴為雨占」。

次五日：蚯蚓出。

食飲泉泥已足安，忽然出土每僵乾。龍蛇漫喻失其所，騰達由來取自殘。
仲子操充亦奚可，歐陽文就頗宜觀。然非雨透初無此，望澤常從蘚砌看。

第七句自注說：「蚯蚓性喜陰濕，平時伏於泥壤，惟雨過土酥乃乘濕而出。」

後五日：王瓜生。

一例王瓜種各別，欲求其實定誰耶？黃菟或道郭云是，萆挈復稱鄭注差。
即物舛訛猶此甚，於人好惡定當加，生花結實仍初夏，晚較唐宮亦自嘉。

「王瓜」究竟是哪一種「瓜」，自來紛擾不定，乾隆詩前四句之意即在質疑。南宋大儒朱熹早已避而不說，乾隆自注則以為就是「黃瓜」。

專詠立夏的詩並不多，唐朝竟未見；唐以後總共也不過十四家：

〈立夏呈安之〉 司馬光

留春春不住，昨夜的然歸。歡趣何妨少，閒遊勿怪稀。
林鶯欣有託，叢蝶悵無依。窗下忘懷客，高眠正掩扉。

〈立夏〉 郭祥正

歲旦辭江國，炎天客瘴鄉。浴陂群鳥白，含霧野梅黃。
恨別山隨眼，消愁酒滿觴。殘魂終易斷，回首只茫茫。

〈立夏日作四絕〉　謝邁

雨腳連雲苦未收，曉驚池面日光流。田家甑裡封蛛網，即漸歌謠麥有秋。
小簟含風六尺床，竹奴從此合專房。吾身匏落都無用，占得山間一味涼。
熨得絺衣一番新，幅巾輕軟最宜人。花時氣暖長愁夏，竹裡風微又勝春。
學作蒲葵扇未工，手揮聊有古人風。君王別用機中練，定被南來長養功。

〈立夏日納涼〉　李光

茅菴西畔小池東，烏鵲藏身柳影中。沙岸山坡無野店，不知此處有清風。

〈立夏〉　薛澄

漸覺風光煗，徐看樹色稠。蠶新教織綺，貂敝豈辭裘。
酷有烟波好，將圖荷芰遊。田間讀書處，新笋萬竿抽。

〈立夏〉　陸游

赤幟插城扉，東君整駕歸。泥新巢燕鬧，花盡蜜蜂稀。
槐柳陰初密，簾櫳暑尚微。日斜湯沐罷，熟練試單衣。

〈立夏日書〉　王逢

孟夏四月朔，薰風當午時。諸陽老益壯，一氣轉何遲。
錦帶花裊裊，黃精實纍纍。青陰覆盤石，無意坐彈棊。

〈立夏日紀事〉　陶安（一三一〇庚戌—一三六八）

近午生微暖，殘雲散積陰。朱明新節序，綠暗舊園林。
幕佐論時政，山人獻雅吟。南風來應候，解慍快民心。

〈立夏日〉 釋清江

江寒雨急仍北風，扣戶喜聞南巷翁。錦城鮓送蒲茅白，玉盌酒瀉桃花紅。
三月忽驚春似客，百年那復老還童。一雙黃鸝寂無語，飛過小橋高樓東。

〈立夏〉 楊基

風雨都無半日春，滿溪鶩鴨水迷津。櫻桃子熟已薦廟，芭蕉葉長才過人。
壯歲得閒緣性拙，故交雖淡卻情真。如何蓋得江邊屋，膾采新荷飯綠蒓。

〈庚戌立夏〉 趙南星（一五五〇庚戌——一六二七）

旱氣翻涼冷，司方改祝融。家家田望雨，日日土兼風。
轉壑非能盜，開倉未濟窮。已知天意久，不肯遽年豐。

〈雨後立夏〉 謝榛

園中綠已暗，寂寞問花神。興託清樽酒，愁欺白髮人。
山城初雨過，天地尚餘春。又與東風別，堪嗟羈族身。

〈立夏日〉 彭孫遹

風簾飛絮入，雨徑落花深。感此妍華節，蹉跎遂至今。
墟烟寒過水，鄰樹晚生陰。目送卑居翼，翩翩返故林。

〈天仙子 立夏〉 陳世祥

酒惡更嗔花氣臭，起把落花和露掃。黃鸝一箇上枝頭，
來報道，添煩惱。今日五更春去了。
倦眼舒將煙渺渺，是處溪山今綠遶。卻拈短棹問桃源，

非故道，人間杳。繁陰如雨無啼鳥。

以立夏為題的詩詞，或就這些了！不免也湊八句應節，〈立夏〉：

清明穀雨漫天雲，廿四番花各異芬。時序紛紛春去也，世風擾擾夏來臨。
有時聊發少年心，無可奈何老懶人。自是青青頭已白，空云日日酒情深。

節慶

母親節

國曆五月的第二個星期日

西元一九一九年，為了安慰在第一次世界大戰中陣亡將士的妻子與母親，美國的安娜・賈維斯（Anna Jarvis）女士，倡議以每年五月的第二個星期日為「母親節」。母親仍然健在的子女，佩戴紅色的康乃馨；母親已經逝去的，就佩戴白色的康乃馨。這個倡議，獲得了廣大的迴響。從此母親節成為全人類以至性至情，表達對母親感恩、禮讚的溫馨日子。

唐朝詩人孟郊四十六歲時才考上進士，五十歲被派到江蘇溧水北岸的溧陽縣當縣尉（小縣的首長）。他一到任，就立刻請人到故鄉武康（今浙江德清）接母親過來，以便侍奉孝養。當他在溧水水岸親自迎接母親的時候，寫下了有名的〈遊子吟〉：

慈母手中線，遊子身上衣。
臨行密密縫，意恐遲遲歸。
誰言寸草心，報的三春暉。

我們可以想像，已經五十歲的孟郊，對著老母親訴說自己從來無限感念的心意。對於母親的慈愛，自己就像細微的小草一樣，永遠無法報答如春天和煦陽光的母愛。孟郊用母親在自己離家時「密密」縫製衣服的微小動作，形容母愛的真切細膩和偉大，平淡、自然而又動人，也一樣贏得了世人熱烈的回應。

母親的偉大，除了對子女無私無我、無怨無悔的養育呵護之外，尤其重視子女健全人格涵養與發展。歷史上幾位偉大母親的表現，如孟母三遷、歐母畫荻、岳母刺字，分別成就了亞聖孟子、大文豪歐陽修與精忠報國的岳飛等等。當然，在每一個人的心目中，自己的母親都是最偉大的，就像明朝文學家歸有光在〈先妣事略〉一文中，對母親的描述一樣，雖然寫的都是瑣細的事情，可是人們讀了以後，會覺得就好像在寫自己的母親一般，深受感動，「使人欲涕」。一百年後，黃宗羲便讚嘆地說：「蓋古今事無鉅細，唯此可歌可泣的精神，長留天壤。」歸有光生動地描繪了母親平凡中的偉大，也同樣彰顯了天下母親共同的形象。祝福天下的母親們，健康，平安！一起偉大！

佛誕浴佛

四月初八

夏曆四月初八日，世稱是釋迦牟尼佛誕生日—浴佛節。依習俗來說，當天應該下雨，但往往密雲不雨。浴佛節又有「放生」舊習，以不符時代現實，「我佛慈悲」，自應琢磨！試檢錄相關詩、贊，恭敬上供：

〈浴佛二首〉 釋惠洪*

已屆三時之月，方議制僧；緬惟四海之心，皆欣浴佛。
顧茲堪忍之世，復現優曇之花。
幸瞻貫日之光，榮受九龍之雨。百神讚嘆，萬眾歡呼。
異世今時，祈勝緣之無盡；人間天上，願此會之常逢。
世尊成道，先浴香水。天王跪歎，首獻乳麋。
仰前哲之遺塵，修後來之故事。

＊釋惠洪是北宋後期名僧，與蘇東坡、黃山谷都有交往。

〈四月八日示澄照大師〉 胡宏*

今朝浴佛事如何，清淨心田也洗麼。塵垢不知何處得，古來明月照江波。

＊胡宏號「五峰先生」，南宋閩派理學家。

〈浴佛無雨〉 王十朋*

俗言浴佛天必雨，今年浴佛天愈晴。招提鐘磬集梵侶，世尊塵埃思一清。

紛然膜拜口誦偈，舉頭看天紅日明。或云天意與佛拗★，不放雨師龍伯行。天雖不雨佛亦浴，誤此億萬蒼生情。廟堂何人職調燮，勸天與佛無使爭。沛然一雨四方足，億萬蒼生俱沐浴。

＊王十朋號梅溪，他是個神童，但到四十七歲才狀元及第，卻在六十歲就逝世了！平生作詩千餘，最推崇蘇東坡，世傳有《百家注東坡詩》。

★自注：「老行者云：『天與佛打拗。』」

〈慈感寺四月八日浴佛會〉 袁說友＊

一刹傳經地，諸天誕佛辰。猶將清淨水，更浴涅盤身。居士應無垢，菩提各有因。要須憑苦海，萬里滌情塵。

＊袁說友也是閩派理學家。

〈四月八日〉 文天祥＊

今朝浴佛舊風流，身落山前第一州。贛上瑤桃俄五稔，海中玉果已三周。人生聚散真成夢，世事悲歡一轉頭。坐對薰風開口笑，滿懷耿耿復何求。

＊文天祥自號文山，他在四十五歲作此詩，當時已因兵敗被元軍俘虜，在解往大都（北京）途中，早抱必死之意。

〈觀浴佛有感〉 謝應芳＊

銀盤水浴紫金身，白髮禪和拜跪頻。周孔豈無初度日，諸生誰為薦溪蘋。

＊謝應芳號龜巢，為元末理學名家。

〈浴佛日〉 湯右曾

拂地簾垂淨几塵，高槐影落鳥聲頻。偶思浴佛方今日，自愛清齋亦舊因。

湖上放生誰入會，山中燒筍欲嘗新。諸天更乞曼陀雨*，為洗紅埃熱惱人。

清高宗乾隆

*自注：「時久旱故云。」

〈結緣〉

我聞一切佛，令人滅緣起。緣起尚須滅，豈有結緣理。
今朝四月八，俗傳浴佛禮。云是淨飯宮，悉達生所始。
種種除垢香，煎成五色水。佛生本無垢，何用頻澆洗。
纍纍籬邊豆，引蔓忘憂喜。燃萁鼎烹之，謂結緣須此。
豆悟人則癡，有似兒女子。此禮出釋家，其師應怪鄙。
伏臘隨俗尚，亦復聽爾爾。餉喫豆百顆，更賦詩滿紙。
問柱佛生無，燈籠答唯唯。

乾隆所寫浴佛詩有十餘首，再錄三首短篇賞析：

〈四月八日漫作〉

浴佛傳佳節，清和景尚妍。每因逢此日，不禁憶當年。
兒女花真幻，昔今時久還。齊雲遙在望，愧我未忘緣。

〈浴佛日偶題〉

五香水貯淨琉璃，共道生從右脇時。無垢至人還待浴，洗心竟者又伊誰。

〈浴佛日作〉

過去未來現在今，佛生日者向何尋，徒稱浴以八德水，亦復因之雙樹林。
可識西方極樂國，本由一念大悲心。結緣那是人天喜，麥頃芃苗蔚綠深。

恭逢佛誕，謹奉四句上供，〈四月初八　浴佛日〉：

佛祖慈悲度眾生，先師仁恕願施行。萬千歷劫誰與拗，夢奠兩楹*天命聽！

*《禮記．檀弓上》：孔子夢見自己坐奠於兩楹之間，便知將死。臥疾七日而沒。是「盡人事而知天命」矣！

「孟夏草木長」——陶淵明的樂觀心態影響深遠

就季節而言，夏曆四月至六月是夏季，四月正是「孟夏」，孟夏又做「首夏」、「初夏」。孟夏四月，水氣充沛，草木欣欣向榮，競相繁衍成長，《楚辭．抽思》說：「滔滔孟夏兮，草木莽莽。」陶淵明有〈讀山海經〉詩十三首，第一首就讓人非常喜愛：

孟夏草木長，繞屋樹扶疏。眾鳥欣有託，吾亦愛吾廬。
既耕亦已種，時還讀我書。窮巷隔深轍，頗迴故人車。
歡然酌春酒，摘我園中蔬。微雨從東來，好風與之俱。
汎覽周王傳，流觀山海圖。俯仰終宇宙，不樂復何如。

這一組詩或是他「四十二歲時所作，全詩寫耕種之餘，飲酒讀書之樂。」（袁行霈《陶淵明集箋注》）「眾鳥欣有託，吾亦愛吾廬。」有萬物各得其所的深意，很可以表現詩人的胸襟氣度。人生在世，能夠發揮所長，為人群服務，當然是可喜的事；否則，不忮不求，讓自己生活充實，生命愉悅，自得而適意，不也欣然而無愧嗎？這首詩引發後人普遍的迴響，如唐朝白居易〈寄皇甫七〉詩就說：

孟夏愛吾廬，陶潛語不虛。花樽飄落酒，風案展開書。
鄰女偷新果，家僮漉小魚。不知皇甫七，池上興何如！

白樂天的好友之一皇甫湜（七七七丁巳—八三五），也是當時重要的人物，五十九歲去世時，樂天有〈哭皇甫七〉詩：

志業過玄晏，詞華似禰衡。多材非福祿，薄命是聰明。
不得人間壽，還留身後名。涉江文一首，便可敵公卿。

感慨繫之，話說回頭，陶淵明的「孟夏草木長」詩，更成了後人詠孟夏詩的典範。進入立夏後，氣溫可能高達三十幾度，如再有天災人禍，使人心不安，則讀讀古人的「孟夏」情懷，或許也可以「心靜自然涼」吧！以下便從唐人的詩篇開始，從容欣賞：

〈初夏日幽莊〉　盧照鄰（六三四甲午—六八九）

聞有高蹤客，耿介坐幽莊。林壑人事少，風煙鳥路長。
瀑水含秋氣，垂藤引夏涼。苗深全覆隴，荷上半侵塘。
釣渚青鳧沒，村田白鷺翔。知君振奇藻，還嗣海隅芳。

〈自淇涉黃河途中十二首之十〉　高適

孟夏桑葉肥，穠陰夾長津。蠶農有時節，田野無閒人。
臨水狎漁樵，望山懷隱淪。誰能去京洛，憔悴對風塵。

〈初夏曲三首〉　劉禹錫

銅壺方促夜，斗柄暫南回。稍嫌單衣重，初憐北戶開。
西園花已盡，新月為誰來。
時節過繁華，陰陰千萬家。巢禽命子戲，園果墜枝斜。
寂寞孤飛蝶，窺叢覓晚花。
綠水風初暖，青林露早晞。麥田雉朝雊，桑野人莫歸。
百舌悲花盡，無聲來去飛。

〈首夏病間〉　白居易

我生來幾時，萬有四千日。自省於其間，非憂即有疾。
老去慮漸息，年來病初愈。忽喜身與心，泰然兩無苦。
況茲孟夏月，清和好時節。微風吹袷衣，不寒復不熱。
移榻樹陰下，竟日何所為？或飲一甌茗，或吟兩句詩。
內無憂患迫，外無職役羈。此日不自適，何時是適時！

〈初夏閒吟〉

孟夏清和月，東都閒散官。體中無病痛，眼下未饑寒。
世事聞常悶，交游見即歡。杯觴留客切，妓樂取人寬。
雪鬢隨身老，雲心著處安。此中殊有味，試說向君看。

〈首夏〉＊

孟夏百物滋，動植一時好。麋鹿樂深林，蟲蛇喜豐草。
翔禽愛密葉，游鱗悅新藻。天和遺漏處，而我獨枯槁。
一身在天末，骨肉皆遠道。舊國無來人，寇戎塵浩浩。
沉憂竟何益，秖自勞懷抱。不如放身心，冥然任天造。
潯陽多美酒，可使杯不燥。湓魚賤如泥，烹炙無昏早。
朝飯山下寺，暮醉湖中島。何必歸故鄉，茲焉可終老。

＊此詩是樂天被貶江州（九江）司馬期間（八一五—八一八）所作。

〈明月山懷獨孤崇魚琢〉　賈島（七七九己未—八四三）

明月長在目，明月長在心。在心復在目，何得稀去尋。
試望明月人，孟夏樹蔽岑。想彼嘆此懷，樂喧忘幽林。

〈初夏有懷山居〉　李德裕

山中有所憶，夏景始清幽。野竹陰無日，巖泉冷似秋。
翠岑當累榭，皓月入輕舟。只有思歸夕，空簾且夢游。

〈閒居孟夏即事〉　許渾

綠樹蔭青苔，柴門臨水開。簟涼初熟麥，枕膩乍經梅。
魚躍海風起，鼉鳴江雨來。佳人竟何處，日夕上樓臺。

〈初夏戲作〉 徐寅＊

長養薰風拂曉吹，漸開荷芰落薔薇。青蟲也學莊周夢，化作南園蛺蝶飛。

＊徐寅是莆田人，第一位用七言寫「孟夏」詩。

〈初夏雨中〉 寇準

綠樹新陰暗井桐，雜英當砌墜疏紅。重門寂寂經初夏，盡日垂簾細雨中。

〈初夏〉 林逋

乳雀啁啾日氣濃，稚桑交影綠重重。秧田百畝鵝黃犬，橫策溪村屬老農。

〈初夏有作〉 夏竦

玉琯葭灰昨夜吹，日華光暖向陽枝。東君亂點丹青筆，真宰忙揮造化椎。
紅日暗長人不覺，好花偷發蝶先知。後園無限桃兼李，留待新恩得意時。

〈初夏西湖〉 歐陽修

積雨新晴漲碧溪，偶尋行處獨依依。綠陰黃鳥春歸後，紅萼青苔人跡稀。
萍匝汀洲魚自躍，日長欄檻燕交飛。林僧不用相迎送，吾欲臺頭坐釣磯。

〈初夏閒吟〉 邵雍

綠楊深處囀流鶯，鶯語猶能喜太平。人享永年非不幸，天生珍物豈無情。
牡丹謝後紫櫻熟。芍藥開時斑笋生。林下一般閑富貴，何嘗更肯讓公卿。

黃庶*（一〇一八戊午—一〇五八）

〈初夏偶作〉

醉紅方寂寞，吟綠又將成。急雨荷宜聽，清風簟可迎。
燕忙語物態，花盡見時情。獨有無言意，不知枯與榮。

＊黃庭堅之父。

〈初夏獨遊南園二首〉 司馬光

取醉非無酒，忘憂亦有花。暫來疑是客，歸去不成家。
桃李都無日，梧桐半死身。那堪衰病意，更作獨遊人。

〈初夏即事〉 王安石

石梁茅屋有彎碕，流水濺濺度兩陂。晴日暖風生麥氣，綠陰幽草勝花時。

〈雨夜〉 劉攽

孟夏樹木長，夜涼風雨時。明燈掃塵榻，散帙坐書帷。
曠野波濤合，中宵虎豹悲。形骸吾喪我，隱几向為誰。

〈次韻初夏〉 蘇軾

朝罷人人識鄭崇，直聲如在履聲中。臥聞疎響梧桐雨，獨詠微涼殿閣風。
諫苑君方續承業，醉鄉我欲訪無功。陶然一枕誰呼覺，牛蟻新除病後聰。

〈初夏詠〉 彭汝礪

簿領紛相壓，塵埃懶未堪。輕陰人割麥，微雨客憂蠶。
照水荷衣薄，迎風柳鬢鬖。微吟聊自釋，一夢滿江南。

〈和初夏〉　黃裳

淺水池塘蓮葉香，紅塵道路柳陰長。黃梅雨裛欄干濕，翠柏風吹襟袖涼。

〈初夏書呈同舍〉　秦觀

萬種浮華春事了，誰供青帳千林曉。雨集池塘螻蟈鳴，蝸牛已過銀鈎横。
貼水圓荷蓋猶小。覽鏡羙人音耗悄。行看天上奇峯生，莫放塵緣空擾擾。
何處亭臺公外期。共立薰風臨渺渺。

〈寄曾逢原〉　釋惠洪

孟夏氣候好，林塘媚晴輝。回渠轉清流，藻荇相因依。
叢薄起疏籟，衆鳥鳴且飛。高城帶落日，光景酣夕霏。
即事遠興託，撫己幽思微。超搖弄柔翰，徙倚泫金徽。
美人邈雲渺，志願固有違。丹青儻不逾，與子同裳衣。

〈初夏四首〉　周紫芝

嘒嘒新蟬綠葉遮，一聲臨晚到山家。未應春色全歸去，猶有芳叢刺史花。
野水稻苗青拂岸，柘岡麥穗熟分岐。前村父老胥歡甚，笑指橋邊露酒旗。
院落寥寥日正長，小梅初熟亞枝黃。午窗書引昏昏思，角簟宜開舊竹床。
流鶯聲老綠楊中，欄檻蕭疏墮晚紅。二十四番花信重，園林又覺轉熏風。

〈初夏〉

絮飛長陌又春餘，綠滿菖蒲夏已初。雙蝶不來花蔌蔌，一鶯時到樹踈踈。

平生懶作折楊曲，萬事可占長柳書。只有故山真耐久，伴人閑處作踟躕。

〈四月六日賦〉　李綱＊

孟夏草木長，清陰散扶疏。葱籠竹樹間，石磴蟠縈紆。
嗟我事行役，彌年困征途。及茲理歸鞍，敢復論崎嶇。
深谷四無景，高巖倚天衢。稍從平川行，遂得田家居。
籬落靜窈窕，桑麻鬱紛敷。新秧綠映水，雞犬鳴相呼。
中原暗鋒鏑，邊騎方長驅。此豈桃花源，幽深了如無。
逝將適閩嶺，買田自耕鋤。結廬亂山中，聊以全妻孥。

＊李綱是南宋初抗金大臣，此詩在被貶福建時所作。

〈初夏〉　張嵲

孟夏忽已至，雨餘草木荒。俯澗有驚泉，仰林無遺芳。
山中歲事晚，是日農始忙。布穀鳴遠林，田家競農桑。
故園今何為，默默心獨傷。

〈初夏松隱看雨〉　曹勛

細細南薰氣已深，午來庭戶作煩襟。雨雲不向西山出，只在青天忽變陰。

〈孟夏〉　李彭

孟夏樹扶疏，繞屋鬱青青。了無俗士駕，嘯歌頗忘形
洩雲閟前峰，瀉雨自神屏。蔬盂有妙理，未減五侯鯖。

〈雨坐遣心〉

孟夏始三氣，暑還自何鄉。稍稍切肌骨，病著徑臥床：
雲從甌峯來，將雨送微涼。容與過朝市，殷勤灑林塘。
幽窗多僧氣，頗帶山茶香。縹思隨歸雲，冉冉列禪房。
此物方料理，陰崖容伏藏。火老恐愈濁，熏煮猶未央。
會當牋山靈，時來呵不祥。

李彭是山谷道人的表侄。終身不仕，亦頗能自得其樂；山谷每稱道之。「會當牋山靈，時來呵不祥。」豈不可樂哉！

〈二愛並序〉　陸游

陶淵明詩云：「孟夏草木長，遶屋樹扶疏。眾鳥欣有託，吾亦愛吾廬。」孟東野亦云：「遠岸雪難莫，勁枝風易號。霜禽各嘯侶，吾亦愛吾曹。」予暇日詠二詩，有感作二愛詩：

結屋不袤丈，著身還有餘。破壁作小窗，亦足陳吾書。
無酒當飲水，無肉當飯蔬。知止乃不殆，此語良非虛。
古人造道處，正自無絕殊。願君勿他求，且復愛吾廬。
門外秋水深，日日集鷗鷺。是豈相與期，正以同類故。

殘年過七十，朋舊半丘墓。非吾濟世心，歎息莫予助。
人生非金石，去日如脫兔。三復東野詩，獨立悲歲暮。

〈初夏閒居即事〉
門巷蕭蕭日正長，方床曲几傲羲皇。輕風忽起楊花鬧，清露初晞藥草香。
對奕兩奩飛黑白，讎書千卷雜朱黃。穿簾語燕能從我，分爾湖邊一夏涼。

〈初夏燕堂睡起〉
歌鳳平生類楚狂，山城遲暮得深藏。洗春雨過清陰合，掠水風生綠藻涼。
晨几硯凹涵墨色，午窗杯面聚茶香。功名到手渾閒事，此與他年未易忘。

〈初夏二首〉 范成大
清晨出郭更登臺，不見餘春只麼回。桑葉露枝蠶向老，菜花成莢蝶猶來。
晴絲千尺挽韶光，百舌無聲燕子忙。永日屋頭槐影暗，微風扇裡麥花香。

〈初夏三絕〉
東君不解惜芳菲，料峭寒中一夢非。剪盡牡丹梅子綻，何須風雨送春歸。
一簾芳樹綠蔥蔥，蝴蝶飛來覓綺叢。雪白荼蘼紅寶相，尚攜春色見薰風。
送春迎夏未聞雷，日日斜風細雨來。不是故人能裹飯，柴門雖設為誰開。

〈初夏日出且雨〉 楊萬里
笑憶唐人句，無晴還有晴。斜陽白鷗影，疏雨子規聲。

臺閣非吾事，溪山且此生。詩成何用好，詩好卻難成。

〈閒居初夏午睡起二絕句〉

梅子留酸濺齒牙，芭蕉分綠上窗紗。日長睡起無情思，閒看兒童捉柳花。

松陰一架半遮苔，偶欲看書又嬾開。戲掬清泉灑蕉葉，兒童誤認雨聲來。

〈初夏午三絕句〉

麥黃秧碧百家衣，已熱猶寒四月時。雨後覓春無一寸，野薔花發釃燕脂。

手種琅玕劣十年，今年新筍不勝繁。不知明早添多少，日暮閒來數一番。

竹間露重午方乾，松裡雲深夏亦寒。只道一溪無十里，為誰百屈更千盤。

〈初夏即事〉

今日風光定自佳，不寒不熱恰清和。百年人世行樂耳，一歲春歸奈老何。

芍藥晚花終是小，戎葵新萏許來多。俸錢自笑渾無用，祗合文江買釣蓑。

旋作東陂已水聲，才經急雨恰新晴。提壺醒眼看人醉，布穀催農不自耕。

一似老夫堪笑死，萬方口業拙謀生。嘲紅侮綠成何事，自古詩人沒一成。

〈初夏即事十二解之十一〉

狹斜只解賞春紅，秋菊冬梅不負公。我道四時俱富貴，柸催換藕一家風。

〈初夏〉　鄭剛中

春物闌珊逐曉風，芰荷欹角草茸茸。野梅結子疏枝重，老竹生孫翠影濃。

煮酒情懷還是客，異鄉歌笑且相從。醺然就枕皆佳處，醉夢何妨度曉鐘。

虞儔

〈初夏凹沼獨坐〉

芳草沿堤長，圓荷出水遲。倚欄風醒酒，岸幘雨催詩。

鸂鶒巢安在，仙鳧舃詎期。遊魚知我意，吹沫弄清漪。

朱熹

〈夏日齋居〉

孟夏氣淑清，窗戶有佳色。臥聞幽篳翻，轉覺林景寂。

參差帙委素，縹緲香橫碧。啜菽有餘歡，纓冠非所職。

故人海邊郡，妙語寄遠翼。詠嘆不得聞，超然見胸臆。

陳傅良

〈和張端士初夏〉

綠陰四合水迷津，春去雖愁卻可人。無數飛螢窺案帙，有時乳燕落梁塵。

滿塘荷蓤將還舊，試火包香又斬新。短夜得眠常不足，僧鐘遮莫報昏晨。

自跋：「屈原、賈誼、陶淵明文辭，皆喜道孟夏，而悲樂不同，雖所遭之時異，要亦懷抱使然爾！端士寄〈夏日〉一首，若無聊然。因和其韻，頌初夏之美以解之。」

朱、陳是理學大家，所見自有不同。宋人之作如此，南宋陸范楊三家尤可觀。

胡祇遹（一二二七丁亥—一二九五）

〈跋徽宗畫淵明夏居圖〉

政和*天子喜多能，書畫文詩要得名。民愠兵驕豈無事，卻從閒適慕淵明。
細詠淵明孟夏詩，此身與物共熙熙。熙春閣★上清風起，正是征人渴死時。

*「政和」是宋徽宗的年號之一，共七年（一一一一—一一一七），再過八年，徽宗眼看大勢已去，讓位欽宗，然後北宋就亡了。徽宗多才多藝，但國事陵夷，紫山先生感慨深矣。

★「熙春閣」是北宋皇宮名閣，常有宴會。

〈書懷〉

戴表元

吾評陶淵明，略似段干木*，詩文雖滿家，不飽妻子腹。
仰瞻清風柯，俯窺白雲谷。誰能為升斗，辛苦受羈束。
因君寄高韻，千古動遐矚。

*段干木（前四七五丙午－前三九六），姓李名克，封於段，為干木大夫，故稱段干木。春秋末戰國初魏國人。其數名好友先後為將，唯段干木高蹈隱居。魏文侯知其賢，月夜登門拜請段干木。段干木堅守「不為臣不見諸侯」之訓，越牆而走。後感於衛文侯之誠懇，始出輔佐。魏文侯在位五十年，強秦不敢輕視，段干木之力也！

〈何獨山海經〉

劉因

扶疏窮巷陰，回車想高士。厭聞世上語，相約扶桑止。
讀君孟夏詩，千載如見爾。開襟受好風，試學陶夫子。
陶令自高士，葛侯亦奇才。中州亂已成，翩然復南來。

〈孟夏〉

馬臻

三游領坡意，厭世多驚猜。不妨成四老，雅與更悠哉。

孟夏氣清曠，眷然忻北林。餘芳散縷縷，佳木藹沈沈。
臨流敞南扉，永日喧新禽。塵務豈云料，茲焉灑煩襟。

〈雨中作〉　揭傒斯（一二七四甲戌—一三四四）

孟夏涼風來，吹我羅裳衣。此服豈不稱，炎暑方及期。
婉婉庭中花，煌煌有光輝。自信好顏色，何能與時違。
冥心委元化，勿為後世嗤。

〈孟夏山居〉　王恭

卜居曾費買山錢，林下蕭條屋數椽。絕澗垂蘿時見瀑，綠槐殘雨晝聞蟬。
潭邊鹿過疑盤谷，嶺口人看似輞川。自是幽棲無外事，閉門閑看養生篇。

〈孟夏言志〉　梁蘭

孟夏疎雨歇，澹然時景清。柔條湛初綠，高花吐餘榮。
徘徊澗中意，逍遙林下行。幸茲適幽賞，遂此遠世情。
苟為徇維縶，焉得全其生。

〈孟夏書懷〉　李賢（一四〇八戊子—一四六六）

午簾分影上書床，夢破才銷一瓣香。鳥送晴音來灌木，蝶尋春色過危牆。
命題自覺吟哦細，罷誦還為念慮防。與點高情誰更識，舉輿無地遂心腸。

〈述懷〉　李夢陽

孟夏草木長，垂雲一何淒。零雨宵始歇，西山朝復隮。
兀然坐高舂，時聞鵜鴂啼。逢辰寡宿歡，履運傷前迷。
既無杯中物，何以寫我悽。

〈孟夏登樓作此〉　范承謨

花事今餘幾，登樓興轉賒。鶯聲林樾老，蝶翅竹簾斜。
池水光搖練，鑪烟碧透紗。憑欄西望盡，遠樹隱山家。

詠初夏、孟夏詩大概就是這些了，也湊三首續貂：

〈孟夏初即事〉

孟夏熏風夜氣涼，也應夢蝶學蒙莊。可憐人意空聲勢，無奈世情更虛張！

〈孟夏中即事〉

道路寥寥日正長，驕陽焱焱幾時涼。人間好景與誰說，天際流雲獨自望！

〈孟夏口號〉

孟夏清和已玷汙，天災人禍幾荼毒；同舟紛擾正難數，異象驚傳月全蝕！

小滿

秧苗已結穗，豐收指日可待

三候

苦菜秀・靡草死・麥秋至

初五日：苦菜秀。乾隆解釋說：

氣備四時當夏成，首陽采秀佐和羹。其甘如薺風人詠，非赤若珠顏氏評。作苦充腸宜旅客，微酸入口合書生。信能咬得其根者，卓犖何妨百事營。

乾隆自注前四句說：「《顏氏家訓》：『苦菜生於寒秋，更冬歷春得夏乃成。』今中原苦菜是也。又江南別有苦菜，葉似酸漿子，大如珠，或赤或黑，今河北謂之龍葵，世以此當苦菜，乃大誤也。」五、六兩句用杜甫詩「終然添旅食，作苦期壯觀。」（〈行官張望補稻畦水歸〉）七、八兩句用宋朝才子詩人汪革（一〇七一辛亥－一一一〇）的名言：「人能咬得菜根，則百事可做。」

次五日：靡草死。

草原細矣加之靡，索索其能免旱摧。設使自居於傾覆，應知誰得與栽培。
砌旁葶藶先零矣，園裡松筠自若哉。卻憶雍陶有佳句，客心似此亦堪哀。

後五日：麥秋至。

春謂竹秋夏麥秋，竹秋無繫麥秋休。久從望雪培根固，乃得翻風結穗稠。
最念豫齊為歲計，每因餅餌切民憂。兩岐非瑞普豐瑞，艱致其豐用是愁。

乾隆自注三、四兩句說：「河南、山東，以麥收為重；二麥熟，則農民生計自饒。因有『一麥抵三秋』之諺。」

在二十四節氣中，四立（立春、立夏、立秋、立冬）、二分（春分、秋分）、二至（夏至、冬至）的涵義都很明白，與小滿相應的小暑、大暑，小雪、大雪和小寒、大寒也一樣，然而無論是「暑」是「雪」或是「寒」，都有「小」有「大」，卻只有小滿而無大滿。小滿成為很特殊的一個節氣，為什麼呢？古人對小滿的解釋，主要有兩點：一、物長於此，小得盈滿。二、大小二麥，至此而盡穫。

明朝蔡清（一四五三癸酉－一五〇八）就把小滿解釋為「終滿」（《易經蒙引》）。換句話說，小滿的「小」，是不同於小暑、小雪和小寒的「小」。而「小得贏滿」和「至此盡穫」的言外之意，應該就是蔡清「終滿」說的根據吧！

古人在討論二十四節氣時，往往結合陰陽、八卦、星象、吉凶、休咎等元素，於是，因為有「滿」字，就得考量「滿則溢」、「滿招損」的相對沖犯，因此可以有小滿，卻不能有「大滿」。特別的是，在詩詠上，似乎一直要到元朝，才偶然出現專詠小滿的詩：

〈小滿〉 元淮（一二三〇庚寅—？）

子規聲裡雨如煙*，潤逼紅綃透客氈。映水黃梅多半老，鄰家蠶熟麥秋天。

*南宋後期永嘉詩人翁卷有〈鄉邨四月〉詩：「綠遍山原白滿川，子規聲裡雨如煙，鄉邨四月閒人少，才了蠶桑又插田。」元淮詩首句，就用了翁卷詩的第二句。而兩人的詩情也彷彿！

〈小滿日口號〉 李昌祺

久晴泥路足風沙，杏子生仁楝謝花。長是江南逢此日，滿林煙雨熟枇杷。

〈四月〉 文彭（一四九八戊午—一五七三）

我愛江南小滿天，鰣魚初上帶冰鮮。一聲戴勝蠶眠後，插遍新秧綠滿田。

〈閒居雜興〉 薛文炳

最愛江南小滿天，櫻桃爛熟海魚鮮。一聲布穀啼殘雨，松影半簾山日懸。

小滿應是一起高歌歡唱的時候，就讓自己紓解放鬆吧！湊四句，〈小滿口號〉：

小滿來時雨如煙，高歌歡唱興無邊。無論乖氣偶然見，寶島四時情滿天！

芒種

麥類已成熟，秋季作物可播種

「芒種」一詞，最早見於《周禮》：「澤草所生，種之芒種。」東漢鄭玄（一二七丁卯—二〇〇）注說：「澤草之所生，其地可種芒種。芒種，稻麥也。」後人各據所見，解釋紛紛；明朝楊慎還以為就是「葑田」。

清朝《御訂月令輯要》說：「所謂芒種五月節者，謂麥至是而始可收，稻過是而不可種也。」也就是說，到了芒種，麥子可以開始收成，而稻子要趕緊插秧。稻有有芒的，也有沒芒的——稉稻有芒，糯稻則無芒。再者，依據前賢的一再考論，芒種的「種」和「種子」的「種」同音。又，芒種本該在五月，有時也會提早幾天。芒種的三候，乾隆怎麼解釋呢？

三候

螳螂生・鵙始鳴・反舌無聲

初五日：螳螂生。

螳螂形異小蜘蛛，何謂螵蛸之母乎？大抵方言原各判，未精爾雅舛相呼。
中郎博物知機早，御者開君喻理殊。一介陰蟲能識節，仲舒三策語非誣。

首兩句自注說：「鄭注云：螳螂，螵蛸母也。」蠨蛸，《毛傳》謂之「長踦」，引郭璞（二七六丙申—三二四）曰：「小蜘蛛長腳者。」陸璣云：「一名長腳。」其形與螳螂絕不類，何云是其母乎？若螵蛸著木，形如半繭，尚未化成，更不得以螳螂為母也。乾隆可真是用心，對於另兩候的質疑亦然。

次五日：鵙始鳴。

螳螂已應一陰生，鵙鳥一陰亦應鳴。物類氣機運相感，圓神方義道堪明，
雖然彼豈知乎此，徒以言而紛有評。戴氏掇其呂氏語，幾曾月令聖人成。

後五日：反舌無聲。

百舌能為百鳥語，將臨夏至寂無鳴。囀喉已過陽極盛，噤舌因於陰始生。
飛掠花間衹留影，棲停樹杪亦收聲。順時而動順時靜，何有韓文不得平。

總之，古人觀察的結果，到了芒種時，「螳螂生，蚯蚓生」。蚯蚓生有助農耕。又，古代江南有

諺語說：「芒種雨，百姓苦。」這一天需要晴天，農民才好犁田插秧。所以陸游有詩說：「時雨及芒種，四野皆插秧。」芒種前後的時雨（依時而至的雨）就是「梅雨」。陸游有詩題〈入梅〉，自序說：「吳俗以芒種後得壬日為入梅，今年正以此日。」每年入梅的時間，或有不同。

芒種前往往苦旱，因此祈雨、謝雨之「疏文」、「祝文」無時不見。然而專詠芒種的詩卻很少，南宋韓琥有〈芒種〉七絕詩四首，正可見芒種節氣的特徵：

田家一雨插秧時，成把擔禾水拍泥。分段排行到畦岸，背篷渾不管歸遲。
栽勻明日問青黃，惜水脩塍意更忙。少候根中新葉出，又看晴雨驗朝陽。
三年不見種田農，驀隴跳溝過屋東。齊唱歌聲相勞苦，濛濛烟裡一簑風。
愧我粗官耗太倉，及瓜而代合耕桑。蠶筐閣了修秧馬，老稚時時饁酒漿。

另外還有兩首詩，也可說明芒種重要工作就是「插秧」：

〈芒種前雨〉　陶安

兼旬天氣晴，磽确曝龜坼。山農欲移秧，三日沛甘澤。

〈清聖祖耕織圖詩〉其九　清聖祖康熙

青蔥刺水滿平川，移植西疇更勃然。節序驚心芒種迫，分秧須及夏初天。

入梅

芒種期間會進入「黃梅雨」季，黃梅雨開始的時間，就稱為「入梅」。晉代周處《風土記》載：「夏至前，芒種後雨，為黃梅雨。」夏至接著芒種而來。《風土記》的作者周處，就是以「除三害」有名的周子隱。除虎除蛟都不易，有為有守一念間。

北宋陸佃《埤雅》載：

江、湘、兩浙，四、五月梅欲黃落，則水潤土溽，……其霏如霧，謂之「梅雨」。……自江以南，三月雨謂之「迎梅」，五月雨謂之「送梅」。

所以入梅前的雨還是「迎梅雨」，黃梅雨好大陣勢。陸佃是王安石的高足，陸放翁的祖父。比陸佃稍晚的大詞人賀鑄字方回（一〇五二壬寅－一一二五），有一闋〈青玉案〉詞，寫他對偶然相遇者的思慕：

凌波不過橫塘路。但目送、芳塵去。錦瑟華年誰與度？
月臺花榭，瑣窗朱戶，唯有春知處。

碧雲冉冉衡臯暮，綵筆新題斷腸句。試問閑愁都幾許？

一川煙草，滿城風絮，梅子黃時雨！

這闋詞，不僅名噪一時，被比賀方回稍長的詩人黃山谷，大為讚賞說：「解道江南斷腸句，只今唯有賀方回。」又因為全詞結尾的「梅子黃時雨」，讓賀方回贏得了「賀梅子」的雅號，而他的這闋〈青玉案〉，也成為許多詞家次韻的對象。如南宋史浩就有〈青玉案　入梅用賀方回韻〉：

銀濤漸溢江南路，汎短棹、輕帆去。破塊跳珠知幾度？

竹窗新粉，藕池香碧，應在雲深處。

蕭蕭鶴髮雖云暮。曾得神仙悟真句。久視長生親見許。離愁掃盡，

更無慵困，怕甚黃梅雨！

題中的入梅一詞，或是最早出現的說法。

已經入梅期了，且選錄南宋及其後詩人對黃梅雨的情懷分享吧！

〈入梅〉　陸游

微雨輕雲已入梅，石榴萱草一時開。碑償宿諾淮僧去，卷錄新詩蜀使回。

墨試小螺看斗硯，茶分細乳玩毫杯。客來莫笑兒嬉事，九陌紅塵更可哀！

〈喜梅雨既晴〉　戴復古

屋角鳴禽弄好音，樓頭夏木綠陰陰。鑷空白髮愁根在，熟盡黃梅雨意深。
苔榻有泥妨客坐，稻田足水慰農心。老夫已作豐年想，鼓腹思為擊壤吟。

〈霉雨〉　洪希文

匝地莓苔色轉蒼，空堦半月耳浪浪。墨膠古瓦添新水，衣醭熏爐換好香。
芳草蛙聲喧處處，黃梅雨腳漏床床。新晴野水兼天濶，無數輕橈倚岸傍。

〈久雨感懷〉　張仲深

閉門十日黃梅雨，門外黃流數尺強。泥淖載塗深沒馬，蒿萊滿地亂踰牆。
中原義旅驚倉卒，蠻海元凶轉陸梁。安得倚天三尺劍，掃除氛祲濟時康。

〈山家書壁遺老農〉　虞堪

老農政喜黃梅雨，笑我何妨白晝眠。竹逕鳥啼泥滑滑，稻畦蛙叫鼓闐闐。
開溝放水將鋤去，過嶺看雲借屐穿。性僻自嫌多懶散，空吟未遂卜居篇。

〈次盧師陳感事一絕〉　史鑑

五月新堤築未成，低田愁聽桔槔聲。只因多卻黃梅雨，不是人間地不平。

〈送克寬弟南還至茶菴獨歸〉　程敏政（一四四五乙丑—一四九九）

垂野陰雲一望迷，送行愁問路東西。不知幾日黃梅雨，門外青泥沒馬蹄。

〈未至茶原梅水*橫發塊坐三日〉

幾日黃梅雨，平吞綠樹灣。犬驚船上屋，蛟縱水沉山。
兩屐難乘輿，三杯暫破顏。人生亦堪笑，咫尺是鄉關。

＊梅雨造成的水災稱作「梅水」。

〈觀溪童捕魚〉　吳寬

江南五月黃梅雨，一夜新添三尺水。蓮葉東西蘆葦間，斜陽映水魚生子。

〈寄許東廬〉　邵寶

老去詩篇與若何，一春城郭少經過。陰憐綠樹風偏好，濕怪黃梅雨太多。
靜力更憑閒打整，狂心都逐病消磨。勞君問訊無堪報，微醉亭前獨放歌。

古人詩詞中提到黃梅雨的作品指不勝屈，只選這些比較特殊的篇章分享。也應景來一闋詞吧，〈青玉案　入梅　用賀方回韻〉：

時光荏苒無回路。一步步、隨風去。似幻如真夢裡度。
春花秋月，千門萬戶。任她歸誰處！
忽然孟夏天長暮，熱浪數來知何趣，人世枯槁添幾許？
三聲嘆慕，八方迷霧。且怪黃梅雨！

端午

五月初五

芒種節氣間，有端午節。端午原來稱為「端五」，「端」是最初的意思，所以每個月第一個五日都是端五。五月五日又比較特殊，根據夏曆以十二地支記月推算，正月是「寅」月，五月就是「午」月。「五」、「午」同音，因此就將端五改稱為端午，以便與其他月分的端五有所區別。大約在一千八百年前，「仲夏端午」的說法就已經出現了。

端午節的起源，因地域的不同而有不同傳說，但以紀念戰國時楚國詩人屈原的說法最能被接受，因為屈原就在這一天自沉汨羅江殉國，為了紀念屈大夫，所以端午節也就被稱為「詩人節」。

有些地方也同時紀念東漢孝女曹娥（一三〇庚午－一四三），曹娥十四歲時，父親在江中迎潮神，被江水淹死，死不見屍，因此曹娥投江尋父屍，五天後她的屍體抱著父屍浮上水面。

司馬遷推尊屈原說：「其志潔，故其稱物芳。其行廉，故死而不容自疏。……推此志也，雖與日月爭光可也。」李白也說：「屈平辭賦懸日月，楚王臺榭空山丘。」這些都以日月光輝比屈原，對屈原的人格、作品推崇備至。屈原在〈離騷〉中使用許許多多的香草和美人，象徵自我人格品德的高潔，是人們所熟悉的。然而屈原有一篇歌詠「橘樹」的作品，卻似乎比較不受注意。

〈橘頌〉全文只有十八句，屈原借橘述志，深見寄託，略無失意之情，而有勵志之意。橘樹在冬天時花木扶疏，枝幹茂盛，清香而潔白的花朵，金黃色的果實，不僅甜美，尤其富於內涵。在屈原心目中，橘樹的「獨立不遷」、「深固難徙」、「橫而不流」的堅貞志節，就是自己的最好寫照。

蘇東坡在經歷黃州五年的貶謫，終獲量移汝州。由黃州赴汝州途中，經過陽羨，有感於江山風物，於是自書襟懷：

吾來陽羨，船入荊溪，意思豁然，如愜平生之欲。逝將歸老，殆是前緣。王逸少云：「我卒當以樂死！」殆非虛言。吾性好種，能手自接果木，尤好栽橘。陽羨在洞庭上，柑橘栽至易得。當買一小園種柑橘三百本。屈原作橘頌，吾園若成，當作一亭名之曰「楚頌」。元豐七年十月二日書。

元豐七年甲子（一〇八四），東坡四十九歲。東坡平生喜種植，能接木；既好種松，又好種橘，真是屈原的異代知己。兩人堅定不移的高潔品格，正可藉橘樹而前後輝映，長留天地之間。東坡雖未如願種橘三百棵而建「楚頌亭」，但〈楚頌帖〉已名垂千古，尤為書家所喜愛。元朝趙孟頫〈題楚頌帖〉說：

東坡公欲買園種橘於荊溪之上，然志竟不遂，豈造物者尚有所靳耶！而〈楚頌〉一帖，傳之後世為不朽，則又非造物者所能靳也。

端午節要吃粽子、飲雄黃酒，醫書上說：「雄黃能治百蟲毒、蟲獸傷。」老祖宗的經驗世代相傳，應該是可信的。茲此令節，謹以四句申其紀念於萬一，〈紀念屈靈均〉：

靈均志節見離騷，日月同光正則操。深固難遷橫不徙，東坡楚頌寫風標。

誰還弔屈原？

在端午節，人們會互相祝賀「端午節快樂」。在這天會紀念愛國詩人屈原。屈原寫〈離騷〉，言詞直切，得罪權倖小人，被流放到江南；懷憂積憤，無以自解，竟自沉於汨羅江。那已是兩千三百年前的事了。

屈原殉國後一百餘年，漢文帝時的青年才俊賈誼（前二〇〇辛丑－前一六八），上書朝廷，批評國事有「可痛哭」、「可流涕」、「可長太息」的嚴重危機，激怒了權臣，被貶出朝廷，去擔任長沙王的太傅。賈誼經過湘水時，寫了〈弔屈原賦〉以自我排解，其中有「鸞鳳伏竄兮鴟鴞翱翔，闒茸尊顯兮讒諛得志，賢聖逆曳兮方正倒植」的憤激。後來東漢揚雄（前五三戊辰－一八）因得罪權倖而被排斥，於是作〈反離騷〉抒懷，竟責備屈原不該自沉。到唐朝中期時，柳宗元因政爭被貶去永州（湖南零陵），經過長沙時，有所感而寫了〈弔屈原文〉，則被認為是「困而知悔」，自慚成分多，和賈誼、揚雄的情懷不同。北宋蘇東坡是屈原的異代知己，對屈原的選擇自沉，悲憫哀嘆，在〈屈原廟賦〉說：

> **嗚呼！君子之道，豈必全兮。全身遠害，亦或然兮。嗟子區區，獨為其難兮。雖不適中，要以為賢兮。夫我何悲，子所安兮。**

東坡因作詩謗訕朝廷的罪名，被打入天牢百餘天，不堪羞辱，也曾經想自盡，所以對屈原抉擇「懷沙自沉」，感受最深。

屈原「眾人皆醉我獨醒」的自憐，讓後人有「長恨忠良多坎坷，何必逢人話獨醒」的憾恨，對屈原的不識時務，既推崇又悲憫。南宋胡仲弓就說：「年年此日人皆醉，能弔醒魂有幾人。」明初林鴻（一三三八戊寅－？）也說：「千載獨醒惟有子，古今醉死盡英豪。」王世貞則說：「薦罷三閭還自笑，此生難作獨醒人。」無不如此！北宋張耒有〈弔屈原〉詩說：

競渡深悲千載冤，忠魂一去詎能還。國亡身殞今何有，只留離騷在世間。

如今在端午節時還互相賀節，似乎也滿切合詩中的氛圍呢！

端午詩

紀念端午，歷代都有詩文。到了唐朝，端午已經成為帝王犒賞鼓舞臣僚或臣僚呈獻禮敬的重要日子，而詩人所作，不免奉承頌揚帝王恩典，千篇一律，略無可感，包括詩聖杜甫之作也不例外！如〈端午日賜衣〉：

宮衣亦有名，端午被恩榮。細葛含風軟，香羅疊雪輕。
自天題處濕，當暑著來清。意內稱長短，終身荷聖情。

直到晚唐，才偶有專詠端午的詩篇，僧文秀〈端午〉：

節分端午本誰言，萬古相聞為屈原。堪笑楚江空浩浩，不能洗得直臣冤。

兩宋較多，元朝尚能沿波，明清又少，茲選輯短篇詩詞應節紀念，惟不錄「龍舟競渡」之作：

〈端午日即事〉 余靖（一〇〇〇庚子—一〇六四）

江上何人弔屈平，但聞風俗彩舟輕。空齋無事同兒戲，學繫朱絲辟五兵。

〈五月五日〉 梅堯臣

屈氏已沉死，楚人哀不容。何當奈讒謗，徒欲卻蛟龍。
未泯生前眼，而追沒後踪。沅湘碧潭水，應自照千峯。

〈端午〉 歐陽修

楚國因讒逐屈原，終身無復入君門。願因角黍詢遺俗，可鑒前王惑巧言。
嘉辰共喜沐蘭湯，毒沴何須採艾禳。但得皋夔調鼎鼐，自然災祲變休祥。

〈端午〉 劉攽

萬里荊州俗，今晨採藥翁。浴蘭從忌潔，服艾已同風。
泛酒菖蒲細，含沙蝘蜓紅。沉湘猶可問，角飯畏蛟龍。

〈端午〉 李之儀

綵絲百縷紉為佩，艾葉千窠結作人。散誕何妨兒女戲，漂流不覺歲時新。
清歌尚記書裙帶，舊恨安能弔放臣。角黍粉團矜節物，一樽聊與寄逡巡。
曾約佳人端午歸，又期僚友面南池。誰知猶阻重門鎖，未擬輕為故國悲。

九節菖蒲應好在，十圍楞木正相宜。微行細約寧忘我，卻話今朝會有期。

〈端午〉　彭汝礪

日上天心直，風生水檻寒。羈窮念時節，草次具盤餐。
買藥知衰病，開樽得小歡。醉懷江國味，撥棹倚江干。

〈端午日　少作〉　楊時

悠悠南北各天涯，欲望鄉關眼已花。憶得親庭誰共語，應憐遊子未還家。

〈端午〉　張耒

競渡深悲千載冤，忠魂一去詎能還。國亡身殞今何有，只有離騷在世間。

〈端午日二首〉　饒節

艾葉斜枝短，菖蒲瘦節長。綠雲依鬢亂，紅雪落杯香。
風物江淮似，功名歲月忙。澤間人弔屈，應有淚浪浪。

異代多同俗，千秋餉楚魂。人才終可惜，祀事故常存。
赤鹵豐禾黍，閑民長子孫。憐渠身世拙，滿眼暮雲屯。

〈端午絕句二首〉　謝逸

白髮無端種種生，每逢佳節只心驚。老妻稚子知人意，但把菖蒲酒細傾。

病臂懶纏長命縷，破衣羞帶赤靈符。罇中有酒不得醉，憶著三閭屈大夫。

〈端午即事〉　謝薖

卯飲緣佳節，昌陽薦一巵。兒諮射團事，妻誦賜衣詩。
懶檢三閭傳，爭纏五綵絲。平生幾端午，隨分作兒嬉。

〈端午〉

李彭

鄭袖椒房寵，音容勝莫愁。多情上官郎，朝夕侍冕旒。
從來秋水好，見謂繞指柔。何堪女嬃罵，竟與馮夷游。
至今荊楚兒，奮舟競長流。重華改前度，歸翩起南州，
莫作古時恨，靜聽群歌謳。

〈端午〉

許景衡

節序重重過，京華物物新。安排黍生角，妝點艾為神。
窮衖無來客，他鄉有故人。揮毫非楚些，誰與弔靈均。

〈憶秦娥　五日〉

陳與義

魚龍舞，湘君欲下瀟湘浦。瀟湘浦，興亡離合，亂波平楚。
獨無尊酒酬端午，移舟來聽明山雨。明山雨，白頭孤客，洞庭懷古。

〈臨江仙　午日〉

高詠楚詞酬午日，天涯節序怱怱。榴花不似舞裙紅。
無人知此意，歌罷滿簾風。
萬事一身傷老矣，戎葵凝笑牆東。酒杯深淺去年同。
試澆橋下水，今夕到湘中。

〈端午日〉

虞儔

今朝端午懶吟詩，此意兒曹莫遣知。萱草著花空有恨，菖蒲稱壽永無時。
遠途日暮休回首，近事風傳只皺眉。角黍堆盤何處奠，沉湘千古使人悲。

〈端午三首〉 趙蕃

讒說投詩贈汨羅，身今且爾奈渠何。嘗聞求福木居士，試向艾人成祝呵。

年年端午風兼雨，似為屈原陳昔冤。我欲於誰論許事，舍南舍北鵓鳩喧。

忠言不用竟沉死，留得文章星斗羅。何意更觴昌歜酒，為君擊節一長歌。

〈江城子　端午書懷〉 陳著

年年端午又今朝，鬢蕭蕭，思搖搖。應是南風，湘浦正波濤。千古獨醒魂在否？無處問，有誰招！

何人簾幕倚蘭皋，看飛橈，奪高標。鐃把笙歌供笑，醉陶陶。孤坐小窗香一篆，絃綠綺，鼓離騷。

〈端午〉 胡仲弓

畫舸縱橫湖水濱，綵絲角黍鬥時新。年年此日人皆醉，能弔醒魂有幾人。

〈端午感懷〉 舒岳祥

曾飲昌陽七十三，老來大布當輕衫。豫儲當採三年艾，緩計空尋六日蟾。

楚俗舊時沉黍恨，唐宮此日賜衣霑。梔香滿院人如玉，尚想薰風半捲簾。

〈端午〉 汪夢斗

辜負昌陽酒一杯，異鄉節物苦相催。榴花未見已夏半，梅子空黃無雨來。

下士蜀皇不復產，愛君屈子有餘哀。江南儘自多魚米，好趁涼風及早回。

〈乙酉端午聯句〉 熊禾（一二四七丁未——一三一二）

離騷讀罷意沈沈，痛飲狂歌作楚吟。魚腹有靈應瞑目，後來猶自有孫心。

〈端午〉　　連文鳳（一二四〇庚子—？）

相傳楚俗試蘭湯，一枕南薰日正長。門掩綠陰無個事，起來燒過午時香。

〈端午次韻和徐改之〉　　于石（一二五〇庚戌—？）

榴花灼爍露初乾，乍試香羅怯曉寒。自古獨醒多見忌，與君一醉笑相看。

無邪安用艾懸戶，徇俗聊將黍飣盤。千載沉湘呼不起，至今遺恨楚江干。

濤頭灑淚眼難乾，魚腹沉冤骨未寒。楚些一章招莫返，曹碑八字好難看。

水流不盡湘江恨，俗莫空陳蘋藻盤。我亦逢時增感慨，凜然忠孝孰能干。

兩宋詩人對屈大夫真是有感，詩作頗豐，接續欣賞元明清的作品：

〈端午〉　　蒲壽宬（？—一二八〇）

鬢符腰艾去紛紛，荷葉荷花匝水濱。思遠樓前雖有曲，若邪溪畔豈無人。

莫將楚恨悲兒女，聊把騷章託鬼神。濁酒滿壺漁父笑，江邊鷗鷺正相親。

〈午節〉　　方回

年年節與物相符，筍已成竿燕欲雛。客裡不知端午近，賣花擔上見菖蒲。

〈端午〉　　周權

河上人家插艾蒿，紛紛炊黍薦香醪。客懷寥落真無那，暮雨孤舟讀楚騷。

〈端午漫題〉　　胡助

老罷離騷讀，青銅雪鬢雙。久貧交易絕，多病酒難降。

節物薰風館，歸心夜雨窗。當時蕭艾盛，吾欲駕濤江。

〈端午〉　吳師道（一二八三癸未—一三四四）

今年重午住京華，一寸心情萬里家。楚些祇添當日恨，戎葵不似故園花。
案頭新墨題紈扇，牆外高門響鈿車。朋侶蕭疎歡事少，誰令衰鬢受風沙。

〈端午日懷古〉　謝應芳

五月五日追前賢，九歌九章鳴素絃。蛟人應泣魚腹葬，龍伯合贈龜毛氈。
招魂感舊痛梁壞，反騷媚新圖瓦全。楚天盡處臥遊去，艤舟酹月羅江邊。

〈端午〉　史謹

鶴髮垂肩尺許長，離家三十五端陽。兒童見說渾驚訝，卻問何方是故鄉。

〈楚城端午弔古〉　鄭岳

屈子力扶楚，懷王悞信秦。浴蘭傳舊俗，包黍薦明神。
奇字終投閣，諛文獨美新。反騷空有賦，千古愧纍臣。

〈端午〉　張羽（一四六七丁亥—一五三六）

五月江村歸夢長，又從客裡過端陽。石榴輕閃風前色，山艾時飄苑外香。
競水數舟那更急，穿花雙蝶故多忙。兒童不省官中好，猶插朱符說故鄉。

〈端午〉　邊貢

樓船不近打魚磯，簫鼓中流聽者稀。遙想紫宸頒制扇，真慚清禁賜宮衣。
池亭映日榴開錦，城郭籠烟柳蕩旂。傳有湘江年少過，蘭橈應吊屈平歸。

〈燭影搖紅　端午〉　韓邦奇（一四八八戊申—一五二三）

荷綠翻風，榴紅門日端陽節。湖光百里碧波搖，是處華筵列。
菰角玉紅銀白，泛金觴，香蒲瓊液。
綵懸艾虎，錦奪龍舟，佳人豪客。笑語聲諠，誰知此際堪悲咽。
騷魂千載尚悠悠，日暮吟湘澤，幾點黃梅雨歇。
欲懷古，俄成悽惻。不如醉了，還勝似醒時，免煩胸膈。

〈端午日小酌〉　王世貞

榴花乳燕各爭新，角黍蒲觴次第陳。薦罷三閭還自笑，此生難作獨醒人。

〈端午〉　張元凱

角黍綠離離，茶瓜與客期。短衣懸艾艾，長命續絲絲。
燕乳過初夏，蜂喧恰午時。葵榴幸無恙，折取伴芳卮。

〈五月端午〉　黃淳耀

三年端午日，兩度客中過。酒憶金陵美，山看彭澤多。
枕攲書斷續，囊久艾消磨。莫笑鄉心勇，黃魚*壓子鵞。

*自注：「是日江右風俗飲蒲酒、啖鵞炙，因憶吾鄉石首魚了不可得。」江右也就是「江南」，江南有些地方在端午是要吃燒烤鵝肉的。

讀了這許多詩，不能無感，就湊一首吧！〈端午即事〉：

年年五五念屈原，角黍龍舟鑼鼓喧。但有詩人揮筆勸，古來日月映前賢。

仲夏

就時令言，五月是仲夏，端午又過十天，正好是夏季的一半。如果也能如莎翁有《仲夏夜之夢》（*A Midsummer Night's Dream*），我們的夢會是什麼呢？大家都不一樣吧！

仲夏在夏季的中間，又稱「中夏」，氣溫最高，因此也稱「盛夏」。就陰、陽二氣的變化消長而言，仲夏既是「陽之極」，又是「陰始萌」，過了仲夏，陰氣漸長，陽氣日消，本是自然之變化。仲夏之見於詩文，始於曹植〈蟬賦〉：「唯夫蟬之清素兮，潛厥類乎太陰。在盛陽之仲夏兮，始遊豫乎芳林。」到了仲夏，被認為是「出汙泥而不染，餐風飲露，品行高節」的蟬，開始活躍了。

曹丕（一八七丁卯－二二六）在〈與吳質書〉中，回憶昔年在一起過盛夏的時光，有「浮甘瓜於清泉，沉朱李於寒水」的話，說的是消暑之美，瓜和李正是這個時節的特產。而「甘瓜」是什麼瓜呢？南宋范成大認為就是「西瓜」，「西瓜味淡而多液，本燕北種。……瓜性寒，北人秉壯食之無虞。」體氣虛弱的人，不宜多食。李又如何呢？或許意謂著，凡事總要避一避「瓜田李下」呀！

陶淵明在給兒子們寫的信中說：「常言五六月中，北窗下臥，遇涼風暫至，自謂是羲皇上人。」（〈與子儼等疏〉）若處眼前，陶公即使在冷氣房中，恐怕也難「高臥無憂」，更別說什麼「羲皇上人」了。

初唐的王績（五八五乙巳－六四四）在〈答馮子華處士書〉引陶公語說：「陶生云：『盛夏五月，

跂腳北窗下，有涼風暫至，自謂是羲皇上人。』嗟乎！適意為樂，雅會吾意。」

看來仲夏可以讓人登高望遠，臨水俯流、笑傲山水，但若不得清涼，則面對「草木看欲焦」的赤日，揮汗如雨，哪有心思作詩填詞！此所以孟夏之作，連篇累牘，而仲夏詩篇，寥若晨星！

唐人以仲夏為題之作極少，即使在詩篇中，亦不多見，儲光羲除了有「仲夏日中時，草木看欲焦」的詩語（〈同王十三維偶然作〉十首之一）外，並最早以仲夏入詩題，〈仲夏入園中東陂〉：

方塘深且廣，伊昔俯吾廬。環岸垂綠柳，盈澤發紅蕖。
上延北原秀，下屬幽人居。暑雨若混沌，清明如空虛。
此鄉多隱逸，水陸見樵漁。廢賞亦何貴，為歡良易攄。
且言重觀國，當此賦歸歟。

而後，杜甫詩中兩次言及仲夏：「仲夏苦夜短，開軒納微涼」（〈夏夜歎〉）、「仲夏多流水，清晨向小園」（〈園〉）。白居易的〈仲夏齋戒月〉、〈仲夏齋居偶題八韻寄微之及崔湖州〉等，都只藉時序以敍事。曹鄴（八一六丙申－八七八）有詩云：「仲夏天氣熱，鬢鬚忽成霜。」（〈奉命齊州推事畢寄本府尚書〉）又，顏真卿（七〇九己酉－七八五）有〈中夏帖〉傳世：「真卿頓首：中夏以還，暑氣日甚；病懶，益不喜所為。前欲書石，當須稍涼作之也，幸不以差緩過之。京人來何？消息嘉否？」不知書法界的高朋，臨過顏魯公的〈中夏帖〉嗎？

唐朝以前詩文中的仲夏大抵如此了。宋朝詩人於仲夏別具心眼，詠嘆較多：

〈仲夏有感〉　胡宿（九九五乙未—一〇六七）

誤逐時英落轂中，拙艱為吏悄無悰。鶗鴂已享鳴鐘賜，澼絖焉知裂地封。
西北晚雲長望闕，東南春畝久拋農。匆匆禹鑿當年事，猶待神雷起蟄龍。

〈仲夏田家〉　韓維

仲夏農務急，老壯紛盈疇。上天無愆沴，登我蠶與麰。
晨興腰鎌出，子婦向田頭。綠樹繞阡陌，當晝豈暇休。
柔絲繅滿盆，新實已可羞。歸來一歡笑，卒歲期無憂。
為民各有業，處世無異謀。但願歲嘗然，囷廩有乾餱。
糟床注濁酒，鄰里日相求。

〈和中夏清虛堂〉　韋驤

碧玉闌干白石除，虛堂瀟灑聚書圖。窗明晝可窺蚊睫，簷靜時聞噪雀雛。
涼吹東南生砌竹，繁陰朝夕在庭梧。主人襟量清如水，此段幽佳稱得無。

〈中夏偶成〉

地交淮浙屬通川，官守區區改歲年。鑒照自驚生鬢雪，感時還聽噪林蟬。
鍾鳴鼎食何為動，鶴引熊經似有緣。內樂無窮奚恤外，便便休誚孝先眠。

〈仲夏始雷〉　蘇轍

陽氣溟濛九地來，經春涉夏始聞雷。麥禾此去或可望，桃李向來誰使開。
號令迍邅人共怪，陰陽顛倒物應猜。一聲震蕩雖驚耳，遍地妖氛未易回。

〈仲夏〉　張耒

雲間趙盾益可畏，淵底武侯方熟眠。若無一雨為施澤，直恐三伏便欲然。
算商酤酒有底急，束帶坐曹真欲顛。平生不解作熱客，且復飽食窺陳編。

〈仲夏月夜懷陳西安〉　毛滂

飛蓋西園夜，抽毫失謝君。徘徊下修竹，暗澹入浮雲。
素彩漫仍見，微芒細可分。徒知此紈扇，離畢未前聞。

〈石門中夏雨寒〉　洪炎（一〇六七丁未—一一三三）

五年戎馬鬥中原，四月江南尚薄寒。入月誰能移太白，來朝我亦見呼韓。
灌壇風雨行將戢，陋巷簞瓢且自寬。紅日再中天地正，泥塗不辱舊衣冠。

〈仲夏細雨〉　曾幾

霢霂無人見，芭蕉報客聞。潤能添硯滴，細欲亂爐薰。
竹樹驚秋半，衾裯愜夜分。何當一傾倒，趁取未歸雲。

〈盛夏軒偶成五首〉

一堂既虛閒，一室可息偃。松篁度風清，窗戶去日遠。

幽禪過亭午，涼氣生薄晚。闔內即妻孥，更深遂忘返。
攜簟入深竹，脫巾掛低枝。無令兒輩覺，更恐俗客知。
清風何故來，口詠淵明詩。涼冷似太過，還從徑中歸。
松風夏逾清，竹日午更淨。蕭然松竹間，得此林壑性。
異哉今日暑，無復有晨暝。疲薾安所逃，茅齋入僧定。
因病不舉酒，況當朱明天。客至但茗椀，談詩復談禪。
甘寒百尺井，舊日陸子泉。安得僧舍雪，霏微濕茶烟。
澗蒲上九節，不受塵土姿。清泉自澡潔，白石相因依。
種蕉水中央，佳處略似之。誰能後雕賞，惟有歲寒知。

〈紫薇花俗名滿堂紅〉

王十朋*

盛夏綠遮眼，茲花紅滿堂。自慚終日對，豈是紫薇郎★。

* 王十朋於南宋高宗紹興二十七年（一一五七），由高宗欽點為當年進士第一狀元，時已四十六歲。

★ 唐以來，中書省又稱「紫薇省」，中書舍人雅號「紫薇郎」。白居易任中書舍人時，有天當值，寫下：「絲綸閣下文書靜，鐘鼓樓中刻漏長。獨坐黃昏誰是伴，紫薇花對紫薇郎。」

〈夜意〉

陸游

幌外燈青見鼠行，林梢月黑有梟鳴。只言中夏夜偏短，萬里夢回天未明*。

* 在詩詞中「仲夏」與「夢」的唯一連結！

〈夜坐〉

仲夏苦鬱蒸，既夕熱未解。浴罷坐柴門，汲井痛掃灑。
覆野天穹穹，垂地星磊磊。明河落無聲，北斗低飲海。
三更缺月升，草木盡光彩。漁舟在何許，斷續聞款乃。
百憂集老境，坐歎雙鬢改。誰能擁雕戈，遺敵何足醢。

〈閒詠園中果木〉

仲夏園中百草靈，風吹露坼各青青。勸君辦取金鴉觜，不問昌陽與豨苓。

〈仲夏風雨不已〉

南陌東阡自在身，一年節物幾番新。鰣魚出後鶯花鬧，梅子熟時風雨頻。
冠蓋敢同修禊客，桑麻不減避秦人。夕陽更有蕭然處，照影清溪整葛巾。

〈仲夏游赤松有感〉　王柏（一一九七丁巳—一二七四）

堆堆書冊略抽頭，決意茲行不暇籌。雨觀風臺凌絕景。雲巒雪瀑壯清游。
二皇群石應難覓，南澗雙羊已莫求。訪我舊題無復有，姓名方愧倚人留。

宋朝以後，仲夏詩作突又轉少，僅得四家，亦可怪矣！

〈仲夏書事十首〉　方回

園林夏宜曉，葉葉溜晴光。此地吾能淨，非天獨肯涼。
汲泉看馬飲，剗草免蛇藏。似亦為形役，終無市井忙。
南風吹密樹，古屋隱林隈。捲畫防梅雨，鐫詩惜石苔。
醫書鄰叟借，庵記野僧催。細省仍微笑，猶勝走俗埃。
幽居少四鄰，長日屬閒人。石氣常蒸霧，鶯聲不改春。
子錢償未已，卯酒醉何頻。說與耘畦者，無錐未是貧。
閒身何所事，詩外別無心。但見獨危坐，焉知長苦吟。
兵戈生長老，夢幻去來今。感慨亦徒爾，賓來酒且斟。
息擔秋云季，扶犁夏欲中。園林初畏日，里巷只雌風。
餅粥慳鱐脯，醯鹽劣韭葱。藕絲冰水舊，誰識少陵翁。
菜梜朝酲後，茶甌午困前。入簾禽避彈，升竈蟻求羶。
觀物因多感，謀生各務全。蠶登新麥賤，田叟荷皇天。
勁瘦元弘博，淒酸忽壯豪。為詩兼眾體，此事屬吾曹。
俗學三書虎，雄心六釣鼇。蘭枯菊猶短，不羨蜀葵高。
棄置乾坤事，歸休水竹居。不因徵急債，儘可讀殘書。
虀糝畬田粟，薑羹石澗魚。論文同小酌，未覺故人疏。
細酌浮菖酒，閒吟樹蕙文。賣符羞米賊，采藥按桐君。

壬日近梅溽，午風生草薰。湖航三紀夢，荷蓋石榴裙。
暑月憶寒月，老身兼病身。簞誰分長物，酒併缺賢人。
山市冰難致，家園蒜自珍。黃芽冷香飲，迴首歎揚塵。

〈盛夏火為日〉　劉辰翁

日在天無二，明明夏盛時。到今難可愛，非火孰能為。
漫把薰風語，難禁坐甑炊。未應一杯水，能沃九華枝。
王屋飛猶在，崑岡事可知。未須頻夢竈，倏忽看崦嵫。

〈熱〉　馬臻

盛夏勢莫當，昊天日亭午。亢陽流赤光，崇岡裂焦土。
夸父不知疲，暍死自罹苦。何不挽滄溟，大霈天下雨。

〈盛夏晚偶成〉　清聖祖康熙

蟬聲急處秋將近，緜雨過時暑漸微。樹色渺茫憑遠閣，雲峰掩映罩斜暉。
西成平野年當稔，煙息關山事不違。披覽牙籤心自得，揮毫乙夜勉群幾。

康熙帝王之作，關心秋收（西成）、和平（煙息），深夜（乙夜，二更之意）批示奏疏，勗勉百官，一派明君氣象！

予一介老書生，但能書空咄咄爾！不免湊四句自哂，〈仲夏　戲成〉：

仲夏朝霞更夕雲，雲深幻變嘆難云。云何日日困方寸，寸指測淵夢不成！

陸放翁是「萬里夢回」，我則「夢猶不成」也！再成〈代放翁續〉一首：

夢成萬里*半醒中，中歲欣然號放翁。翁老平生無別念，念吾得失一漚★同。

＊放翁「夢回萬里」時，正奉命家居，時年五十九歲；而「萬里之夢」，是夢回四十六歲到五十四歲間在蜀中歲月。五十二歲自號放翁，蓋被譏頹放也。

★放翁五十歲作〈臥病〉詩：「生死亦何有，成壞同一漚。」

夏至

白晝最長的一天

夏至的「至」，綜合古人的論述，有三層意思：

一、白晝最長，「陽氣」到了極至。南宋黃震（一二一三癸酉－一二八一）曾在《黃氏日鈔》說：「長至者，日長之極。世俗多誤『冬至』為長至，不知乃短至也。」（卷五十六）誤以冬至為長至，由來已久，如唐朝白居易〈冬至宿楊梅館〉：「十一月中長至夜，三千里外遠行人。」又如北宋田錫作〈長至賦〉，開篇也說：「伊沍寒之嘉節，美長至之良辰。」習焉不察，積非成是；而「日南長至」，已成典實。

二、「陰氣」自此開始萌生。

三、太陽最靠北方，陽光照射顯現的影子最短。夏至日後，白晝漸短，夜晚漸長，一直到冬至日，夜晚最長，白晝最短。然後陰氣又日衰，陽氣再盛，就像是否極泰來一般。如此用陰陽消長來解釋自然現象，再運用到人事上。從《易經》陰、陽二元素的象徵意義說，則「陽」是乾、是天、是君；「陰」是坤、是地、是臣。因此冬至後的「陽氣日增」，代表天道和君權的逐漸彰顯增強，是可喜可賀的；夏至則正相反，陰氣日重，不但不能道賀，還有一些禁忌，如行旅。

古代帝王於冬至日祭天神，夏至日祭地祇，或許是從漢文帝十六年（前一六四）開始的。冬至日要在京師南郊的圜丘，舉行隆重的祭天大典，然後或者就改年號，宣示一個新的紀元。對「天」如此尊崇，對「地」也不能輕忽，於是在夏至日，另在京師北郊築方澤，祭祀大地神祇。古人以為天是圓的、地是方的，所以祭天於圜丘，祭地在方澤。

這兩大祭典，帝王都要齋戒主持，歷代帝王都沿襲不變。到了北宋神宗（一〇六八—一〇八五在位）、哲宗（一〇八五—一一〇〇在位）期間，因為費用太高、天氣太熱的問題，有人提出把夏至祭地併入冬至祭天同時舉行，引起天地「合祭」或「分祭」的大論辯；蘇軾就有〈上哲宗圜丘合祭六議〉奏章，極力主張合祭。結果還是分別舉行，一直到清朝；清高宗乾隆幾乎年年作詩記述夏至祭地的感想，是寫夏至詩最多的人，譬如〈夏至日北郊禮成述事〉：

> 方澤年年祭必躬，敢緣暑候懈虔衷。大昕因下修殷薦，北至惟時報巨風。
> 三獻庖升四足鼎，八成樂叶七絃桐。瑞雲已自敷祥霔，願霈鴻施遍錫豊。

由此可以看出，乾隆對「夏至祭地」的慎重。夏至除了麥作成熟外，還有「鹿角解」、「蜩始鳴」、「半夏生」等三候，來看看乾隆怎麼說。

三候　鹿角解・蜩始鳴・半夏生

初五日：鹿角解。是說麋鹿的角開始「蛻其舊而生新」。乾隆說：

木蘭鹿與熱河麋，解角均於夏至時。雖曰牝同頭禿矣，原看牡異隊分之。
下來頗似牛羊晚，友去聊欣左右宜。著說證明千古舛，此非矜智驗真知。

乾隆有〈麋角解說〉一文，辨析「鹿與麋」皆解角於夏，「麈」則解角於冬。而古人並不清楚鹿、麋、麈的分別，難免混淆不清。

次五日：蜩始鳴。蟬真的要到夏至後才嘶鳴嗎？乾隆說：

五月為蜩七月蟬，時殊一物兩名還。初聽仲夏聲猶細，漸泛薰風韻亦鮮。
欲笑鵬飛圖九萬，漫驚螳捕在絲絃。豳詩既曰行似令，於鵙之鳴胡舛焉。

看來他對此也有一番質疑。

後五日：半夏生。「半夏」是一種藥用植物，半夏一名，正說明了它的生發時間。乾隆說：

藥草生當五月中，江南端弗及齊東。率因地道時差異，自致物群品不同。
水玉象形名頗得，守田會意號尤工。岐黃之術非吾曉，修治無須問焙烘。

修身、齊家、治國、平天下，不必事事精通，需要的是愛民之心。

專詠夏至的詩作不多，唐朝權德輿（七五九己亥—八一八）有〈夏至日作〉五絕一首：

璿樞無停運，四序相錯行。寄言赫曦景，今日一陰生。

元朝趙孟頫（一二五四甲寅—一三二二）〈夏至〉詩說：

夏至午之半，一陰已復生。堅冰亦馴至，顧豈一朝成。
萬物方茂悅，安知有雕零。君子感其微，慟哭幾失聲。

大書法家果然不凡，由「夏至」一陰復生，已顧慮到寒冬來時萬物凋零的悲慘，這才是真正體物愛民。松雪道人趙孟頫的五世祖，是南宋孝宗的父親，屬於宋太祖的嫡系。

清朝彭孫遹有〈卜算子　夏至日〉詞一闋：

才過困人天，又把黃梅做。試捲疏簾一倚欄，小雨吹紅醋。
草草百年身，悔殺從前錯。來日還如去日長，沒箇安排處。

而西漢劉向（前七七—前六）《說苑．尊賢》一段用「夏至」做論述的話，滿有意思的：「齊用蘇秦，秦用趙高，而天下知其亡也。非其人而欲有功，譬其若夏至之日，而欲夜之長也。」

說到夏至，還有一位人物不能不提。南朝陶弘景（四五六丙申—五三六）就是生於夏至！陶弘景字通明，自號「華陽隱居」，謚號「貞白」，生辰在宋孝建三年丙申歲夏至日，卒年八十一。他精通醫學、文學、書法，兼修佛、道，是道教「上清派」的代表人物，著有《本草經集注》、《陶隱居集》、《真誥》等書。他是唯一在文獻被提到生於夏至的人物。

且用劉更生寓意試成四句，〈夏至即事〉：

夏至陰陽漸轉顛，圜丘方澤隨地天。夜長日短茫然變，成敗與亡各自憐！

夏至入秋

六月到八月

小暑—大暑—立秋—處暑—白露—秋分

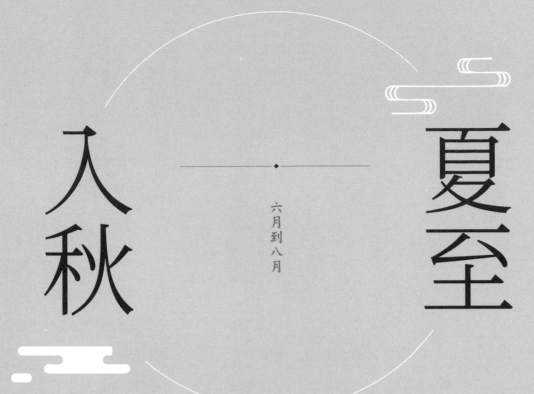

小暑

開始進入炎熱時節

從立夏開始進入夏季，一直到七月立秋後的處暑，中間有夏至、小暑、大暑等，共是六個節氣，還跨越了四、五、六、七月，都是暑熱的時段，其間又有三伏天，從夏至後，高溫都在攝氏三十六度上下。真熱呀！

小暑接著夏至而來，而後再十五天就是大暑。小暑和大暑的分別，是以「熱」的程度而言。暑熱到了極點，就是大暑；在大暑之前，就算是小暑。

三候

溫風至・蟋蟀居壁・鷹始摯

初五日：溫風至。「溫風」指南風，「至」是極的意思。六月就是「季夏」了，暑氣到了極點，所以說「溫風至」。乾隆解釋說：

南風曰巨即溫風，至極至來訓不同。季也定非來以始，夏哉應是極而終。
登臺拂拂面猶撲，揮扇炎炎汗更融。卻憶良農方炙背，三耘努力鹵田中。

次五日：蟋蟀居壁。《詩經．豳風．七月》說：「六月莎雞振羽。」就是說這一現象。乾隆說：

六月莎雞振羽時，不妨逢壁且居之。或牆或穴原無定，曰蠕曰肖則尚遲。
屈以為伸應有待，動由乎靜更何疑。孟冬仍即於床下，復始歸根理在茲。

後五日：鷹始摯。鷹類猛禽，到這個節氣，羽毛才完全長成，可以開始學習飛翔。乾隆說：

爾雅禽經名已紛，鶻師赤輩本能分。當春毛換方弱耳，經夏羽堅始摯云。
野者自當謀食巧，養之斯在用功勤。畜禽亦實尋常事，板屋為奢似費文。

又東漢文字學家許慎（三〇庚寅－一四八）說：「黍以暑得名，小暑至，農遂登黍。」而古人又有「小暑喫大麥」的說法，可以反映「小暑」這個節氣的農功。

總體來說，即使將奉皇帝之命而作的應制詩都計入，古人專詠小暑的詩仍極少，或許因在中原地區，對暑的感受還不夠強烈吧！一直要到南宋才出現了有小暑為題的詩：

〈十八日小暑大雨〉　韓淲

申禱山川便作霖，耘苗時候想田深。且欣小暑能如此，更願新秋得似今。
早稻欲花將就實，晚禾成葉未抽心。天應不忍焦勞意，直自初栽已望陰。

龐鑄（約一二一〇年前後在世）

〈喜夏〉

小暑不足畏，深居如退藏。青奴初薦枕，黃妳亦升堂。
鳥語竹陰密，雨聲荷葉香。晚涼無一事，步屧到西廂。

小暑前的氣溫已經飆高到三十六、七度了，雖有「青奴」、「黃妳」，如沒有電扇冷氣，仍然是熱不可當！且漫湊小詩，聊以疏解悶氣，〈小暑即事二絕句〉：

仲夏炎炎小暑交，人間悶悶嘆風調。可憐世事曇花夢，一夕光華一旦消！
無可如何黃妳*瞄，似曾相識青奴★招。恍然昨是今否否，但恨初心更迢迢！

＊黃妳指「書卷」。人們在暑熱時握卷看書就容易瞌睡，於是就把書卷叫做「黃妳（媪）」。（見梁元帝《金樓子》卷六）

★青奴，原名「竹夫人」，指竹製枕簟、憩臂、休膝之器；黃山谷改稱為「青奴」。

三伏天

小暑節氣間，有「三伏天」的初伏日。初伏十一天後是中伏，已在大暑初，然後在立秋節氣中是末伏。三伏天前後延續一個月，正是一年中最最酷熱的時候！而此時也出梅了，前後歷時約一個月的黃梅雨季結束，似乎還沒怎麼感受到「梅子黃時雨」的詩意，就進入三伏天。

古人用「熱湯」、「烘爐」來形容三伏天。唐朝白居易說：「是時三伏天，天氣熱如湯。」北宋王禹偁說：「火雲如山暑雨歇，天地爐烘三伏月。」加上經常下雨，更是濕熱難當，明朝李攀龍就說：「三伏天雨火。」又濕又熱的天氣，體氣不好或水土不服的人，很容易生病，北宋張耒就說：「最愁三伏熱如甑，北客十人八九病。」一旦生病，可不得了。唐朝權德輿〈病中苦熱〉詩：

三伏鼓烘爐，支離一病夫。倦眠身似火，渴飲汗如珠。
悸乏心難定，沉煩氣欲無。何時灑微雨，因與好風俱。

描寫得相當寫實，讀來都能感受到惱人的熱意。自唐朝以來，帝王體恤臣僚酷暑辦公，還特准三伏天提早下班呢！現代雖有冷氣，也還是必須格外小心。

三伏都在「庚」日，這與五行生剋有關。庚屬金，而時當炎熱，為火。火熾熱則金融化，所以必須「伏」，因此「伏」有「藏陰氣於熾熱」的意思。中醫則說是「伏邪」，「邪」指「六邪」：風、寒、暑、濕、燥、火。為了伏六邪，於是有「三伏貼」的療法；將中藥製成貼片，貼在適當的穴位，就可以減少冬天呼吸道過敏疾病的發病率，也可以有效防治氣喘和過敏性鼻炎。在炎熱的三伏天，古人用心研製的療法，卻是為預防寒冬的疾病發作，不能不佩服古人未雨綢繆的智慧，這才真是「超前部署」！

南宋范成大〈立秋〉詩說：

三伏熏蒸四大愁，暑中方信此生浮。歲華過半休惆悵，且對西風賀立秋。

所說「四大愁」者，據《維摩詰經》說：「四大合，故假名為身。四大無主，身亦無我。」「四大」指的是：「骨肉之堅相為地大，津液之潤濕為水大，暖觸之氣息為火大，動搖之筋脈為風大。」所以「四大愁」就是「滿身愁」呀！炎熱難當，身心俱不得安寧。能不愁乎？再說，當末伏時已進入立秋節氣，西風雖起，然而卻還有一個處暑在後呢！范成大高興得早了些。

專詠三伏的詩作不多，錄供參證：

〈避暑〉　李頻（？—八七六）

當暑憶歸林，陶家借柳陰。蟬從初伏噪，客向晚涼吟。

白日欺玄鬢，滄江負素心。神仙儻有術，引我出幽岑。

〈初伏休沐〉

宋祁

伏時詔休偃，閉門謝朋儕。羲和挾升陽，晚氣紅崔嵬。
炎林鬱歊霧，焦原横赭埃。怒甚崒崒雲，旱始隆隆雷。
況我庇茨宇，煩襟安得開。囚拘訴巾幘，仇怨被酒杯。
湯沐未及具，反為蟣虱咍。北風殊杳默，羲人安在哉。

〈初伏日招王幾道小飲〉（節錄）

歐陽修

人生有酒復何求，官事無了須偷暇。古云伏日當早歸，況今著令許休假。
能來解帶相就飲，為子掃月開風榭。

〈初伏柳溪〉

韓琦

萬柳籠溪借碧漣，滌煩高會喜僚賢。人間酷暑病庚伏，世外清風有洞天。
一枕易醒西崦雨，滿筵思醉北池蓮。棠陰訟閴邊烽靜，誰信榆關作地仙。

〈初伏避暑〉

四序推遷理亦常，其間天意或難詳。將今炎暑收殘虐，何使清商豫伏藏。
幾日西風來拂袖，昔時中異盛飛觴。無辭剩引南燕酌，鹽疊冰峯合坐涼。

〈和大雨〉

文同

黕黕雲如湧，淙淙雨若傾。驟翻銀漢濁，匀灑玉繩明。
雷怒無停勢，風豪有遏聲。危樓已初伏，猶謂裌衣輕。

〈初伏夜坐〉　孔平仲

露坐已侵夜，炎威猶未收。何言百蟲噪，無故一星流。
苦渴須漿解，微涼以扇求。頒冰是今日，堆玉想神州。

〈初伏大雨〉　張耒

初伏炎炎坐湯釜，長安行人汗沾土。誰傾江海作清涼，玄雲駕風橫白雨。
普陀真人甘露手，能使渴乏厭膏乳。且欲當風展簟眠，敢辭避漏移床苦。
清貧學士臥陶齋，壁上墨君澹無語，翰林但解嘲苜蓿，彭宣不得窺歌舞。
聯詩得句笑出省，策馬涉泥歸閉戶。床頭餘榼定何嫌，窗外石榴堪薦俎。

〈伏日〉　張鎡

未曉雨先驟，過朝風更鮮。誰知初伏日，全是早秋天。
洗盞嘗新酒，臨池摘嫩蓮。平生丘壑意，不受暑寒遷。

〈中伏〉　董嗣杲（宋末元初）

五世單丁家，在家亦如客。悲歡惱客抱，每恨江海窄。
今日初伏過，浴出易絺綌。樹頭來禽*熟，隔水不可摘。
明年西湖去，涼雲簪藉白。此時且健飯，寧耐朱炎赫。
淮童少解事，醉拾西瓜擘。強笑領其真，寓吟自成癖。

* 來禽，果名，即林檎，俗名花紅，北方稱沙果，即常見的蘋果。

鄭善夫（一四八五乙巳——一五二三）

〈夜熱二首〉

中宵猶酷熱，初伏未秋風。汲井分寒水，休燈散羽蟲。
宦情深自損，肺氣更相攻。象魏天蕭爽，衣冠日會同。
雷霆慳小雨，巖谷斷微風。北雪陰山裡，南州大火*中。
迎秋草木異，愛月女兒同。內熱兼多病，賡歌愧未工。

* 大火指「大火星」（心宿），即《詩經》所稱「七月流火」。此喻正極熱時。

乾隆有〈伏日〉詩多首，選兩首：

〈初伏〉

綠林濃欲滴，赤日蘊如蒸。梅潤濕階礎，炎歊薄戶庭。
拂拂透窗籟，稜稜貯盤冰。坐愛浮翠瓜，生憎變白蠅。
花香薰百和，泉響調千箏。揮扇無煩暑，忘筌有餘清。

〈伏日讀易〉

百舌已無聲，三庚適初伏。清晝如小年，韋編靜可讀。
風來蟬度響，雨過花增馥。物物注易簡，奚待玩九六*。
迴憶陽生時，觀象得來復。

＊《易經》以「九」代「陽爻」，以「六」代「陰爻」。

每年的初伏，幾乎都在最炎熱的時候，北宋蘇舜欽（一〇〇八戊申－一〇四八）有詩說，〈依韻和勝之暑飲〉：

九夏苦炎烈，入伏氣候惡。況茲大旱時，其酷甚炮烙。

「九夏」猶如說秋季為「九秋」。整個夏季都是熱的，尤其是入伏後，比被「炮烙」還恐怖呢！可見「伏熱」之可畏。且湊四句自玩，〈初伏戲成〉：

九夏入伏酷熱煎，深冬冰雪更寒嚴。人間慣見風雲變，秋月春花最可憐！
轉眼忽然伏暑天，汗流浹背欲無言。年來年去鏡中見，日就月將雪滿顛！

「人皆苦炎熱」——蘇東坡跨世紀槓上柳公權

在臺灣，夏至的前幾天，氣溫就已經飆高到攝氏三十五度以上，即使入夜也還在三十度，只能用一個「熱」字形容。

唐朝第十五代皇帝唐文宗李昂（八〇九己丑－八四〇），喜歡作詩，《全唐詩》還收有七首，其中一首詩題為〈夏日聯句〉，是開成三年（八三八）夏日，文宗與學士們的聯句詩。文宗先開始，是「人皆苦炎熱，我愛夏日長」兩句；當時有五位學士接著續聯，而文宗只欣賞大書法家柳公權（七七八戊午－八六五）的「薰風自南來，殿閣生微涼」，認為「辭清意足，不可多得！」所以，全首詩就是五言絕句：

人皆苦炎熱，我愛夏日長。（文宗）
薰風自南來，殿閣生微涼。（柳公權）

文宗要柳公權把詩寫在宮殿壁上，每字方圓五寸，不斷讚嘆說：「鍾、王復生，無以加焉！」鍾是三國時代魏國的鍾繇（一五一辛卯—二三〇），王是東晉的王羲之，都是大書法家。

宋朝蘇東坡覺得唐文宗身為皇帝，沒有顧念百姓在炎熱中的勞苦，而柳公權更沒有盡到大臣應盡的諷諫責任，於是就續了四句，表示譏諷，東坡〈補唐文宗柳公權聯句並引〉的引文說：

宋玉對楚王：「此獨大王之雄風也，庶人安得而共之！」譏楚王知己而不知人也。柳公權小子與文宗聯句，有美而無箴，故為足成其篇云。

人皆苦炎熱，我愛夏日長。（文宗）
薰風自南來，殿閣生微涼。（柳公權）
一為居所移，苦樂永相忘。
願言均此施，清陰分四方。（東坡）

東坡竟然很「霸氣」地稱柳公權為「小子」，可見不滿之甚！他續作的四句詩，意思是說：「皇帝在享受殿閣涼風時，也要想到怎樣才能讓天下百姓一起分享。」

南宋末周密（一二三二壬辰—一二九八）卻不同意東坡對柳公權的批評，他認為：

柳句正所以諷也，蓋薰風之來，惟殿閣穆清高爽之地始知其涼。而征夫耕叟，方奔馳作勞，低垂喘汗於黃塵赤日之中，雖有此風，安知所謂涼哉？

周密號草窗，也是有名的詞家，所論似有不愜。故清朝查慎行注東坡詩時，就說：

愚謂人臣忠愛其君，自當隨事納誨，以啟主心，而達下情。凡作隱躍含糊之語，冀幸一悟者，皆諂諛之徒也。公（東坡）此詩特為此一流發，偶借公權為質的耳！

查慎行發明了東坡的大義，因為直言極諫，正是東坡的本色，自然會認為柳公權含蓄模糊的表現，是不足取的。就戲湊四句自樂吧，〈夏至即興〉：

夏至人皆苦熱炎，無風無雨豔陽天。誰知何處涼飆現，心境自然賽神仙。

大暑

全年最熱的節氣

大暑有幾個自然現象：「腐草為螢」、「土潤溽暑」、「大雨時行」。腐草變化為螢火蟲是古人很有趣的看法，類似的還有「雉之為蜃」、「雀之為蛤」、「鼉之為虎」、「蛇之為龍」等。（見《抱朴子》）看看乾隆怎麼解釋這三候。

三候

腐草為螢・土潤溽暑・大雨時行

初五日：腐草為螢。

草腐無情卻有情，化為螢乃傍宵行。得陰氣不愁雨濕，生夏方因似火明。
遊月居然雜星點，泛風奚礙傲燈檠。東山什善體人意，世事那能免遠征。

次五日：土潤溽暑。

土王原當於四時，夏之德火乃蒸之。潤而為溽歊無比，濕以成炎鬱豈辭。
圖治欲因去酷吏，靜心誰得似禪師。繼儒乃曰舟中好，識者知其有遁詞。

第一句「王」讀去聲。乾隆自注末兩句說：「內府藏有陳繼儒字幅云：『人但知避暑，而不知避梅。避梅無過舟居，如鑊湯裡避暑，為眾熱所不同。』雖拾佛家語，未免壞他世像，為遁詞云。」陳繼儒號眉公，明朝重要文人，書畫皆精，又特別推崇宋朝蘇東坡和黃山谷的「序跋文」，以為在二人作品中都是第一。稍晚的刻書家黃嘉惠，因而編有《東坡題跋》、《山谷題跋》各四卷，為世所珍。

後五日：大雨時行。

月建未斯當井宿，井司水故作為霖。大雲每見浩無際，十日難云期不諶。
倏暗忽明多幻勢，橫排豎灑暢雄音。怨咨詎止廑民苦，南北河工更繫心。

看來乾隆真的是時時以百姓為念。大暑既然是熱到極點的節氣，古人就已經敬畏到極點了。小暑沒有的「待遇」，大暑都得到了。漢朝劉熙（一六〇庚子－？）《釋名》解釋暑字說：「煮也。晝如煮物也。」可見大暑就是用大火煮物，所以說「大暑如燔」。

才高八斗的曹植，首先寫了〈大暑賦〉，讚頌它的威力說：「背暑者不群而齊跡，向陰者不會而成群。」然後，王粲（一七七丁巳－二一七）、劉楨（一八六丙寅－二一七）、陳琳（一六〇庚子－

二一七）、夏侯湛（二四三癸亥—二九一）、卞伯玉和宋朝崔敦禮等人，都寫了〈大暑賦〉。

唐朝詩人杜甫說大暑是「毒熱」，杜牧則比作「酷吏」，北宋黃庶「大暑暴虐如惡酒，意思頹困不可醒」非常傳神。唐朝詩人沒有專寫大暑的詩篇，宋朝詩人顯然較多，如：

〈六月十八日夜大暑〉　司馬光

老柳蜩螗噪，荒庭熠燿流。人情正苦暑，物態已驚秋。
月下濯寒水，風前梳白頭。如何夜半客，束帶謁公侯。

〈大暑〉　郭祥正

澤國已炎暑，夏天仍永朝。炙床爐焰熾，薰野水波搖。
飛鳥不敢度，鳴蟬應自焦。可憐花葉好，顣頩若霜凋。

〈大暑道中〉　彭汝礪

高堂臥清風，顧我豈不欲。王事不可緩，驅車冒炎酷。
赤日暴形骸，毛髮幾焦禿。義命有固然，勤勞不為辱。

〈大暑息林下〉

溪流轉東西，日色不可障。水風鼓炎熱，如坐蒸炊上。
幽林隤山谷，弛楫沒清曠。行矣難少留，白雲在吾望。

〈大暑〉　黃裳

輕輕絲葛汗如蒸，空有雲雷未見靈。安得此生長不老，豈能今日便忘形。
謾搖紈扇終嫌倦，欲倒金罍卻恐醒。赤腳踏冰疑未穩，且休林下泛清泠。

〈大暑水閣聽吹笛〉　黃庭堅

蘄竹能吟水底龍，玉人應在月明中。何時為洗秋空熱，散作霜天落葉風。

〈和大暑〉　張耒

蓬門久閉謝來車，畏暑尤便小閣虛。青引嫩苔留鳥篆，綠垂殘葉帶蟲書。
寒泉出井功何有，白羽邀涼計已疏。忍待西風一蕭瑟，碧鱸斫鱠意何如。

〈大暑戲贈〉　曾幾

去年揮汗對淮流，寒暑那知復一周。土潤何妨兼伏暑，火流行看放清秋。
鬢鬚總白難相笑，觀廟俱閒好並遊。只怕樽前誇酒量，一揮百醆不言休。

〈大暑〉二首　李彌遜

赤日幾時過，清風無處尋。經書聊枕籍，瓜李漫浮沈。
蘭若靜復靜，茅茨深又深。炎蒸乃如許，那更惜分陰。
大暑不可避，微涼安所尋。雲霄非濁世，竹樹有清陰。
海近風先集，山高日易沈。無因見明月，螢火亂更深。

〈大暑〉　陸游

南郭子綦隱，西郊杜老居。風流知異代，臭味本吾廬。
高閣深繙貝，虛堂靜散書。經旬想顏色，著雨問何如。

〈六月十七日大暑〉

赫日炎威豈易摧，火雲壓屋正崔嵬。嗜眠但喜蘄州簟，畏酒不禁河朔杯。
人望息肩亭午過，天方悔禍素秋來。細思殘暑能多少，夜夜常占斗柄回。

關於大暑的詩作，宋朝以後又少見：

〈大暑〉　趙元

旱雲飛火燎長空，白日渾如墮甑中。不到廣寒冰雪窟，扇頭能有幾多風。

〈乙未六月大暑〉　方回

平分天四序，最苦是炎蒸。在我須無欲，於斯患不能。
又應當閔雨，誰識始藏冰，人力回元造，生生實所憑。

〈大暑〉　王惲

大地洪爐一氣蒸，樓居臺處失高層。庭柯葉靜風來絕，河漢陰斜氣未澄。
炎帝戲張千傘火，老懷思抱五湖冰。嶅嶅瘦廢無多力，遽爾蒸騰恐未勝。

〈大暑　白戰體〉　張養浩（一二七〇庚午—一三二九）

帝德如天本好生，誰將虐焰爍生靈。乾坤卻願長為夜。物我還愁遂不醒。
玉井瑤池皆欲沸，蓽門圭竇若為寧。何當喚起龍宮睡，一雨先秋看建瓴。

〈大暑絕句〉　劉因

青山只恐還煉石，白日何曾赦覆盆。未挽銀河下塵世，先攜赤縣上崑崙。

〈熱〉　張昱

南州大暑何可當，雪冰不解三伏涼。夜深明月在天上，白露滿湖荷葉香。

〈六月二十二日大暑〉　程敏政

門外炎光熾，牆西一徑開。殘陽餘古瓦，涼吹發高槐。
鳥與人俱樂，詩隨景自來。無因堪破寂，童子進冰梅。

以上詩作，都可見人們對大暑的強烈反應，絕非小暑可以相比。漫成四句應之，〈大暑即事〉：

小暑已然為熱苦，懸知大暑更如煮。有唐天子念中無，殿閣微涼欣自屬！

節慶

七夕

七月初七

七夕除了有「牽牛」和「織女」雙星一年一次渡鵲橋重聚的傳說外，又稱為「乞巧」。唐朝柳宗元〈乞巧文〉引宗懍的《荊楚歲時記》說：

是夕，人家婦人結綵縷，穿七孔針，……陳几筵酒脯瓜果於庭中，以乞巧。……或云：「見天漢中有奕奕白氣，或光輝五色，以為徵應。便拜得福。」

此「乞巧」之所自也。七夕的詩語，自南朝鮑照「暫交金石心，須臾雲雨隔」；何遜（四八〇庚申—五二〇）「來歡暫巧笑，還淚已沾妝。……別離未得語，河漢漸湯湯」；謝朓「嗟蘭夜之難永，泣會促而怨長」的嗟嘆感慨，到杜甫「牽牛出河西，織女處其東；萬古永相望，七夕誰見同？」的懷疑。

歷代詩人對七夕的歌詠不斷，各抒所懷。茲錄十八家七絕二十首，可見大要！

〈七夕〉　　權德輿
今日雲輧渡鵲橋，應非脈脈與迢迢。家人競喜開妝鏡，月下穿針拜九霄。

〈七夕〉　　白居易
煙霄微月淡長空，銀漢秋期萬古同。幾許歡情與離恨，年年並在此宵中。

〈七夕〉　　李商隱
鸞扇斜分鳳幄開，星橋橫過鵲飛迴。爭將世上無期別，換得年年一度來。

〈七夕〉　　李之儀
銀漢風休月對絃，靈橋長掛罷星填。從今祇恐情先老，無復佳期又隔年。

〈七夕〉　　程俱（一〇七八戊午—一一四四）
織女機邊天漢流，盈盈脈脈望癡牛。未應乞巧能如願，咫尺星橋不自由。

〈七夕〉　　周紫芝
烏鵲橋成不恨遲，隔秋相見豈無期。姮娥空傍月中去，嫁得星郎是幾時。

〈七夕戲詠〉　　喻良能
別多會少兩情深，風幌雲屏喜不禁。誰道初秋清夜永，須知一刻直千金。

〈七夕〉　　韓淲
銀河翻浪拍空流，玉女停梭清露秋。天上一年真一日，人間風月自生愁。

〈七夕〉　　陳著

〈七夕〉　　李俊民
郎自牽牛女自梭，駕言一歲一相過。不應妄念忘機杼，如此風波亦渡河。

雲漢雙星聚散頻，一年一度事還新。民間送巧渾閑事，不見長生殿裡人。

〈七夕〉　耶律鑄

今日相逢明日離，逡巡離合幾多時。無情雲雨休遮隔，人道相逢一歲期。

〈七夕〉　夏原吉（一三六六丙午—一四三〇）

河東夜夜望河西，目斷心摧路轉迷。靈馭幸從今夕會，天雞慎勿等閒啼。

〈七夕〉　黃淮

烏鵲成橋擁翠軒，牛郎今夕會天孫。休嗟隔歲佳期少，良會人間有幾番。

〈七夕〉　于謙

鵲橋千丈跨銀河，夜靜風恬水不波。牛女相逢又相失，歡情不似別情多。

〈七夕三首〉　邱濬（一四二一辛丑—一四九五）

枉將佳會玷高名，一夜難償百夜情。何似月宮孀宿者，凜然千載有餘清。

得失乘除理自然，別多會少不須憐。相逢三萬六千歲，便是人間一百年。

天上佳期果有無，可憐千載被人汙。銀河一帶清如許，不為天孫洗厚誣。

〈七夕〉　李夢陽

雲寂露涼叢蕙悲，意銜情恨隔年期。殘機夜歇金螢度，怨女啼春玉箸垂。

〈七夕詠牛女〉　朱彝尊（一六二九己巳—一七〇九）

浪傳靈匹幾千秋，天路微茫不易求。今夜白榆連理樹，明朝銀浦斷腸流。

〈甲申七夕〉　陳廷敬

想多情少一身輕，我願無生恨有生。此夕果然牛女會，生天也恐是多情。

至於詞，則秦少游〈鵲橋仙　七夕〉詞，被認為是「化臭腐為神奇，醒人心目」之作：

纖雲弄巧，飛星傳恨，銀漢迢迢暗度。
金風玉露一相逢，便勝卻、人間無數。
柔情似水，佳期如夢，忍顧鵲橋歸路。
兩情若是久長時，又豈在、朝朝暮暮。

而南宋女詞人朱淑真（一一三五乙卯—一一八〇）〈鵲橋仙　七夕〉詞卻說：

巧雲妝晚，西風罷暑，小雨翻空月墜。
牽牛織女幾經秋，尚多少、離腸恨淚。
微涼入袂，幽歡生座，天上人間滿意。
何如暮暮與朝朝，更改卻、年年歲歲。

清朝黃永〈鵲橋仙　七夕〉詞，更似有意調停秦、朱兩人的異同：

雲幃巳掛，月璫初飾，想是相逢時節。
一年三百日相思，怕會面、依然羞澀。
今宵迎晤，明朝送別，烏鵲橋邊獨立。

不如索性學姮娥，拚夜夜、廣寒孤寂。

如此看來，以七夕為情人節，真是天大的幽默。試湊集句七言四句〈七夕　集句〉：

歡情不似別情多。（于謙）如此風波亦渡河。（陳著）
但恐星郎人漸老，（黃庭堅）彎橋銷盡奈愁何。（溫庭筠）

再以小詞一闋、二絕句抒感：

〈鵲橋仙　七夕〉

陰晴乍變，風煙迷鵲，橋斷仙蹤何處。
秋來暑氣未曾休，更無奈、身心垂暮。
前情猶夢，後期難許，竟似人間陌路。
如雲若霧又非花，但日夕、雙眉頻蹙。

〈七夕　二絕〉

七夕雙星會鵲橋，橋長無奈河漢遙。遙望牛女同祈願，願得年年憐此宵！
七夕七月七，鵲橋天漢齊。雙星嗟河廣，念念無盡期！

李後主的生辰　宋徽宗的「前身」

七夕的主人翁是牛郎和織女，長長久久，到清朝乾隆時，已經「八萬六千會」了。因而，人們都忘了文學史上有一位最了不起的詞家生於七夕（九三七丁酉），也死於七夕（九七八戊寅），他是只活了四十二歲的「亡國之君」——南唐後主李煜。在欣賞了七夕的詩詠後，讀幾闋他有名的詞作聊以紀念：

〈虞美人〉

春花秋月何時了，往事知多少？小樓昨夜又東風，故國不堪回首月明中。
雕闌玉砌應猶在，只是朱顏改。問君能有幾多愁？恰似一江春水向東流。

〈浪淘沙〉

簾外雨潺潺，春意闌珊。羅衾不耐五更寒。夢裡不知身是客，一晌貪歡。
獨自暮憑闌，無限江山。別時容易見時難。流水落花春去也，天上人間！

〈浪淘沙〉

往事只堪哀，對景難排。秋風庭院蘚侵堦。一桁珠簾閑不卷，終日誰來？
金劍已沉埋，壯氣蒿萊。晚涼天淨月華開。想得玉樓瑤殿影。空照秦淮。

〈破陣子〉

四十年來家國，三千里地山河。

鳳閣龍樓連霄漢，玉樹瓊枝作煙蘿。幾曾識干戈？

一旦歸為臣虜，沈腰潘鬢銷磨。

最是倉皇辭廟日，教坊猶奏別離歌，垂淚對宮娥。

據野史記載，宋神宗有一天在祕書省看到李煜的畫像，覺得「人物儼雅」，再三嘆訝！而宋徽宗趙佶誕生時，神宗「夢李主來謁」，於是宋徽宗是李後主轉世的傳說便不脛而走。

李後主的像貌是「廣顙、豐頰、駢齒，一目重瞳子」，宋徽宗都沒有；李後主能書，善畫翎毛、墨竹，宋徽宗一樣能書能畫，二人都具有文采，作詩填詞，李後主尤其精於音律。

當李後主兵敗投降宋太祖後，自己和王族、大臣被押往汴京途中，作了一首詩說：

江南江北舊家鄉，三十年來夢一場。吳苑宮闈今冷落，廣陵臺殿已荒涼。

雲籠遠岫愁千片，雨打歸舟淚萬行。兄弟四人三百口，不堪閒坐細商量。

而當宋徽宗被金人俘擄關在監獄時，曾寫了許多哀傷的詩，如：

杳杳神京路八千，宗祊隔越幾經年。衰殘病渴那能久，茹苦窮荒敢怨天。
茸母初生忍禁煙，無家對景倍悽然。帝城春色誰為主，遙指鄉關涕淚漣。

和李後主的詩何其相像！李後主亡國後有〈破陣子〉詞（全文見上頁），宋太祖看了詞說：「李煜若以作詞手去治國事，豈為吾擒也？」惋歎不已！但他怎會料到，一百五十二年後，自己的子孫竟走上和後主同樣悲慘的亡國破家之路，而且遭遇有過之而無不及。不免湊四句說之：

前身後身若一身，或帝或奴萬古論。福禍存亡因自取，何關天賦擅詩文！

立秋

秋天的開始

《詩經．豳風．七月》開篇就說：「七月流火。」夏曆七月時，「火星」已經逐漸偏西，節氣開始入秋，天氣漸涼。

二十四節氣是以四季八個「節」為主軸，又有「分、至、啟、閉」的說法。「分」指春分、秋分，「得陰陽之中謂之分。」「至」指夏至、冬至，「當寒暑之極謂之至。」「啟」指立春、立夏，「以其生長謂之啟。」「閉」指立秋、立冬，「以其收藏謂之閉。」所以「四孟」（立春、立夏、立秋、立冬都在各季的第一個月，也就是孟春、孟夏、孟秋、孟冬）啟閉者，是陰陽闔闢之功；二至、二分者，是陰陽長短之變。都與陰、陽有關。

立秋三候有什麼新象？還是看乾隆怎麼說吧！

三候

涼風至・白露降・寒蟬鳴

初五日：涼風至。

避暑何須走若狂，披來迎面遞微涼。豳風七月同流火，坤卦初爻先履霜。

曉看梧階一葉落，宵聽蓮漏幾聲長。最憐班扇託深喻，秋節臨當篋裡藏。

次五日：白露降。

晴朝草際露華流，乍見盈盈白色浮。傾向硯池真受采，落來釦砌漫驚秋。

底因文武分沈布，空說龜蛇作飲遊。卻笑求仙漢皇拙，銅盤高峙若為收。

乾隆自注說：「《三輔舊事》載：『建章宮承露盤高二十六丈，大七圍，上有仙人掌承露，和玉屑飲之云云。』夫露降於天下，被草木沆瀣英氣，不關其高與低也。且二十餘丈之高盤，將何以上而取之？記載家之好奇不經，大率如此，甚可笑也！嘗於夏月收荷露烹茶，所為取之無盡，用之不竭，無涉求仙，而實稱韻事。」乾隆讀書，真是相當用心，漢武帝建二十六丈高的「承露盤」，取天邊露水以求長生的記載，乾隆以為荒誕不經。

後五日：寒蟬鳴。

樹蟬音亮晚風披，群噪斜陽返照枝。原是夏中始出物，似知寒至各爭時。

膀鳴疑奏新聲巧，殼蛻寧憐舊體遺。劉勝其人大可畏，用人者曷亦思之。

古人有「朝立秋，涼颼颼；夜立秋，熱到頭」的諺語，不妨觀察看看每年立秋的夜間，是否真會熱到頭？大氣變遷，是天工，還是人的自造孽？古諺又說：「立秋日天晴，萬物少得成熟。小雨吉，大雨主傷禾。」但也有「晴主歲稔」的說法。乾隆〈立秋日作〉詩就說：

立秋宜雨又宜晴，農諺何曾有定評。今日雨佳晴亦快，對時額手祝西成。

又譬如說，江蘇地方的農民，就特別忌諱立秋期間有雷。南宋范成大〈秋雷歎〉就有「立秋之雷損萬斛，吳儂記此占年穀」的詩句，是不是立秋真的會有雷聲？

古代設「秋官」負責刑法，帝王任命御史，都要在立秋，唐朝杜牧就有「漢家授署御史，多於立秋。蓋以風霜始嚴，鷹隼初擊」的話。再者，可能從西漢開始，重大罪犯刑罰的執行，也都儘量要在立秋之後，應該是考慮到比較不擾民的緣故。若干年前，有一部電影《秋決》，給人的印象很深刻。

而三伏天的末伏，就在立秋節間，且立秋日後十五天，還有一個處暑。在立秋、處暑期間，炎熱的程度往往比三伏天還恐怖，那就是「秋老虎」。

「一葉落而知天下秋」，古人對秋的來臨，情緒反映相當複雜，所以詠立秋的詩作不少。這裡只選錄歷來詩人的七絕詩作，看他們又藉立秋如何抒懷。

〈立秋華原南館別二客〉　武元衡（七五八戊戌—八一五）

風入泥陽池館秋，片雲孤鶴兩難留。明朝獨向青山郭，唯有蟬聲催白頭。

〈立秋日登樂遊園〉　白居易

獨行獨語曲江頭，回馬遲遲上樂遊。蕭颯涼風與衰鬢，誰教同會一時秋。

〈立秋日書唐行成扇〉　李之儀

自古逢秋悲寂寥，我言秋日勝春朝。晴空一鶴排雲上，便引詩情到碧霄。

〈立秋會監司〉　張商英（一〇四三癸未—一一二一）

桐葉飛空忽報秋，玉醅浮蟻恰新篘。相逢昂飲聊乘興，萬事從他一日休。

〈立秋日後作〉　陸游

宋玉悲秋千載後，詩人例有早秋詩。老夫*自笑心如石，三日秋風漫不知。

＊陸游時年七十七歲（一二〇一辛酉）。

〈立秋〉　范成大

三伏熏蒸四大愁，暑中方信此生浮。歲華過半休惆悵，且對西風賀立秋。

〈六月二十三日立秋〉　楊萬里

暑中剩喜立秋初，特地西風半點無。旋汲井花澆睡眼，灑將荷葉看跳珠。

〈閏六月立秋後暮熱追涼郡圃〉

夏欲盡頭秋欲初，小涼未苦爽肌膚。夕陽幸自西山外，一抹斜紅不肯無。

〈立秋日聞蟬〉

老天薰人欲破頭，喚秋不到得人愁。夜來一雨將秋至，今晚蟬聲始報秋。

〈立秋日〉　劉翰（光宗紹熙中前後在世）

亂鴉啼散玉屏空，一枕新涼一扇風。睡起秋聲無覓處，滿階梧葉月明中。

〈立秋夕〉　武衍

水花香弄晚風清，閒立梧桐看月生。夜漏向深秋始覺，一天星濕露華明。

〈立秋日晚坐〉　周權

山雲漠漠樹蒼蒼，風薦池荷滿意香。獨據繩床眠未得，一簷風雨夜初涼。

〈立秋夜聽秋聲〉　李繼本

漠漠微雲生曉陰，滿庭虛籟薄霜林。有聲原在無聲裡，聽到無聲思轉深。

〈立秋〉　胡奎

六月望後見秋風，金井先飄一葉桐。便覺人間有涼意，三更月在絳河東。

〈立秋〉　吳與弼

茅屋秋風已滿林，老懷卻憶少年吟。丈夫壯志今何似，空感平生燈火心*。

*自注：「十七歲立秋詩：『丈夫壯志須高遠，燈火辛勤貴自強。』」

在立秋日，湊八句應節，〈立秋〉：

三春九夏倏然秋，節序原知疾若流。才嘆有時耆宿逝，漫驚無日白頭羞。
紛紛葉落為誰惜，往往花開歲月休。可恨新冠連株變，奈何更說古今愁！

「寒蟬」——恪守本分、謹言慎行的象徵

立秋第三候的自然現象是「寒蟬鳴」，乾隆的解讀詩作（見四一〇頁）中，最後兩句「劉勝其人」云云，是怎麼回事呀？先說蟬，蟬的族類繁多，《爾雅》有很詳細的記載：

> 蜩為蟬之總名，蟬通語也。先鳴者曰蜋蜩，曰螗蜩，曰蝘，曰胡蟬，曰冠蟬，曰螗蛦。夏鳴者曰蝒，曰馬蟬，曰馬蜩，曰螓，曰蜻，曰麥蚻，曰蠽，曰茅蜩；七月鳴者曰蜺，曰應，曰寒蟬，曰寒螿；九、十月鳴者，曰蚱蟬，曰瘖蟬，曰啞蟬。其同類異名者曰蟪蛄，曰蜓蚞，曰螇螰，曰蛁蟟，曰虭蟧，曰蛥蚗，曰蝭蟧。

《古今注》載：「蟬一名王女；董仲舒云：『齊王后怨王而死，化為蟬。』誕不足信。」又南宋張慮《月令解》說：「蟬以仲夏鳴；若寒蟬，則以孟秋鳴。蟬與寒蟬異種也。」（卷五）

看來，在夏曆七月才鳴的蟬就叫「寒蟬」，體型比蟬小，青赤色，鳴聲清亮，而「寒螿」又比「寒蟬」小。晉朝周處《風土記．秋日》說：「蟪蛄鳴於朝，寒螿鳴於夕。皆蟬也。」又明朝馮惟訥（一五一三癸酉——一五七二）所編《古詩記》錄有〈蟪蛄歌〉：「違山十里，蟪蛄之聲猶尚在耳。」（卷一）解釋為：「孔子歌云云：政尚靜而惡譁也。」

再者，清朝徐渤（一八五八戊午－？）有〈啼螿賦〉，就是賦「寒螿」。然而，遍撿古籍，只有以「秋蟬」、「寒蟬」為題的詩作，「寒螿」、「蟪蛄」則幾乎不見，但在詩中出現的頻率，絕不比秋蟬、寒蟬少。那麼，「劉勝其人」和「寒蟬」又有什麼干涉呢？《後漢書．杜密傳》載：

後密去官還家，每謁守令，多所陳託。同郡劉勝，亦自蜀郡告歸鄉里，閉門掃軌，無所干及。大守王昱謂密曰：「劉季陵清高士，公卿多舉之者。」密知昱激已，對曰：「劉勝位為大夫，見禮上賓，而知善不薦，聞惡無言，隱情惜已，自同寒蟬。此罪人也。」（卷九十七）

這段記載的時間約略是「桓帝延熹九年（一六六）」，注釋說：「寒蟬，謂寂默也。」《楚詞》曰：「悲哉秋之為氣也，蟬寂寞而無聲。」文中使用「軌」字，車跡也；掃軌，就是說斷絕人事。

杜密和劉勝同是退休的人。劉勝謹慎言語，恪守本分；杜密則好議論人事，而且批評劉勝「隱情惜己，自同寒蟬」。杜密後來陷於黨錮之禍，與李膺等人都被殺害，而劉勝則以「高士」知名。「隱情惜己，自同寒蟬」這八個字，就成為世人貶斥「自私而緘默不言」者的話，現代人常用「寒蟬效應」一詞，就是由此來的。

元朝劉因在討論「不在其位，不謀其政」的內涵時，就引了劉勝的事而認為：「劉勝恪守了自己的分限，杜密顯然已經越俎代庖了。」（《四書集義精要》卷十六）再回到乾隆的評論，他既然說出「劉勝其人大可畏，用人者曷亦思之」的話，似乎對劉勝的表現是讚賞的。畢竟，逾越分寸是犯大忌的。

都讀過北宋柳永（九八七丁亥－一〇五三）的〈雨霖鈴〉詞吧：

寒蟬淒切，對長亭晚，驟雨初歇。都門帳飲無緒，方留戀處，蘭舟催發。
執手相看淚眼，竟無語凝噎。念去去千里煙波，暮靄沈沈楚天濶。
多情自古傷離別，更那堪、冷落清秋節。今宵酒醒何處？楊柳岸、曉風殘月。
此去經年，應是良辰好景虛設。便總有千種風情，更與何人說。

若干年前，有一首名為〈秋蟬〉的流行歌曲，很受歡迎，在這個時節很適合找出來聽一聽。那麼，古代詩人又怎麼寫寒蟬、秋蟬的呢？寒蟬在〈古詩十九首〉第三首已經出現了：

明月皎夜光，促織鳴東壁。……時節忽復易。秋蟬鳴樹間，玄鳥逝安適。

而西晉陸雲（二六二壬午－三〇三）有〈寒蟬賦〉：

昔人稱雞有五德，而作者賦焉。至於寒蟬，才齊其美，獨未之思，而莫斯述。夫頭上有緌，則其文也；含氣飲露，則其清也；黍稷不食，則其廉也；處不巢居，則其儉也；應候守常，則其信也；加以冠冕，取其容也。君子則其操，可以事君，可以立身，豈非至德之蟲哉？且攀木寒鳴，負才所歎，余昔僑處竊有感焉，與賦云爾。

此賦稱許寒蟬的「至德」，北宋大書法家蔡襄以楷書書寫了全文，是有名的書帖。南朝宋顏延之（三八四甲申－四五六）也有〈寒蟬賦〉，說寒蟬有「餐霞之氣，神馭乎九仙；稟露之清，氣精於八蟬。」北宋宋祁作〈感蛁蟧賦〉，自序說：「蛁蟧，寒蟬也。孟秋乃鳴，其聲繁亮怨切，鳴中之尤悲者。凡物無意於感人，而人有情於感物。」豈不然耶！寒蟬入詩，首見於曹植〈贈白馬王彪〉：

秋風發微涼，寒蟬鳴我側；原野何蕭條，白日忽西匿。

其後以寒蟬、秋蟬為題作詩，大致就是以下所錄的詩人了，而乾隆一人就有四題。

〈秋蟬〉 虞世南（五五八戊寅—六三八）

垂緌飲清露，流響出疏桐；居高聲自遠，非是藉秋風。

〈賦得弱柳鳴秋蟬〉 唐太宗

散影玉階柳，含翠隱鳴蟬；微形藏葉裡，亂響生風前。

〈秋蟬〉 駱賓王

九秋行已暮，一枝聊暫安。隱榆非諫楚，噪柳異悲潘。

分形妝薄鬢，鏤影飾危冠。自憐疏影斷，寒林夕吹寒。

〈在獄詠蟬〉 駱丞

西陸蟬聲唱，南冠客思深。那堪玄鬢影，來對白頭吟。
露重飛難進，風多響易沈。無人信高潔，詎為表予心。

〈秋蟬聲〉 劉商

蕭條旅舍客心驚，斷續僧房靜又清。借問蟬聲何所為，人家古寺兩般聲。

〈蟬〉 李商隱

本以高難飽，徒勞恨費聲。五更疏欲斷，一樹碧無情。
薄宦梗猶汎，故園蕪已平。煩君最相警，我亦舉家清。

〈寒蟬〉 胡宿

槁葉驚秋樹幄稀，嘶蟬猶尚警寒枝。玉琴可要傳深恨，珠露何妨剩薦饑。
已伴風箏流遠韻，更邀霜籟散餘悲。清漳病枕無悰久，月夕煩君住少時。

〈禁中*寒蟬〉 宋庠

何處幽林蛻，來依禁樹鳴。風緌非冒寵，露腹秪知清。
曉韻飄觚闕，殘嘶逗綵甍。秋螳多怒臂，寂寞好全生。

* 禁中指宮廷裡，作者必是輪值守夜。

〈蟬〉 蘇軾

蛻形濁汙中，羽翼便翾好。秋來閒何闊，已抱寒莖槁。

〈秋蟬〉　許有壬

秋蟬何咽咽，竟日鳴不輟。始隨雞唱曉，遂及蛩吟月。
當時出汙穢，風露養高潔。於世既無求，底事苦喋喋。
豈亦感歲時，青林見黃葉。我來逃空谷，塵囂謝騷屑。
苦遭此物聒，坐使幽致歇。清霜行秋杪，未許滕口說。

〈秋蟬〉　舒頔

老樹西風黃葉飛，棲枝泣露晚涼微。短長吟處雨初歇，斷續聲中秋又歸。
化去尚留遺蛻在，看來誰悟幻形非。淡烟衰草郵亭路，多少行人愁夕暉。

〈寒蟬〉　殷奎（一三三一辛未—一三七六）

己分長依露葉秋，嬾陪貂尾上人頭。風前不敢高嘶去，怕被虛聲惹別愁。
白露凝霜抱葉眠，渴腸愁殺夜來蟬。群兒莫謾相輕賤，清節高風死亦妍。

〈秋蟬〉　李昌祺

山蜩渾未覺涼生，猶韻金風咽復鳴。總為螳螂能愛惜，卻教蟋蟀讓淒清。
難諧趙瑟秦箏調，慣和樵歌牧笛聲。按盡宮商黃葉裡，那能不遣客心驚。

〈寒蟬〉　朱有燉（一三七九己未—一四三九）

敗柳疏林寄此生，涼時不似熱時鳴。蛻形先覺金風動，輕翼偏嫌玉露清。

抱葉常如經雨態，過枝猶帶咽寒聲。桑間此際螵蛸老，游息安閒莫漫驚。

〈寒蟬〉　馮時可（一五四九己酉—？）

殘聲送秋風，幽思含曉露。集枯已自安，何事螳螂妒。

〈寒蟬〉　莊學曾

何限悲秋意，恓恓古樹林。夕陽曛正急，朝露濕難禁。
玄鬢愁霜入，危冠抱葉深。其如孤客恨，迢遞歲華陰。

〈寒蟬〉　清高宗乾隆

蕭蕭疏柳枝，嘒嘒殘陽暮。聲微漸怯風，翅弱難禁露。
中郎不能辨，士龍差可賦。度窗引詩思，傍岸遲人步。
惜時爾應切，喻言余所懼。

〈寒蟬〉

飲露聲才潔，因炎噪略騰。隨時物皆爾，自立汝何曾。

〈寒蟬口號〉

已知遇閏立秋早，秋信猶嫌人未知。一個秋蟬忽先唱，警人聲在最高枝。

〈聞蟬〉

秋蟬關內夥，關外曾未聞。山莊所有者，綽爾齊之倫。
今朝忽聞蟬，其聲迥不群。既亮淒以清，訝聽如遏雲。

風高颸愈遠，露重飲益神。比似御園噪，濶久喜吟新。
綽爾齊收聲，如慚下里紛。吾昔詠氣候，謂自南北還。
以今始聞蟬，誠有如所云。堯夫雖怪語，率應戒為君。

寒蟬一到孟秋就開始鳴個不停，劉勝所以不説話，怎會被指為「自同寒蟬」呢？北宋陸佃解釋説：「寒蜩一名寒蟬，⋯即今啞蟬；啞蟬初瘖，及得寒露冷風乃鳴，故〈匑蕘論〉曰：『秋風至而寒蟬吟』，正謂此也。」（《埤雅》卷十一）原來劉勝是「待時而言」，正有孔子「時然後言」的涵養，難怪乾隆會説他「大可畏」了，不是嗎？也湊四句助鳴，〈寒蟬〉：

立秋三候孟秋中，寒露晶瑩更寒風；舉世喧嘩猶不止，高吟若與楚騷同！

中元

七月十五

七月十五中元節原本是古人盼望暑熱終結的日子。北宋晏殊〈盂蘭盆〉詩就說：「家人愁溽暑，計日望盂蘭。」韓琦〈已酉中元〉詩說：「煩蒸求得到中元，餘酷侵人尚鮮歡。」南宋楊萬里〈中元日午〉詩也說：「雨餘赤日尚如炊，亭午青陰不肯移。」然則十天後，才要進入處暑節氣，實在熱呀！有中元，自然還有上元、下元，就是所謂三元。南宋大儒朱熹曾說：「三元是道家之說。」那究竟是怎麼回事？元、明之際張宇初（一三五九己亥—一四一〇）在〈三元傳度普說〉中說：

我漢祖天師降生應化。昔於上皇元年正月十五日，無極大道太上老君修注上化八治；無極元年七月十五日修注中化八治，無極二年十月十五日修注下化八治。

張宇初是道教創始人東漢天師張道陵的第四十三代裔孫，博學多聞，被尊為「道門碩儒」。所提太上老君修注「上、中、下」化的月日時間，就是指「三元」。

道教有「元始天尊化為三官大帝」，也就是「上元天官之神、中元地官之神、下元水官之神，三神下凡，就是堯、舜、禹三帝」的說法。所以地官大帝就是舜，原來是掌管五嶽、八極、四維的地祇，隨著佛教「目連」於中元救母並推恩於所有亡靈一事的深遠影響，地官原有自然神的屬性減弱，漸轉為減輕亡靈罪業、超度孤魂的地府神。而七月十五日正是地官大帝的誕辰，民眾在這一天，為祈求地官大帝赦免祖先亡靈的罪過，並推及一切亡魂，因此擴大舉行祭祀，應就是「普渡」的由來。

宋末元初的周密，在《武林舊事》中說：

七月十五日，道家謂之中元節，各有齋醮等會。僧寺則於此日作盂蘭盆齋，而人家亦以此日祀先（祭祀祖先）。例用新米、新醬、冥衣、時果、綵段、麵棋，而茹素者幾十八九，屠門（屠宰業）為之罷市（休市）焉！

這是描述南宋京師杭州（又稱武林、虎林）七月十五日時道教與佛教的相關作為。道教中元和佛教盂蘭盆的聯結，最早的記載見於宗懍的《荊楚歲時記》：「七月十五日，僧尼道俗，悉營『盆』供諸佛。」隋代杜公瞻解釋說：

按《盂蘭盆經》云：「目連見其亡母在餓鬼中，即鉢盛飯，往餉其母；食未入口，化成火炭，遂不得食。目連大叫，馳還白佛；佛言：『汝母罪重，非汝一人奈何。當須十方眾僧威神之力；至七月十五日，當為七代父母厄難中者具百味五果，以著盆中，供養十方大德。』佛勑眾僧皆為施主祝禱七代父母，行禪定意，然後受食。是日目連母得脫一切餓鬼之苦。目連白佛：『未來世佛弟子行孝順者，亦應奉盂蘭盆供養。』佛言大善。」

《盂蘭盆經》記載比丘大目犍連（目連）救母的事，為民間所熟悉。「盂蘭盆」是梵語，意思是「解救倒垂的器皿」。南宋陸游《老學庵筆記》說：

故都殘暑不過七月中旬；俗以望日，具素饌享先。織竹作盆盎狀，貯紙錢，承以一竹焚之，視盆倒所向，以占氣候：謂向北則冬寒，向南則冬溫，向東西則寒溫得中，謂之「盂蘭盆」。蓋俚俗老媼輩之言也。又每云：「盂蘭盆倒，則寒來矣！」晏元獻詩云：「紅白薇英落，朱黃槿豔殘。家人愁溽暑，計日望盂蘭。」蓋亦戲述俗語耳。

「故都」指北宋都城汴京（開封），晏殊諡號「元獻」，所書的詩題就是〈盂蘭盆〉。「盂蘭盆」又增加占測冬季寒溫的內涵。

因為道教「地官赦宥」、佛教「目連救母」的雙重影響，中元節成為祭祖、表達孝思的重要日子。元朝許衡（一二〇九己巳－一二八一）〈七月望日思親〉詩，最為傳誦：

枉卻千思與萬思，音容無復見當時。草窗夜靜燈前教，蔬圃春深膝下嬉。
將謂百年供色養，豈知一日變生離。泰山為礪終磨盡，此恨綿綿無絕期。

此詩寫出所有人對已經亡故父母不盡的追思，平實感人！

七月十五日正是望日，夜月圓明，元朝張翥（一二八七丁亥－一三六八）〈七月望對月〉詩說：

新秋月色初圓夜，遠客樓中獨坐時。卻數只驚身老大，相看聊與影棲遲。

神仙宮闕開三島，牛女星河淡兩旗。不是吳剛頻伐樹，西風應長出輪枝。

是呀！中元月色無論明暗，恐都難免「卻數只驚身老大，相看聊與影棲遲」的感喟。

五代後蜀後主的寵妃花蕊夫人（九四〇庚子－九七六），以〈宮詞〉有名於世，有詩說：

法雲寺裡中元節，又是官家降誕辰。滿殿香花爭供養，內園先占得鋪陳。

由此知道後蜀後主孟昶（九一九己卯－九六五），誕生於七月十五日。歷史上第一對春聯（桃符）：「新年納餘慶　嘉節號長春」就是孟昶的傑作。

南宋周必大，也是七月十五日生。周必大在七十七歲生日時作了〈自贊寫真（畫像）〉偈，送給替他畫像的朋友：

元豐壬戌，中元之夕。仇池飛仙，浩歌赤壁。
今兩甲子，明月猶昔。嘉爾父子，記我顏色。
丹桂婆娑，銀蟾皎潔。願言冰輪，常圓罔缺。

「仇池飛仙」就是蘇東坡。東坡被貶黃州，寫下了不朽的〈赤壁賦〉開篇說：「壬戌之秋，七月既望，蘇子與客泛舟游於赤壁之下：清風徐來，水波不興；……」壬戌是一〇八二年，是個距離至今九百多年以前的中元夜。

在中元節，人人心中都有祭祖、普渡之念，也向所有因天災人禍往生的冤魂頂禮，謹奉四句尚饗，〈中元〉：

中元普渡薦亡魂，追遠慎終念祖恩。三教同尊天地水，人間共奉盂蘭盆。

處暑

暑氣漸漸消除

立秋過後，又有一個「暑」天，處暑就是在節氣轉換中唯一的例子，可見暑熱的威力。處暑的「處」讀第三聲，是「止」的意思。「處暑」是說「暑將伏而潛處」。暑氣止，則寒氣漸生，天氣逐漸轉涼。處暑的三候會有什麼自然現象呢？看看乾隆怎麼說。

三候

—鷹祭鳥・天地始肅・禾乃登—

初五日：鷹祭鳥。是承小暑的「鷹乃學習」而來，還是引乾隆的詩幫助了解：

幾人熟讀禽經者，族類仍訛鳩與鷹。羽翼已成應搏擊，生鮮欲啗且憑陵。
彼其在野傳疑幻，若此居籠見那曾。月令分明言獺祭，祭先之語典何徵。

《禽經》一書，經《四庫全書》館臣考證，以其文理類似王安石的《字說》，而認為是傳王氏學的人所偽託，北宋後期在陸佃的《埤雅》中首見，陸佃是陸游的祖父，極尊信王安石。乾隆詩的首兩句質疑，究竟是「鷹」或是「鳩」，一直有爭議。三、四兩句說，既然羽翼長成，當然就會攻擊取食。後四句針對古代流傳的說法，「當鷹攫得食物後，必先排列在前，有如古禮中先祭後食的儀式」表示懷疑。或者以為就如大家所熟悉的「獺祭」。再者，也有人以為，鷹把獵物擺在地上，就如貓捉了老鼠，先戲弄一番後，再撕食一樣。「鷹祭鳥」的「祭」字，一直是討論的焦點。

次五日：天地始肅。

秋是刑官商作聲，狀為義氣肅而清。地乾潦盡波光淨，天淡雲閒曦影明。
粵宛設如闕收斂，廣輪亦豈鎮榮生。蕭森巫峽當年況，杜老因之八首成。

杜甫〈秋興八首〉作於從四川夔州準備穿過「巫峽」時。

後五日：禾乃登。

春生夏長逮秋成，何日不籌雨與晴。幸得圃場登寶穡，幾多辛苦共農氓。
餘三餘九猶須計，如坻如京那易盈。寄語方來為政者，勿將容易說豐亨。

為政者最該避免口誤，否則必然會造成困擾傷害，難以補救，所以說「君無戲言」。

前些天是中元節，古人以為酷暑終於結束，但從今天起，天氣會日漸涼爽嗎？古人的詩作或可以證明，南宋蘇泂說：

處暑無三日，新涼直萬金。白頭更世事，青草印禪心。
放鶴婆娑舞，聽蛩斷續吟。極知仁者壽，未必海之深。

元初仇遠〈處暑後風雨〉也說：

疾風驅急雨，殘暑掃除空。因識炎涼態，都來頃刻中。
紙窗嫌有隙，紈扇笑無功。兒讀秋聲賦，令人憶醉翁。

雖在處暑，畢竟已過了立秋，也讀過「醉翁」歐陽修的〈秋聲賦〉吧！比他早了一百多年的唐朝詩人劉禹錫也寫過〈秋聲賦〉，開篇一段是：「碧天如水兮，窅窅悠悠。百蟲迎暮兮，萬葉吟秋。欲辭林而蕭颯，潛命侶以啁啾。送將歸兮臨水，非吾土兮登樓。晚枝多露蟬之思，夕草起寒螿之愁！」都是賦「秋聲」，又有什麼不同呢？戲湊四句說之，〈處暑　讀夢得、醉翁秋聲賦〉：

夢得楚騷吟老情，醉翁散語理多明。秋來莫歎氣悲哉，雲起風飆更有聲！

秋老虎

「秋老虎」說法的由來，一般都引用清朝道光年間顧祿（一七九三癸丑－一八四三）《清嘉錄》對江南立秋日的描述：「朝立秋，溜颼颼；夜立秋，熱吽吽。」前句是說，如果立秋的時辰在早上，天氣就會「溜颼颼」，「溜」是涼的意思；如果在夜晚，就會「熱吽吽」。「吽」和「吼」字通用，這裡是指牛的吼聲，牛的吼聲嚇不了人，顧祿如果用來形容老虎的吼聲，恐怕不是很確切，所以還不能算是真正解釋了「秋老虎」的由來。

《周易．乾卦．文言》引了孔子「雲從龍，風從虎」的話，於是「虎嘯風生」就成為人們常用的語詞。古人觀察老虎的成長習性，得出一個結論：老虎在立秋的時候，才開始「嘯」。北宋太宗時所編的《太平御覽》（書成於太平興國八年），引了前人所著《易卦通驗》的說法：「立秋虎始嘯。」（卷八九一〈虎上〉）借老虎的習性和自然節氣連結，傳神地說明老虎在立秋間，開始真正發威了！

古人的文學作品中並沒有看到「秋老虎」，反而多是「秋暑」和「秋熱」，在書信中用於問候，「秋暑」尤其用得多。而出現在詩中，要到中唐白居易開始，就來看看詩人們怎麼寫「秋老虎」。

〈秋熱〉　　白居易

西江風候接南威，暑氣常多風氣微。猶道江州最涼冷，至今九月著生衣。

〈秋熱〉　陸龜蒙

自昔秋捐扇，今來意未衰。殷勤付柔握，淅瀝待清吹。

午氣朱崖近，宵聲白羽隨。怮如南國候，無復婕妤悲。

〈秋熱〉　宋祁

風物連南國，炎威逼早秋。墮飛波上翼，誤喘月中牛。

雲杼衣全解，冰壺渴未瘳。此時班女怨，虛為素紈愁。

〈秋暑〉　趙抃

老為鄉郡止偷安，自愧仙蹤未易攀。八面松陰籠古寺，三秋桂子下靈山。

良朋寄意詩篇裡，高會追陪夢寐間。卻憶會稽清曠處，樵風朝暮若耶灣。

〈秋熱〉　李覯

江湖限南鄙，秋令到還稀。節換空看曆，人閒未趁衣。

齊紈方得意，廈燕莫言歸。秖有松筠徑，風高暑氣微。

〈西齋秋暑〉　蔡襄

齋居一室靜，晝永來風微。仙棋覆前局，女布便輕衣。

向人顏色強，與世心事違。且效金門隱，詎有田園歸。

〈秋熱*〉　王安石

火騰為虐不可摧，屋窄無所逃吾骸。織蘆編竹繼檐宇，架以松櫟之條枚。

豈惟賓至得清坐，因有餘地蘇陪臺。愆陽陵秋更暴橫，焮我欲作昆明灰。
金流玉熠何足怪，鳥焚魚爛為可哀。憶我少時亦值此，翛然但以書自埋。
老衰奄奄氣易奪，撫卷豈復能低佪。西風忽送中夜濕，六合一氣窯新開。
簾窗幕戶便防冷，且恐霰雪相尋來。

＊王安石從宰相致仕後，晚年在金陵鍾山所作。

〈秋暑〉 劉攽

秋律何時效，炎雲莫肯陰。烈風長鼓鞴，去水亦流金。
藿食無求飽，單絺不自任。開懷幸寬政，事省得清心。

〈秋熱〉

蒸暑淹南國，季秋如長夏。炎涼亂平分，天地錯常化。
短日迴朱光，六龍頓其駕。嘆似山澤焚，憚我如不暇。
反思歲聿暮，郤顧旦輒夜。寧忍窺昆蟲，干時事矜詫。

〈和公權秋暑奉懷〉 朱長文

誰謂雲中句，能移江上峯。清飆隨玉楮，爽氣襲塵容。
劇暑嬰多病，嘉招恨未從。眷言相與意，深荷故情濃。
鄉校叨微祿，家林傍舊峰。散人那適用，逋客拙為容。
良友幸不棄。華軒時肯從。早秋須命駕，荷葉露華濃。

〈秋暑喜雨〉　黃裳

不害為霖僝可收，煩襟豈憚暑相投。水簾檻外霏霏畫，銀漢雲中點點秋。
別館休論欹客枕，釣潭尤憶看漁舟。催成天色絕如璧，白酒黃花欲上樓。

〈秋暑〉　謝薖

秋暑不可奈，秋風殊未來。何時疏畫扇，無處覓涼臺。
誰謂月離畢，空驚山殷雷。愁聞老農語，南畝半黃埃。

〈數日秋暑不復可堪馬上作此〉　周紫芝

江上豐隆醞秋熱，老病摧頹可堪說。人行落日生黃塵，馬畏長塗汗流血。
君看此處安得詩，空學吳牛喘殘月。北風何日掛駞裘，長嘯灞橋驢上雪。

〈秋暑戲題〉　李綱

少昊行秋尚熾然，祝融何事苦侵權。欲呼屏翳來清道，卻恨羲和懶著鞭。
鹽米相仍無日了，圖書撥置且閒眠。箇中自有清涼地，不在中間及兩邊。

〈秋日有作〉　曹勛

秋暑強如三伏時，午雲不動漲炎暉。晚來忽作一霎雨，喜有新涼入客衣。

〈山居雜詩九十首〉其一

秋暑正炎酷，人不得以息。向晚注大雨，劇暑遂掃跡。
蕭然物氣平，暫止火御職。上天常好生，一涼誠大德。

〈秋暑〉　張嵲

涉旬秋暑不可觸，髮疏被汗如膏沐。忽然三日風撼山，冬裘未具膚生粟。
去年登高作重九，黃菊未開新酒熟。今年無酒不登高，獨行漫繞庭邊菊。
中原季月欲折膠，江界隕霜無脫木。擁鼻從今四序移，遮眼殘書豈真讀。

〈秋暑熾甚〉　喻良能

老夏雨既少，稱秋雲亦無。枯池罷桔槔，蔫花委芙蕖。
不糝漫藜藿，不爨空樵蘇。蘇州亦有言，家人笑著書。

〈秋暑夜興〉　陸游

寂寂空廊絡緯鳴，消搖岸幘近南榮。閑眠簟作波紋冷，新浴衣如蟬翼輕。
微雨已收雲盡散，眾星俱隱月徐行。呼童持燭開籐紙，一首清詩取次成。

〈秋暑夜起追涼〉

漱罷寒泉弄月明，浩然風露欲三更。曲闌干畔踟躕久，靜聽空廊絡緯聲。
道士磯邊浪蹴天，郎官湖上月侵船。暮年自度無因到，且與沙鷗作後緣。

〈秋暑〉　楊萬里

一年強半走塵埃，觸熱還山亦快哉。幸自西風歸較早，卻教秋暑伴將來。
追涼能到竹溪無，隔水斜陽未肯晡。剩暑不蒙蕉扇扇，細雲聊倩月梳梳。
不教老子略眉開，夏熱未除秋熱來。一夜涼風吹欲盡，半輪曉日喚將回。

汗如雨點湧人膚，一一鬢根一一珠。不道去年秋不熱，今年秋熱去年無。
半柳斜陽半柳陰，一蟬飛去一蟬吟。岸巾亭子鈎欄角，送眼江村松樹林。

〈秋暑〉

夏暑減未曾，秋暑增愈劇。老翁避無處，茅齋聊憩息。
銀盆滿注水，銀水同一色。中涵雙桂影，倒臥一天碧。
清光湛不動，欲弄還復惜。偶然一播灑，樹影碎相激。
洗面涼己滋，漱齒痛仍逼。平生畏秋暑，老去畏彌極。

〈秋暑午睡起汲泉洗面〉

木桶雙擔新井花，松盆滿瀉莫留些。刺頭蘸入松盆底，不是清涼第二家。

〈秋熱追涼池上〉

圃迴人全寂，池清慮自消。萍根微著水。荷葉欲穿橋。
今歲知何故，秋陽爾許驕。追涼猶有處，此老未無聊。

〈秋熱〉

多難幽懷慘不舒，秋風殘暑掃難除。一生最怕西窗日，長是酴醾架子疏。
年年極暑與秋期，日日秋陽在暮時。我自愁吟無意思，蟬聲移近入簷枝。
秋熱連宵睡不成，移床換枕到天明。今宵不熱還無睡，卻為宮簷瀉雨聲。
今年秋熱倍常年，更住西峰落葉村，最是櫻桃梢上日，徘徊不落等黃昏。

〈秋暑〉 朱熹

晨興納新涼，亭午倦猶暑。臥對北窗扉，淡泊將誰侶。
疏樹含輕颸，時禽轉幽語。端居悟物情，即事聊容與。

〈秋暑〉 姜特立

吾性仍忍寒，不受秋暑悶。既抱相如渴，復喘平叔汗。
疥疾亦相乘，爬搔擾軀幹。平生懶揮箑，況復蚊蚋亂。
忽聞隱雷聲，引頸若鵝鸛。雨意竟蕭條，依然坐深爨。
安得天公仁，霜令從此換。

〈秋熱〉 王柏

西風不力征，老火未甘退。蟬聲亂耳煩，癡蚊健姑嘬。
一雨洗天來，不復有故態。天序自分明，人心其少耐。

〈秋熱〉 方岳

蘊隆日日等西風，等得西風更蘊隆。四十日秋無點雨，誰將消息到梧桐。
山氣爞爞旱火光，牆頭枯草半青黃。饑腸慣作晴雷吼，且乞梧桐一夜涼。

〈秋暑家多病者〉 方回

酷暑端何物，窮居值此辰。交秋六七月，連病兩三人。
虛屈名醫至，深憐老子貧。婢慵吾亦愧，煮藥缺烏新。

〈秋暑喜雨〉 張翥

赫赫秋陽無奈何，西風忽起夜深多。星郎牽犢飲河去，神姥騎龍行雨過。
啼螿落葉雨蕭索，飛電流雲相蕩摩。睡美不知窗月曙，楚人已唱雞鳴歌。

〈秋熱嘆〉 宋禧

秋序已云深，秋暑何太熾。衰朽心益煩，常望風雨至。
風雨杳無期，烈日徹厚地。白露夜未晞，窗壁貯炎氣。
恨無松桂林，移榻一假寐。老疾將焉違，輾轉發長喟。

〈秋熱〉 黃淮

入秋旬日後，餘熱尚憑陵。病體何時減，愁懷此日增。
渴思金碗蔗，清愛玉壺冰。便欲凌風去，羈留愧未能。

〈秋暑夜坐〉 沈周

星河垂地夜闌珊，坐久幽懷百事關。畏老欲逃如鏡裡，苦塵難脫限人間。
一亭多竹還妨月，二水宜家又欠山。世好茫茫誰是足，秖除心跡自高閒。

〈秋熱〉 許相卿（一四七九己亥—一五五七）

秋空驕剩暑，客舍困炎曦。簷鼠時呈技，淵龍或守雌。
山雲瞥眼度，江月近人宜。趺坐晚風榻，焚香了化機。

〈秋暑夜坐〉 羅洪先（一五〇四甲子—一五六四）

常年七月秋風發，今年過閏猶炎熱。天外飛烏渴自歸，階前碧樹陰初歇。
簾櫳向晚月生光，步月林間倦思忘。蛩吟古砌聲如訴，露下高枝濕不妨。
月光露氣催涼吹，轉憶山中閒洞房。

〈虔城*秋暑〉　郭諫臣

地與炎荒接，秋高暑尚煩。納涼開北牖，看竹敞前軒。
幽砌蝸潛出，深林鳥自言。江鄉鱸正美，何日返家園。

＊虔城，位於江西贛縣，已經被認為是接近「炎荒」之境了。

〈秋暑〉　錢子正

每愁酷暑望秋節，豈料秋陽尤更驕。君看火雲苦相虐，孰謂金風行可招。
何處池亭人跡少，誰家門徑竹陰饒。便須枕簟眠清晝，不羨輪蹄趁晚朝。

〈秋暑〉　查慎行

大火初流暑未清，長川落日正西傾。氣蒸遠水浮天動，血染殘霞照夜明。
蟋蟀豈知催雨意，蒹葭只慣報風聲。故鄉消息經時斷，白髮無端一夕生。

〈秋暑三絕句〉

秋暑不減三伏天，杖藜隨我來谿邊。跳蛙自得坎井樂，上有夕陽高柳蟬。
學書遠遜王右軍，學奕無過王積薪。日長如年大好睡，小技何足勞吾神。
布幔十幅當檐牙，東南好風渾被遮。床頭非無蚊遶鬢，案上幸少蠅集瓜。

〈秋暑口占　甲寅〉　趙執信（一六六二壬寅—一七四四）

塵氛熱惱避無門，短壑層冰役夢魂。無語收身北窗下，清涼元只此中存。

〈秋暑〉　厲鶚

八月生衣未放閒，城中無處散疏頑。同來此地真逃暑，自笑多時不入山。

佛坐苔龕疑雨過，僧歸竹戶倩風關。扁舟載得涼多少，更與秋荷約往還。

〈秋熱〉　清高宗乾隆

疏梧葉落早知秋，轉覺如蒸暑氣流。翠竹盡閒天籟寂，晶陽高暴午雲收。

頻揮葵扇涼飈動，漫徹冰盤碧玉浮。借問炎熇能幾日，祝融返轡肯重留。

從立夏後，臺灣即日漸籠罩在暑熱的炎威下，如今已是處暑，夏去秋來，即使有「秋老虎」，但願「虎威」日減，新涼早來。就湊一闋小詞亂說吧！〈卜算子　秋暑〉：

夏去看新梧，暑氣猶如虎。況有新增毒病株，但嘆心真苦！

天意或飄忽，人性常翻覆。高望雲端幻彩烏，且唱秋聲賦！

白露

天氣轉涼，水氣在晚上會凝結成露水

就季節的轉換次序而言，在立秋之後，接著就應該是白露，卻因為暑熱未艾，硬是被秋老虎的餘威處暑切割，高溫依舊。或者，要真正感受「白露為霜」的清爽秋色，還得稍待數日。

「白露為霜」，多美的詞語，即使沒有讀過《詩經》，也一定會讚嘆「蒹葭蒼蒼，白露為霜；所謂伊人，在水一方」詩句的悅目賞心。而「白露為霜」，或許從東漢張衡在〈思玄賦〉（作於一三五年）中，寫出了「冀一年之三秀兮，遒白露之為霜」的寄慨起，就成為文人寫秋景時最愛引用的詞語，一直要到蘇軾在〈赤壁賦〉創造了「白露橫江，水光接天」的意景後，才算有了「對手」，那已是在張衡寫〈思玄賦〉之後九百四十八年的事了，而東坡寫〈赤壁賦〉，到現在也已經有九百餘年了。雖古彌新，自然神妙！接著來看看白露的三個自然現象。

三候

鴻雁來・元鳥歸・群鳥養羞

初五日：鴻雁來。乾隆說：

熱去寒來雁自知，何曾個裡措心思。北風借矣還湘浦，南國懷哉別漠陲。
湖上徘徊留影照，雲中清朗有音遺。兩行斜列原無意，誰謂世人人字之。

鴻雁從「白露」起，紛紛由北方飛來南方。

次五日：元鳥歸

塞鴻來實去江國，元鳥歸當何處歸。徒見攜雛一朝去，那辭命侶隔年違。
頡頏誰與為瞻望，巧拙其間底是非。分付明春應至者，舊巢好在認依稀。

同樣是候鳥的燕子（也就是玄鳥，為避康熙帝玄曄名，改作元鳥）也紛紛南飛。

後五日：群鳥養羞

巢迴窩低各自謀，近冬群鳥養其羞。傳云凡事豫則立，記曰百工亦有休。
誰謂微禽無識見，卻收旨蓄御窮愁。雪深林凍山枯寂，坐食何勞逐逐求。

原來所有的鳥類，都知道要趁著秋涼，開始積蓄糧食，以備寒冬時可以「坐食」無憂。所以「養羞」就是儲蓄美食，古人觀察入微，絕不馬虎。

白露既是節氣名，又指清白露水。古詩詞中使用到白露這個詞彙的作品很多，但指節氣的，卻相對很少。南朝宋江淹說：「愁生白露日，思起秋風年。」或是說節氣。李白〈玉階怨〉：「玉階生白露，夜久侵羅襪。卻下水精簾，玲瓏望秋月。」自是說露水。但即使題為「白露」，往往又似詠露水。以下所錄的作品，則確為指節氣之白露：

〈嘉泰辛酉*八月四日，雨後殊淒冷，新雁已至，夜復風雨不止。是歲八月一日白露〉二絕句　陸游

殘暑方炎忽痛摧，無情風雨亦奇哉。但嗟不為貧人計，未動秋砧雁已來。

仲秋四日雁橫天，閉戶垂帷意已便。方歎今年時候早，夜深風雨更淒然。

＊時為一二〇一年。

〈秋感〉　仇遠

明朝交白露，此夜起金風。燈下倚孤枕，籬根語百蟲。

梧桐何處落，杼軸幾家空。客意驚秋半，炎涼信轉蓬。

〈閏中秋，是日白露節〉　張翥

河漢雲消溢素光，重開樽酒據繩床。嫦娥斟酒猶前夕，老子婆娑且醉鄉。

風信兩番生綠桂，年華一寸入黃楊。怪來詩思清難忍，早雁聲中露欲霜。

〈白露〉　章甫

烈日照平野，狂風吹槁苗。皇天無一雨，白露只明朝。

世路多艱險，人心恐動搖。愁來惟有酒，聊以永今宵。

陶宗儀〈白露日桂花開〉

池上曾軒日夜開，天垂銀漢洗浮埃。岩花初見丹英吐，節候新交白露來。

細細古香吹小榻，瀼瀼清氣落深杯。蟾宮此夕知何夕，老子神游不用猜。

白露節氣開始，正處農曆八月前後，臺灣的天氣還是很熱，滿天湛藍，雲煙飄零。戲成二絕句解熱，〈白露〉：

處暑暑蒸汗滴落，中秋秋涼猶默默。湛藍藍天看無雲，清白白露今夜白。

處暑暑氣猶未休，為霜為露尚悠悠。看雲雲深無顏色，莫道天涼好個秋！

節慶

秋社

立秋後第五個戊日

秋社日，上距春社日，已經半年了，時間過得好快。在古代，秋社時如五穀豐登，則為天下百姓之福，朝廷更不吝賞賜宴飲，如白居易〈社日謝賜酒餅狀〉：

今日蒙恩賜臣等酒及蒸餅、環餅等，伏以時唯秋社，慶屬年豐；頒上尊之酒漿，賜太官之餅餌，既非舊例，特表新恩。空荷皇慈，豈伸丹慊。謹奉狀陳謝。

至於為秋社而作的詩，雖然如同春社詩一樣不多，但仍然具有代表性，如：

〈社日崇讓園宴〉　蘇頲（六七〇庚午—七三七）

鳴爵三農稔，勾龍百代神。運昌叨輔弼，時報喜黎民。
樹缺池光近，雲開日影新。生全應有地，長願樂交親。

〈社日〉　杜甫

秋豐成德業，百祀發光輝。報效神如在，馨香舊不違。
南翁巴曲醉，北雁塞聲微。尚想東方朔，恢諧割肉歸。

〈祭社宵興燈前偶作〉　白居易

城頭傳鼓角，燈下整衣冠。夜鏡藏鬚白，秋泉漱齒寒。
欲將閒送老，須著病辭官。更待年終後，支持歸計看。

〈社日戲題呈任副樞〉　晏殊

開樽幸有治聾醞，把葉能無送燕章。所惜司停近飲會，不如村叟醉秋光。

〈秋社分題〉　蘇轍

天公閔貧病，雨止得豐穰。南畝場功作，東家社酒香。
分均思孺子，歸遺笑東方。肯勸拾遺住，休嫌父老狂。

〈村家引〉　李若水（一〇九三癸酉—一一二七）

鄰老相邀趁秋社，神巫簫鼓歡連夜。明年還似今年熟，更拚醉倒籬根下。

〈秋社〉二首　陸游

明朝逢社日，鄰曲樂年豐。稻蟹雨中盡，海氛秋後空。
不須謏土偶，正可倚天公。酒滿銀杯綠，相呼一笑中。
浦漵漁歌遠，茅茨績火明。新涼迎病起，樂事及秋成。
社肉分初至，官壺買旋傾。殘年得家食，何以報時清。

〈秋社〉

雨餘殘日照庭槐，社鼓鼕鼕賽廟回。又見神盤分肉至，不堪沙雁帶寒來。
書因忌作閑終日，酒為治聾醉一杯。記取鏡湖無限景，蘋花零落蓼花開。

〈喜雨〉　韓淲

風伯駕雲滿四野，雷公行雨從空下。農家起舞田有年，競養雞豚作秋社。

秋社慶成，大家欣喜，邀宴高會，鄭重其事，就以南宋後期劉辰翁所作「邀宴」與「赴宴」小啟為例：

〈秋社請人啟〉　劉辰翁

節物匆匆，八月之五戊；朋遊落落，一代不數人。
聊因分胙之餘香，輒欲屬饜於情話。牽率鄭重，慚愧蕭條。

燕去雁來，能幾堪於離別；雞肥酒熟，且相與以從容。

〈秋社答赴啟〉

鴻雁秋風，久疏芳訊；雞豚社日，忽辱佳招。

感主禮之殷勤，念田翁之牢落；即容趨赴，拱侍笑談。

孺子無能，不是陳平之意氣；細君可惠，無嫌方朔之滑稽。

接著再看歷代秋社詩：

〈秋社〉　殷奎

秋社荒山裡，迎龍野廟開。豚蹄田父祝，鞍馬縣官來。

〈社中〉　陳獻章

桑林代鼓酒如川，秋社錢多春社錢。盡道昇平長官好，五風十雨*更年年。

社日年年會飲同，東原西埭鼓鼕鼕。無人不是桃花面，笑殺河陽樹上紅。

*五風十雨指春社時如能五日一風、十日一雨，則風調雨順，當年五穀一定豐收。

〈辛亥秋社作〉　程敏政

一叢茅屋枕潺湲，簫鼓喧闐綠樹間。田社又叨三度飲，鬢絲新入幾莖斑。

橫秋雁陣來何許，破午雞聲出近山。解綬正堪同擊壤，不妨身載夕陽還。

〈秋社〉　清高宗乾隆

秋社今朝是，秋光迥不同。庭前梧葉落，梁上燕巢空。

村酒成新釀，田禾颯晚風。太平兼大有，烟火萬家中。

至若寫「社燕」的詩，則又更少。明朝沈周有〈送歸燕〉一首，饒有韻味：

送歸燕，送歸燕，秋社今年又一遍。明年春社是來時，隔不半年仍復見。
送歸燕，送歸燕，似把人家作郵傳。來時不是慕富貴，去日曾非棄貧賤。
口喃喃，尾涎涎，意與主人相眷戀，對語殷勤楊柳樓，雙飛再四梧桐院。
樓中院中有賓客，主人日日開高宴。酒杯去手易肺肝，酒杯在手革顏面。
若將燕子比人情，燕子年年情不變！

「社燕」於秋社遠離，明年春社必復回來，年年不變；比之人情之多變，又有讓詩人感慨無限焉！
如果世情擾攘，人心不安，秋社云云就沒有人會理會。戲成四句，〈秋社〉：

秋社從來慶秋成，人間到處見歡情。雖然耄耄忽忽到，有幸身心尚靜明。

中秋

八月十五

古人把每個季節的三個月，都分成「孟」、「仲」、「季」三段，以秋季為例，七月是孟秋、八月是仲秋、九月是季秋。而較早的文獻，幾乎都只見仲秋，而沒有中秋，即使用了中秋，說的還可能是仲秋，所以會讓人迷惘。如果確然是指八月十五日這一天，往往得有較清楚地交代，而這已經要晚到魏晉、南朝時了。

中唐時，和韓愈是同一年進士的泉州人歐陽詹，有一篇〈翫（玩）月詩〉的〈序〉文，非常有韻味，開篇說：

月可翫，翫月古也。「謝」賦、「鮑」詩，「朓」之庭前，「亮」之樓中；皆翫也。

「謝」指南朝宋謝莊（四二一辛酉－四六六），他的〈月賦〉有「美人邁兮音塵闕，隔千里兮共明月」兩句，名噪一時。「鮑」指南朝宋鮑照，他的〈玩月城西門廨中〉詩中有「三五二八時，千里與君同」，也是名句；三五是十五日，二八是十六日，有人認為十六夜的月要比十五還圓還亮，或者鮑照當時的習俗，這兩夜都是中秋夜。看來，蘇東坡的「但願人長久，千里共嬋娟」，就是從「謝賦」、「鮑詩」脫變而成。

「亮」指晉代庾亮（二八九己酉－三四〇）：「庾亮在武昌，諸佐吏殷浩之徒，乘秋夜往共登南樓，俄而不覺亮至，諸人將起避之。亮徐曰：『諸君少住，老子於此處興復不淺！』便據胡床與浩等談詠竟坐。其坦率行己多此類也！」（《晉書．庾亮傳》）武昌的南樓，就被後人稱為「庾樓」。

「朓」是指南朝齊謝朓（四六四甲辰－四九九），但今日所傳南宋人所編《謝宣城集》五卷中，並無「庭前」相關作品，或者歐陽詹所見的謝朓詩仍有此作品，也可能是歐陽詹誤記了，因為在謝朓之前，曹植的〈愁思賦〉，就有「歸室解裳兮步庭前，月光照懷兮星依天」兩句。

歐陽詹舉這四位名人的文才或氣度，可以作為「中秋月」開始被讚賞歌詠的時間點。他接著為

「中秋月」定調：

月之為翫：冬則繁霜太寒，夏則蒸雲太熱；雲蔽月，霜侵人；蔽與侵，俱害乎翫。秋之於時，後夏先冬。八月之於秋，季始孟終。十五於夜，又月之中。稽於天道，則寒暑均；取於月數，則蟾兔圓。況埃壒不流，太空悠悠。芳菲徘徊，桂華上浮。升東林，入西樓。肌骨與之疏涼，神魂與之清泠。斯古人所以為翫也。

這段文字很巧，又入情入理，後人讚賞不已。而「八月之於秋，季始孟終；十五於夜，又月之中」兩句，更點明了八月十五的月，才是中秋月。然則，古人賞月之情，早從十四夜就開始了呀！自從鮑照說了「三五二八時，千里與君同」之後，好像就約定了只有十五、十六夜的月，才算是中秋月。事實上，有時確是十六才「望」的。杜甫「翫月」，是從十五夜開始，意猶未盡，十六夜、十七夜接著賞玩。唐朝人似乎已經習慣在十五當夜開始賞月，一直到晚唐，詩僧齊己竟提前於十四夜就開始賞月了，〈中秋十四日夜對月上南平主人〉詩說：

今宵前夕皆堪玩，何必圓時始竭才。空說輪中有天子，不知何處有樓臺。
終憂明夜雲遮卻，且掃閒居坐看來。玉兔銀蟾似多意，乍臨棠樹影徘徊。

但唐人似僅此而已，可是到了宋朝，十四賞月的紀錄忽然不斷，似乎已成了慣習，且看：

〈八月十四夜月〉　　范仲淹（九八九己丑—一〇五二）

光華豈不盛，賞宴尚遲遲。天意將圓夜，人心待滿時。
已知千里共，猶訝一分虧。來夕如澄霽，清風不負期。

〈八月十四日夜〉　　孫復（九九二壬辰—一〇五七）

銀漢無聲露暗垂，玉蟾初上欲圓時。清樽素瑟宜先賞，明夜陰晴不可知。

〈八月十四日留監牧張竚職方賞月〉　　韓琦

待月清商欲半前，欣留嘉客啟踈筵。採蕭方釋三秋詠，應曆從虧一莢圓。
密訝雲藏臺面柳，靜看珠出水中天。銀蟾影裡金樽倒，樂過陶琴不上絃。

〈八月十四夜〉　　徐積

有人望月吟太虛，半夜秋風生碧蘆。碧蘆風起吹老桂，吟聲入月驚蟾蜍。
明夜中秋更好吟，兔肥蟾大桂成林。桂兔之外有何物，玉池水到中秋溢。
秋風刮水如霜滴。

〈八月十四日夜月〉　　韋驤

中秋垂一宿，延頸望金波。素魄雖微缺，清光已覺多。
圓來殊俯近，觀者尚蹉跎。明夕當如鑒，光華更幾何。

〈癸未八月十四日至十六夜月色皆佳〉　　曾幾

年年歲歲望中秋，歲歲年年霧雨愁。涼月風光三夜好，老夫懷抱一生休。
明時諒費銀河洗，缺處應須玉斧修。京洛胡塵滿人眼，不知能似浙江不。

〈八月十四日夜約客月下有賦〉　　魏了翁（一一七八戊戌—一二三七）

秋空和月卷玻璨，清入肝脾觸撥詩。原自生來全體具，只緣見處一分虧。
俗情數日須圓候，識者先幾畏滿時。千古詞人誰解道，擬將今夕當佳期。

仇遠〈八月十四夜月下聞秋聲〉

中秋才一宿，此夜已圓明。星斗何曾見，雲煙不敢生。
黃花千萬粟，白髮兩三莖。愁聽東南角，奔騰風雨聲。

劉詵〈壬子八月十四夜對月〉

萬里輕陰晚忽收，天公有意作風流。今年對月又為客，明日無雲始是秋。
多病情懷成老態，早涼天氣似中州。少陵兒女痴何似，共景懸知不共愁。

吳與弼〈八月十四夜玩月〉

滿林涼月映更初，高枕虛窗玩易餘。老去倦為湖海客，年深幸託竹松居。
知幾漸覺工夫密，安分寧論活計疏。企仰聖謨頻浩歎，襟期何日得純如。

這裡只舉律、絕，就已經美不勝收，這些詩既抒情意，又多理趣，比十五、十六玩月的詩作，一絲也不遜色。但是，怎會有這樣的轉變呢？其實在僧齊己「終憂明夜雲遮卻」的心理，已透露了玄機，可能真的是受到氣候變遷的影響，從中唐以後，八月十五夜越來越是看不到月了，宋人比較敏銳，更確切地說出了「一年一度中秋夜，十度中秋九度陰」的無奈，於是就提前一晚翫月吧！「明夜陰晴不可知」，是的，天有不測風雲，在未來每年的中秋夜都能「翫月」嗎？

中秋月

在中秋夜，無論是「翫月」、「賞月」、「觀月」、「對月」乃至「待月」，只要有月，即使是「對影成三人」或「起舞弄清影」的獨樂，也自有一番情趣。

唐朝人自來只泛寫「秋月」，李白有「高秋」、「清秋」、「素秋」之月，竟無「中秋月」。杜甫詠「秋月」十餘回，然真寫中秋月，則直題〈八月十五夜月〉，用「此時瞻白兔，直欲數秋毫」的話，讚美中秋月色的皎潔光華。然後賞之不足，又作〈十六夜翫月〉、〈十七夜月〉。

似乎要到中唐，以〈中秋月〉為題，而確指「八月十五月」的詩作才出現，如和歐陽詹是同年進士的韓愈，在〈八月十五夜贈張功曹〉詩最後說：「一年明月今宵多，人生由命非由他。有酒不飲奈明何。」而稍晚的方干於〈中秋月〉詩起兩句說：「涼宵烟靄外，三五玉蟾秋。」方干比歐陽詹、韓愈晚了約五十年，然後詩人筆下的中秋月，才真正是八月十五夜的月。

中秋夜不見月，似乎是很平常的事，北宋理學家邵雍就有「一年一度中秋夜，十度中秋九度陰」的話。雖然沒有月，但畢竟還是中秋夜，怎麼辦呢？古人還沒想到，管他有月無月，都可以呼朋喚友一起烤肉，圍著爐火取樂，因此只能感慨繫之的借題發揮了。

〈中秋夜不見月〉　　羅隱

陰雲薄暮上空虛，此夕清光已破除。只恐異時開霽後，玉輪依舊養蟾蜍。

〈中秋無月〉　　潘閬（？—一〇〇九）

西風妒秋月，浮雲重疊生。一夕不見光，雙目如失明。

〈中秋遇雨〉　　韓琦

莫向此宵空悵望，定應明夜亦嬋娟。憑欄可奈時人意，不愛清光只重圓。

〈中秋無月〉　蘇轍

風雨來無定，泥塗日向深。直埋今夜月，真失眾人心。

各人都各有寄託。而南宋范成大說：「世間第一無情物，誰似中秋雨與風。」風雨是大自然的現象，無所謂有情無情；但何時無清光？如是「不愛清光只重圓」的話，若在今日，不就是「不看月光但烤肉」嗎？歐陽修的好朋友梅堯臣說：「一年一見最堪惜，百歲百夕能幾多。縱有明年似今夕，明年同會復如何！」范仲淹的二公子范純仁說：「白首相知有幾人，良宵難惜醉醺醺。此心直欲清如月，外物何妨薄似雲。」

「不愛清光只重圓」的慨嘆，「一夕不見光，雙目如失明」的傷感和「此心直欲清如月」的自信，都可以看出古人對中秋月的情懷。中秋夜的月色會如何呢？湊一闋小詞應景吧！〈步虛詞＊　中秋月〉：

明月年年高滿，人情處處飛揚。中秋自古樂無央，何況辰時當望。

老去天真款款，從來世故茫茫。幾回青眼共揮觴，便是白頭難忘。

＊〈步虛詞〉又名〈西江月〉。「步虛」本指「道家所唱，備言縹緲輕舉之美」。

「涼天佳月即中秋」——蘇東坡的中秋與明月

九百多年前的中秋夜，蘇軾接任徐州知州已半年，他和弟弟蘇轍一起賞月。當年子瞻四十一歲，兄弟倆已分別了七年多，因此子由陪著兄長到徐州後，便留下來，預計過了中秋才離開。眼前已是中秋，兄弟分別在即，對這個在自己心目中是「吾從天下士，莫如子由歡」、「四海一子由」的唯一弟弟，兩人即將分手，東坡不勝感慨，用「陽關調」寫了一首〈中秋月〉：

暮雲收盡溢清寒，銀漢無聲轉玉盤。此生此夜不長好，明月明年何處看。

第二年中秋，子瞻仍在徐州，子由則在南京（河南商丘），再下一個中秋呢？誰會想到，子瞻竟因為遭彈劾作詩訕謗朝政，被捕下獄，中秋竟是在天牢裡過的，真是應了「此生此夜不長好，明月明年何處看」的話了。

然後子瞻被貶到黃州（湖北黃岡），一待就是四年多，意外有了「東坡」的別號，名垂萬世。又十三年後，東坡再被貶到廣東惠州，去惠州途中，在江西虔州（江西贛州）過中秋，獨自再唱「此生此夜不長好，明月明年何處看」，又書寫了一遍，還充滿自信地說：「殊未覺有今夕之悲，懸知有他日之喜也。」雖然一派淡定，然而預期的「他日之喜」，卻更出意外。

東坡到惠州第二年的中秋，遇上了平生初遇、連續肆虐三天、讓他「股慄毛聳」的颶風。這年九月重陽節過後，暑氣才退，東坡對廣東氣候的特異，感受已深，於是有「菊花開時乃重陽，涼天佳月即中秋，不須以日月斷也」的了悟。不久，東坡又被遠貶到海南島西南邊陲的昌化，這豈是「他日之喜」呀！

從「明月幾時有」，經歷「新月如佳人，夜涼人未寢」、「明月入戶尋幽人」、「永夜月同孤」、「我今心似一潭月」、「涼天佳月即中秋」的不斷轉折，終於開朗地唱出「雲散月明誰點綴，天容海色本澄清」的自在；就是東坡的「明月情懷」吧！

東坡曾有「人生看得幾清明」的感慨，正可以改成「人生看得幾中秋」。戲以小詞一闋記之，〈江城子　中秋即事〉：

人生看得幾中秋，已白頭，不須憂。隨遇而安，山水能澆愁。
回首當時年少事，當一笑，與悠悠！
曉來旭日照高樓，雲如流，氣輕柔。午後雷轟，風雨竟如仇。
忽見彩虹貫山凹，猶未讚，歎休休！

秋分

夜晚時間開始轉長

「春分彈指又秋分」是清朝厲鶚的詩句，說「彈指」，自是感嘆時光飛逝。春分在三月，而秋分在九月，前後歷時將近半年。

秋分的晝和夜一樣長。接著，晝漸短，夜漸長，直到冬至，夜最長而晝最短；然後夜又漸短而晝漸長，到明年的春分，晝夜又平分。這就是「天道」吧！秋分的三候有哪些自然現象呢？

三候

雷始收聲．蟄蟲壞戶．水始涸

初五日：雷始收聲。此後再有雷聲，就是異象。

作解原於甲柝候，時行更復暢豐隆。收聲適合金類帶，應節況當八月中。

可識響餘定歸寂，徒看雲佈暗消風。阿香此後多閒暇，明歲推車役再沖。

次五日：蟄蟲壞戶。準備過冬的動物，開始破壞人家的門戶，進入屋內躲藏。

人識天寒塞向時，蟲雖微也亦當知。壞斯戶則惟應矣，俯彼頭猶且待之。
計以安居原在豫，出而致用漫嫌遲。馮生萬物適其適，覆載鴻功豈有遺。

後五日：水始涸。氣候變乾燥，降雨機率低。「秋燥」時，人們要特別注意皮膚保養。

天一生之地六成，隨陰氣與作虛盈。雖當亢氐朝云見，何礙江河東以行。
設使澮溝原立涸，便教潭峽亦當清。有無源本別於是，然豈云乎大海瀛。

秋分時，樹葉漸變紅了，「樹多紅葉燒人眼」，「紅葉黃花映白頭，秋分三絕問誰有？」秋分也是釀酒的好時機，明朝康海（一四七五乙未—一五七〇）〈釀酒〉詩：

吾道仍須酒，秋分釀更宜。便當炊百石，猶未足千卮。
行樂年空暮，聞歌日尚遲。風流杜陵老，傾倒是吾師。

如今自己釀酒較不便，總可以和朋友多聚歡飲，陶淵明說：「汎此忘憂物，遠我遺世情」、「忽與一觴酒，日夕歡相持」豈不然哉！

秋分起，天氣會陡然生變，陸游〈秋分後頓淒冷有感〉：

今年秋氣早，木落不待黃。蟋蟀當在宇，遽已近我床。
況我老當逝，且復小彷徉。豈無一樽酒，亦有書在傍。
飲酒讀古書，慨然想黃唐。耄矣狂未除，誰能藥膏肓。

萬一長期陰雨，農民的生活立刻非常窘迫，明朝龔詡（一三八一辛酉—一四六九）〈田家詞〉說：

浮雲終日行，雨點不曾絕。自從秋分來，罕得見日月。
禾頭半生耳，蝗蠹莖梗折。一愁官賦急，二恐衣食缺。
哀哉田野情，言之淚流血。

然而，以秋分入題的詩詞並不多，而且從宋朝開始才有。

〈庚戌*秋分〉 韓琦

淅淅風清葉未凋，秋分殘景自蕭條。禾頭無耳時微旱，蚊嘴生花毒漸銷。
錢迸嫩苔陳閣靜，字橫賓雁楚天遙。西園宴集偏宜夜，坐看圓蟾過麗譙。

＊庚戌年是宋神宗熙寧三年（一〇七〇）。

〈八月十五日秋分是日又社〉
劉攽
秋分當月半，望魄復宵中。難得良辰並，仍將吉戊同。

〈秋分日偶成〉
洪炎
高樓連卜夜，濁酒任治聾。注想乘槎客，何如擊壤翁。

〈點絳唇〉
謝逸
洪崖山下一臞儒，碧玉巖邊抱病夫。永日翛然無復事，僕欺憔悴鬼揶揄。

金氣秋分，風清露冷秋期半。蟾光滿，桂子飄香遠。
素練寬衣，仙仗明飛觀。霓裳亂，銀橋人散，吹徹昭華琯。

〈次韻子我秋分〉
劉一止
山中秋已半，蓬華晏方開。不聽夜蟲語，烏知節物來。
紫珠猶臥穟，青蘂未浮杯。欲射寄書雁，非關烹不才。

〈秋分〉
蘇籀
礎濕嵐昏近海多，劍霜清刮手親磨。輪困馬棧非難整，索漠牛衣且勿呵。
好住延陵皋澤去，強同溱洧濟人過。坐令幽谷還喬木，盛論中原喻尉佗*。

*自注：「余避亂謀居吳中。」

〈秋分前三日偶成〉
釋文珦
秋光幾一半，在候已無雷。顥氣凝為露，嘉禾秀出胎。
燕銜餘暑去，蟲喚嫩寒來。泡影非能久，流光又苦催。

〈秋分日同友人山行〉
錢羽士

羈愁暫擺作山行，秋日平分氣轉清。溪影照人風已息，稻香沾袖雨初晴。
古今在眼青山色，歲序驚心白雁聲。更喜同遊俱物表，搴芝坐石看雲生。

〈秋分夜作〉　蔡子行

竹舍清如水，深依鳥鵲群。月兼天更朗，秋與夜俱分。
斗酒關飛動，繩床屬倦勤。老身貪自逸，莫遣世人聞。

〈秋分日呈陳楞山兼寄亦諳上人〉　厲鶚

拉瑟西風故故催，江鴻社燕共徘回。那知極浦水花老，又接繞籬岩桂開。
隔歲相思同濁酒，幾旬塵土挽純灰。瘦權更在高寒頂，清露翻經坐石臺。

南極老人星

秋分最重要的聯結，應該是「南極老人星」。老人星又稱「壽星」、「南極星」，每年春分和秋分，都會出現在南方天空。《月令》載：「八月，命有司享壽星於南郊。」在《太平御覽》有注曰：「秋分日，祀壽星於南郊。壽星，南極老人星。」《爾雅》說：「壽星，角亢也。」郭璞注：「數起角亢，列宿之長，故云壽星。」

史書上的相關記載不少。《後漢書．禮儀志》：「仲秋之月，祀老人星於國都南郊。」只說「仲秋」，而《晉書．天文志》則說：「老人星常以秋分見於南方。」或曰：「南極見則壽昌。」世人多圖其形象，配以靈龜、松、鶴。《隋書》記：「梁武帝天監四年八月庚子，老人星見。占曰：『老人星見，人主壽昌。』自此後每年恒以秋分後見於參南，至春分而伏。武帝壽考之象云。」天監四年當西元五〇五年，梁武帝壽高八十九歲，卻餓死。後世往往就在秋分祭祀老人星，為國祈福，賀人長生。

趙蕃對老人星是這樣說的，〈老人星〉：

太史占南極，秋分見壽星。增輝延寶曆，發曜起祥經。

灼爍依狼地，昭彰近帝庭。高懸方杳杳，孤白乍熒熒。
應見光新吐，休徵德自形。既能符聖祚，從此表遐齡。

明朝王直（一三七九己未－一四六二）說：

壽星者，南極老人星也。見則天下理安，人多壽考。秦、漢之世因其以老人名，於是狀其形容而祠祀之，以祈福壽；後之人於其所敬愛者，往往圖其像貌，而用之慶壽之日，以祝其長生。此不可以常情視也。

同是明朝人的曹安，卻不甚以為然地說：

老人星一名「弧南」，一名「南極」；只一星耳。今人往往以長頭、短身、拄杖，侶以龜、鶴等，謂之「壽星」，此皆傳襲之弊，畫工取巧而然。

「弧南」是說在「弧矢星正南方」。「長頭、短身、拄杖，侶以龜、鶴等」，就是一直流傳到現在的「南極仙翁」圖象。

宋朝米芾（一〇五一辛卯－一一〇七）善誦善禱說：「人是西方無量佛，壽如南極老人星。」

（〈題長壽庵〉）元朝陳鎰（一三八九己巳——一四五六）悠悠淡定地說：「白髮金尊聊自遣，夜深時看老人星。」（〈漫興〉）眼前亂世，人禍天災，只希望未來的秋分都能見南極星。戲成小詞一闋應節，〈訴衷情　秋分〉：

中秋明月已如輪，轉眼到秋分。連朝風淡雲鬱，天象竟混沌。

山凝靜，雨零淋，物情深。世間萬態！且問星翁：南極何人？

秋去

九月至十一月

入冬

寒露—霜降—立冬—小雪—大雪—冬至

寒露

天氣更涼，早晚的露水有寒意

「寒露」的意思就是露氣轉寒。從白露起，陰氣日漸加重，露開始凝結，顏色清白，而到了寒露，露氣遭遇寒冷，很快就會凝結。寒露的三候，還是要讀讀乾隆的詩來幫助了解。

三候

—鴻雁來賓・雀入大水為蛤・菊有黃華—

初五日：鴻雁來賓。

先後飛來本不倫，先呼曰主後呼賓。此遲彼速亦何定，立字安名有底真。
歸計原期天以外，旅棲權借水之濱。木蘭嘉客隨圍後，都効劬勞稱雁臣。

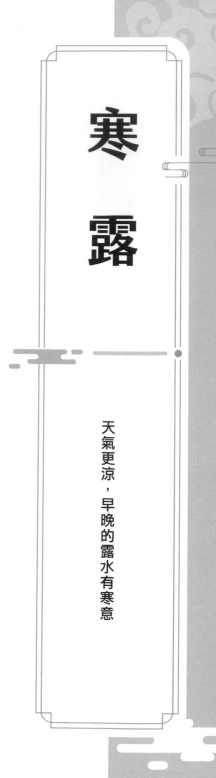

原來「賓」是意謂「後來」，而且是「最後來的」，所以寒露後，就看不到向南飛翔的鴻雁了。

次五日：雀入大水為蛤。

飛潛異類不相知，蛤也何緣雀所為。鼓動氣機隨物化，浮沈海水任形移。
成樓漫與蜃同較，充鼎端因鷸共持。燕百歲而鳥千歲，說文此語本之誰。

乾隆自注說：「《說文》曰：『蠣，千歲鳥所化。蛤，百歲燕所化。』此語謬悠，亦無本也。」乾隆對於漢朝文字學家許慎在《說文解字》中，解釋牡蠣和蛤蜊化生的說法（同樣的記載也見於《禮記‧月令》），認為是荒謬而無根據的；再者，高飛天上的鳥雀與深潛水中唇族（蠣和蛤），絕然是風馬牛不相及的，怎會如此「物化」呢？這種說法，傳了多少世代，好像直到乾隆，才提出了質疑。

後五日：菊有黃華。

秋當金令正司時，金色為黃菊肖之。爭作芳菲傲西帝，不妨寂寞伴東籬。
午風微泛香無定，曉露常瀼韻有姿。試問裳裳同者孰，桂林栗亦幾枝垂。

為什麼特別提菊「有黃花」呢？又與陰陽五行有關。秋季屬金，金為黃色，明朝顧起元所著的《說略》解釋說：「菊有黃花，草本皆華於陽，獨菊華於陰，故言有。桃、桐之花皆不言色，而獨菊言者，其色正，應季秋土旺之時也。」（〈時序〉）寒露之後十日，陽氣全盡，草木的枝和節，都順著脈絡紋理，紛紛解散了。

寒露和白露類似，既是節氣名，又是自然現象，所以在詩文中必須特別辨明，否則會有錯誤了解。事實上，幾乎沒有在詩題只用寒露又確實是指節氣的詩詞，就舉三例應節吧！

〈寒露日阻風雨左里〉　曹彥約

久謂熱當雨，茲來歸近家。露寒遲應節，天變勇飛沙。

甕白應浮酒，籬黃可著花。一江三十里，直欲問仙槎。

〈調笑〉　胡儼（一三六一辛丑—一四四三）

明月，明月。今古幾回圓缺。天風吹上雲端，瓊樓玉宇露寒。

寒露，寒露。搗藥誰憐顧兔。

〈寒露同李洗松宿方塘書舍〉　丘雲霄（一三六八戊申—一四四四）

露重憐今夕，秋深試薄寒。溪聲亂籬落，月色動柴關。

菊密欲藏徑，花嬌故傍欄。相看疑夢寐，秉燭問更闌。

秋日來野步看秋水，東樓望流雲；感時序已寒露，笑年華之如醺，戲成小詞一闋以應節。〈調笑寒露戲成〉：

秋水，秋水。緩緩柔柔迤邐。隨彎隨直盤旋，悠然不曉露寒。

寒露，寒露。霜葉零零告訴！

滿城風雨近重陽——潘大臨一句詩的效應

九九重陽快到了，自九月開始，天候往往無日不風雨，真是「滿城風雨近重陽」的天氣。北宋末釋惠洪在《冷齋夜話》卷四中有一段記事說：

黃州潘大臨工詩，多佳句，然甚貧。東坡、山谷尤喜之。臨川謝無逸以書問：「有新作否？」潘答書曰：「秋來景物，件件是佳句，恨為俗氛所蔽翳；昨日閒臥，聞攪林風雨聲，欣然起，題其壁曰：『滿城風雨近重陽。』忽催租人至，遂敗意。止此一句奉寄。」聞者笑其迂濶。

潘大臨（一〇六二壬寅－一一〇九），字邠老。他這個故事，已經成為「重九」的掌故，而「滿城風雨近重陽」這句詩，也給了後人很大的發揮空間。首先是向他索詩的好友，謝逸感慨地寫了三首用「滿城風雨近重陽」為首句的絕句，〈亡友潘邠老，有「滿城風雨近重陽」之句；今去重陽四日，而風雨大作，遂用邠老之句，廣為三絕〉：

滿城風雨近重陽，無奈黃花惱意香。雪浪飛天迷赤壁，令人西望憶潘郎。
滿城風雨近重陽，不見修文地下郎。想得武昌門外柳，垂垂老葉半青黃。
滿城風雨近重陽，安得斯人一共觴。欲問小馮今健否，雲中孤雁不成行。

謝薖是謝逸的堂弟，在堂兄去世後，寫了追思詩，〈潘邠老嘗作詩云：「滿城風雨近重陽」。邠老亡後，無逸兄用此句足成四篇；今去重陽只數日，風雨不止，淒然有懷！作二絕句，念泉下二人不再作；不覺流涕覆面〉：

地下修文兩玉人，清詩傳世墨猶新。卻因風雨重陽近，獨立蒼茫淚一巾。
阿兄溫潤玉介導，我友澹薄朱絲絃。只疑蟬蛻遊人世，醉插茱萸若個邊。

而後由南宋到清朝，都有以「滿城風雨近重陽」為起句或詩句，抒其所感，今但錄其律絕詩：

〈潘邠老嘗得詩云：「滿城風雨近重陽」。文章之妙，至此極矣！後托謝無逸綴成；無逸詩云：「病思王子同傾酒，愁憶潘郎共賦詩。」蓋為此語也。王子，立之也。作此詩未數年，而立之、邠老墓木已拱。無逸窮困江南，未有定止。感歎之餘，輒成二絕〉　呂本中

漫營新句補殘章，寄與烏衣玉樹郎。他日無人識佳景，滿城風雨近重陽。

好詩政似佳風月，會賞能知已不凡。萬里潘郎舊鄉縣，半江斜日落歸帆。

〈前輩有滿城風雨近重陽句，而不成篇。九月六日遇雨，因為足之。招同官分韻〉　王十朋

滿城風雨近重陽，準擬登高尚渺茫。會見明朝天氣好，不教孤負菊花黃。

〈畫堂春〉　趙彥端（一一二一辛丑—一一七五）

滿城風雨近重陽。夾衫清潤生香。好辭賡盡楚天長。喚得花黃。
客勝不知門陋，酒新如趁春狂。故人相見等相忘。一語千觴。

〈風雨中誦潘邠老詩〉　韓淲

滿城風雨近重陽，獨上吳山看大江。老眼昏花忘遠近，壯心軒豁任行藏。
從來野色供吟興，是處秋光合斷腸。今古騷人乃如許，暮潮聲捲入蒼茫。

〈九日道中淒然憶潘邠老之句〉　方岳

滿城風雨近重陽，城腳誰家菊自黃。又是江南離別處，寒烟吹雁不成行。

〈近重陽作〉　蒲壽宬

滿城風雨近重陽，梧竹蕭蕭欲斷腸。敢望白衣來送酒，擬將黃菊去為糧。
繫萸安得山堪避，落帽豈無人在旁。千載風流心獨會，飲泉亦足慰淒涼。

〈滿城風雨近重陽〉　許月卿（一二一六丙子—一二八五）

滿城風雨近重陽，一舸烟波入醉鄉。心事已同鷗鳥白，眼界空有雲山蒼。
酒安能管興亡事，菊亦頗復時世妝。何似長歌明月裡，月明天闊地更長。

〈重陽吟〉　方回

此身生死國興亡。搖落年年本是常。無奈潘郎解悽怨，滿城風雨近重陽。

〈南仲以潘老句約賦〉　仇遠

秋聲浩蕩夜淒涼，卻喜田家熟稻糧。千里江湖隨薄宦，滿城風雨近重陽。

菊花漸拆青青蕊，桂樹獨飄粟粟香。幸是催租人未至，尊前聊為足成章。

〈盧志道馬公振以滿城風雨近重陽為詩首句各賦二絕同日見寄要余和之〉　謝應芳

滿城風雨近重陽，一望蘇臺百感傷。臺下伏屍多濺血，秋花不似舊年黃。

滿城風雨近重陽，門巷蕭條草木黃。茅屋破來天更漏，誰能補石繼媧皇。

滿城風雨近重陽，籬菊花開酒未嘗。四海兵戈無了日，十年書劍客他鄉。

滿城風雨近重陽，猶喜觀山目力長。風雨晴時山更好，也須攜酒掛車傍。

〈江城子〉　倪瓚

滿城風雨近重陽，濕秋光。暗橫塘。蕭瑟汀蒲，岸柳送淒涼。

親舊登高前日夢，松菊徑，也應荒。

堪將何物比愁長。綠泱泱。繞秋江。流到天涯，盤屈九回腸。

烟外青蘋飛白鳥，歸路阻，思微茫。

〈九日風雨作惡因記滿城風雨近重陽之句輒易二字足成二章〉　舒頔

雲低霧暗濇秋光。籬落蕭條菊未黃。元亮貰尊嫌滑滑，孟嘉岸幘惡浪浪。

百年難遇風光好，九日仍愁節序荒。幕下參軍呼不起，滿山風雨作重陽。
霏霏霡霡潤林塘，佳節令人暗感傷。水溢難邀朱履客，雲深空望白衣郎。
香芋已帶十分紫，旨酒休孤半殼黃。攲帽龍山獨惆悵，滿山風雨作重陽。

明清詩人似乎有更多的嚮往：

〈九日雨中雜興〉　呂誠（一三五四年前後在世）

橘柚青青菊未黃，滿城風雨近重陽。天光倒影涵空濶，雲陣將愁赴渺茫。
尚憶登臨吹席帽，誰能隨俗繫萸囊。詩人底事無全句，似欲相期入醉鄉。

〈秋興〉　朱朴（一三三九己卯—一三八一）

秋日野亭千橘香，滿城風雨近重陽。林深老桂寒無子，水國蒹葭夜有霜。
信宿漁人還汎汎，海天愁思正茫茫。西風白髮三千丈，自笑狂夫老更狂。

〈九月初八〉　邱濬

滿城風雨近重陽，籬菊含滋欲放香。明日陰晴殊未定，先時歡會又何傷。
茱萸細看今還健，竹葉新醅且預嘗。幸免催租人敗興，不妨連日醉壺觴。

〈九月初九〉

滿城風雨作重陽，籬菊滋滋濕更香。不用登高狂落帽，正須開口笑傳觴。

村醪彷彿宜城醞，田舍依稀崔氏莊。乘興盡歡同一醉，明年誰在又誰亡。

〈九月十日〉 沈周

滿城風雨送重陽，不獨蜂愁蝶已忙。乘興還來聯斷句，開懷重與盡餘觴，
須知佳節難常遇，未必寒花遽減香。笑殺牛山垂淚客，逢時不樂卻悲傷。

〈和吳匏菴續滿城風雨近重陽之作〉

滿城風雨近重陽。寂寂寥寥破草堂。彭澤花枝待晴把，雲安麴米帶生嘗。
梳頭髮應吾年白，潤屋金從別姓黃。漸與潘郎續遺句，沈郎瘦不似潘郎。

〈重陽前連雨續潘邠老詩四首〉 吳寬

滿城風雨近重陽，景物蕭然嬾下堂。門外催租教且去，籬邊送酒喚誰嘗。
人期稔歲禾俱偃，俗愛佳名菊未黃。無限悲秋莫能記，強將詩句續潘郎。
滿城風雨近重陽，桂樹叢深閟小堂。掃地焚香聊復爾，升階拜石亦何嘗。
壁間著色新苔綠，庭下無聲敗葉黃。莫把茱萸還遍插，老年衰鬢似馮郎。
滿城風雨近重陽，錄事年來築草堂。宴坐謾將茶餅閱，清齋惟許菜羹嘗。
浮空到處雲頭黑，射地何時日腳黃。溪上得魚驚水長，扁舟蓑笠見漁郎。
滿城風雨近重陽，秋水浮渠綠繞堂。書為貪看偏易忘，藥緣常飲不須嘗。
樓高正愛遙岑碧，牆短先驚古樹黃。坐念昔人真自愧，揚雄三世尚為郎。

〈雨止後復續邠老句二首〉

滿城風雨近重陽，何處歡聲忽閧堂。酒擊宿醅猶強飲，飯炊新米定爭嘗。
步臨積水鷺垂白，坐傍明窗寫硬黃。老倦不能親句讀，教兒安得作賢郎。
滿城風雨近重陽，倏見斜曛晚入堂。病有客來難答拜，食無君賜孰先嘗。
籠收鴨腳纍纍白，盤飣駝蹄濈濈黃。一任西鄰還撲棗，杜詩不用贈吳郎。

〈奉次吳匏菴先生續潘邠老詩韻〉　文徵明

滿城風雨近重陽，車轍何人顧草堂。此日衣成聊自授，明朝酒熟共誰嘗。
秋深澤國蓴空紫，霜落洞庭柑未黃。底怪白頭甘寂寞，子雲曾是校書郎。
滿城風雨近重陽，暝色寒聲漫繞堂。向去陰晴難逆料，邇來牢落已粗嘗。
直饒詩思如秋淡，未害臞顏映菊黃。好事例乖何用歎，但令有蟹薦桑郎。

〈九日潘大臨句寄友人〉　張泰（？—一五〇九）

滿城風雨近重陽，城上浮雲壓四荒。江色遠連滄海白，菊花寒傍綠樽黃。
北邊笳角將吹雪，南國山川未雨霜。為報故人休岸幘，黑頭難學孟嘉狂。

〈重陽風雨圖〉　陳淳（一四八三癸卯—一五四四）

滿城風雨近重陽，橘熟橙黃菊吐香。瑟瑟涼天無限樂，好懷何必論他鄉。

〈九日怨　哀亡弟〉　程敏政

滿城風雨近重陽，馬上誰家白面郎。時復看雲淚霑臆，寒花猶作去年香。

〈重九日寓安化分司懷蘭谷兄用潘邠老句〉　謝廷柱

滿城風雨近重陽，舉目江山是異鄉。對景最傷尋菊伴，登高難醉泛萸觴。
霜侵鬢髮心空壯，露下蒹葭道且長。海上南山秋正好，向來三逕未應荒。

厲鶚〈病中以滿城風雨近重陽為首句得詩三首〉

滿城風雨近重陽，病減情懷老減狂。足軟杖藜渾得力，耳鳴鞞鐸果何祥。
僮奴決意辭貧主，醫匠收功試古方。我已是非俱不問，笑看梧葉墜虛廊。
滿城風雨近重陽，唧唧陰蟲夜漸長。瘦比隱侯猶較倍，愁應平子為分將。
青燈難遣詩魔嬈，丹鼎翻嫌琴客妨。領取秋深閒意味，不眠常是望晨光。
滿城風雨近重陽，及至重陽霽色蒼。問疾客來時一二，登高人想不尋常。
琉璃水淺盛新月，瑪瑙天空映拒霜。誰道秋容麗如許，閉門也有小篇章。

一句詩的效應真是可觀，潘邠老可以含笑九天了。也湊八句抒感，〈滿城風雨近重陽〉：

滿城風雨近重陽，待到重陽聚一堂。老去歲月日日忘，新來流光時時忙！
已知世故多漫浪，且喜人情不炎涼。便可歡欣共酬唱，最須珍重同舉觴。

重陽

九月初九

「重陽」，古人習慣稱「九日」。「重陽」這個詞，最早見於戰國時期屈原的〈九章．遠遊〉篇：「集重陽入帝宮兮，造旬始而觀清都。」南宋洪興祖（一〇九〇庚午－一一五五）《楚辭補注》解釋說：「積陽為天，天有九重，故曰重陽。」他認為「陽」是陽氣，陽氣累積而成天，而天又有九重（層），因此叫做重陽。所以重陽就是「天」的代稱。

晉代陸雲在〈歲暮賦〉中說：「淪重陽於潛戶兮，嚴積陰於司寒。」重陽還是指陽氣，陽氣潛淪，陰寒累生，都是指氣候的變化。南朝梁昭明太子蕭統（五〇一辛巳－五三一）作〈錦帶書十二月啟〉，在九月中有「屬以重陽變敘，節景窮秋」一句，是說天候隨季節變遷，已經進入了晚秋九月。秋季有三個月，「窮秋」也就是晚秋、秋末，正是農曆九月。北朝周庾信的〈郊廟歌詞〉中說：「重陽禋祀大報天。」注說：「重陽，天也。」重陽一直是被當作大氣或天。不過，在陸雲、蕭統、庾信之前的曹丕，就有了不同的用法。

晉代葛洪輯錄了東漢劉歆的《西京雜記》（記載西漢帝王的事。當時西京是長安，東京是洛陽），第三卷有漢高祖（前二五六乙巳－前一九五）時戚夫人侍兒賈佩蘭所說的宮中情事，其中提到九月九日的活動是：

九月九日：佩茱萸，食蓬餌，飲菊花酒，令人長壽。菊花舒時，並採莖葉，雜黍米釀之，至來年九月九日始熟，就飲焉，故謂之菊花酒。

茱萸是帶辛辣味的植物，在晚秋時成熟，具有祛寒辟邪的功能，神仙家稱為「避邪翁」。菊花酒則可以延年益壽，神仙家名為「延壽客」。麵切得像蓬草一樣細長，叫做「蓬餌」，或就像現代的麵線，應該也有長壽的象徵意義。戚夫人是漢高祖劉邦非常寵愛的妃子，差一點取代了元配呂后的地位。戚夫人宮中有如此的飲食，則高祖的其它嬪妃也應大致相同，民間也應該類似。所以九月九日佩茱萸、吃麵、喝菊花酒的事，可能在戰國時代已經是一種習俗了。而菊花酒的釀造方法和所需時間，也說得很清楚。劉歆的《西京雜記》以後，曹丕在〈九日與鍾繇書〉中也提起了九月九日：

歲往月來，忽復九月九日。九為陽數，而日月並應，俗嘉其名，以為宜於長久，故以宴享高會。是月律中無射，言群木庶草，無有射地而生，至於芳菊，紛然獨榮，非夫含乾坤之純和，體芬芳之淑氣，孰能如此！故屈平「悲冉冉之將老，思餐秋菊之落英」，輔體延年，莫斯之貴。謹奉一束，以助彭祖之術。

曹丕所說的「九日」，是九月九日的專稱，而「是月律中無射」，是說九月在《律》是「無射」。《史記．律書》說：「無射者，陰氣盛用事，陽氣無餘也。」陰氣盛則陽氣衰歇。「射」是「出」的意思，「無射」是「萬物隨陽而終，當復隨陰而起，無有終已。」陰陽交替，是自然的規律。九月九日，省稱九九，聲音如「久久」，所以說「宜於長久」。到了九月，已經是深秋，所有草木都逐漸凋零，只有菊花欣欣向榮，因此菊花一定是融和了天地的靈氣，對人有延年益壽的功效，所以屈原才會說「思餐秋菊之落英」（落，開始，如「落成」就是指建築物剛完成啟用）。因為菊花可以「輔體延年」，所以曹丕就送一束菊花給大臣書法家鍾繇，祝福他長壽如彭祖。「九為陽數，而日月並應」，雖沒有用重陽二字，但意思已經是了，又說「俗嘉其名」。九月九日的習俗，至少在漢高祖時的宮廷已經有了，曹丕只舉了菊花一項，沒有提到佩茱萸和吃蓬餌，應該是即事說情吧！

南朝宗懔《荊楚歲時記》一書，記的都是楚地（湖南、湖北等地）的習俗。書中有一段記載：「九月九日，四民並藉野飲宴。」九月九日這天，士農工商四民都到郊野飲酒宴樂。對這段話，隋煬帝（五六九己丑—六一八）時的杜公瞻注解說：

九月九日宴會，未知起於何代。然自漢至宋（南朝宋）未改，今北人亦重此節。佩茱萸、食餌、飲菊花酒，云令人長壽。近代皆設宴於臺榭。

隋煬帝距離曹丕的時代約三百七十年，當時在北方，重九的聚會，仍然包括佩茱萸、吃麵條、喝菊花酒三項，並且已經由郊野改成在樓閣亭臺舉行。杜公瞻又引南朝吳均（四六九己酉—五二〇）《續齊諧記》的記載說：

汝南（今河南汝水以南葉縣等地）桓景，隨費長房遊學。長房謂之曰：「九月九日，汝家中當有災厄，急令家人縫囊盛茱萸繫臂上，登山飲菊花酒，此禍可消。」景如言，舉家登山。夕還，見雞犬牛羊一時暴死。長房聞之曰：「此可代人也。」今世人九日登高飲酒、婦人帶茱萸囊，蓋始於此。

費長房是東漢汝南人，《後漢書．方術傳》有他的傳記。他從神仙處得到仙符，可以驅邪消災，但一旦失去仙符，就被小鬼殺害。傳記中沒有提到他勸桓景重九避災的事。吳均的記載如可信，那麼重九飲菊花酒，婦女帶茱萸囊的事，仍然是承劉歆、曹丕的說法，但卻增加了「登高避災」一項。

費長房的時代在劉歆之後、曹丕之前，曹丕並沒有提到登高避災的事，稍晚的晉代周處在《風土記》說：「九月九日，律中無射而數九。俗尚此日折茱萸房以插頭，言辟除惡氣，而禦初寒。」（《說郛》卷六十上）也沒有重九登高的事。

《晉書》卷九十八有一段記載陶淵明外祖父孟嘉的事：

為征西桓溫（三一二壬申—三七三）參軍，溫甚重之。九月九日，溫燕龍山，僚佐畢集；時佐吏並著戎服。有風至，吹嘉帽墮落，嘉不知覺；溫使左右勿言，欲觀其舉止。嘉良久如廁。溫令取還之，命孫盛作文嘲嘉，著嘉坐處。嘉還見，即答之。其文甚美，四坐嗟嘆。

孟嘉重九隨征西將軍桓溫登龍山，風吹帽落，已是重九詩詞最常用到的典故。如李白〈九日〉詩：「落帽醉山月，空歌懷友生。」〈九日龍山飲〉：「醉看風落帽，舞愛月留人。」蘇軾〈南鄉子　重九涵輝樓呈徐君猷〉：「破帽多情卻戀頭。」黃庭堅〈鷓鴣天　重九集句〉：「龍山落帽千年事，我對西風猶整冠。」陳師道〈和李使君九日登戲馬臺〉：「九日風光堪落帽，中年懷抱更登臺。」等等。

從晉代以後，九月九日重陽登高、佩茱萸、喝菊花酒等事，已經成為普遍的習俗，文人詩詞中更常見。時至今日，又因為九月九日從來就有延年益壽的說法，所以就成了敬老節，衍生出各種敬老活動。每個節日隨著時代轉換，活動也或有所改變，但都顯示傳統文化的深厚，歷久不衰。

「菊爲重陽冒雨開」——歷代詩人的菊花情結

重陽節，看了黃花嗎？夏曆九月又稱為「菊月」。九月初往往已進入寒露節氣，而寒露第三候的自然現象就是「菊有黃華」——黃菊花開。在古代詩人眼中，重陽節正是菊花開得最亮麗的時間點，唐朝詩人皇甫冉（七一六丙辰－七六九）〈秋日東郊〉詩說：

閒看秋水心無事，臥對寒松手自栽。廬岳高僧留偈別，茅山道士寄書來。
燕知社日辭巢去，菊為重陽冒雨開。淺薄將何稱獻納，臨岐終日獨遲迴。

第五、六兩句是所謂「詩眼」，而「菊為重陽冒雨開」，更成了菊花的天命。古人詠重陽的詩很多，菊花也必然同時出現，但專詠「九日菊」或「重陽菊」的卻很少。

中唐釋廣宣（與劉禹錫同時而友好）有一首奉命陪皇帝而作的詩，可能就具有代表性了，〈九日菊花詠應制〉：

可訝東籬菊，能知節候芳。細枝青玉潤，繁蕊碎金黃。
爽氣浮朝露，濃姿帶夜霜。泛杯傳壽酒，應共樂時康。

到了宋朝，蘇東坡也是在詩詞中提到菊花，所作更受喜愛。在〈九日次韻王鞏〉詩說：

我醉欲眠君罷休，已教從事到青州。鬢霜饒我三千丈，詩律輸君一百籌。
聞道郎君閉東閣，且容老子上南樓。相逢不用忙歸去，明日黃花蝶也愁。

這是他四十四歲在徐州過重陽節時寫給好朋友王鞏（一〇四八戊子—一一〇八）的。他創了「明日黃花」一詞比喻在重陽次日開的黃菊花，似乎很是得意，因此後來被貶到黃州，也是在重九日作了一闋〈南鄉子〉詞，獻給相當照顧他的黃州知州徐君猷：

霜降水痕收。淺碧鱗鱗露遠洲。酒力漸消風力軟，颼颼。破帽多情卻戀頭。
佳節若為酬。但把清尊斷送秋。萬事到頭都是夢，休休。明日黃花蝶也愁。

從此以後，「明日黃花」就成為詩人常用的語詞了。南宋女詞人李清照（一〇八四甲子—一一五五）的〈醉花陰〉詞，也寫到「九日」的黃花：

薄霧濃雲愁永晝，瑞腦銷金獸。佳節又重陽，玉枕紗櫥，半夜秋初透。
東籬把酒黃昏後。有暗香盈袖。莫道不消魂，簾捲西風，人比黃花瘦。

最後三句膾炙人口，據傳她的丈夫趙明誠（一〇八一辛酉－一一二九）廢寢忘食，苦思三天，作了五十闋詞，都被這三句比了下去。

若干年前，有一部名為《滿城盡帶黃金甲》的電影片，轟動一時。這七個字原來是黃巢（八二〇庚子－八八四）考進士落第後所寫的「狂言」，他的〈不第後賦菊〉詩說：

待到秋來九月八，我花開後百花殺。衝天香陣透長安，滿城盡帶黃金甲。

據說黃巢因長相醜陋而落第，因此心懷怨怒，竟然造成天下大亂。又傳說他五歲時就已能出口成章了，《全唐詩》收有他另一首〈題菊花〉詩：

颯颯西風滿院栽，蕊寒香冷蝶難來。他年我若為青帝，報與桃花一處開。

並引南宋末張端義（一一七九己亥－一二四八）《貴耳集》的記載說：

巢五歲時侍其翁（祖父）與父為菊花詩。翁未就，巢信口曰：「堪與百花為總首，自然天賜赭黃衣。」父怪，欲擊之。翁曰：「可令再賦。」巢應聲云云。

有此一說，信不信由人。再者，東坡的「明日黃花」，被後人不斷引用，幾乎已是「成語」了，不知道來由的人，還真會誤以為應該說「昨日黃花」才對。「明日」是指九月九日的明日，就是九月十日，在東坡前後，有詩人就是用「十日菊」的！且看：

〈十日菊〉　鄭谷

節去蜂愁蝶不知，曉庭還繞折殘枝。自緣今日人心別，未必秋香一夜衰。

〈十日菊〉　薛瑩

昨日尊前折，萬人酣曉香。今朝籬下見，滿地委殘陽。
得失片時痛，榮枯一歲傷。未將同腐草，猶更有重霜。

薛瑩是與鄭谷同時候的人，他對十日菊的所見則不同。再看宋朝的「十日菊」詩，時間比東坡早的有：

〈十日菊〉　蘇易簡（九五八戊午—九九六）

寂寞東籬下，凝烟簇簇芳，無人賞幽豔，有蝶戀清香。
不伴茱萸飲，空教蟋蟀藏。重陽雖已過，來歲可能忘。

〈次韻十日菊〉　韓維

孤根隨地發，繁蕊破霜遲。但取凋零晚，何憂賞愛移。
物情傷老大，人事閱興衰。會有陶彭澤，清樽與重持。

〈和十日菊〉　呂陶

今辰誰道此花衰，更倚欄杆把酒卮。白眼漫生秋後意，黃金不減夜來枝。
化工應已均開落，心賞何須問速遲。歲歲樽前鎮相似，風光千萬莫差池。

〈和董公肅十日菊二首〉　韋驤

自是重陽過，重陽菊不遲。幽芳始經宿，群好奈隨時。
未減黃金蕊，何妨白玉卮。賞花非賞節，衰謝直為期。
昨日墮烏紗，遊歡等孟嘉。今晨舉青眼，獨自競黃花。
香冷朝猶盛，人疎勢可嗟。明年又重九，何以面芳葩。

時間在東坡後的則有以下作品：

〈十日菊〉　孔平仲

昨日酒中花，今日籬下草。馨香尚未改，棄置一何早。

怨泣露華濕，世情安可保。

〈九月十日菊花爛開〉　張耒

蕭條秋圃風飛葉，卻有黃花照眼明。已過重陽慵采擷，自嫌亦作世人情。

〈九月十日菊〉　　薛季宣

不改天香細，無端人意疏。重陽把杯者，今夕尚來與。
白羽搖依舊，黃裳笑反初。知時自凡俗，冷暖欲焉如。

〈十日菊〉　　劉辰翁

一年看九九，十日見炎涼。菊有霜前操，人無節後香。
就令無宿酒，也不似重陽。一夜寒英老，多情舊雨黃。
帽如前度落，蝶更幾時忙。我不知何夕，相收足晚芳。

〈十日菊〉　　謝翱（一二四九己酉—一二九五）

今日非昨日，尚覺秋英好。明日異今日，秋英詎云早。
所以惜芳人，采擷常貴少。而彼千載士，憐爾獨皎皎。
晞霜斁朝榮，零露抱夕槁。千載且復然，一夕寧恨老。

〈十日菊寄所思〉

籬菊是秋鄰，青粃幾日新。忽逢初過節，相憶早衰人。
囊枕離湘濕，分杯度嶺貧。想應無事業，遙念更沾巾。

宋朝以後的詩人，就很少用「十日菊」為題了，而詩篇中大多也只見「明日黃花」，所以東坡的

「明日黃花」，就成了典範。眼看「十日」就快過了，也用東坡的〈南鄉子〉調，戲成小詞一闋，以證東坡之「愁」，〈南鄉子　九月十日夜和東坡韻〉：

寒露已高秋，黃花搖搖送舊愁。
但使傲霜枝幹在，悠悠。白髮原知早滿頭。
好夢卻難收。無奈從來酌滿甌。
人世有誰都自在。幽幽。夜晚無端更倚樓！

「且看黃花晚節香」——晚菊傲霜，老而彌堅

比「明日黃花」更晚開的菊花，該怎麼稱呼呢？就是「晚菊」，偶有用「重九後菊」，由唐至清僅兩見。晚菊一詞，最早見於庾信的「圓珠墜晚菊」，但一直到中唐韓愈才有〈晚菊〉詩：

少年飲酒時，踊躍見菊花，今來不復飲，每見恒咨嗟，
佇立摘滿手，行行把歸家。此時無與語，棄置奈悲何。

此詩很受後人注意，有特意追和者。而後，詩僧齊已有〈庭際晚菊上主人〉：

九月將欲盡，幽叢始綻芳。都緣含正氣，不是背重陽。
採去蜂聲遠，尋來蝶路長。王孫歸未晚，猶得泛金觴。

首句就說明「晚」的時間點是「九月將欲盡」時。然而，有些還可能會過了秋又入冬。唐朝只此兩家，宋朝有十二家，然後元、明、清三代九家，各申所感，很有可觀，就一起來歌詠晚菊吧！

〈和張少監晚菊〉 徐鉉

憶共庭蘭倚砌栽，柔條輕吹獨依隈。自知佳節終堪賞，為惜流光未忍開。
采擷也須盈掌握，馨香還解滿罇罍。今朝旬假猶無事，更好登臨汎一杯。

〈玩晚菊〉 宋祁

佳節雖云晚，繁英尚獨開。新醪相伴熟，寒蝶不空來。
細折愁香破，長吟恐暝催。自嫌霜白鬢，將插重徘徊。

〈和晚菊〉 王安石

不得黃花九日吹，空看野葉翠葳蕤。淵明酩酊知何處，子美蕭條向此時。
委翳似甘終草莽，栽培空欲傍藩籬。千花萬卉凋零盡，始見閒人把一枝。

〈晚菊〉 范純仁

幽叢有佳色，不必趁時開。冷豔霜仍借，清香蝶自來。
晚芳情愈重，醉賞目先回。且伴芝蘭秀，休嗟暮景頹。

〈和重己晚菊三首〉 呂陶

眾菊爭開此獨遲，已過重九見新枝。自甘化力均先後，不與春芳較盛衰。
秀蕊漸繁微雨夜，清香終在早霜時。詩人未便移青眼，會有金樽是己知。
花開雖晚莫嗟遲，落盡千葩發幾枝。清露有恩殊未報，寒風無賴不能衰。
幽芳自占三秋景，真賞堪同九日時。蝶少蜂愁人事別，餐英獨有屈平知。

仙翁培種一何遲，點綴黃金更滿枝。秋色已高方秀茂，物華皆老未凋衰。
幾多俗客慵留意，無限妖花笑後時。獨向風霜對松竹，潔清標格自相知。

〈次韻因上人晚菊四首〉　王之道

不學桃與李，芬芳競春時。天公豈多情，清露為君遲。
榮悴休問命，冷暖當自知。青熒夜窗燈，相對哦新詩。
離索自可笑，衰遲誰見憐。亭亭搖落中，一枝小窗前。
正色有家法，細看清且妍。浮觴未云晚，松醪吾所便。
道人如青松，孤高不成叢。愛此黃金花，蕭然有淳風。
新詩皎秋月，警我野性慵。佳意不在酒，此身今醉翁。
黃花如故人，別久喜復面。澆泥一杯酒，安用較深淺。
清霜開浮雲，黃落信風捲。巖巖幽素姿，秋來不多見。

〈次韻德孺晚菊〉　李處權

屈原作離騷，採菊飧其英。淵明賦歸來，徑荒菊猶榮。
此物有至性，名因君子成。豈知時節過，不顧霜露凝。
歲華易晼晚，芳物隨凋零。豔色始獨秀，馨香自孤清。
花似時美女，俗惡空娉婷。由來品次定，橫議那得爭。
公如醉翁賢，雅好違世情。三嗅復三遶，莫逆如友生。

泛之黃金杯，願言制頹齡。更呼門下士，哦詩同倒傾。

〈重九後菊〉　葉顒（一一〇七丁亥—一一九五）

癡蝶狂蜂未用疑，從來根性懶趨時。情知不少爭先輩，故遣遲開殿後枝。

斜日園林方冷淡，西風天地特清奇，芳苞小蘂秋香老，不是淵明斷不知。

〈和韓退之晚菊贈喻叔奇〉　王十朋

嘉菊何太晚，十月才黃花。既晚好何益，三嗅良可嗟。

開日乃佳節，芳樽對年家。今夕苟不飲，如此黃花何。

〈次王狀元*晚菊二絕〉　喻良能

雖晚亦既好，花中無此香。誰能識真趣，高隱在潯陽。

併與杞同賦，舊嘗聞雪堂。先生澹無欲，亦復愛清香。

*王狀元就是王十朋，四十六歲時由宋高宗親點為狀元。

〈次韻馬駒父晚菊五絕〉

朔風吹冷破檀心，浥露勻鋪瑣碎金。喜見鮮鮮長踴躍，只應吏部獨知音。

開及梅花未發時，那愁三弄有桓伊。何時栗里東籬下，冷蕊寒英伴酒巵。

嫩黃初破未凋殘，風露相禁曉色寒。欲並墨梅兼墨竹，何人為作畫圖看。

不知香馤為誰開，衫染鵝黃巧翦裁。但得目成兼色授，何妨頃刻恥樽罍。

霧幌褰開秀色明，麴塵半臂亦多情。芳菲不擬親桃姊，蕭灑端宜齒石兄。

〈和晚菊三首〉　廖行之

羈寓窮秋幾許清，晚芳猶爾亦何榮。東籬舊豈論餘子，三徑今應愧老成。
氣味耐堪供飲與，登臨那得廁群英。節華要是丈人行，俗眼誰知省屈平。
何事秋光老更清，故應有菊占秋榮。後來漢陛知薪積，晚出商山歎翼成。
三徑惟將松比操，東籬那為酒含英。紛紛紅紫隨時好，臆對西風訴不平。
荒涼籬落露華清，菊為重陽特地榮。奔競鬥心知戒在，疏遲嬾性習閑成。
償秋為子添秋與，見晚知誰恨晚英。賴有南山陪舊望，悠然目極與雲平。

〈重九後菊〉

寂寞東籬幾夕霜，不堪憔悴逐炎涼。誰知璞玉渾金態，盡作紅塵紫陌妝。
流液尚能甘水味，返魂應付與梅香。來年莫落秋深後，好趁登高入酒觴。

〈晚菊〉　周文璞（一二一六年前後在世）

亭亭砌下黃金花，霜後顏色如矜誇。玄英摧挫百卉盡，獨自照耀山人家。
湘纍晨餐不論數，千歲高丘恐無汝。君不見天寶杜陵翁，晚節嘗為少年侮。

〈晚菊〉　王惲

竹瘦松枯怨歲寒，為誰含露發幽妍。早花儘秀開何益，晚節能昌固自賢。

〈晚菊〉　龔詡

採擷落英悲楚客，破除秋色靜斜川。不辭潦倒東籬下，桃李成蹊世舉然。

寧憂失所困風霜，自信生平晚節香。一任寂寥無客賞，看花原不為重陽。

陳獻章〈龍江鄧翹送晚菊〉

氤氳何處送花舟，歲晚相看碧玉秋。笑把一杯花亦笑，年年公酒為花留。

賀士諮〈題晚菊〉

豈必滿頭方足樂，略教經眼便堪奇。如何不對重陽酒，寂寞經旬見此枝。

潘希曾〈晚菊〉

東籬細蘂幾黃昏，過卻重陽開漸繁。曉袂半沾和露采，吟杯初泛帶香吞。
娛情不減陶潛興，惜晚難同杜甫論。短鬢經秋還耐否，一枝簪罷手重捫。

〈晚菊四絕〉　于成龍（一六一七丁巳—一六三八）

年年九日報花開，偏爾今年懶脫腮。似怕主人添瘦骨，綻黃斂影乍徘徊。
桃李芳菲盡有期，菊花愛晚獨遲遲。西風搖落今重九，尚爾韜英更待誰。
籬邊把酒問青天，何苦繁霜帶醉煙。縱使向榮嗟已暮，更遲疏影益人憐。
一般培植百花臺，眾卉爭妍不肯開。趁取清標須速發，莫虛涼序問將來。

詩人都有意借「晚菊」說「晚節」也是有淵源的。北宋名臣韓琦有一首重陽詩〈九日水閣〉：

池館隳摧古榭荒，此延嘉客會重陽。雖慚老圃秋容淡，且看寒花晚節香。

酒味已醇新過熱，蟹黃先實不須霜。年來飲興衰難強，漫有高吟力尚狂。

第三、四兩句，就是在寫黃菊的「晚節」。乾隆有一首〈花窖早梅恰與盆中晚菊並榮漫與寫生兼題以句〉詩，同時寫到了欣賞「晚菊」和「早梅」，很有意思，就用來作結吧：

早梅晚菊彙芳聯，貞曜高風契自然。栗里孤山縮大地，淵明和靖友忘年。
盆中對立格堪敵，燈下相窺影互憐。生面別開緣古調，寧同花鳥詡黃筌*。

* 黃筌（九〇三癸亥—九六五），是五代時的大畫家，擅長花、竹、翎毛、佛道、人物和山水。

不免也湊四句自怡，〈重陽後菊〉：

年年九月祝重陽，日日菊花看金黃。誰道秋容終黯淡，天姿自啟滿園芳。

現代花卉培養有道，花圃花店，隨時隨處可見菊黃，不須更待重陽了！

霜降

更冷了，水氣遇到冷空氣會結成白色的霜

「霜降」顧名思義，就是開始降霜了。前一個節氣是寒露，露更受寒，就變為霜，霜白滿目，正是霜降了。從霜降日開始，會更有「已涼天氣未寒時」的感受。晚唐詩人韓偓〈已涼〉詩：

碧欄干外繡簾垂，猩色屏風畫柘枝，八尺龍鬚方錦褥：已涼天氣未寒時！

北宋後期詩人李之儀，用詞調〈浣溪沙〉，把這首詩改寫成詞：

昨日霜風入絳帷。曲房深院繡簾垂。屏間幾曲畫生枝。

酒韻漸濃歡漸密，羅衣初試漏初遲：已涼天氣未寒時！

或許，原詩還是較有「欲說還休」的韻味。接著看霜降三候，請「十全老人」乾隆皇帝來解釋。

三候　豺乃祭獸．草木黃落，蟄蟲咸俯

初五日：豺乃祭獸。這一候最難解，但也難不倒乾隆：

豺貌如狼心獨善，彼惟殘賊實頑冥。逢人弗害堪稱惠，遇虎則威別有靈。
鷹鳥獺魚向已辨，圍陳若祭例堪型。先王候以為田獵，此語由來甚不經。

乾隆對前四句加了解釋，大意是說，豺雖似狼但不害人，連老虎都怕牠。豺小便過的地方，老虎踩不都不敢踩。所以獵者不射豺，認為牠是「仁獸」呢。再解釋後四句說，《埤雅》云：「季秋，豺取獸四面陳之，以祀其先世，謂之豺祭獸。」其說與「鷹祭鳥」（八月「處暑」）、「獺祭魚」（正月「雨水」）相類，前已較正之。又《方言》云：「豺取獸四面方布而陳，祭故先王候之以田，《禮記》所謂豺祭獸，然後田獵是也。」《記》所言蓋以豺取獸為田獵之候。豈豺果知布獸陳祭乎？

次五日：草木黃落。

季秋深矣露為霜，草木侵尋青變黃。已看洞庭遇風下，空傳石谷待時長。
陌頭淡淡殊常況，林際蕭蕭有底忙。莫怨眼前饒寂寞，明年依舊繪春芳。

後五日：蟄蟲咸俯。

壞戶由來又幾旬，順時俯首養元真。行藏任運本無事，動靜隨宜自有倫。

伏氣可辭飲與食，存身將以屈為伸。秋官穴氏稱攻火，意謂失之類不仁。

十全老人還大大地教訓了「古人」一番。《周禮．秋官．穴氏》：「掌攻蟄獸。各以其物火之。」注曰：「將攻之，必先燒其所食之物於穴外以誘出，乃可得之」云云。余以為獸順時入蟄，燒其食以誘殺之，是乘殆不仁，與王政相戾；且蟄獸所聚食物，皆藏於穴中，從無積於穴外者。按《國語》謂：「野鼠藏食穴。」今口外山野多地鼠藏食之穴，信而可據。又按《漢書．蘇武傳》：「武既至海上，掘鼠，去草實而食之。」顏師古注云：「去謂藏也。」考證字書，去與弆通。足為藏食穴中之證。乃注《周禮》者謂「燒其所食之物於穴外，以誘出而得之。」其舛甚矣！蓋由未悉北方物土，妄以己意強釋經文，向亦無辨訂之者故，不免沿訛至今耳。

看來乾隆不只武功十全，詩作四萬餘首，還滿勤於考辨經史，糾正舊說。

霜降也如寒露，既是節氣名，又是自然現象，古人用霜降為題的作品，最早的是唐朝崔損（？—八〇三）的〈霜降賦〉，他還以「霜降之日豺乃祭獸」八個字分段協韻，那是唐朝開始科舉考試中「律賦」的做法，難度相當高。再來就是明朝何景明的〈迎霜降〉五律一首：

烈風揚雲旗，鼓角悲廣路。庭前玉樹枝，昨夜微霜度。

幽人躡葛屨，出戶履寒素。胡當戒堅冰，及此歲將暮。

按《周易・坤卦》第一爻的爻辭就是「履霜堅冰至」，寒氣開始使露水凝結為霜，已經預告了薄霜很快就會成為堅冰。就如「一葉落而知天下秋」一樣，成為文人最愛用的典故。文人們在詩文中大量描述霜降的自然現象，並引申到人事上。試看：

白居易：「九月霜降後，水涸為平地。」、「霜降水返壑，風落木歸山。冉冉歲將晏，物皆復本源。」

歐陽修：「霜降百工休，居者皆入室。墐戶畏初寒，開爐代溫律。」

蘇軾：「霜降紅梨熟，柔柯已不勝。未嘗蠲夏渴，長見助冬冰。」、「霜降水初冷」、「霜降鱸魚美」。

黃庭堅則把白居易很長的一首〈歲晚〉五古，節取前引四句，又稍作變化，而成為：「霜降水反壑，風落木歸山。冉冉歲華晚，昆蟲皆閉關。」

李綱：「古后有明訓，霜降休百工。草木日搖落，蟋蟀鳴堂中。豈不感時節，念此歲復窮。勞生真一夢，飄泊隨西東。」

姜特立：「霜降水自落，春濃花欲迷。道心因老進，狂態逐時低。」

楊萬里：「寸心霜降而水落，萬事雲凝而風休。」

樓鑰：「如霜降水落，掃盡翰墨餘習，非飽諳世故、晚歲見道，不及此。」、「山色秋分後，月華霜降前。」另外還有「霜降蟹膏肥」、「霜降水落而觀物情」、「霜降水落，自見涯涘！」、「霜降水涸，若刊落浮夸而歸於典要矣」等等，不勝例舉！

在古代，霜降起，不僅所有動物都開始藏匿（「蟄蟲咸俯」），人們也不再辛勞而休養生息（百工休）。又霜降則水漸乾涸，水落而亂石紛陳，真相大白。一個節氣，還可以印證「飽諳世故、晚歲見道」和「刊落浮誇、歸於典要」的境界，古人豈欺我哉！

「蒹葭蒼蒼」——追思才情高妙的年輕詩人邢居實

已經是霜降了，「晚秋雨綿綿，昏曉雲霧連！」由白露而秋分，再經寒露到霜降，不就是「白露為霜」嗎？讓人想起「蒹葭」詩，《詩經．秦風．蒹葭》：

蒹葭蒼蒼，白露為霜。所謂伊人，在水一方。
遡迴從之，道阻且長。遡游從之，宛在水中央。

情景交融，沁人心神。北宋詩人邢居實（一〇六八戊申—一〇八七）有楚辭體〈秋風三疊　寄秦少游〉詩，第一疊就是「擴寫」〈蒹葭〉第一章而成：

秋風夕起兮白露為霜。草木憔悴兮竊獨悲此眾芳。
明月皎皎兮照空房。晝日苦短兮夜未央。
有美一人兮天一方。欲往從之兮路渺茫。
登山無車兮涉水無航，願言思子兮使我心傷！

多才又多情的年輕詩人，八歲就作了一首〈明妃引〉，最後兩句是「安得壯士霍嫖姚，縛取呼韓作編戶！」傳誦一時，十六、七歲已經以文章馳名，前輩大家蘇軾、黃庭堅等人都對他青眼有加，成了忘年交，卻二十歲就死了，黃庭堅又感嘆又不捨地說：「才性高妙，超出後生千百輩。然好大略小，初日便為塗遠之計，則似可恨。後生可畏，當欣慕其才而鑒其失也。」又哀悼說：「詩到年來更老成，江山為助筆縱橫。眼看白璧埋黃壤，何況人間父子情！」

邢居實有一首〈秋晚〉詩，可以和〈秋風〉並讀：

目送閒雲盡日愁，寒來著破舊貂裘。憑誰說與西風道，留取黃花點綴秋。

此詩正是他「高歌感人心，心悲將奈何」、憔悴感慨性情的表露。就勉成一首追和，〈次邢敦夫秋晚韻〉：

誰記青春多少愁，已涼天氣漫披裘。懸知不日飛霜降，老去還歌幾度秋！

立冬

冬天的開始，作物收成了

「立冬」怎麼解？不就是「冬季開始了」嗎？古人用「終成」解釋冬字，意思是，所有農作物都收成了。因為「終成」，而天氣會越來越寒冷，一年的辛勞總該休息了，還必須增進體能對抗寒冷，所以就有補冬的習俗。立冬三候的自然現象，看乾隆皇帝怎麼說。

三候

一水始冰．地始凍．雉入大水為蜃一

初五日：水始冰。水開始凝結成冰，但還沒堅硬。

元冥司令氣初凝，應候因之水始冰。纔見流澌輕泛沼，旋看浮片已成凌。

魚遊嫌此礙何至。狐聽增他疑不勝。掬取最宜玉壺置，龍標佳句亦堪稱。

次五日：地始凍。土地受寒凍，但還不致皸裂。

水寒土暖有前聞，其凍亦因先後分。陽氣微輸陰氣盛，冬風烈異夏風薰。
閉藏權止發生物，堅結都欣重載羣。著得坤為地初六，厥機早示履霜文。

後五日：雉入大水為蜃。很有意思的說法，怎麼解釋呢？乾隆有詩說：

雉之類本自多名，為唇由來屬化生。究亦何人得親見，無過食耳浪傳聲。
周書明註立冬節，梵典早聞乾闥城。幻固因真真亦幻，底從月令考閒評。

第一句，乾隆就有很詳細地注釋。意思是說，稱為「雉」的禽類很多，各有不同的名字，究竟是哪種「雉」會化生呢？而後都在質疑「雉」在立冬入水化成「蜃」是沒有根據的，只是口耳相傳的事，自己也姑且說說。乾隆是用過功的。

根據《農書》記載，立冬當天如果是晴天，那麼整個冬季的晴天會比較多；如果是雨天，就會是多雨而陰寒的冬季。可以驗證看看。以立冬為題的詩，歷朝篇數不多，大概就是以下這些：

〈立冬日〉　張商英

己亥殘秋報立冬，新新舊舊迭相逢。定知天上漫漫雪，又下人間疊疊峰。
無意自然成造化，有形爭得出陶鎔。夜來西北風聲惡，拗折亭前一樹松。

〈十月十四日立冬菊花方盛〉 朱翌（一〇九七丁丑—一一六七）

黃菊一何好，持觴惟爾從。名應稱晚秀，色豈為人容。
正似花重九，休論月孟冬。霜威占清曉，直欲犯其鋒。

〈立冬日作*〉 陸游

室小才容膝，牆低僅及肩。方過授衣月，又遇始裘天。
寸積篝爐炭，銖稱布被綿。平生師陋巷，隨處一欣然。

*陸游寫這首詩時，正值「己未」年的立冬，當時放翁已七十五歲。

〈立冬夜舟中作〉 范成大

人逐年華老，寒隨雨意增。山頭望樵火，水底見漁燈。
浪影生千疊，沙痕沒幾稜。峨眉欲還觀，須待到晨興，

〈十月十日立冬〉 周南（一一五九己卯—一二一三）

立冬前一夕，刮地起寒風。律呂看交會，衣裳出褚中。
骭瘍時作尰，懷抱歲將終。汗手汙牙筆*，晴簷共禿翁。

*余有牙筆，點朱二十年矣！

〈九月十八日立冬是夜大雷電繼以風雨〉 陳櫟

今日玄冥行令新，轟雷掣電駭人心。天公想做開爐節，電是火光雷鼓音。

〈立冬日作〉 劉基

忽見桃花出小紅，因驚十月起溫風。歲功不得歸顓頊，冬令何堪付祝融。
未有星辰能好雨，轉添雲氣漫成虹。蝦蟆蛺蝶偏如意，旦夕蜚鳴白露叢。

〈立冬〉　　陶安

乍寒冬氣應，此日電雷收。風力生東北，天兵泝上流。
憶君親沐雨，愧我已重裘。只待青天霽，聊寬下土憂。

〈立冬〉　　王穉登（一五三五乙未──一六一二）

秋風吹盡舊庭柯，黃葉丹楓客裡過。一點禪燈半輪月，今宵寒較昨宵多。

以上詩作都各寫心境，或也有言外之意。而黃淮還有〈朝天曲　立冬〉散曲：

曉風嘯空，報道冬初動。蕭蕭敗葉響寒叢。鴛瓦霜華凍。
獸炭爐圍羊羔酒，共醉笙歌錦帳中。病翁固窮，冷落了梅花夢！

寫景寫情寫心事，不失散曲韻致。有詩有曲而無詞，奈何？戲以〈鷓鴣天〉調成一小闋〈鷓鴣天　立冬〉：

霜降誰知天未涼，時時雲際見驕陽。偶然夢醒驚寒意，忽覺細雨濕流光。
玄月老，終成望；人間晚節菊花香。也應再誦秋聲賦，還與醉翁同舉觴。

十月小陽春

「小陽春」，怎麼回事呀？「陽春」本來指春季的三個月，十月已經是孟冬，而立冬也已過，就要到小雪了，怎麼還說是「小陽春」呢？《詩經．采薇》第二章詩：「采薇采薇，薇亦剛止。曰歸曰歸，歲亦陽止。」漢朝鄭玄解釋陽字說：「十月為陽。」而《爾雅．釋天．月陽》也如此說。宋初邢昺（九三二壬辰－一〇一〇）更加了「俗稱小陽春」一句，而這個俗稱，雖不知是從何時開始的，但十月因此而稱為「陽月」。最晚在初唐陳子昂的贈序文中已經有了「南國橘柚，陽月初榮」的話了。

鄭玄一句「十月為陽」，引起後世經學家熱烈的討論，又都和《周易》的六十四卦相關。北宋程頤在《伊川易傳》（一〇三三癸酉－一一〇七）就說：

以卦配月，則坤當十月。以氣消息（消失、生成之意）言，則陽「剝」為坤，陽來為「復」（剝復皆是卦名），陽未嘗盡也。「剝」盡於上，則「復」生於下矣。故十月謂之陽月，恐疑其無陽也。

大意是說，和十月相配的「坤卦」，六爻都是陰爻，則表示陽氣已經剝落殆盡。但陰氣雖極盛而陽並未完全消失，反而開始重新積累，逐漸生成恢復。所以說「十月為陽」，也就稱為「陽月」。

後來朱熹就接受了程頤的說法，更加補充：「（陽氣）從小雪後便一日生一分，上面趲得一分，下面便生一分。到十一月半，一陽始成也。以此便見得天地無休息處。」「上面」、「下面」是指六爻所在的位置。陰氣由盛而弱，陽氣則自弱而漸生。十月正當新陽胎萌之時，所以就稱為「陽月」。

自從邢昺說十月「俗稱小陽春」後，到宋朝，文人開始用在詩詞中了。

〈寄板橋下進之主簿〉 郭祥正

以才牽挽自由身，歲暮無家寄海濱。擾擾滿前人一把，紛紛趨事抱千鈞。
風掀鼍島波聲壯，雲倚蓬山雪意新。回首高城已搖落，菊花羞逼小陽春。

〈生查子 盤洲曲〉 洪适

十月到盤洲，小小陽春節。晚菊自爭妍，誰管人心跡。

〈小雪〉 吳泳（一一八〇庚子—一二二四）

臥病連三月，起來幾半人。腕柔妨草聖，目眩隔花神。
頹魄豈常望，殘芳不再晨。徘徊盼庭樹，猶喜小陽春。

十月既是「小陽春」，經常就有可人的「冬日之日」，陽光煥發，讓人心曠神怡。如此氣象，能不讚嘆再三，大自然確實真淳可愛呀！漫成四句記之，〈孟冬小陽春〉：

孟冬十月小陽春，天朗氣清漫銷魂。晨夕煙雲都似幻，山青水綠哪由人！

小雪

天氣寒冷，初雪的時節

「小雪」就是「氣寒而將雪矣」，只是「未甚寒而雪未大也」，其實在中原早已是雪花紛飛了。立冬以後，雖然已進入「冬月」(十月)了，而且還會有「小陽春」的燦爛時光出現，哪會想到雪！關於小雪三候，有哪些自然現象呢？

三候

虹藏不見・天氣上升，地氣下降・閉塞而成冬

初五日：虹藏不見。「虹」隱藏而暫時不再出現了。乾隆就質疑說：

雨過天晴餘水氣，日光相射彩虹披。每於夏出原為慣，謂曰冬藏頗覺遲。

何處應真成道去，更傳仙侶設橋移。霽霄舉目都無見，盡洗煩言卻合宜。

乾隆自注前四句說：「虹每因雨霽夕陽照映而成，夏日恒見，至秋已弗恒見，謂應小雪後，似遲。」對第五句則交代說：「梵僧有成道者，其化身或乘虹橋而去。見梵典。」是哪一位高僧？有請高明開示！

次五日：天氣上升，地氣下降。乾隆解釋說：

天地不交七月否，然其間尚有三陽，孟冬坤卦陰之極，下降上升時則當。奇以輕清靜為斂，偶惟重濁動還藏。弗恒闢亦豈恒闔，來復非遲七日將。

「天地」、「陰陽」、「奇偶」、「輕重」、「開闔」等概念，既相反又相成，自然的微妙就是如此，人事呢？誰能永遠得意？

後五日：閉塞而成冬。乾隆說：

上升下降弗相應，閉塞其間若弗通。息以為消消以息，終由於始始由終。生機默運誰能識，造物鴻功自不窮。王者奉天無二道，一心祗在體元中。

「上升」、「下降」，「閉」或「塞」，「消失」或「生息」（息就是「生成」），「始」和「終」，也都是自然運轉的規律；順自然而行，自無災殃。

小雪是節氣名，也可以是正在下小雪的實景。寫節氣小雪的文章，唐朝有「定韻律賦」兩篇，就各舉其第一韻，可以看出當時文士之才思：

林滋〈小雪賦〉：「偉茲雪之霏霏，應玄冥而不失其期。賦象於虹藏之日，成形於冰凍之時。委地則微，庶表三冬之候；翻空雖小，那無六出之姿。」

李處仁〈虹藏不見賦〉：「虹在東方，小雪而藏。貫日之形莫睹，彌天之象難詳。居曖昧之中，光而不耀；入混茫之裡，闇然而彰。表天時而無失其候，順寒暑而不爽於陽。」

再舉歷代詩作，以見小雪節氣給人的感受：

〈虹藏不見〉　徐敞

迎冬小雪至，應節晚虹藏。玉氣徒成象，星精不散光。
美人初比色，飛鳥罷呈祥。石潤收晴影，天津失彩梁。
霏霏空暮雨，杳杳映殘陽。舒卷應時令，因知聖曆長。

〈小雪〉　清江（大曆、貞元間名僧）

落雪臨風不厭看，更多還恐蔽林巒。愁人正在書窗下，一片飛來一片寒。

〈小雪〉　宋祁

低雲淡河界，零霰集天涯。樹亂三眠絮，叢迷五出花。
舞風都擬重，入隙故成斜。密瓦平將半，前山暝欲遮。
漸堪迷淨練，併欲誤疏麻。粉出房陵水，鹽飛海岸沙。
舟來戴逵宅，客過李王家。此日長安酒，旗高未易賒。

〈小雪〉 蘇轍

小雪僅能消膈熱，苦寒偏解惱衰翁。年豐誰使百物貴，心淨要令萬事空。
老去禪功深自覺，生來滯運與人同。閑中未斷生靈念，清夜焚香處處通。

〈小雪作〉 張嵲

霜風一夜落寒林，莽蒼雲煙結歲陰。把鏡漸無勳業念，愛山唯駐隱淪心。
冰花散落衡門靜，黃葉飄零一逕深。世亂身窮無可奈，強將悲慨事微吟。

〈初寒〉 陸游

久雨重陽後，清寒小雪前。拾薪椎髻僕，賣菜掘頭船。
薄米全家粥，空床故物氈。身猶付一歃，名字更須傳。

〈小雪日觀殘菊有感〉 方回

欲雪尋梅樹，餘霜殢菊枝。每嫌開較晚，不道謝還遲。
早慣饑寒困，頻禁盜賊危。少陵情味在，時諷浣花詩。

〈小雪夜〉 陳廷敬

孟冬風景正淒淒，斷卉飛蓬霜滿畦。短日作寒逢小雪，流年催曉報黃雞。
珥貂碧落癡如夢，縱酒清時醉似泥。鐙火客窗過夜半，家山好在月輪西。

〈小雪日偶成〉 厲鶚

苒苒流年小雪催，翻書過日興悠哉。無兒北宇猶栽竹，有句南簷欲問梅。
捲葉風多流水斷，護霜雲薄夕陽開。病餘自喜嘗新穀，鼓腹清時又一回。

臺灣地處亞熱帶，即便再寒冷，也只有高山會下雪。一旦平地飄雪，可就是大事。就用〈鷓鴣天〉調，戲成一闋作結吧。〈鷓鴣天　小雪〉：

霜降立冬猶豔陽，忽云小雪虹收藏。霏霏飄舞渾不見，出出花開嘆渺茫。

陰陽變，天地常。橙黃橘綠滿園芳。紅顏白髮且自樂，荷盡菊殘更舉觴。

「最是橙黃橘綠時」——蘇東坡與韓愈的好景各有千秋

時序已進入小雪節氣了，歲月匆匆，就更讓人與杜甫「乾坤萬里眼，時序百年心」的襟懷相感通。從立冬以來的天氣，正似晚唐詩人韓偓所說的「已涼天氣未寒時」；進入冬季後，還有風日晴和的「小陽春」。這一段時間，應時上市的水果是金黃色的橙子和淺綠深綠的柑橘，使人賞心悅目。這就是自然，就是孔子所說「天何言哉？四時行焉，百物生焉；天何言哉」的自然。

戰國時代的大詩人屈原，有〈橘頌〉一文，稱讚橘具有「受命不遷」、「深固難徙」的堅貞志節。古人說「江南種橘，江北為枳」，因此「橘踰淮」就成了「枳」了，又有「在南稱柑，渡北則橙」的說法（見《淮南子》）。這當然與氣候、土壤都有關係，但也顯示了橘的特性，猶如人們「安土重遷」的執著。橘子花白葉綠，皮既馨香，果更味美，是非常優質的經濟作物，所以司馬遷早就曾說：「蜀漢江陵千樹橘，此其人皆與千戶侯等。」

五代後蜀的畫家黃筌，擅長畫花竹、翎毛、山水，都能曲盡其妙，有名於世。他的〈橙黃橘綠圖〉畫的是「澗石間橙、橘二樹，鳴鳥棲枝，枯荷折水」，極負盛名。而一百年後，蘇軾在一首詩中，用「橙黃橘綠」來形容美好的冬日景光，也成了古今絕唱，〈贈劉景文〉：

荷盡已無擎雨蓋，菊殘猶有傲霜枝。一年好景君須記：最是橙黃橘綠時。

一幅畫、一首詩，已足以讓橙、橘佔盡風情了，荷當炎夏，菊屬高秋，橙橘則冬末，正是東坡誕生之時，所以「最是好景」，坡翁果當自得。眼前正是一年中「橙黃橘綠」、最美好的時光，能不好好珍惜乎！東坡「一年好景君須記，最是橙黃橘綠時」的詩語，不免先引起了漣漪，而後就成了詩人非常喜歡引用的對句了。南宋胡仔最先提出了韓愈的〈早春〉詩作對比，昌黎〈早春〉云：

天街小雨潤如酥，草色遙看近卻無。最是一年春好處，絕勝烟柳滿皇都。

「好處」二字，難專以歸橙橘也。他認為東坡把一年中的好景，用「最是」兩字，就全給了橙橘，似乎太過；因為韓愈已吏先在「早春呈張籍」詩中，就有不一樣的「最是」。昌黎寫春景，東坡寫冬景，感受原就不同，誰都可用「最是」強調自己的直覺，何況東坡一向有意無意要和昌黎「較勁」，很可能就因為「春景」已被昌黎寫了，所以就用快筆，跳過「夏荷」、「秋菊」，用眼前冬日賞心悅目的色彩，再提出一個「最是」來與韓愈爭鋒。再者，東坡就誕生在季冬，當然就應「最是」呀！

南北宋間的名人葉夢得，一定很喜歡東坡這首詩，所以填了一闋〈鷓鴣天〉詞：

一曲青山映小池，綠荷陰盡雨離披。何人解識秋堪美，莫為悲秋浪賦詩。

攜濁酒，遶東籬。菊殘猶有傲霜枝。一年好景君須記，正是橙黃橘綠時。

葉夢得自己說，前段三、四兩句是用晉代范堅所說：「欣成惜敗者，物之情。秋為萬物成功之時，宋玉作〈悲秋〉，非是；乃作〈美秋賦〉。」可惜現在已看不到范堅的〈美秋賦〉了。葉夢得整闋詞都融鑄東坡詩意，而後段結尾三句，就全用東坡的詩語了。稍晚的狀元詩人王十朋更說：「橙黃橘綠最宜詩。」

韓文公〈早春〉詩，先在第三句用「最是」來強調前兩句所描繪的春景最美；第四句再用「絕勝」補強「最是」，以淡化原先被認為是最美的春景，「煙柳滿皇都」，連用「最是」、「絕勝」兩個斬絕的詞語，雙重肯定所看到的春景之美。一首七言絕句，有這麼強的張力，真是後無來者，連東坡都只能用了「最是」，而不能更用「絕勝」呢！

其實，韓文公用「最是」，也是有所承的；在他之前，南朝梁代何遜的〈詠早梅〉詩，就已說「兔園標物序，驚時最是梅」了；杜甫〈詠懷古跡．宋玉〉雖也說「最是楚宮俱泯滅，舟人指點到今疑。」卻不是說風物景觀。而韓文公靈敏有心，一眼看上，又再創一個「絕勝」來搭配，就成了「絕唱」。

後來用「最是」入詩的不少，試舉四詩一詞為例，首先是比韓愈稍晚的元稹〈早春尋李校書〉，前六句極力描寫春景春情，結局卻十分出人意表：

款款春風澹澹雲，柳枝低作翠櫳裙。梅含雞舌兼紅氣，江弄瓊花散綠紋。

帶霧山鶯啼尚小，穿沙蘆筍葉才分。今朝何事偏相覓？撩亂芳情最是君。　韋莊

〈臺城〉

江雨霏霏江草齊，六朝如夢鳥空啼。無情最是臺城柳，依舊烟籠十里堤。　韓琦

〈夜合〉

合婚枝老拂簷牙，紅白開成蘸暈花。最是清香合蠲忿，累旬風送入䆫紗。　王安石

〈招葉致遠〉

山桃野杏兩三栽，嫩葉商量細細開。最是一年春好處，明朝有意抱琴來。　李之儀

〈踏莎行〉

紫燕銜泥，黃鶯喚友。可人春色暄晴晝。王孫一去杳無音，斷腸最是黃昏後。

寶髻懶梳，玉釵斜溜。憑欄目斷空回首。薄情何事不歸來，漫教折盡庭前柳。

至於和韓愈「絕勝」的用法相同的詩作，唐朝竟後繼無人，宋以後則幾乎成為風尚。今只舉七絕詠花木禽蟲者為例：

〈北陂杏花〉

一陂春水繞花身，花影妖饒各占春。縱被春風吹作雪，絕勝南陌碾成塵。　王安石

〈梅花〉　李之儀

嶺上才分一寸光，群花次第促來妝。絕勝群玉山頭見，須信昭儀體自香。

〈送茶〉　毛滂

玉兔甌中霜月色，照公問路廣寒宮。絕勝自酌寒窗下，睡減悲添愁事叢。

〈送梅花〉　葛勝仲（一〇七二壬子—一一四四）

數枝幽豔逼人清，望臘先馳淡日程。往近樞光增嫵媚，絕勝寒影照溪明。

〈謝送蠟梅〉　曾幾

化工團蠟作寒梅，絕勝牛酥點滴開。不是前村深雪裡，蜜蜂應認暗香來。

〈聞鶯〉

春曉園禽百族鳴，未知黃鳥可人心。閒中靜聽緜蠻語，絕勝歌喉要眇音。

〈紅梅〉　僧惟訥（一一〇三癸未—一一七三）

一種梅生禪老家，屋簷古榦恣攲斜。從教盡作深紅色，絕勝尋常桃杏花。

〈觀梅〉　王之道

斷橋踈竹帶山幽，裝點詩人覓句愁。多謝雙魚傳尺素，絕勝斗酒得涼州。

〈墨竹〉　陳造（一一三三癸丑—一二〇三）

耐暑支離倚瘦筇，百金未博一襟風。了知詩有蠲痾力，絕勝江濤捲碧空。

〈偕客賞木犀〉

朋來濟濟盡嘉賓，飲與翩翩笑語真。絕勝謫仙邀月醉，當時和影秖三人。

吳鎮（一二八〇庚辰—一三五四）

〈古藤〉

古藤陰陰抱寒玉，時向晴窗伴我獨。青青不改四時容，絕勝凌霄倚凡木。

〈題墨梅〉　劉嵩

一剪春風映路斜，石橋流水淨無沙。愁來圖畫驚相見，絕勝西湖處士家。

〈寫竹〉　王紱

宜風宜雨又宜烟，一度相看一灑然。有此信知人不俗，絕勝栽柳向門前。

〈酬陳廣文送萊〉　薛瑄

秋圃應知雨露多，嘉蔬分送奈情何。書生咬得其根味，絕勝金盤薦紫駝。

摘送園蔬露未乾，虀成新味帶鹹酸。幾回放箸詩腸飽，絕勝先生苜蓿盤。

〈紫薇花為風雨所傷〉　郭諫臣

庭花爛熳十旬紅，絕勝春英二月中。底事夜來風雨惡，胭脂零落粉牆東。

而韓文公一詩中既「最是」又「絕勝」的手筆，竟成絕響，不免可嘆。試勉力續貂次韓公韻一絕以湊趣，〈次韓文公韻〉：

年光燦爛似如酥，月夕花朝有若無。最是老來少年興，絕勝春風得意都*。

*「都」有「美」的意思。

大雪

降雪範圍擴大

「大雪」跟著小雪而來，雪意和雪勢由小而大，也是很自然的。大雪三候，乾隆怎麼說呢？

三候

鶡鴠不鳴・虎始交・荔挺出

初五日：鶡鴠不鳴。

毅鳥夜鳴曰求旦，金禽曙唱類司晨。遇冬乃便噤其喚，報曉何當認作真。
贊郭既稱飾武士，傳袁又紀服幽人。較於反舌無聲異，寒暑其間實不倫。

乾隆自己注解：「反舌無聲，是畏暑也。鶡鴠不鳴，則畏寒也。其畏雖同，而寒暑實異云。」鶡鳴，夜鳴求旦之鳥。似雉而大，黃黑色，故其名曰鶡。又名毅鳥，以其好鬥，至死方休。因此武將都戴「鶡冠」，以喻勇猛無畏。

晉朝郭璞〈鶡贊〉說：「鶡之為鳥，同群相為。疇類被侵，雖死不避。毛飾武士，兼厲以義。」南朝宋袁淑（四〇八戊申—四五三）《真隱傳》：「鶡冠子，或曰楚人，隱居幽山，衣被屢空，以鶡為冠，莫測其名。因服成號，著書言道家，龐諼常師事之，後顯於趙。鶡冠子懼其薦已也，乃與諼絕。」雞一名「金禽」，「反舌」或說就是「百舌」、「伯勞」。

次五日：虎始交。

畏熱由來百獸情，獨惟虎更較他嬴。故其交在仲冬候，亦必胎而七月生。
已是從風著於象，要當格物致乎精。泰山原自喻為政，負子渡河語豈誠。

乾隆自注：「《後漢書．劉昆傳》載，『昆為弘農太守，仁化大行；崤嶧道向多虎，皆負子渡河』云云。夫虎猛獸也，止知藏林藪逐鹿豕以養其生；太守仁政，虎安得知之？又豈能推太守意，不傷民而去，負其子以行哉。范蔚宗紀此，第欲揚劉昆之美，而適以滋有識者之疑，實無取也。且其說或因《禮記》孔子過泰山『苛政猛於虎』之言，倣而為此；不知『苛政猛於虎』乃指物喻政，不失為正，若謂『虎知善政而相率渡河』，則事所必無。」乾隆果然不等閒，虎於大雪次五日才開始交配？就得請動物學家釋疑了。

後五日：荔挺出。

荔草原非荔枝樹，其名不一已紛焉。始生自是芸同也，挺出當知薤實然。
以論傲寒誰可並，因思得氣最為先。設云辟火徵占驗，怪力亂神聖所捐。

荔草，《說文》解釋：「似蒲而小，根可作刷。」《廣雅》則解說：「馬薤，荔也。」因可作馬刷，又稱馬帚。五、六兩句謂「荔草」於大雪時挺生，可比松柏梅之「傲寒」，且生在陰氣極盛之時，是得陽氣之先。又乾隆因《易統驗元圖》有云：「荔不出，國多火。」因有七、八兩句，宋初所編《太平御覽》錄《易統驗元圖》云：「荔挺不出，則國多火災。」果然有據。

古人寫大雪詩，大都指真正的大雪天，說節氣的很少。大雪的時間大概落在十月十六到十八之間，也可以作為判定是否節氣詩的依據，但寫節氣的多是長詩，茲錄宋朝楊億所作〈己亥年十月十七日大雪〉為例：

六出俄呈瑞，三農始告休。兔園陳旨酒，金屋御重裘。
壟麥青猶短，皋蘭紫尚稠。嚴飇一夕起，瑞霰滿空浮。
林迥瓊花吐，峰孤玉笋抽。疏鱗鏤屋瓦，淨練曳溪流。
北戶寒威盛，南方沴氣收。時和人富壽，卒歲好優游。

所說己亥年，是宋真宗咸平二年（九九九）。「六出」指雪花呈六角形；「三農」指在平地、山、澤的農事。

大雪有晚到十一月的，如陶宗儀〈十一月朔大雪節早見雪〉：

狂風昨夜吼稜稜，寒壓重衿若覆冰。節氣今朝逢大雪，清晨瓦上雪微凝。

已到大雪節氣了，會飄雪嗎？如果沒下雪，在古代就會有「祈雪」的動作了。看過雪的白嗎？聽過雪的聲音嗎？陶淵明詩說：「傾耳無希聲，在目皓已潔。」前賢讚說：「雪之輕虛、潔白，盡在是矣！」試湊七絕兩首，聊以應節，〈大雪二絕句〉：

小雪大雪依序來，愆陽瑞兆誰能猜。勤耕厚植盡本分，蓋藏功遂樂無涯。

平生不識冰雪天，偶爾遭逢樂無邊。踏雨登高尋梅處，哪知冷徹地行仙*。

*《楞嚴經．阿難》：「仙品有十（一作八），其一為地行仙。」世多借用以稱悠然閒適者。如陸游〈閒適詩〉，此詩為一二〇一年白露後作，放翁七十七歲：

陸子居山陰，杜門輒經年。有時思出遊，兩屨凌風煙。
長鑱斸靈苗，大瓢挹飛泉。眼長不及寸，能著萬里天。
不飲顏常丹，不食腹果然。金丹亦棄置，我是地行仙。

冬至

夜晚最長的一天

「冬至」和「夏至」正是對比，冬至日的意思大致可從兩個角度來說：

一、陰氣到了極至，夜晚最長，白晝最短。

冬至一向又被稱為「長至」，但南宋黃震則說：「長至者，日長之極。世俗多誤冬至為長至，不知乃短至也。」（《黃氏日抄》卷五十六）誤以冬至為長至，由來已久，如白居易〈冬至宿楊梅館〉：「十一月中長至夜，三千里外遠行人。」而古人往往習焉不察，如宋朝田錫（九四〇庚子－一〇〇四）作〈長至賦〉，開篇也說：「伊沍寒之嘉節，美長至之良辰。」積非成是，雖大家、名家在冬至日上皇帝的賀表及冬至相關詩文中，幾乎都以冬至為長至。在黃震提出糾正後，依然如故。

二、陽氣自此開始萌生，而和冬至相應的八卦是「復卦」，只有初爻是陽爻，就是「一陽」，因此冬至日又被稱為「一陽佳節」。

冬至又稱「小至」，因為「陽」為大，「陰」為小；而冬至陰極，故稱「小至」或「日南至」，意謂太陽距南極最近。夏至日後，白晝漸短，夜晚漸長，一直到冬至日才翻轉過來，夜晚最長，白晝最短。然後陰氣又日衰，陽氣再盛，也就是「陰剝陽復」。

三候

蚯蚓結・麋角解・水泉動

初五日：蚯蚓結。乾隆說：

凝冬自不凍黃泉，蚯蚓居之安則然。絕飲已同龍與蟄，伏眠何異兔為跧。
別名豈必巴人辨。充操惟應仲子堅。早是一陽生子半，即看啟戶答芳年。

乾隆自注說：「《本草》：巴人謂之朐䏰。」據《本草綱目》，蚯蚓另有十二種名稱，「朐䏰」是四川巴縣地方的方音。

次五日：麋角解。

月令曾將麈易麋，傳訛難訂始於誰。山莊夏五麋恒見，海子冬中麈考知。
設匪真經親試定，其差亦豈易為移。憬然悟復驏然笑，記載千秋率若斯。

乾隆曾特地寫了一篇〈麋角解說〉，分辨麋、鹿是在夏至解角，麈則在冬至解角，而且說：「蓋鹿之與麋，北人能辨之，而南人則弗能識；麈與麋亦然。」

後五日：水泉動。

月值復而方值坎，水泉應動更何疑。氣溫原自無凍理，候冷亦常有弱時。
律轉一陽壯於昨，趵翻幾突落為漪。鏡奩開處光明朗，詎必微風練影披。

乾隆自注第三句說：「泉得氣之溫，雖冬弗凍，流而為溪，始結冰。即井亦弗凍，過冬時微弱耳。」

古代帝王於冬至日祭天神，或許是從漢文帝十六年（前一六四）開始的。冬至日要在京都南郊的圜丘祭天，古人以為天是圓的。祭典由帝王親自齋戒主持，歷代都沿襲不變。古人以為：「陽氣起，君道長。」所以祭天大典禮成後，百官上表稱賀，帝王大赦天下，改年號，宣示一個新的紀元。冬至一直都是個重要的節日，同時也是祭掃祖墳的習俗。

〈冬至感懷〉　梅堯臣

銜泣想慈顏，感物哀不平。自古九泉死，靡隨新陽生。
稟命異草木，彼將漸勾萌。人實嗣其世，一衰復一榮。

〈冬至祀墳〉　韓琦

至日郊原擁節旄，先塋躬得奉牲醪。霜威壓野寒方重，山色凌虛氣自高。
衣錦不來夸富貴，報親惟切念劬勞。連村父老歡相迓，因勸勤耕候土膏。

一直到現代，有些地方仍然會在冬至掃墓，或者也有向祖先辭歲的用意吧！

再者，冬至日因為是「陰之極」，所以在古代是「行旅不通」、「百業歇息」的，後來逐漸成為節慶歡樂的日子。南、北宋之間的孟元老，在《東京夢華錄》（成書於南宋高宗紹興十七年）中，回憶北宋都城汴京（當時的東京開封）冬至的盛況說：

十一月「冬至」。京師最重此節，雖至貧者，一年之間積累假借，至此日，更易新衣，辦飲食，享祀先祖，官放關撲（賭擲財物），慶賀往來，一如年節。

南宋陸游的〈冬至〉詩有「家貧輕過節，身老怯增年」兩句，他自注說：「鄉俗謂：『喫盡至飯，即添一歲。』」吃了冬至餐飯，就又增加一歲了。一直到現在，還是有這種說法呢！至於冬至吃湯圓的習俗，卻史無可考，或許是地域性的特殊習俗吧！

冬至既是重大節日，除公文書外，歷代詩人吟詠極多，鮑照是最早以冬至為題的詩人：

舟還莊甚笑，水流孔急嘆。景移風度改，日至晷迴換。
眇眇負霜鶴，皎皎帶霜雁。長河結瀾玕，層冰如玉岸。
哀哀古老容，慘顏愁歲晏。催促時節過，逼迫聚離散。
美人還未央，鳴箏誰與彈。

前八句寫景，後六句抒情。自有寄託。其後詩人吟詠極多，蓋急景凋年，更令人多思多懷。而不同時代，又有不同感慨，且看：

〈小至〉　　杜甫

天時人事日相催，冬炙陽生春又來。刺繡五紋添弱線，吹葭六琯動浮灰*。
岸容待臘將舒柳，山意衝寒欲放梅★。雲物不殊鄉國異，教兒且覆掌中杯。

*三、四句是冬至常用的典故。「添線」指冬至後宮中女工刺繡需日增一線之功；「六琯」指古樂六律；「葭中白皮為莩」，以「葭莩」之灰塞樂器管中，冬至時葭灰自然浮動。
★五、六句以「岸容」、「山意」言冬至後柳絮將舒而梅蕊將放。

〈冬至夜〉　　白居易

老去襟懷常濩落，病來鬚鬢轉蒼浪。心灰不及爐中火，鬢雪多於砌下霜。
三峽南賓城最遠，一年冬至夜偏長。今宵始覺房櫳冷，坐索寒衣託孟光。

〈冬至夜作〉　　韓偓

中宵忽見動葭灰，料得南枝有早梅。四野便應枯草綠，九重先覺凍雲開。
陰冰莫向河源塞，陽氣今從地底迴。不道慘舒無定分，卻憂蚊響又成雷。

〈丙子冬至夜酒醒〉　　李覯

盡道一陽初復時，不期風雨更淒淒。凌辰出去逢人飲，沈醉歸來滿馬泥。
多恨恐成千斗氣，欲言那得上天梯*。燈青火冷睡半醒，殘葉打窗烏夜啼。

*韓愈〈月蝕詩〉有「無梯可上天」之句。

〈冬至吟二首〉*　　邵雍（一〇一一辛亥—一〇七七）

何者謂之幾，天根理極微。今年初盡處，明日未來時。
此際易得意，其間難下辭。人能知此意，何事不能知。
冬至子之半，天心無改移。一陽初起處，萬物未生時。

玄酒味方淡，太音聲正希。此言如不信，更請問庖犧。

＊此二詩有關《易》理。學者討論，連篇累牘，可參考明朝蔡清《易經蒙求》卷四上。

〈冬至〉　劉敞

寒事欲無幾，春歸方有期。嘉辰正須醉，愛日為君遲。

〈冬至偶作〉　劉攽

郡南百里即群舒，留滯頻驚歲月除。閒過著慵思運甓，老來多忘卻抄書。
水鄉鳴雁寒無數，山路幽芳冷自如。書坐偏知日南極，十分紅影在吾廬。

〈冬至〉　王安石

都城開博路，佳節一陽生。喜見兒童色，歡傳市井聲。
幽閒亦聚集，珍麗各攜擎。卻憶他年事，關商閉不行。

〈冬至日獨遊吉祥寺〉　蘇軾

井底微陽回未回，蕭蕭寒雨濕枯荄。何人更似蘇夫子，不是花時肯獨來。

〈冬至日〉　蘇轍

陰陽升降自相催，齒髮誰教老不回。猶有髻珠常照物，坐看心火冷成灰。
酥煎隴坂經年在，柑摘吴江半月來。官冷無因得官酒，老妻微笑潑新醅。

〈冬至夜飲〉　孔武仲（一〇四二壬午—一〇九七）

翠帟排銀燭，金爐飄篆香。人情感佳節，天氣踏新陽。醉怯醇醪酒，寒知碧瓦霜。明朝指天闕，萬壽獻君王。

〈冬至夜夢中作〉　鄒浩（一〇六〇庚子—一一一一）

爐烟颯颯對團蒲，暮去朝來只自如。還見人間好時節，群陰消盡一陽初。

〈冬至〉　李綱

殊方又復一陽芽，荏苒流年歎物華。土薄葭灰難測候，氣溫桃樹已開花。

〈庚午冬至夜〉　鄭剛中

雲鴻不到音書斷，鯨海無程道里賒。賴有清心為活計，不須爛醉作生涯。
旋尋村酒不須濃，飲少愁多酒易供。燈下一身家萬里，今年恰好是三冬。

〈冬至早起〉　許及之

千梳短髮儼如霜，起坐中宵待一陽。人道陽生少災障，才無襪線敢迎長。

〈冬至〉　陸游

老遇陽生海上村，川雲漠漠雨昏昏。鄰家祭徹初分胙，賀客泥深不到門。
萬卷縱橫忘歲月，百年行止付乾坤。明朝晴霽猶堪出，南陌東阡共一樽。

〈冬至二首〉　袁燮（一一四四甲子—一二二四）

朝來雲物效嘉祥，和氣初萌日漸長。相慶紛紛緣底事，由來人道貴陽剛。
陽剛初復一何微，萬彙亨嘉肇此時。只此胚胎須護惜，要教宇宙總熙熙。

〈初三日冬至雨中〉　韓琥

今年雲物風吹雨，山澗關門亦可書。燒葉爐中暖紅酒，靜聽簷溜落堦除。

〈冬至〉　戴復古

老來心緒怯年光，又見春來報一陽。未必暗添宮線永，只應先引鬢絲長。

〈冬至〉　吳泳

閒居罕人事，慵把曆頭開。雷自地中復，風從天末來。
絪縕初熟酒，的皪未開梅。道盡真光景，堯夫好秀才。

〈山中冬至〉　陳必復

讀易燒香自閉門，懶於世故苦紛紛。曉來靜處參生意，春到梅花有幾分。

〈冬至〉　趙秉文

天時人事不難量，消盡群陰又一陽。千里家山憑夢到，數莖白髮為愁長。
老來度日惟經卷，病後關心秪藥方。六十之年今過五，不須苦死問行藏。

〈冬至〉　侯克中

一氣凝然本混淪，陽升陰降互為根。自強不息天行健，德合無疆地勢坤。
夏至姤成冬至復，南冥鵬是北冥鵾。人間不有義經在，千古誰開道義門。

〈冬至〉　李昱（元末明初）

客裡逢長至，山中習短吟。陰陽爭晝夜，日月繼升沉。
人共梅花老，春隨竹葉深。緣知沉醉後，翻動故鄉心。

〈冬至〉　劉基

冬至微陽斡化機，閉關獨坐正相宜。白楊風掃經霜葉，翠柏冰凝泫露枝。
日轉天南林影覺，春生地底水泉知。物華過眼成今古，愁絕看雲有所思。

〈吳江客中冬至日〉　王禕（一三二一辛酉——一三七二）

十年奔走竟何為，轉覺謀生事事非。時序每驚愁裡換，家山長向夢中歸。
吳江歲晚寒波積，楚塞天邊鴻雁稀。酒後登樓倍惆悵，緇塵猶滿舊征衣。

〈冬至　西江月〉　黃淮

逗暖梅梢破玉，迎長葭琯飛灰。群陰消盡一陽回。雲物今朝獻瑞。
自歎人生易老，那堪節序頻催。東風次第送春來，又是一番光采。

〈冬至〉　何景明

至日哦詩野水濱，乍晴天氣最宜人。簷前白日不覺晚，山下寒梅俱放春。
遠客盤餐還偶共，故園風俗自須親。病來又見陽回節，鳴玉何由拜紫宸。

作品雖多，畢竟時移境遷，終隔一層呀！也來湊湊趣吧。〈鷓鴣天　冬至〉：

冬至冬陽去冬寒，今年歲晚卜新觀。世情蕭瑟莫重見，人事滄桑已惘然。
祈身健，禱心安。儻忽一夢也足歡。老來讀破養生主*，往古當前過眼看。

*《莊子．養生主》：「安時而處順，哀樂不能入也。」

節慶

臘日

臘月初八

夏曆十二月初八是「臘日」。臘日是冬至後的重大節日，起源可以上推到三代。東漢末蔡邕說：

「臘者歲終之大祭，但送而不迎也。……臘，合也，合祭諸神也。」(《獨斷》)清朝田雯再加解釋：「夏曰嘉平，殷曰清祀，周曰大蜡，漢改曰臘。臘，獵也；田獵取獸祭先祖也。」(《古歡堂集》)

從漢朝恢復夏曆後，「臘」就成為固定名稱。在一年最後一個月的某一天，田獵取獸，舉行祀典，祭送眾神，就稱為「臘」，所以農曆十二月又稱為「臘月」。舉行祭祀的時間原是隨干支而變，後來固定在初八，就成為「臘日」。杜甫有詩詠〈臘日〉：

臘日常年暖尚遙，今年臘日凍全消。侵淩雲色還萱草，漏洩春光有柳條。
縱酒欲謀良夜醉，還家初散紫宸朝。口脂面藥隨恩澤，翠管銀罌下九霄。

前四句指臘日天氣暖和，竟有一派春光景象。五、六句說退朝後回家，要盡興的喝酒，而得到了皇帝賞賜的口脂和面藥，可以抵禦寒冷，更是一大恩澤。從杜甫的詩，可以大概知道唐朝官員是怎麼度過臘日這一天。

詠臘日的詩，杜甫雖已開其端，但後來作者並不多。「臘」既通「獵」，所以唐宋人還是有於臘日出獵的事例，並且加上了射箭、飲酒、投壺、郊遊、訪友等活動。如唐朝劉禹錫〈連州臘日觀莫傜獵西山〉、姚合(七七九己未—八四六)〈臘日獵〉、宋朝梅堯臣〈臘日出獵因遊梅山蘭若〉、韓琦〈臘日出獵近郊〉、〈臘日出獵二首〉、韋驤〈和臘日初晴會同僚射飲投壺〉等等。

而東坡在杭州作〈臘日游孤山訪惠勤惠思二僧〉七古詩：「天欲雪，雲滿湖，樓臺明滅山有無。」全詩「嗚嗚然」，極膾炙人口。接下來錄幾首詠臘日詩欣賞：

〈和臘日〉　梅堯臣

獵鼓逢逢奏，寒冰齾齾消。正憐風日暖，不似雪霜朝。
敢問祠黃石，休從擊阜鵰。楚郊梅萼未，壟麥已多苗。

〈臘日偶題〉　虞集

舊時燕子尾毿毿，重覓新巢冷未堪。為報道人歸去也，杏花春雨在江南。

〈臘日〉　王紱

大化無停機，寒暑如循環。歲華忽云暮，陽和亦已還。
人生百年內，憂喜互相關。顧非金石姿，安得長朱顏。
達人會斯理，意與雲俱閒。聞道媿獨晚，衰也吾何歎。

〈臘日〉　趙執信

臘日暖於春，深杯引醉頻。始疑寒雪意，似惜敝裘人。
官閣梅千點，他鄉月兩巡。簡書倥偬會，間殺未歸身。

乾隆有〈風入松　臘日〉之作，是僅見的一闋詞：

衡寒待臘雪花飄，詞意並琴挑。嘉平歲暮春光近，朔風冽裘暖狐貂。
須曉民間衣薄，那知宮裡寬饒。
隆冬氣慘絳香燒，披覽共仙韶。氈簾軟幕涼還透，微雲一抹散瓊瑤。
聽得梅將開，也先看、綠萼清標。

「須曉民間衣薄，那知宮裡寬饒」，正是一派帝王關心百姓的口吻！

臘日吃「臘八粥」的習俗，最早記載見於北宋。北宋後期入南宋的孟元老，在《東京夢華錄》中說：「十二月初八日，諸大寺作浴佛會，並送七寶五味粥與門徒，謂之『臘八粥』。都人是日各家亦以果子雜料煮粥而食也。」（卷十）孟元老所記是宋徽宗時（一一〇一－一一二五在位）都城東京（汴京）士庶的生活實況，或者還應更早。臘八粥原出於寺廟供佛，故所加皆素料。既是為了添福，京都如此，很快就風行全國。乾隆有〈臘八粥〉詩：

臘月初旬才八日，都人醞釀年華出。招提蘭若結常緣，竈下火光然百室。
黍米棗栗雜胡桃，煮粥朝餐如一律。如一律，異甘旨。貧家不似富家美。
華屋雕盤肉侑餐，茅簷一椀充腸耳。充腸飽腹卻歡然，人人爭道新年邇。

這是乾隆還沒當皇帝時的詩作，已經能有「如一律，異甘旨」的心念了。在臘日吃臘八粥，也行有千年了，無論是祭祀或吃臘八粥，在祈福的同時，都是為了表現感恩之心。戲湊四句應節，〈臘日〉：

忽忽茫茫驚臘八，冷冷清清氣若軋。一碗粥香思古情，十分興趣看書札。

附錄

文人論花

論花信風

明・王奎《蠡海集》

氣候類　二十四番花信風者，蓋自冬至後三候為小寒，十二月之節氣，月建於丑，地之氣闢於丑，天之氣會於子，日月之運同在玄枵而臨黃鐘之位，黃鐘為萬物之祖，是故十一月天氣運於丑，地氣臨於子，陽律而施於上，古之人所以為造曆之端。十二月，天氣運於子，地氣臨於丑，陰呂而應於下，古之人所以為候氣之端。是以有二十四番花信風之語也。五行始於木，四時始於春。木之發榮於春，必於水土，水土之交在於丑，隨地闢而肇見焉，昭矣。析而言之：一月二氣六候，自小寒至穀雨，凡四月八氣二十四候，每候五日，以一花之風信應之，世所異言曰：「始於梅花，終於楝花也。」詳而言之，小寒之一候梅花，二候山茶，三候水仙。大寒之一候瑞香，二候蘭花，三候山礬。立春之一候迎春，二候櫻桃，三候望春。雨水一候菜花，二候杏花，三候李花。驚蟄一候桃花，二候棣棠，三候薔薇。春分一候海棠。二候梨花，三候木蘭。清明一候桐花，二候麥花，三候柳花。穀雨一候牡丹，二候酴醾，三候楝花。花竟則立夏矣。

明・楊慎《升菴集》

二十四番花信風　梁元帝《纂要》：「一日兩番花信，陰陽寒暖各隨其時，但先期一日有風雨微寒者，即是其花則：鵞兒、木蘭、李花、瑒花、榿花、桐花、金櫻、黃芳、楝花、荷花、檳榔、蔓羅、菱花、木槿、桂花、蘆花、蘭花、蓼花、桃花、枇杷、梅花、水仙、山茶、瑞香，其名俱存，然難以配四時十二月，姑存其舊，蓋通一歲言也。《荊楚歲時記》小寒三信：梅花、山茶、水仙；大寒三信：瑞香、蘭花、山礬；立春三信：迎春、櫻桃、望春；雨水三信：菜花、杏花、李花；驚蟄三信：桃花、棣棠、薔薇；春分三信：海棠、梨花、木蘭；清明三信：桐花、麥花、柳花；穀雨三信：牡丹、荼蘼、楝花，此後立夏矣。此小寒至立夏之候也。

評花

張翊：九品九命

說明　陶穀《清異錄》：「張翊者，世本長安，因亂南來。先主（指南唐先主）擢置上列。仕虔州觀察判官西昌令卒。翊好學多思致，嘗戲造《花經》，以九品九命升降次第之，時服其允。」

一品九命　蘭、牡丹、蠟梅、酴醾、紫風流（睡香異名）。

二品八命　瓊花、蕙、巖桂、茉莉、含笑。

三品七命　芍藥、蓮、薝卜、丁香、碧桃、垂絲海棠、千葉。

四品六命　菊、杏、辛夷、豆蔻、後庭、忘憂、櫻桃、林禽、梅。

五品五命　楊花、月紅、梨花、千葉李、桃花、石榴。

六品四命　聚八仙、金沙、寶相、紫薇、凌霄、海棠。

七品三命　散水、真珠、粉團、郁李、薔薇、米囊、木瓜、山茶、迎春、玫瑰、金燈、木筆、金鳳、夜合、躑躅、金錢、錦帶、石蟬。

八品二命　杜鵑、大清、滴露、刺桐、木蘭、雞冠、錦被堆。

九品一命　芙蓉、牽牛、木槿、葵、胡葵、鼓子、石竹、金蓮。

■張景修：十二客

說明　宋朝張景修，偏愛花草，將十二種名花比作十二客。據龔明之《中吳紀聞》卷四引之。

牡丹為貴客，梅為清客，菊為壽客，瑞香為佳客，丁香為素客，蘭為幽客，蓮為淨客，酴醾為雅客，桂為仙客，薔薇為野客，茉莉為遠客，芍藥為近客。

■姚伯聲：三十客

說明　姚寬（一一〇五乙酉－一一六二）《西溪叢語》：「昔張敏叔有《十客圖》，忘其名。予長兄伯聲嘗得三十客。」據姚寬《西溪叢語》卷上引之。

牡丹為貴客，梅為清客，蘭為幽客，桃為妖客，杏為豔客，蓮為溪客，木犀為巖客，海棠為蜀客，躑躅為山客，梨為淡客，瑞香為閨客，菊為壽客，木芙蓉為醉客，酴醾為才客，臘梅為寒客，瓊花為仙客，素馨為韻客，丁香為情客，葵為忠客，含笑為佞客，楊花為狂客，玫瑰為刺客，月季為癡客，木槿為時客，安石榴為村客，鼓子花為田客，棣棠為俗客，曼陀羅為惡客，孤燈為窮客，棠梨為鬼客。

■程棨：五十客

說明　陶宗儀《說郛》卷二十四下引《三柳軒雜識》：「花名十客，世以為雅戲。姚氏《叢語》演為三十客，其中有未當者，暇日因易其一、二，且復得二十客。併著之，以寓獨賢之意。」

改姚氏六客　臘梅為久客，瓊花為尊客，木槿為莊客，棣棠為和客，桂為岩客。

新添二十客　芍藥為嬌客，鳳仙為淚客，紫薇為高調客，水仙為雅客，杜鵑為仙客，萱草花為歡客，橘花為雋客，梔子為禪客，來禽為靚客，山礬為幽客，楝花為晚客，菖蒲花為隱客，枇杷為粗客，玉蕣毬為巾客，茉莉花為神客，凌霄花為勢客，李花為俗客，迎春花為僭客，月丹為豪客，菱花為水客。

曾慥：花中十友

說明　宋代詩人曾慥以十種花各題名目，稱為十友。據《錦繡萬花谷後集》卷三十七引之。

芳友者蘭也，清友者梅也，奇友者臘梅也，殊友者瑞香也，淨友者蓮也，禪友者薝卜也，佳友者菊也，仙友者巖桂也，名友者海棠也，韻友者荼蘼也。

王十朋：十八香喻士

說明　南宋王十朋作〈十八香詞〉，廣其義喻之以士。據明朝周嘉胄《香乘》引之。

異香牡丹稱國士，溫香芍藥稱冶士，國香蘭稱芳士，天香桂稱名士，暗香梅稱高士，冷香菊稱傲士，韻香酴醾稱逸士，妙香薝卜稱開士，雪香梨稱爽士，細香竹稱曠士，嘉香海棠稱儁士，清香蓮稱潔士，梵香茉莉稱貞士，和香含笑稱粲士，奇香臘梅稱異士，寒香水仙稱奇士，柔香丁香稱佳士，闡香瑞香稱勝士。

袁宏道：花沐浴

說明　明朝袁宏道對浴花相當講究，在《瓶史》中除了對水有所要求，對浴花之人更是嚴格。據《說郛》卷一零四下引之。

浴梅宜隱士，浴海棠宜韻致客，浴牡丹、芍藥宜靚妝妙女，浴榴宜豔色婢，浴木犀宜清慧兒，浴蓮宜道士，浴菊宜好古而奇者，浴臘梅宜清瘦僧。

■屠本畯：花盟主、花客卿、花使令

說明 明朝屠本畯（一五四二壬寅－一六二二）研究十二個月的重要花卉，在《瓶史月表》分花盟主、花客卿、花使令，作為明朝插花的概念。據《御定佩文齋廣群芳譜》卷二引之。

月分	花盟主	花客卿	花使令
正月	梅花、寶珠、茶花	山茶、鐵幹、海棠	瑞香、報春、木瓜
二月	西府海棠、玉蘭、緋桃花	繡毬、杏花	寶相花、種田紅、木桃、李花、月季花、剪春羅
三月	牡丹、滇茶、蘭花、碧桃	川鵑、梨花、木香、紫荊	木筆、薔薇、謝豹、丁香、七姊妹、郁李、長春
四月	芍藥、薝卜、夜合	石巖、罌粟、玫瑰	刺牡丹、粉團、龍爪、垂絲海棠、虞美人、楝花
五月	石榴、番萱、夾竹桃	蜀葵、洛陽花、午時紅	川荔枝、梔子花、火石榴、孩兒菊、一丈紅、石竹花

六月	蓮花、玉簪、茉莉	百合、山丹、山礬、水木樨	錦葵、錦燈籠、長雞冠、仙人掌、赬桐、鳳仙花
七月	紫薇、蕙花	秋海棠、重臺、朱槿	波斯菊、水木香、矮雞冠、向日葵
八月	丹桂、木樨、芙蓉	寶頭雞冠、楊妃槿	水葒花、翦秋羅、牡丹花、山茶花
九月	菊花	月桂	老來紅、葉下紅
十月	白寶珠茶、梅	山茶花、甘菊花	野菊、寒菊、芭蕉
十一月	紅梅	楊妃茶花	金盞花
十二月	蠟梅、獨頭蘭花	茗花、漳茶花	枇杷花

人文

你不懂其實很有哏的節氣

從小寒到冬至，古典詩詞中的時間美學

作　　者 — 黃啟方
發 行 人 — 王春申
選書顧問 — 陳建守
總 編 輯 — 張曉蕊
責任編輯 — 何宣儀
封面設計 — 萬勝安
內頁設計 — 林曉涵
版　　權 — 翁靜如
營 業 部 — 王建棠 張家舜 謝宜華
出版發行 — 臺灣商務印書館股份有限公司
23141 新北市新店區民權路 108-3 號 5 樓（同門市地址）
電話：(02)8667-3712
傳真：(02)8667-3709
讀者服務專線：0800056193
郵撥：0000165-1
E-mail：ecptw@cptw.com.tw
網路書店網址：www.cptw.com.tw
Facebook：facebook.com.tw/ecptw

局版北市業字第 993 號
初　　版：2023 年 2 月
印 刷 廠：沈氏藝術印刷股份有限公司
定　　價：新台幣 500 元

法律顧問 — 何一芃律師事務所

國家圖書館出版品預行編目（CIP）資料

你不懂其實很有哏的節氣：從小寒到冬至,古典詩詞中的時間美學 / 黃啟方著. -- 初版. -- 新北市：臺灣商務印書館股份有限公司, 2023.02
544面；17*23公分. -- (人文)
ISBN 978-957-05-3475-7(平裝)
1.CST: 節氣 2.CST: 中國
538.59　　111021518